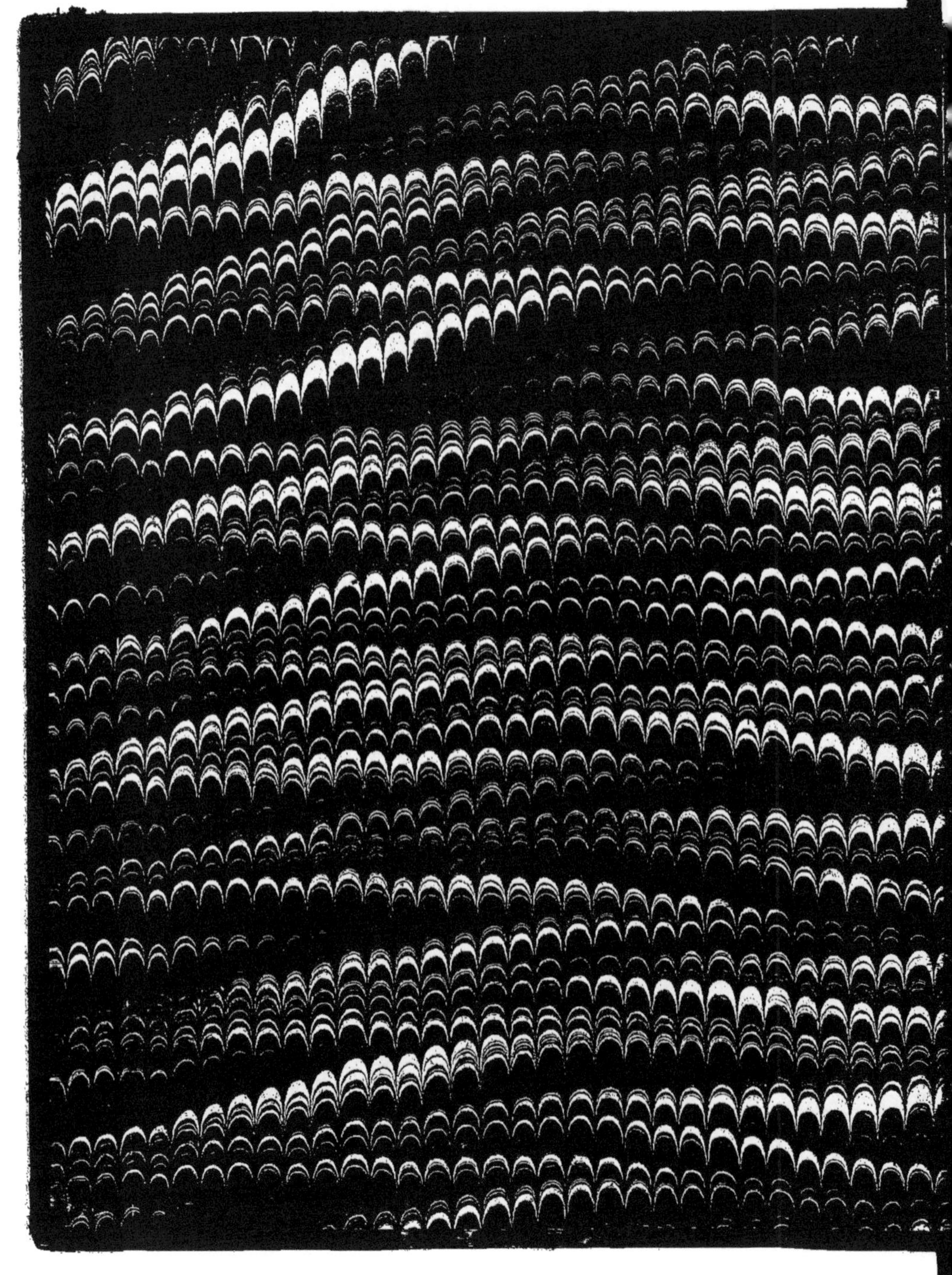

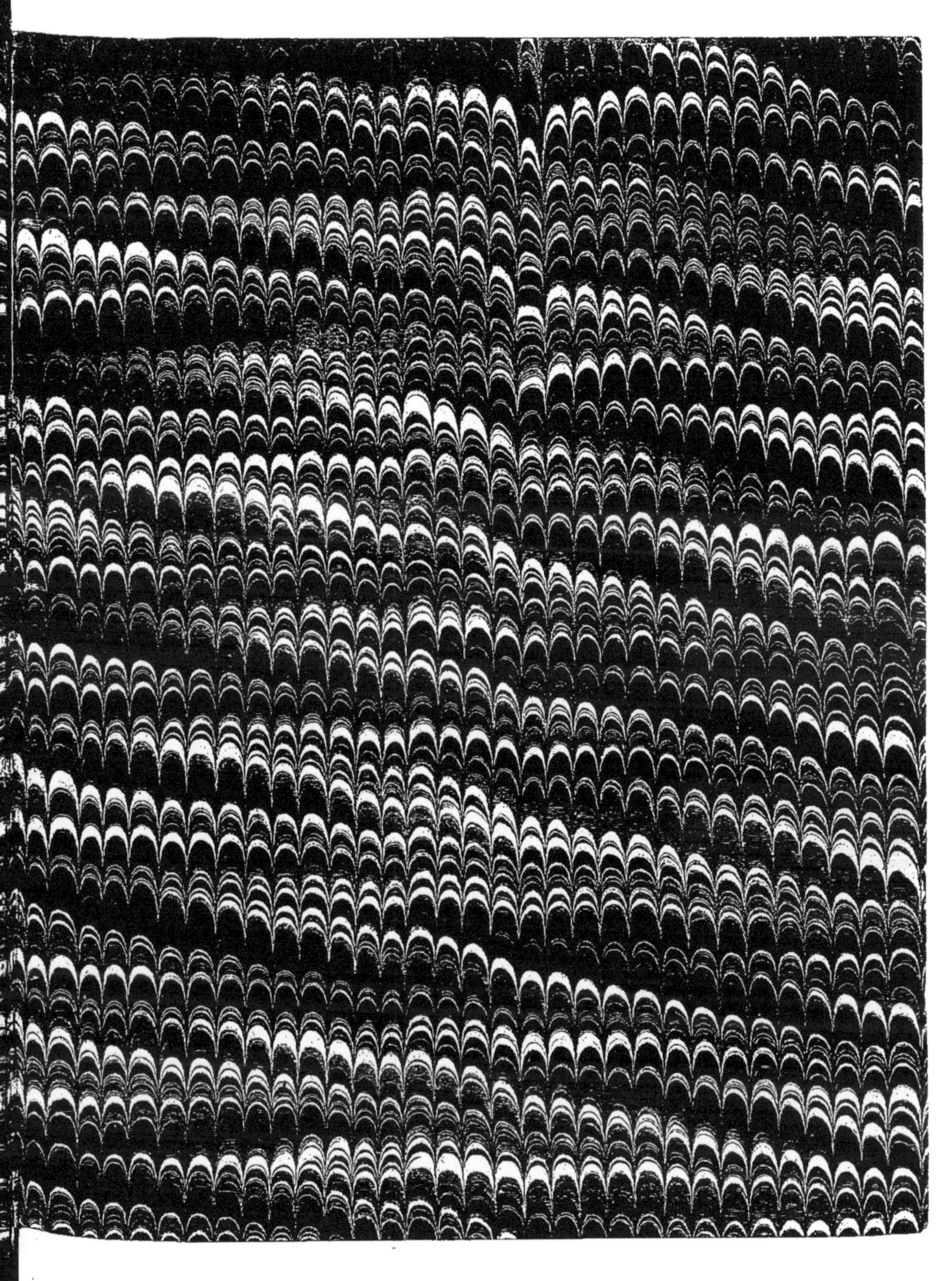

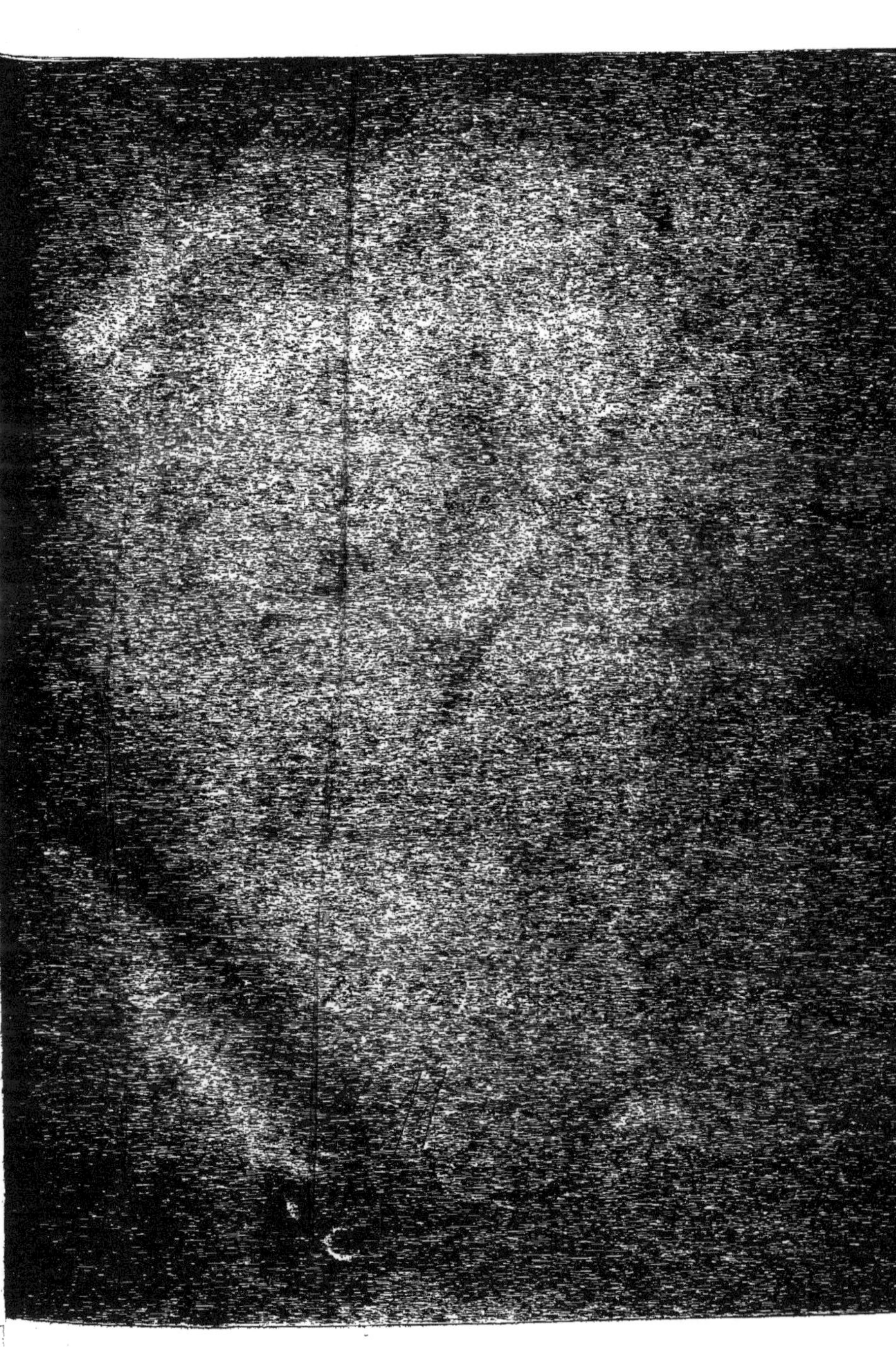

LE VERBE BASQUE

EN TABLEAUX,

ACCOMPAGNÉ DE NOTES GRAMMATICALES,

SELON LES HUIT DIALECTES DE L'EUSKARA :

LE GUIPUSCOAN, LE BISCAÏEN, LE HAUT-NAVARRAIS SEPTENTRIONAL,
LE HAUT-NAVARRAIS MÉRIDIONAL, LE LABOURDIN,
LE BAS-NAVARRAIS OCCIDENTAL, LE BAS-NAVARRAIS ORIENTAL
ET LE SOULETIN ;

AVEC LES DIFFÉRENCES DE LEURS SOUS-DIALECTES ET DE LEURS VARIÉTÉS.

RECUEILLI SUR LES LIEUX MÊMES DE LA BOUCHE DES GENS DE LA CAMPAGNE, DANS CINQ
EXCURSIONS LINGUISTIQUES FAITES DANS LES SEPT PROVINCES BASQUES D'ESPAGNE
ET DE FRANCE PENDANT LES ANNÉES 1856, 1857, 1866, 1867, 1869.

PAR LE PRINCE LOUIS-LUCIEN BONAPARTE,

DOCTEUR DE L'UNIVERSITÉ D'OXFORD ; MEMBRE HONORAIRE DE L'ACADÉMIE IMPÉRIALE DES SCIENCES DE
SAINT-PÉTERSBOURG, DE LA SOCIÉTÉ ROYALE DES ANTIQUAIRES DU NORD, DES SOCIÉTÉS
DES ANTIQUAIRES D'ÉCOSSE ET DE LONDRES, ETC.

In principio erat Verbum.

LONDRES. 1869.

We certify that only 250 copies of this Work have been printed, of which one is on thicker and larger paper.

STRANGEWAYS & WALDEN,
28 Castle Street, Leicester Square.

ALPHABET. DIALECTES.

		guip.	*bisc.*	*lab.*	*soul.*	
1.	a	a	a	a	a	se prononce comme *a* espagnol et français.
2.	ã	—	—	—	ã	„ *an* nasal français, approx.: ãhũte ‘*canard*’.
3.	æ	—	—	—	—	„ *a* bref anglais, entre *a* et *è* (Erro, Baztan; *voyez page* xxxii., note 13).
4.	b	b	b	b	b	„ *b* français, labiale explosive (*voyez page* xxxi., note 9).
5.	b (ḃ)	b	b	b	b	„ *b* espagnol, labiale continue (*voyez page* xxxi., note 9).
6.	b (w)	—	—	—	—	„ *w* anglais, approx., labiale veloutée (*voyez page* xxxi., note 9).
7.	ch (č)	ch	ch	ch	ch	„ *ch* espagnol et anglais, *c* doux et *ci* italiens.
8.	d	d	d	d	d	„ *d* français (non pas le *d* espagnol final, ni entre deux voyelles).
9.	dj (j)	—	—	—	dj	„ *g* doux italien, mais un peu mouillé: espundja ‘*éponge*’.
10.	dz (ž)	—	—	—	—	„ *z* doux italien, approx.: udza ‘*l’eau*’ (Arbizu; *voyez page* xii., note 2).
11.	ď	—	—	—	—	„ *d* roncalais, entre *d* et *r*: duď ‘*je l’ai*’ (*voyez page* xii).
12.	e	e	e	e	e	„ *e* espagnol, *é* français.
13.	ẽ	—	—	—	ẽ	„ *in* nasal français, approx.: mẽhẽ ‘*mince*’.
14.	f	f	f	f	f	„ *f* français et espagnol.
15.	g	g	g	g	g	„ *g* dur français et espagnol.
16.	h	—	—	h	h	„ *h* aspiré des langues germaniques.
17.	i	i	i	i	i	„ *i* espagnol et français.
18.	ĩ	—	—	—	ĩ	„ *i* nasal, *im* final portugais: mĩhĩ ‘*langue*’.
19.	j	—	—	—	j	„ *j* français, mais un peu mouillé: jan ‘*manger*’.
20.	J	J	J	—	—	„ *j* espagnol: jan ‘*manger*’.
21.	j̧	—	j̧	—	—	„ *j* biscaïen, *d* mouillé légèrement sifflant: begija ‘*l’œil*’.
22.	k	k	k	k	k	„ *c* dur français et espagnol.
23.	l	l	l	l	l	„ *l* français et espagnol.
24.	ll (ĺ)	ll	ll	ll	ll	„ *ll* espagnol, *l* mouillé français (provincial ou pédantesque).
25.	m	m	m	m	m	„ *m* espagnol et français.
26.	n	n	n	n	n	„ *n* espagnol et français, dental ou ordinaire.
27.	n (ṅ)	n	n	n	n	„ *n* espagnol guttural: vengo ‘*je viens*’.
28.	ñ	ñ	ñ	ñ	ñ	„ *ñ* espagnol, *gn* français.
29.	o	o	o	o	o	„ *o* espagnol, *o* français en ‘*dévot*’.
30.	õ	—	—	—	—	„ *ou* nasal français, approx.: õrzi ‘*enterrer*’ (roncalais).
31.	p	p	p	p	p	„ *p* français et espagnol.
32.	r	r	r	r	r	„ *r* doux des Grammairiens espagnols.
33.	rr (r̃)	rr, r	rr, r	rr, r	rr, r	„ *rr* ou *r* fort espagnol et français.
34.	s	s	s	—	—	„ *s* basque d’Espagne, entre *s* dur français et *s* basque de France.
35.	s (ſ)	—	—	s	s	„ *s* basque de France, entre *s* dur et *ch* français.
36.	s̨	—	—	—	s̨	„ *s* basque doux, entre *z* et *j* français: ‘Jesus’.
37.	s̄	s̄	s̄	s̄	s̄	„ *ch* français, *sh* anglais, ſḍ allemand.
38.	t	t	t	t	t	„ *t* français et espagnol.
39.	ts (s̄)	ts	ts	ts	ts	„ *ts* basque, qui est au *s* ce que le *z* est au *tz*.
40.	tz (ž)	tz	tz	tz	tz	„ *z* fort italien, *z* allemand.
41.	t̃	t̃	t̃	t̃	t̃	„ *t* mouillé palatal, *ty* hongrois.
42.	u	u	u	u	u	„ *u* espagnol, *ou* français.
43.	ũ	—	—	—	ũ	„ *ou* nasal, *um* final portugais: ardũ ‘*vin*’.
44.	ü	—	—	—	ü	„ *u* français, *ü* allemand: sü ‘*feu*’.
45.	ü̃	—	—	—	ü̃	„ *u* français nasal (non pas comme *eu* nasal de *un*): sũhĩ ‘*gendre*’.
46.	u̇	—	—	—	—	„ *u* d’Aezcoa, etc., entre *ou* et *u* français (*voyez page* xiv., note 2).
47.	y	y	y	y	y	„ *y* espagnol consonne, *y* en ‘*payen*’, j allemand.
48.	ỹ	—	—	—	—	„ *y* nasal roncalais (*voyez page* xxx., note 4).
49.	y̧	y̧	—	y̧	y̧	„ *y* initial labourdin, *y* guipuscoan de Goyerri (*voyez page* xxx., note 6).
50.	z	z	z	z	z	„ *s* français dur, ß allemand.
51.	z̧	—	—	—	z̧	„ *z* français: z̧artatu, ‘*éclater*’.

OBSERVATIONS.

Nous considérons ' fh, kh, lh, nh, ñh, ph, rh, rrh, th, t̄h ' comme des sons doubles, par la même raison que Lepsius considère comme tels ' kh, ph, th ' sanscrits. Si l'on essaie, dit-il, de prononcer un double ' kh ', ce n'est pas ' khkh ' que l'on obtient, mais ' kkh '. Le ' k ' seul en effet devient énergique. Nous disons ' énergique ', car les prétendues consonnes doubles (comme nous l'avons démontré ailleurs* au sujet de celles de l'italien et du dialecte sarde de Sassari) ne seront jamais pour nous qu'autant de modifications énergiques de celles qu'en général on écrit simples. Nous ne saurions cependant admettre avec Lepsius la complexité du ' ch ' espagnol ou basque, et du ' z ' dur italien ou ' tz ' basque, ni que ces sons soient bien représentés par ' tš ' et ' ts ', d'après la valeur que dans son système on attribue à ces signes, et qui est celle d'un ' t ' suivi d'un ' š ' (notre ' s̄ '), ou d'un ' t ' suivi d'un ' s ' (' z ' basque). Nous regardons avec Rask et d'autres linguistes de premier ordre, le ' tš ' et le ' ts ' de Lepsius (' č ' et ' c ' de Rask, ' ch ' et ' tz ' basques) comme des sons parfaitement simples, car ni un Basque, ni un Italien, ni un Espagnol quant à son ' ch ', n'éprouveront la moindre difficulté à prolonger ces sons jusqu'à perte d'haleine, sans que la continuité modifie en rien la qualité qu'ils avaient au commencement de leur production, ce qui à coup sûr serait ni plus ni moins qu'une impossibilité, si ' ch ' et ' tz ' basques avaient ' s̄ ' et ' z ' pour leur second élément phonétique. Il en est de même de la simplicité de notre ' dj ', de notre ' dz ' et du ' ts ' basque.

Les signes entre parenthèses de la première colonne, sont ceux que nous voudrions bien voir substituer aux digrammes illogiques, quoique la continuation de l'usage de ces derniers n'offre pas d'inconvénient du moment que leur valeur conventionnelle de sons simples est rendue constante. Quant au ' b ', au ' n̄ ', au ' r̄ ', au ' ḷ ' et au ' w ', leur adoption serait un peu plus urgente, s'il s'agissait de faire l'analyse physiologique (la seule qui soit réellement scientifique) des sons du basque, ou de se livrer à des recherches phonétiques et comparatives sur ses nombreuses variétés.

En général, les signes qui font partie de notre alphabet reçoivent, lorsqu'ils appartiennent en même temps à l'alphabet espagnol, la valeur ou une des valeurs qu'on leur donne en castillan ou en français, et sur laquelle les autres langues les plus connues ne montrent pas trop de désaccord. Si nous avons conservé au z et au s du basque les sons constants dont ils sont en possession depuis longtemps, et qui ne sont pas ceux que les idiomes les plus littéraires de l'Europe attribuent à ces deux caractères, il ne faut pas oublier que ce n'est pas seulement en basque que la valeur de ces deux signes ne s'accorde pas avec celle des autres langues, mais que le français, l'anglais, l'allemand, l'italien, l'espagnol, le portugais, le hongrois, etc., eux aussi, offrent ce même inconvénient, auquel ils ajoutent presque toujours celui beaucoup plus grave et que l'on ne peut guère reprocher au basque, d'employer le ' s ' et le ' z ' à plus d'un usage. C'est ainsi que le signe ' s ', dont la valeur est on ne peut plus constante dans les différents dialectes de cette dernière langue, représente en français, en anglais, en italien, en portugais, tantôt le son de ' s ' dur, tantôt celui du ' z ' français ; en allemand, presque toujours ce dernier son ; en espagnol toujours le premier ; en hongrois, celui du ' ch ' français. Quant au ' z ', pour les Français et les Anglais, c'est le son de leur ' s ' doux ; pour les Portugais, il en est souvent de même, mais non pas toujours ; pour les Allemands, c'est un ' z ' dur italien ; pour les Italiens, c'est tantôt le ' z ' allemand, tantôt un ' z ' doux correspondant qui leur est propre ; pour les Espagnols enfin, c'est le ' th ' anglais dur ! ! ! Au milieu de cette étrange confusion, nous ne trouvons pas que l'on ait raison de se plaindre de l'usage que les Basques font de leur ' z ', par la raison puérile que sa valeur n'est pas celle que les Français assignent à cette lettre. Comme si les différents caractères d'un alphabet pouvaient avoir d'autre valeur que celle toute conventionnelle que chaque langue a le droit de leur attribuer ! Nous croyons donc qu'il y a bien plus d'inconvénient que d'avantage à respecter moins que nous ne l'avons fait des signes adoptés depuis des siècles, et qui par la constance et la fixité de leur valeur se trouvent être parfaitement en harmonie avec les principes fondamentaux de toute bonne orthographe phonétique.

---

* *Voyez* les pages iv. et xxxv. de nos observations, qui précèdent l'ouvrage suivant : *« Il Vangelo di S. Matteo, volgarizzato in dialetto sardo sassarese, dal Can. G. Spano. Accompagnato da osservazioni sulla pronunzia di questo dialetto, e su varj punti di rassomiglianza che il medesimo presenta con le lingue dette celtiche, sia ne' cambiamenti iniziali, sia nel suono della lettera L.; del Principe Luigi-Luciano Bonaparte. Londra. 1866. »*

DIALECTES ET SOUS-DIALECTES, DIVISÉS EN TROIS GROUPES: A., B., C.

A.

- **I. BISCAÏEN**
  - 1. Oriental: Marquina.
  - 2. Occidental: Guernica, Bermeo, Plencia, Arratia, Orozco, Arrigorriaga, Ochandiano.
  - 3. Du Guipuscoa: Vergara, Salinas.

B.

- **II. GUIPUSCOAN**
  - 4. Septentrional: Hernani, Tolosa, Azpeitia.
  - 5. Méridional: Cegama.
  - 6. De Navarre: Burunda, Echarri Aranaz.
- **III. HAUT-NAVARRAIS† SEPTENTRIONAL**
  - 7. D'Ulzama: Lizaso.
  - 8. De Baztan:* Elizondo.
  - 9. De las Cinco Villas: Vera.
  - 10. D'Araquil: Huarte Araquil.
  - 11. D'Araiz: Inza.
  - 12. Du Guipuscoa: Irun.
- **IV. LABOURDIN**
  - 13. Propre: Sare, Ainhoa, Saint-Jean-de-Luz.
  - 14. Hybride: Arcangues.
- **V. HAUT-NAVARRAIS MÉRIDIONAL**
  - 15. Cis-pampelunais: Egües, Olaibar, Arce, Erro, Burguete.
  - 16. D'Ilzarbe: Puente la Reina.
  - 17. Ultra-pampelunais: Olza, Zizur, Gulina.

C.

- **VI. SOULETIN**
  - 18. Propre: Tardets.
  - 19. Roncalais: Vidangoz, Urzainqui, Uztarroz.
- **VII. BAS-NAVARRAIS ORIENTAL**
  - 20. Cize-Mixain: Cize, Mixe, Bardos, Arberoue.
  - 21. De l'Adour: Briscous, Urcuit.
  - 22. Salazarais: Salazar.
- **VIII. BAS-NAVARRAIS† OCCIDENTAL**
  - 23. Baïgorrien: Baïgorry.
  - 24. Du Labourd: Ustarits, Mendionde.
  - 25. Aezcoan: Aezcoa.

* Le basque de la vallée de Baztan pourrait aussi, sans trop d'inconvénient, être regardé comme le troisième sous-dialecte du labourdin, car il est assez difficile d'établir, d'une manière qui ne soit pas un peu arbitraire, s'il se rapproche plus de ce dernier que du haut-navarrais septentrional.

† Le haut-navarrais septentrional et le bas-navarrais occidental sont des dialectes essentiellement intermédiaires, que bien des personnes aimeront mieux peut-être considérer comme des sous-dialectes du haut-navarrais méridional et du bas-navarrais oriental. Nous n'en persistons pas moins à voir dans cette 'intermédiarité' le caractère qui les distingue comme dialectes.

Ce n'est qu'après avoir parcouru soi-même tout le pays basque et en avoir étudié toutes les variétés linguistiques, que l'on devrait se permettre de les énumérer et de les classer. Si nous nous sommes trop pressé à cet égard, lorsqu'il y a quelques années, avant d'avoir visité les vallées intérieures de la Navarre espagnole, nous avons avancé que cette province n'avait pas de dialecte qui lui fût propre, et que l'on y parlait tous les autres à l'exception du biscaïen, nous nous reprochons la première de ces assertions, comme étant on ne peut plus contraire à l'exactitude. Nous n'étions pas obligé, à vrai dire, de parler de pays qui n'avaient pas encore été parcourus par personne dans un but linguistique, mais nous ne devions pas non plus croire sur parole des personnes de très-bonne foi sans doute, mais dont le talent d'appréciation en matière de linguistique laissait beaucoup à désirer. C'est une leçon dont nous avons profité. Maintenant que nous avons visité, pour ainsi dire, tous les recoins de l'euskalerria, soit en Espagne, soit en France, nous admettons que la Navarre espagnole, outre les dialectes que nous y avions déjà constatés, en présente deux autres qui lui sont propres: le haut-navarrais septentrional et le haut-navarrais méridional, et que la Basse Navarre en offre également deux: le bas-navarrais occidental et le bas-navarrais oriental, ce qui porte à huit, d'après notre manière de voir, le nombre des dialectes basques. Nous croyons bien faire de donner, dans le tableau raccourci qui suit, un choix des terminatifs qui représentent le mieux les différences des huit dialectes selon leurs variétés principales.

	guip.	bisc.	lab.	soul.	nav. sept.	nav. mér.	nav. occ.	nav. or.
je suis	naiz	naz	naix	niz	naiz	naiz	niz	niz
tu es	zera	zara	zare	zira	zara	zara	zira	zira
ils sont	dira	dira	dire	dira	dire	dere	dira	dira
il était	zan	zan	zan	zen	zen	zen	zen	zen
tu lui étais	zatzayo	zachakoz	zatzaizko	zitzayo	zaizkio	zaizkio	zitzazko	zitzazko
vous lui étiez	zatzazkio	zachakoze	zatzaizkoto	zitzayue	zaizkiote	zaizkiote	zitzazkote	zitzazkote
je l'ai	det	dot	dut	düt	dut	dut	dut	dut
tu l'as	dezu	dozu	duzu	düzü	duzu	duzu	duzu	zu
il l'a	du	dau	du	dü	du	du	du	du
nous l'avons	degu	dogu	dugu	dügü	dugu	dugu	dun	duu
vous l'avez	dezute	dozube	duzue	düzie	duzie	duze	duzii	zie
ils l'ont	dute	dabe	dute	die	dute	duto	dute	dute
tu l'avais	zenduen	zenduban	zinuen	zünian	zifiuen	zindue	ziniin	zindion
il l'avait	zuen	oban	zuen	zinn	zuen	zue	ziin	zien
il me l'a	dit	deust	deut	deit	dit	dida	daut	daat, daut
il le lui a	dio	deutsa	dio	deyo	dio	dio	dako	dako
" masc.	ziok	jeutsak	ziok	diok	ziok	ziok	dakak	diakok
ils le lui ont	diote	deutsee	diote	deyue	dioto	diote	dakoto	dakoto
" masc.	ziotek	jeutsaek	ziotek	dioye	ziotek	ziotek	diakoye	diakoye
" fém.	zioten	jeutsane	zione	diofio	zioten	zionen	diakone	diakone
" resp.	—	—	—	diezie	—	—	—	diakozie
" dim.	—	—	—	—	—	—	—	diakoxie
il les lui a	dizkio, diozka	deutsaz	diotza, diozka	deltzo	tio	tio	dazko	dazko
il le leur a	diote, die	deutsee	diote	deyio	diote	diote	dee	dee
il me l'avait	zidan	custan	zautan	zeitan	ziren	zida, zira	zaan	zaan, zautan
il le lui avait	zion	eutsan	zioen, zion	zeyon	zion	zion	zakon	zakon

On remarquera que les terminatifs indéfinis du bas-navarrais oriental sont presque toujours remplacés par ceux du traitement respectueux, ce qui au point de vue pratique établit une grande différence entre les deux dialectes bas-navarrais. C'est ainsi que niz, dira, zen, dut, du, duu, dute, zien, daat-daut, dako, dakoto, dazko, dee, zaan-zautan, zakon sont remplacés par nuzu, tzu, zuzu, zit, zi, ziu (izi en mixain), zie, xiin, diazu-diautazu, diakozu, dinkozie, diazkotzu, diezu, ziazun-ziautazun, ziakozun. (Voyez la note 2 du tableau xiv). Le bas-navarrais oriental se distingue en outre de tous les autres dialectes par le traitement diminutif en xu qui lui est propre. Le nom verbal ukan, ukhan, ukhen, ekun 'avoir', employé comme auxiliaire, distingue le soul., le nav. occ. et le nav. or. La forme causative (baitu, etc.) appartient à tous les dialectes, moins le guip. et le bisc. Le traitement respectueux, au soul. et au nav. or. La forme interrogative n'a lieu qu'en soul., en nav. occ. et en nav. or. Le suffixe actif pluriel en ek n'est usité ni en guip., ni en bisc., ni en nav. sept., à l'exception du sous-dialecte de Baztan.* L'optatif n'appartient qu'au souletin. Le futur de l'indicatif, au souletin et au labourdin littéraire, et d'une manière plus ou moins incomplète, au labourdin vulgaire, aux deux dialectes navarrais de France, et à peine au navarrais d'Espagne. Les huit autres futurs n'existent qu'en biscaïen.

LE VERBE BASQUE EN TABLEAUX.

PREMIÈRE PARTIE,

MONTRANT D'UNE MANIÈRE GÉNÉRALE, AU MOYEN DE

ONZE TABLEAUX PRÉLIMINAIRES,

LES VOIX, LES MODES, LES TEMPS SIMPLES, LES NOMBRES,
LES PERSONNES, LES TRAITEMENTS, LES RAPPORTS, LES
FORMES VERBALES, LES NOMS VERBAUX ET LES
TEMPS COMPOSÉS DU VERBE RÉGULIER
DE LA LANGUE BASQUE

DANS SES QUATRE DIALECTES LITTÉRAIRES:

LE GUIPUSCOAN, LE BISCAÏEN, LE LABOURDIN ET LE SOULETIN.

PREMIER TABLEAU PRÉLIMINAIRE, MONTRANT LES VOIX, LES MODES ET LES TEMPS SIMPLES.*

	MODES	TEMPS	GUIPUSCOAN		BISCAÏEN		LABOURDIN		SOULETIN		VOIX INTRANSITIVE	VOIX TRANSITIVE
1	Indicatif	Présent	da	du	da	dau	da	du	da	dü	il est	il l'a
2	.	Passé	zan	zuen	zan	eban	zen	zuen	zen	zian	il était	il l'avait
3	.	Futur	—	—	—	—	daiteke[3,4]	duko[3]	date	düke	il sera	il l'aura
4	Conditionnel	Présent	litzako	luke	litzateke	leuke	liteke[3]	luke	lizate	lüke	il serait	il l'aurait
5	.	Passé[†]	zitzukean	zukean	litzatekian	loukian	ziteke[5,7]	zukon[5]	zatekian	zükian	il aurait été, qu'il eût été	il l'aurait eu, qu'il l'eût eu
6	Impératif	Présent	bedi	beza	bedi	begi	bedi	beza	bedi	leza	qu'il soit	qu'il l'ait
7	.	Futur	—	—	bedike	begiko	—	—	—	—	il sera	il l'aura
8	Subjonctif	Présent	dedin	dezan	dedin	dagijan	dadin	dezan	dadin	dezan	qu'il soit	qu'il l'ait
9	.	Futur présent	—	—	dedikian	dagikian	—	—	—	—	qu'il soit	qu'il l'ait
10	.	Passé	zedin	zezan	zedin	legijan	zedin	zezan	ledin	lezan	qu'il fût	qu'il l'eût
11	.	Futur passé	—	—	zedikian	legikian	—	—	—	—	qu'il fût	qu'il l'eût
12	Potentiel	Présent	—[2]	—[2]	daite[1]	dai[1]	—[2]	—[2]	daite[2]	·[2]	il peut	il le peut
13	.	Futur	diteke[1,2]	dezake[1,2]	daiteke[1]	daike[1]	daiteke[2,3,4]	dezake[2,3]	daiteke[2]	dezake[2]	il peut, il pourra	il le peut, il le pourra
14	Potentiel conditionnel	Présent	—[4]	—[4]	leite[1]	lei[1]	—[4]	—[4]	leite[4]	—[4]	il pourrait	il le pourrait
15	.	Futur présent	liteke[4,6]	lezake[4,6]	laiteke[1]	loike[1]	liteke[4,6]	lezake[6]	leiteke[6]	lezake[6]	il pourrait	il le pourrait
16	.	Passé	—[6]	—[6]	leitian[1]	leijan[1]	—[6]	—[6]	—[6]	—[6]	{ il pouvait, qu'il pût il aurait pu, qu'il eût pu	{ il le pourrait, qu'il le pût il l'aurait pu, qu'il l'eût pu
17	.	Futur passé	zitekean[1,2]	zezakeun[1,2]	leitekian[1]	leikian[1]	zitekean[4,5,6,7]	zezaken[1,2,3]	zaitekian[1,2]	zezakian[1,2]	{ il pouvait, qu'il pût il aurait pu, qu'il eût pu	{ il le pourrait, qu'il le pût il l'aurait pu, qu'il l'eût pu
18	Suppositif du conditionnel	Présent	balitz	balu	balitz	baleu	balitz	balu	balitz	balü	s'il était	s'il l'avait
19	Suppositif du potentiel	Présent	badadi[9]	badeza[9]	badedi	badagi	badadi	badeza	badadi[9]	badesa[9]	s'il est	s'il l'a
20	.	Futur	—	—	badedike	badagike	—	—	—	—	s'il est	s'il l'a
21	Suppositif du pot. cond.	Futur présent	baledi[9]	baleza[9]	baledi	balegi	baledi	baleza	baledi	baleza	s'il était	s'il l'avait
22	.	Futur	—	—	baledike	balegiko	—	—	—	—	s'il était	s'il l'avait
23	Optatif du conditionnel	Présent	—	—	—	—	—	—	ailitz	ailü	fût-il!	l'eût-il!
24	Optatif du potentiel cond.	Futur	—	—	—	—	—	—	ailedi	aileza	fût-il!	l'eût-il!

* Les variantes des différents terminatifs verbaux, y inclures celles des sous-dialectes et des variétés, ne seront indiquées qu'à la troisième partie.   † Le passé du conditionnel exprime aussi le plus-que-parfait du subjonctif : qu'il eût été, qu'il l'eût eu.

[1] Les temps du potentiel conditionnel sont souvent employés, en guipuscoan et en biscaïen, pour les temps du potentiel : diteke ou liteke, dezake ou lezake "il peut, il le peut". De même en biscaïen daite ou leite, dai ou lei; daiteke ou leiteke, daike ou leike peuvent signifier d'une manière non conditionnelle il peut, il le peut ; il pourra, il le pourra. Le guipuscoan fait aussi l'inverse, c'est-à-dire que le potentiel s'y emploie quelquefois au lieu du potentiel conditionnel : diteke ou liteke, dezake ou lezake "il pourrait, il le pourrait". Quant au temps passés du potentiel conditionnel, comme le tableau l'indique, ils rendent dans tous les dialectes, non seulement le passé du conditionnel et le plus-que-parfait du subjonctif, mais aussi l'imparfait de l'indicatif et les autres temps passés du subjonctif du verbe français pouvoir.

[2] Le futur de potentiel exprimé en même temps le présent du même mode, en guipuscoan, en labourdin et en souletin : diteke, daiteke, daite; dezake "il peut, il pourra ; il le peut, il le pourra". De même le futur présent et le futur passé du potentiel conditionnel expriment aussi, dans ces trois dialectes, le présent et le passé du même mode. Quant aux terminatifs daite et daiteke du souletin, ils sont synonymes, peuvent être employés l'un pour l'autre soit au présent, soit au futur, et ne constituent pas deux temps distincts, comme cela a lieu en biscaïen. Il en est de même, en souletin, de leite et leiteke. (V. aux variantes.)

[3] Le futur de l'indicatif, en labourdin, a une signification qui est toujours conjecturale et qui diffère de celle du futur composé. (V. le sixième tableau des temps composés.) Il remplace même assez souvent, dans ce dialecte, le futur du potentiel.

[4] Le futur du potentiel, à l'intransitif, exprime aussi, en labourdin, le futur de l'indicatif : daiteke "il peut, il pourra ; il sera".†

[5] Le futur présent du potentiel conditionnel, à l'intransitif, exprime aussi, en labourdin, le présent du conditionnel : liteke "il pourrait, il serait".

[6] Le passé du conditionnel peut remplacer, en labourdin, le futur passé du potentiel conditionnel.

[7] Le futur passé du conditionnel, à l'intransitif, exprime aussi, en labourdin, le passé du potentiel : ziteken "il pouvait, il aurait pu ; il aurait été".

[8] Le présent du suppositif du potentiel, en souletin, n'appartient à ce mode que quant à la forme. Quant au sens, il n'y constitue qu'une variante des formes dubitatives du conditionnel potentiel badaite et badezake. (V. aux variantes des formes dubitatives, troisième partie.)

* Pour ne laisser aucune incertitude sur la manière de penser, je déclare ne considérer comme du labourdin que le basque des communes qui suivent :
I. 1. Sare, Saint-Pée, Ainhoa, Zugarramurdi (Espagne), Urdax (Espagne);
2. Ainhoa;
3. Saint-Jean-de-Luz, Ciboure, Urrugne avec Béhobie, Hendaye, Biriatou, Ascain, Guéthary, Bidart.
II. Arcangues, Bassussarry, Arbonne.

† Les terminatifs empruntés à d'autres temps sont imprimés (dans les tableaux) en caractères italiques.

[9] En guipuscoan les temps du suppositif du potentiel et du suppositif du potentiel conditionnel ne sont employés qu'avec le nom al "pouvoir".

** Les variantes labourdines du futur du potentiel qui est en même temps le futur de l'indicatif, celles du futur présent du potentiel conditionnel qui sert aussi pour le présent du conditionnel, et celles du futur passé du potentiel conditionnel qui est également employé comme passé du conditionnel sont les suivantes : daiteke, diteke, ditoke; laiteke, liteke, liteke; zaituken, zaiteken, zitaken. Quelques auteurs ont essayé de conserver les unes aux deux potentiels et les autres à l'indicatif et au conditionnel, mais leurs efforts sont restés sans résultat contre l'usage général, d'après lequel ces terminatifs sont toujours confondus. Ce qui distingue réellement le mode potentiel et le potentiel conditionnel du futur de l'indicatif et du mode conditionnel, c'est le nom verbal, qui ne peut jamais être le radical dans les deux derniers. C'est ainsi que l'on dit aux deux modes potentiels eror daiteke ou diteke, eror liteke ou liteke, eror zaiteke ou zitaken, et à l'indicatif et au conditionnel eroriko daiteke, eroriko liteke, eroria liteke, eroria zitaken. On remarquera aussi par la suite que la confusion des modes potentiels avec le futur de l'indicatif et le mode conditionnel ne se maintient pas toujours dans les terminatifs à régime indirect, ni dans les traitements familiers. (V. le sixième tableau des temps composés, le verbe labourdin au dixième tableau et la conjugaison détaillée à la deuxième partie.)

DEUXIÈME TABLEAU PRÉLIMINAIRE, MONTRANT LES NOMBRES, LES PERSONNES ET LES TRAITEMENTS.

			GUIPUSCOAN	BISCAÏEN	LABOURDIN	SOULETIN	
			VOIX INTRANSITIVE				
Singulier	1.	*i.*	naiz	naz	naiz	niz	je suis
		m.	nak	nok	nauk	nük	,,
		f.	nan	non	naun	nün	,,
		r.	—	—	—	nüzü	,,
	2.	*r.*	zera	zara	zare	zira	tu es
		m.	aiz	az	haiz	iz	,,
		f.	aiz	az	haiz	iz	,,
	3.	*i.*	da	da	da	da	il est
		m.	dek	dok	duk	dük	,,
		f.	den	don	dun	dün	,,
		r.	—	—	—	düzü	,,
Pluriel	1.	*i.*	gera	gara	gare	gira	nous sommes
		m.	gaituk	gaituk	gaituk	gütük	,,
		f.	gaitun	gaitun	gaitun	gütün	,,
		r.	—	—	—	gütüzü	,,
	2.	*i.*	zerate	zaree	zarete	ziraye	vous êtes
	3.	*i.*	dira	dira	dire	dira	ils sont
		m.	dituk	dituk	dituk	dütük	,,
		f.	ditun	ditun	ditun	dütün	,,
		r.	—	—	—	dütüzü	,,
			VOIX TRANSITIVE				
Singulier	1.	*i.*	det	dot	dut	düt	je l'ai
		m.	diat	juat	diat	diat	,,
		f.	diñat	jonat	dinat	diñat	,,
		r.	—	—	—	dizüt	,,
	2.	*r.*	dezu	dozu	duzu	düzü	tu l'as
		m.	dek	dok	duk	dük	,,
		f.	den	don	dun	dün	,,
	3.	*i.*	du	dau	du	dü	il l'a
		m.	dik	jok	dik	dik	,,
		f.	diñ	jon	din	din	,,
		r.	—	—	—	dizü	,,
Pluriel	1.	*i.*	degu	dogu	dugu	dügü	nous l'avons
		m.	diagu	juagu	diagu	diagü	,,
		f.	diñagu	jonagu	dinagu	diñagü	,,
		r.	—	—	—	dizügü	,,
	2.	*i.*	dezute	dozube	duzue	düzie	vous l'avez
	3.	*i.*	dute	dabe	dute	die	ils l'ont
		m.	ditek	juek	ditek	die	,,
		f.	diten	jone	dine	diñe	,,
		r.	—	—	—	dizie	,,

N.B. *i.*, *m.*, *f.*, *r.* signifient *traitement indéfini, traitement masculin, traitement féminin, traitement respectueux.* Quant au traitement diminutif, propre au dialecte bas-navarrais oriental, il n'en sera question qu'à la deuxième partie.

		GUIPUSCOAN	BISCAÏEN	LABOURDIN	SOULETIN
	il est	da	da	da	da
Rapport de sujet à régime indirect	il m' est	zait	jat	zait	zait
	il t' est	zaizu	jatzu	zaitzu	zaizü
	il lui est	zayo	jako	zayo	zayo
	il nous est	zaigu	jaku	zaiku	zaikü
	il vous est	zaizute	jatzube	zaitzue	zaitzie
	il leur est	zayote	jakee	zayote	zaye
Rapport de sujet à régime direct	il m' a	nau	nau	nau	nai
	il t' a	zaitu	zaituz	zaitu	zütü
	il l' a	du	dau	du	dü
	il nous a	gaitu	gaituz	gaitu	gütü
	il vous a	zaituzte	zaitubez	zaituzte	zütie
	il les a	ditu	dituz	ditu	dütü
Rapport de sujet à régime direct et à régime indirect à la fois	il me l' a	dit	deust	daut	deit
	il me les a	dizkit	deustaz	dauzkit	deizt
	il te l' a	dizu	deutsu	dautzu	deizü
	il te les a	dizkizu	deutsuz	dauzkitzu	deitzü
	il le lui a	dio	deutsa	dio	deyo
	il les lui a	dizkio	deutsaz	diotza	deitzo
	il nous l' a	digu	deusku	dauku	deikü
	il nous les a	dizkigu	deuskuz	dauzkigu	deizkü
	il vous l' a	dizute	deutsube	dautzue	deizie
	il vous les a	dizkizute	deutsubez	dauzkitzue	deitzie
	il le leur a	diote	deutse	dioté	deye
	il les leur a	dizkiote	deutsez	diotzate	deitze

QUATRIÈME TABLEAU PRÉLIMINAIRE, MONTRANT LES FORMES VERBALES.

FORMES VERBALES	GUIPUSCOAN INTRANSITIF	GUIPUSCOAN TRANSITIF	BISCAÏEN INTRANSITIF	BISCAÏEN TRANSITIF	LABOURDIN INTRANSITIF	LABOURDIN TRANSITIF	SOULETIN INTRANSITIF	SOULETIN TRANSITIF	(trad.) INTRANSITIF	(trad.) TRANSITIF
SIMPLES										
Capitale	da	du	da	dau	da	du	da	dü	il est	il l'a
Conjonctive[1]	dela	duela	dala	dabela	dela	duela	dela	diala	qu'il est	qu'il l'a
Relative[2]	dan	duen	dan	daben	den	duen	den	dian	qui est, qu'il y a	qui l'a
Causative[3]	—	—	—	—	baita	baitu	beita	beitü	parce qu'il est, parce qu'il y a	parce qu'il l'a
Interrogative	—	—	—	—	—	—	deya?	dia?	est-il?	l'a-t-il?
Affirmative[3]	bada	badu	bada	badau	bada	badu	bada	badü	il y a	il l'a
Dubitative[3]	bada	badu	bada	badau	bada	badu	bada	badü	s'il est	s'il l'a
Négative[4]	ezta	eztu	ezta	eztau	ezta	eztu	ezta	eztü	il n'est pas, il n'y a pas	il ne l'a pas
COMPOSÉES										
Affirmativo-conjonctive[1]	badala	baduela	badala	badabela	badela	baducla	badela	badiala	qu'il y a	qu'il l'a
Affirmativo-relative[3]	—	—	—	—	badon	baduen	baden	badian	qu'il y ait	qu'il l'ait
Affirmativo-interrogative	—	—	—	—	—	—	badeya?	badia?	y a-t-il?	l'a-t-il?
Dubitativo-relative[3]	badan	baduen	badon	badaben	baden	baduen	baden	badian	s'il est; s'il y a	s'il l'a
Négativo-conjonctive[4]	eztala	eztuela	eztala	eztabela	eztela	eztuela	eztela	eztiala	qu'il n'est pas, qu'il n'y a pas	qu'il ne l'a pas
Négativo-relative[4]	eztan	eztuen	eztan	eztaben	ezten	eztuen	ezten	eztian	qui n'est pas, qu'il n'y a pas	qui ne l'a pas
Négativo-causative[4]	—	—	—	—	ezpaita	ezpaitu	ezpeita	ezpeitü	parce qu'il n'est pas, parce qu'il n'y a pas	parce qu'il ne l'a pas
Négativo-interrogative	—	—	—	—	—	—	eztoya?	eztia?	n'est-il pas?, n'y a-t-il pas?	ne l'a-t-il pas?
Négativo-dubitative[4]	ezpada	ezpadu	ezpada	ezpadau	ezpada	ezpadu	ezpada	ezpadü	s'il n'est pas, s'il n'y a pas	s'il ne l'a pas
NOMINALES										
Conjonctive infinitive[1]	—	—	—	—	delarik	duelarik	delarik	dialarik	tandis qu'il est	tandis qu'il l'a
» génitive	dalako	duelako	dalako	dabelako	—	—	—	—	parce qu'il est	parce qu'il l'a
» génitive articulée	—	—	dalakua[6]	dabelakua[6]	—	—	—	—	supposant qu'il est	supposant qu'il l'a
» génitivo-instrumentale	—	—	—	—	—	—	delakoz[9]	dialakoz[9]	parce qu'il est	parce qu'il l'a
» génitivo-destinative	—	—	—	—	delakotz[9]	duelakotz[9]	delakotzat[9]	dialakotzat[9]	supposant qu'il est	supposant qu'il l'a
» génitivo-inessive	dalakoan	duelakoan	dalakuan[6]	dabelakuan[6]	delakoan	duelakoan	delakuan	dialakuan	supposant qu'il est	supposant qu'il l'a
Relative génitive	daneko	dueneko	daneko	dabeneko	deneko	dueneko	deneko	dianeko	pour quand il est, pour quand il y a	pour quand il l'a
» inessive	danean	duenean	danian	dabenian	denean	duenean	denian	dianian	lorsqu'il est, lorsqu'il y a	lorsqu'il l'a
» déterminative[7]	—	—	—	—	deno	dueno	deno	dieno	tant qu'il est, tant qu'il y a	tant qu'il l'a
» disjonctive[5]	—	—	danoz	dabenez	donez	duenez	denez	dianez	s'il est, s'il est ou non; s'il y a, s'il y a ou non	s'il l'a, s'il l'a ou non
NOMINALES COMPOSÉES										
Affirmativo-conjonctive infinitive[1]	—	—	—	—	badelarik	baduelarik	badelarik	badialarik	tandis qu'il y a	tandis qu'il l'a
» » génitive	badalako	baduelako	badalako	badabelako	—	—	—	—	parce qu'il y a	parce qu'il l'a
» » génitive articulée	—	—	badalakua[6]	badabelakua[6]	—	—	—	—	supposant qu'il y a	supposant qu'il l'a
» » génitivo-instrumentale	—	—	—	—	—	—	badelakoz[9]	badialakoz[9]	parce qu'il y a	parce qu'il l'a
» » génitivo-destinative	—	—	—	—	badelakotz[9]	baduelakotz[9]	badelakotzat[9]	badialakotzat[9]	supposant qu'il y a	supposant qu'il l'a
» » génitivo-inessive	badalakoan	baduelakoan	badalakuan[6]	badabelakuan[6]	badelakoan	baduelakoan	badelakuan	badialakuan	supposant qu'il y a	supposant qu'il l'a
Dubitativo-relative disjonctive[5]	—	—	badanez	badabenez	badenez	baduenez	badenez	badianez	s'il y a, s'il y a ou non	s'il l'a, s'il l'a ou non
Négativo-conjonctive infinitive[1]	—	—	—	—	eztelarik	eztuelarik	eztelarik	eztialarik	tandis qu'il n'est pas, tandis qu'il n'y a pas	tandis qu'il ne l'a pas
» » génitive[4]	eztalako	eztuelako	eztalako	eztabelako	—	—	—	—	parce qu'il n'est pas, parce qu'il n'y a pas	parce qu'il ne l'a pas
» » génitive articulée[4]	—	—	eztalakua[6]	eztabelakua[6]	—	—	—	—	supposant qu'il n'est pas, supposant qu'il n'y a pas	supposant qu'il ne l'a pas
» » génitivo-instrumentale	—	—	—	—	—	—	eztelakoz[9]	eztialakoz[9]	parce qu'il n'est pas, parce qu'il n'y a pas	parce qu'il ne l'a pas
» » génitivo-destinative	—	—	—	—	eztelakotz[9]	eztuelakotz[9]	eztelakotzat[9]	eztialakotzat[9]	supposant qu'il n'est pas, supposant qu'il n'y a pas	supposant qu'il ne l'a pas
» » génitivo-inessive[6]	eztalakoan	eztuelakoan	eztalakuan[6]	eztabelakuan[6]	eztelakoan	eztuelakoan	eztelakuan	eztialakuan	supposant qu'il n'est pas, supposant qu'il n'y a pas	supposant qu'il ne l'a pas
Négativo-relative génitive[4]	eztaneko	eztueneko	eztaneko	eztabeneko	ezteneko	eztueneko	ezteneko	eztianeko	pour quand il n'est pas, pour quand il n'y a pas	pour quand il ne l'a pas
» » inessive[6]	eztanean	eztuenean	eztanian	eztabenian	eztenean	eztuenean	eztenian	eztianian	lorsqu'il n'est pas, lorsqu'il n'y a pas	lorsqu'il ne l'a pas
» » déterminative[7]	—	—	—	—	ezteno	eztueno	ezteno	eztieno	tant qu'il n'est pas, tant qu'il n'y a pas	tant qu'il ne l'a pas
» » disjonctive[5]	—	—	—	—	eztenez	eztuenez	eztenez	eztianez	s'il n'est pas, s'il n'y a pas	s'il ne l'a pas

NOTES DU QUATRIÈME TABLEAU.

[1] Les formes conjonctives qui ne sont pas infinitives remplacent celles qui le sont, en guipuscoan et en biscaïen. C'est ainsi que *dala* s'emploie dans ces dialectes non seulement dans le sens de *qu'il est*, mais aussi dans celui de *delarik* "tandis qu'il est". Le labourdin, tout en ayant les formes positives infinitives, les remplace assez souvent, lui aussi, par les non infinitives.

[2] Les formes causatives, manquant au guipuscoan et au biscaïen, sont presque toujours remplacées dans ces deux dialectes par les formes relatives. C'est ainsi que la phrase: *là où est ton trésor, est ton cœur*, qui est rendue en souletin par *nun beita zure tresora,* han düzü zure bihotza*, et en labourdin par *non baita zure tresora, han da zure bihotza*, doit s'exprimer en guipuscoan par *non dagoen zure tesoroa, an dago zure biotza*, et en biscaïen par *nun daguan zeure tesorua, an dago zeure bijotza*.

[3] En guipuscoan et en biscaïen la forme affirmative du transitif *badu, badau* signifie moins *il l'a* que ce que les Espagnols expriment par *ya lo tiene*. Lorsque on veut rendre dans ces deux dialectes *lo tiene* tout simplement, on emploie la forme capitale. *Ogia du, ogija dau* "tiene el pan", *badu ogia, badau ogija* "ya tiene el pan". Ces deux phrases espagnoles seront toujours rendues en labourdin et en souletin par *badu* ou *badü ogia*. La forme intransitive *bada*, dans les deux dialectes basques d'Espagne, est exprimée très-souvent par *dago*, de sorte que ces phrases espagnoles *hay agua, ya hay agua, es agua, ya es agua* se rendent, la première par *ura dago* et *bada ura*, la deuxième par *badago ura*, la troisième et la quatrième par *ura da*. En labourdin et en souletin, la première et la deuxième par *bada ura* ou *hur*, et la troisième et la quatrième par *ura* ou *hur da*. Nous finirons cette note par faire observer que *ba* ne peut appartenir à la forme affirmative que lorsque le terminatif n'est pas accompagné de noms verbaux, de certains mots à l'indéfini tels que *bearr, biarr* ou *beharr, nai, nahi* ou *gura* etc., ou bien d'un adjectif. C'est ainsi que *ogia eman badu* ou *badü, ogija emon badau, ona bada* ou *hun bada, bearr, biarr* ou *beharr bada, nai, nahi badu* ou *gura badau* ne peuvent signifier que dubitativement *s'il a donné le pain, s'il est bon, si c'est nécesaire, s'il le veut*, quoique *badu* ou *badü ogia, badau ogija* expriment affirmativement *il a le pain* ou *ya tiene el pan*. Quant à *bearr, biarr* ou *beharr, nai, nahi* ou *gura* &c., lorsque le sens est affirmatif, ils ne reçoivent jamais, pas même dans les dialectes de France, les terminatifs accompagnés de la syllabe prépositive *ba*.

[4] Dans le guipuscoan et dans le biscaïen littéraires les formes négatives ne sont pas obligatoires, et l'on peut parfaitement bien substituer, soit dans la langue parlée, soit dans la langue écrite, à *ezta, eztu, eztau, ezpada, ezkera, ezkara* "ez da, ez du, ez dau, ez bada, ez gera, ez gara". En labourdin on prononce *ezta* etc., quoique l'on écrive le plus souvent (à tort) *ez da*.

[5] J'appelle ces formes *disjonctives* et non pas *instrumentales*, car l'affixe instrumental n'y joue absolument aucun rôle, en dépit des apparences contraires. *Danez* et *duenez* ne sont en effet que l'abréviation de *dan edo ez, duen edo ez*; et quant à ceux qui conserveraient quelque doute à cet égard, on n'a qu'à leur faire observer que le dialecte guipuscoan ne connaît pas cette forme et se sert dans le même sens de *dan edo ez, duen edo ez*.

[6] Les formes nominales du verbe basque sont en général les mêmes que celles du nom; mais, comme les premières diffèrent souvent des secondes quant au sens, on a jugé convenable de ne faire entrer dans ce tableau, comme formes verbales nominales, que celles qui présentent cette différence d'une manière assez sensible. C'est ainsi que l'on y voit figurer *denean* et *dianeko* dans le sens de *lorsqu'il est* et de *pour quand il l'a*, mais non pas dans celui de *dans ce qui est* et de *de ce qui l'a*. Dans ce dernier sens en effet l'affixe inessif de *denean* et l'affixe génitif relatif de *dianeko* ne diffèrent en rien de ceux de *lurrean* "dans la terre" *oihaneko* "du bois".

[7] L'affixe déterminatif pur paraît être *o*, abréviation de *oro* "tout", d'après Darrigol, dont nous partageons entièrement la manière de voir à ce sujet. Les formes verbales relatives sont les seules qui présentent cet affixe sans accompagnement. En effet dans *deno, diano* on ne voit que la forme relative plus l'affixe déterminatif *o*. Dans les autres noms au contraire, c'est l'affixe allatif qui s'ajoute en général, non pas à l'affixe déterminatif isolé, mais à la forme verbale *deno* elle-même. Je dis en général, car il arrive quelquefois, comme dans les expressions adverbiales, que *dano, daño, daino, deno, deño, deino, dino, diño*, selon les dialectes, jouent le rôle de véritables affixes. C'est ainsi que quoique l'on dise *deno* et *diano* dans le sens de *tant qu'il est, tant qu'il l'a*, on dira *deneraino, dueneraino* pour *jusqu'à ce qui est, jusqu'à ce qui l'a*, *deneraino* et *dueneraino* n'étant que l'abréviation de *denera deno* et *duenera deno*. Il en est de même de *zeruraño, lurreraño* "jusqu'au ciel, jusqu'à la terre", et sans affixe allatif: *gaurdaño* "jusqu'à aujourd'hui", *biardaño* "jusqu'à demain", *aurtendaño* "jusqu'à cette année".

[8] *dalakuan, dabelakuan* et leur composés existent bien en biscaïen, mais n'étant formés que de *dalakua, dabelakua* plus l'affixe inessif, qui est loin d'y déterminer un sens de véritable forme verbale (V. la sixième note), nous ne les avons enregistrés, dans ce dialecte, qu'en caractères italiques, et seulement pour aider la comparaison avec le guipuscoan, le labourdin et le souletin.

[9] *delakotz, duelakotz* et leurs composés ont pour synonymes, en labourdin, *delakotzat, duelakotzat* etc. Les uns ni les autres ne reçoivent pas toutefois, dans ce dialecte, la signification souletine de *supposant qu'il est* etc. Ils signifient, comme en souletin *delakoz, dialakoz*, "parce qu'il est, parce qu'il l'a".

* Le signe *s* sert à indiquer le *s* doux propre au souletin, son intermédiaire entre le *z* et *j* français, de même que le *s* indique dans les quatre dialectes un son intermédiaire entre celui du *s* dur et du *ch* français. Le *s* et le *ş* constituent, en basque, deux palatales sifflantes.

CINQUIÈME TABLEAU PRÉLIMINAIRE.
NOMS VERBAUX.

NOMS VERBAUX	GUIPUSCOAN	BISCAÏEN	LABOURDIN	SOULETIN	
Noms verbaux s'unissant aux terminatifs de la voix intransitive					
Simples					
Radical[1]	eror	—	eror	eror	tombé, allé
Indéfini	erori, joan	jausi, juan	erori, goan	erori, juan	tombé, allé
Défini[2]	eroria, joana	jausija, juana	eroria, goana	—	le tombé, l'allé
Infinitif[2]	—	—	—	eroririk, juanik	tombé, allé
Inessif indéfini	erortzen, joaten	jausten, juaten	erortzen, goaten	erorten, juaiten	en action de tomber, en action d'aller
Inessif défini (*voir aux variantes des noms verbaux à l'inessif, troisième partie.*)					
Génitif local	eroriko, joango	jausiko, juango	eroriko	eroriko	de tombé, d'allé
Génitif possessif	—	—	goanen	eroriren, juanen	de tombé, d'allé
Doubles					
Double indéfini[4]	erori izan, joan izan	jausi izan, juan izan	erori izan, goan izan	erori izan, juan izan	été tombé, été allé
Défini avec indéfini[4]	eroria izan, joana izan	jausija izan, juana izan	eroria izan, goana izan	—	été le tombé, été l'allé
Infinitif avec indéfini	—	—	—	eroririk izan, juanik izan	été tombé, été allé
Indéfini avec génitif local	erori izango, joan izango	jausi izango, juan izango	—	—	d'été tombé, d'été allé
Indéfini avec génitif possessif	—	—	erori izanen, goan izanen	—	d'été tombé, d'été allé
Défini avec génitif local	eroria izango, joana izango	jausija izango, juana izango	—	—	d'été le tombé, d'été l'allé
Défini avec génitif possessif	—	—	eroria izanen, goana izanen	—	d'été le tombé, d'été l'allé
Infinitif avec génitif possessif	—	—	—	eroririk izanen, juanik izanen	d'été tombé, d'été allé
Triples[4]					
Double indéf. et génitif local	—	jausi izan izango, juan izan izango	—	—	d'avoir été tombé, d'avoir été allé
Défini avec indéf. et génitif local	—	jausija izan izango, juana izan izango	—	—	d'avoir été le tombé, d'avoir été l'allé
Noms verbaux s'unissant tantôt aux terminatifs de la voix transitive et tantôt à ceux de la voix intransitive[3]					
Simples					
Radical[1]	ikus	—	ikus	ikhus	vu, mangé
Indéfini	ikusi, jan	ikusi, jan	ikusi, yan	ikhusi, jan	vu, mangé
Défini[2]	ikusia, jana	ikusija, jana	ikusia, yana	—	le vu, le mangé
Infinitif[2]	—	—	—	ikhusirik, janik	vu, mangé
Inessif indéfini	ikusten, jaten	ikusten, jaten	ikusten, yaten	ikhusten, jaten	en action de voir, en action de manger
Inessif défini (*voir aux variantes des noms verbaux à l'inessif, troisième partie.*)					
Génitif local	ikusiko, jango	ikusiko, jango	ikusiko	ikhusiko	de vu, de mangé
Génitif possessif	—	—	yanen	ikhusiren, janen	de vu, de mangé
Doubles					
Double indéfini[4]	ikusi izan, jan izan	ikusi izan, jan izan	ikusi izan, yan izan	ikhusi ükhen,[5] jan ükhen[5]	eu vu, eu mangé
Défini avec indéfini[4]	ikusia izan, jana izan	ikusija izan, jana izan	ikusia izan, yana izan	—	eu le vu, eu le mangé
Infinitif avec indéfini	—	—	—	ikhusirik ükhen,[5] janik ükhen[5]	eu vu, eu mangé
Indéfini avec génitif local	ikusi izango, jan izango	ikusi izango, jan izango	—	—	d'eu vu, d'eu mangé
Indéfini avec génitif possessif	—	—	ikusi izanen, yan izanen	—	d'eu vu, d'eu mangé
Défini avec génitif local	ikusia izango, jana izango	ikusija izango, jana izango	—	—	d'eu le vu, d'eu le mangé
Défini avec génitif possessif	—	—	ikusia izanen, yana izanen	—	d'eu le vu, d'eu le mangé
Infinitif avec génitif possessif	—	—	—	ikhusirik ükhenen,[5] janik ükhenen[5]	d'eu vu, d'eu mangé
Triples[4]					
Double indéf. et génitif local	—	ikusi izan izango, jan izan izango	—	—	d'avoir eu vu, d'avoir eu mangé
Défini avec indéf. et génitif local	—	ikusija izan izango, jana izan izango	—	—	d'avoir eu le vu, d'avoir eu le mangé

N.B. Le "j" souletin se prononce comme le *j* français ou à-peu-près; le "y" guipuscoan et biscaïen, comme le *j* espagnol; le "j" biscaïen, comme un *d* mouillé et légèrement sifflant, qui tient le milieu entre le *di* du mot français *diable* et le *ghi* du mot italien *ghianda*.

[1] Le radical existe bien, quant à la forme, en guipuscoan, mais, quant au sens, il n'y constitue qu'une variante de l'indéfini. On l'y emploie par des raisons euphoniques, et non pas d'après la syntaxe, comme cela a lieu dans les dialectes de France. Quoiqu'il puisse, en guipuscoan, être remplacé par l'indéfini, l'inverse ne saurait toujours avoir lieu. Le sens du radical ne peut être bien rendu en français.

[2] Le défini du guipuscoan, du biscaïen et du labourdin, ainsi que l'infinitif du souletin ne peuvent se rendre en français que d'une manière approximative à l'aide des mots *déjà, tout-à-fait* etc. *Erori da, jausi da* "il est tombé", *eroria da, jausija da, eroririk da* "il est déjà, tout-à-fait tombé". Quoique les trois premiers dialectes n'emploient pas l'infinitif et que le souletin ne se serve pas du défini dans les temps composés, le défini et l'infinitif n'en sont pas moins employés dans tous les dialectes, le premier comme adjectif et le second pour rendre le participe passé composé. En effet *eroririk*, dans le sens de *étant tombé*, appartient tout aussi bien au souletin qu'au guipuscoan et au labourdin, de même que *jausirik* au biscaïen, et *eroria*, dans le sens de *le tombé*, se dit non seulement en guipuscoan et en labourdin, mais aussi en souletin, de même que *jausija* en biscaïen.

[3] Le défini et l'infinitif, ainsi que les noms verbaux doubles dont ils font partie, et qui s'unissent tantôt avec les terminatifs de la voix transitive et tantôt avec ceux de la voix intransitive, lorsqu'ils s'unissent à ces derniers, peuvent, dans certains cas fort rares, recevoir deux significations bien distinctes, car ils correspondent, quant au sens, tout aussi bien au passif qu'à l'actif du français. C'est ainsi que *janu, yana* ou *janik da* signifient non seulement *il est mangé*, mais aussi *il a mangé* (*il est repu*). Dans ce dernier cas le souletin *janik* a le sens de *ayant mangé*, sens qu'il reçoit en d'autres circonstances, tandis que dans les autres dialectes (chose difficile à expliquer) c'est le défini *jana, yana* qui, dans cette seule occasion, est employé dans le sens de *janik, yanik*.

[4] Le double indéfini et le défini avec indéfini sont peu usités en biscaïen, et les noms verbaux triples le sont encore moins. C'est pourquoi ces derniers ne figureront pas dans le tableau des temps composés.

[5] Lorsque les noms verbaux s'unissent aux terminatifs de la voix intransitive, *ükhen* et *ükhenen* sont toujours remplacés, en souletin, par *izan* et *izanen*.

SIXIÈME TABLEAU PRÉLIMINAIRE, MONTRANT LES DIFFÉRENTES MANIÈRES DONT SE FORMENT LES NOMS VERBAUX.

INDÉFINI, DÉFINI, INFINITIF ET RADICAL

	GUIPUSCOAN	BISCAÏEN	LABOURDIN	SOULETIN	
1	jan-a	jan-a	yan-a	jan-ik	manger
2	joan-a	juan-a	goan-a	juan-ik	aller
3	ikusi-a	ikusi-ja	ikusi-a	ikhusi-rik	voir
4	autsi-a	ausi-ja	hautsi-a	hautse-rik	rompre
5	idiki-a	idigi-ja	ideki-a	idoki-rik	ouvrir
6	busti-a	busti-ja	busti-a	busti-rik	mouiller
7	argitu-a	argitu-ba	argitu-a	argitü-rik	éclairer
8	pagatu-a	pagau-ba	pagatu-a	pakhatü-rik	payer
9	ezkondu-a	ezkondu-ba	ezkondu-a, ezkont r.	ezkuntü-rik	marier
10	ustu-a	ustu-ba	hustu-a	hüstü-rik	vider
11	deitu-a	deitu-ba	deithu-a	deithü-rik	appeler
12	sartu-a	sartu-ba	sarthu-a	sarthü-rik	entrer
13	jo-a	jo, jua d.	yo-a	jo-rik	frapper
14	bete-a	bete, betia d.	bethe-a	bethe-rik	remplir
15	atera-tua	atera, aterea d.	athera-tua	khosta-rik (coûter)	sortir

INESSIF

	GUIPUSCOAN	BISCAÏEN	LABOURDIN	SOULETIN
1	jaten	jaten	yaten	jaten
2	joaten	juaten	goaten	juaiten [3]
3	ikusten [1]	ikusten	ikhusten	ikhusten
4	austen	austen	hausten	hausten
5	idikitzen	idigiten	idekitzen	idokiten
6	bustitzen	bustiten	bustitzen	bustiten
7	argitzen	argiten	argitzen	argitzen
8	pagatzen	pagotan [2]	pagatzen	pakhatzen
9	ezkontzen	ezkonetan [2]	ezkontzen	ezkuntzen
10	usten	ustuten	husten	hüsten
11	deitzen	deituten	deitzen	deitzen
12	sartzen	sartuten	sartzen	sartzen
13	jotzen	joten	yotzen	joiten [2]
14	betetzen	betetan [2]	bethetzen	bethetzen
15	ateratzen	ateretan [2]	atheratzen	khostatzen

GÉNITIF

	GUIPUSCOAN	BISCAÏEN	LABOURDIN	SOULETIN
1	jango	jango	yanen	janen
2	joango	juango	goanen	juanen
3	ikusiko	ikusiko	ikusiko	ikhusiren [4]
4	autsiko	ausiko	hautsiko	hautseren
5	idikiko	idigiko	idekiko	idokiren
6	bustiko	bustiko	bustiko	bustiren
7	argituko	argituko	argituko	argitüren [4]
8	pagatuko	pagauko	pagatuko	pakhatüren
9	ezkonduko	ezkonduko	ezkonduko	ezkuntüren
10	ustuko	ustuko	hustuko	hüstüren
11	deituko	deituko	deithuko	deithüren
12	sartuko	sartuko	sarthuko	sarthüren
13	joko	joko	yoko	joren
14	beteko	beteko	betheko	betheren
15	aterako	aterako	atherako	khostaren

N.B.—d. et r. signifient *défini* et *radical*. Les lettres qui suivent le tiret sont celles qu'il faut retrancher de l'indéfini pour le transformer en radical. Les lettres en italique sont celles qu'il faut ajouter à l'indéfini pour le transformer en défini ou en infinitif.

[1] Quoique les inessifs guipuscoans se terminent le plus souvent en *tzen*, certains d'entre eux préfèrent la désinence en *ten*, qui est la plus usitée en biscaïen. Lorsque l'indéfini se termine en *n*, la désinence en *ten* est la seule en usage dans les quatre dialectes, mais lorsqu'il se termine en *si*, *tsi*, *tu*, quoique la désinence en *ten* soit la plus usitée en guipuscoan, celle en *tzen* n'est pas non plus inadmissible dans ce dialecte : *ikusten, ikusitzen*. Dans ce dernier cas l'indéfini ne subit aucun retranchement pour se transformer en inessif.

[2] Les noms verbaux biscaïens qui se terminent à l'inessif en *etan* au lieu de *aten* sont ceux qui à l'indéfini se terminent en *au, iu, du* ou bien en *a* ou *e*. Ceux en *au, du*, et *a* changent ces finales en *etan*, ceux en *iu* ne changent en *etan* que l'*u* final, et ceux en *e* ajoutent la finale *tan* à l'indéfini.

[3] Un nombre très-restreint de noms verbaux se terminent en *aiten, eiten, oiten*, au lieu de *aten, eten, oten*. Ces exceptions ont lieu non seulement en souletin, mais aussi dans les deux dialectes bas-navarrais, et rarement en labourdin. La seule manière de se rendre compte de cet *i* intercalé, c'est de l'assimiler à l'*i* de *urteiten, aurkituiten, emoiten* et mille autres, que l'on emploie dans certaines variétés du sous-dialecte biscaïen occidental (voir la troisième partie), comme abréviations de *urte egiten, aurkitu egiten, emo egiten*, et comme synonymes de *urteten, aurkituten, emoten* ; car il ne faut pas ignorer que dans les sus-dites variétés, de même qu'en bas-navarrais occidental, *ein* s'emploie pour *egin*, et qu'en bas-navarrais oriental on se sert indifféremment de *in* et de *ein*. Il paraît donc que l'*i* de *juaiten, emaiten, joiten, ükheiten* appartient à l'inessif d'*egite, eite* ou *ite*, et non pas à l'inessif d'autres mots. Dans *joaten, juaten* ou *goaten, ematen* ou *emoten, jotzen, joten* ou *yotzen, urteten, aurkituten*, nous avons, au contraire, des inessifs de *joate, juate* ou *goate* "action d'aller", *emate* ou *emote* "action de donner", *jotze, jote* ou *yotze* "action de frapper", *urtete* "action de sortir", *aurkitute* "action de trouver". Au point de vue morphologique, *emaiten*, comme abréviation de *ema egiten*, peut se rendre par *en action de faire don*, tandis que *ematen* se rendrait simplement par *en action de donner*. Au point de vue idéologique, *emaiten* et *ematen* ne présentent aucune différence, quoique le premier soit un composé de deux noms et que le dernier ne soit qu'un seul mot à l'inessif.

Les noms verbaux *joan, juan, goan* ou *juan, eman* ou *emon, urten, ükhen*, ainsi que tous les indéfinis terminés en *n*, ne doivent être considérés, selon nous, que comme de véritables inessifs de *joa, jua, gon* ou *jua, ema* ou *emo, urte, ükhe*. Tous ces mots, comme on vient de le voir, ont une existence réelle dans les noms verbaux inessifs exceptionnels à *i* intercalé : *jua iten* "en action de faire allée", *ema* ou *emo iten* "en action de faire don", *urte iten* "en action de faire sortie", *ükhe iten* "en action de faire possession", *jo iten*, "en action de faire frappé", *aurkitu iten* "en action de faire trouvé". On voit aussi par ces exemples, que pour qu'un nom terminé en *n* puisse s'unir à l'inessif *iten*, il faut qu'il commence par perdre sa lettre finale, en s'assimilant aux noms qui, comme *jo* et *aurkitu*, ne se terminent pas en *n*, et qui n'ont besoin de rien perdre pour pouvoir s'unir à l'inessif *iten*. Nous avons là la preuve que les mots terminés en *n* et qui ont perdu cette lettre en s'unissant à l'inessif *iten* étaient bien eux-mêmes à l'inessif avant de l'avoir perdue, et que cette perte n'a eu lieu que pour éviter la répétition inadmissible de deux inessifs dans le même nom verbal.

Quant au mot *egin*, l'analogie exige qu'on le considère comme l'inessif de *egi*, qui dans plusieurs variétés de la langue basque est synonyme de *egia* "vérité", signification qui dans quelques langues, entre autres en italien, se confond quelquefois avec l'idée de *fait*, comme on peut l'observer dans la phrase *è fatto*, dans le sens de *è verità* "egia da", et dans le français *le fait est* pour *la vérité est*. Le mot *ezin* "ne pas pouvoir" pourrait bien aussi ne pas échapper à l'analyse de *ez in*, synonyme de *ez ein, ez egin* "ne pas faire".

[4] Les noms verbaux souletins terminés en voyelle peuvent aussi recevoir en général l'affixe génitif local, quoique l'affixe génitif possessif soit le plus usité : *ikhusiren* ou *ikhusiko, argitüren* ou *argitiko* etc.

SEPTIÈME TABLEAU PRÉLIMINAIRE.

TEMPS DITS COMPOSÉS.

SEPTIÈME TABLEAU PRÉLIMINAIRE, MONTRANT LES TEMPS COMPOSÉS.

NOTES DU SEPTIÈME TABLEAU.

[1] Les futurs passés du conditionnel, en guipuscoan et en labourdin, et les passés parfaits du même mode, dans ce dernier, sont souvent remplacés par les futurs passés de l'indicatif. C'est ainsi que *ikusi izango zuen* et *ikusiko zuen*, dans ces deux dialectes, se trouvent employés pour *ikusiko zukean* et *ikusi zuken*, dans le sens de *il l'aurait vu*.

[2] Les deux parfaits antérieurs de l'indicatif ne sont pas très-usités en biscaïen, et les deux passés antérieurs du même mode y sont presque inusités.

[3] Le futur antérieur, le futur absolu et le futur passé de l'indicatif ont toujours, en biscaïen, un sens conjectural, que l'on peut rendre d'une manière approximative par *peut-être, on suppose* etc.: *jausi izango da* "il sera, peut-être, tombé", *ikusiko eban* "il l'aurait vu, on suppose". Le futur simple, en labourdin (V. la troisième note du premier tableau préliminaire), présente toujours ce même sens conjectural du futur antérieur biscaïen. Le futur absolu et le futur passé du français se rendent tous les deux, en biscaïen, par le futur ordinaire, lorsque le sens n'est pas conjectural, de sorte que *jausiko da* signifie tout aussi bien *il tombera* que *il sera tombé*. En labourdin, au contraire, *eroriko da* signifie seulement *il tombera*, *erori izanen da* "il sera tombé" et *eroria daiteke* "il sera, peut être, tombé" ou "il peut se faire qu'il soit tombé".

[4] Le présent et l'imparfait du conditionnel n'ont lieu, en biscaïen, comme temps composés, qu'avec le nom verbal *izaten* à l'intransitif.

[5] Le parfait et le parfait absolu, le passé parfait et le passé absolu du conditionnel reçoivent, en biscaïen, une signification plus ou moins conjecturale, de manière que *jausi litzateke* et *jausi litzatekian* signifient moins *il serait tombé* que *il peut se faire, il pourrait se faire qu'il soit tombé*. *Il serait tombé*, comme conditionnel pur, se rend en biscaïen par *jausiko litzatekian*, c'est-à-dire par le futur passé du conditionnel.

[6] Le futur présent du potentiel conditionnel remplace, en souletin, le futur du conditionnel des autres dialectes : *eroriko litzake, jausiko litzateke, eroriko liteke* sont rendus en souletin par *eror leite*. Le labourdin aussi fait très-souvent cette substitution, en employant *eror liteke (laitake, laiteke, litake)* pour *eroriko liteke* etc. De même *ikus lezake* "il le verrait" se dit plus souvent que *ikusiko luke*.

[7] Le futur absolu composé de l'indicatif est moins employé, en souletin, que le futur absolu simple du même mode. Dans ce dialecte on dit plus souvent *eroririk date* que *eroririk izanen da*. De même le futur passé et le futur passé absolu de l'indicatif y sont moins employés que le passé parfait et le passé antérieur absolu du conditionnel : *erori zatekian, eroririk izan zatekian* plutôt que *eroriko zen, eroririk izanen zen*.

[8] Voir les notes 8 et 9 du premier tableau préliminaire.

[9] Ce futur ne se trouve indiqué dans aucun ouvrage grammatical sur la langue basque. Nous l'avons remarqué pour la première fois dans la traduction en vers de l'Office de la Vierge par Harizmendi, dont l'approbation (le titre manque à notre exemplaire) est datée de 1658. Exemples: pag. 47, *haiña goçatuco date* ; pag. 55, *berequin boztuco nauque* ; pag. 60, *Jaunac manatuco duque* ; pag. 127, *iguzquiac etçaltuque, eguiaz hiratuco*. Nous avons conservé l'ancienne orthographe. On remarquera toutefois que du temps de Harizmendi la signification de ce futur n'était pas conjecturale, mais positive comme en souletin. Sa forme aussi était souletine : *date* et non pas *daiteke*, mais il s'unissait alors comme aujourd'hui (nous venons de le constater sur les lieux mêmes) aux noms verbaux ayant l'affixe en *ko*.

HUITIÈME TABLEAU PRÉLIMINAIRE.

VERBE GUIPUSCOAN.

HUITIÈME TABLEAU PRÉLIMINAIRE, MONTRANT LA CONJUGAISON COMPLÈTE DU VERBE GUIPUZCOAN DANS SES TEMPS SIMPLES, LES VARIANTES ET LES TRAITEMENTS FAMILIERS EXCEPTÉS.

NEUVIÈME TABLEAU PRÉLIMINAIRE.

VERBE BISCAÏEN.

NEUVIÈME TABLEAU PRÉLIMINAIRE, MONTRANT LA CONJUGAISON COMPLÈTE DU VERBE DEBINER DANS SES TEMPS SIMPLES, LES VARIANTES ET LES TRAITEMENTS FAMILIERS EXCEPTÉS.

DIXIÈME TABLEAU PRÉLIMINAIRE.

VERBE LABOURDIN.

DIXIÈME TABLEAU PRÉLIMINAIRE, MONTRANT LA CONJUGAISON COMPLÈTE DU VERBE LABOURDIN DANS SES TEMPS SIMPLES, LES VARIANTES ET LES TRAITEMENTS FAMILIERS EXCEPTÉS.

INDICATIF	1. Présent	[illegible]
	2. Passé	[illegible]
	3. Futur	[illegible]
CONDITIONNEL	4. Présent	[illegible]
	5. Passé	[illegible]
IMPÉR.	6. Présent	[illegible]
SUBJONCTIF	7. Présent	[illegible]
	8. Passé	[illegible]
POTENTIEL	9.	[illegible]
POTENTIEL CONDITIONNEL	10.	[illegible]
[illegible]	11.	[illegible]
[illegible]	12.	[illegible]
[illegible]	13.	[illegible]

ONZIÈME ET DERNIER TABLEAU PRÉLIMINAIRE.

VERBE SOULETIN.

N.B. *Pour le traitement respectueux des terminatifs dans lesquels n'entre pas la seconde personne, terminatifs très-employés en souletin et surtout en bas-navarrais oriental, voir la deuxième partie.*

ONZIÈME TABLEAU PRÉLIMINAIRE, MONTRANT LA CONJUGAISON COMPLÈTE DU VERBE SOULETIN DANS SES TEMPS SIMPLES, LES VARIANTES, LES TRAITEMENTS FAMILIERS ET LE TRAITEMENT RESPECTUEUX EXCEPTÉS.

[illegible]

DEUXIÈME PARTIE,

CONTENANT

I.

LA CONJUGAISON DÉTAILLÉE ET COMPARATIVE,
COMPLÈTE AUX VARIANTES PRÈS,
DES QUATRE DIALECTES LITTÉRAIRES
DE LA LANGUE BASQUE;
PRÉCÉDÉE DE TABLEAUX
MONTRANT LES DIFFÉRENTES MANIÈRES
DE COMPOSER LES FORMES VERBALES
DE CES DIALECTES;

II.

DIX-HUIT TABLEAUX SUPPLÉMENTAIRES,
PRÉSENTANT LA CONJUGAISON COMPLÈTE
AUX VARIANTES PRÈS
DES QUATRE AUTRES DIALECTES NON LITTÉRAIRES,
AINSI QUE LES DIFFÉRENTES MANIÈRES
DE COMPOSER LES FORMES VERBALES,
LES NOMS VERBAUX
ET LES TEMPS COMPOSÉS,
AVEC OU SANS CONTRACTION,
DE CES MÊMES DIALECTES.

TABLEAU MONTRANT LES PRINCIPALES MANIÈRES DE COMPOSER LES FORMES VERBALES.
VOIX INTRANSITIVE.

IL EST — Indicatif — Présent

	Guipuscoan	Biscayen	Labourdin	Souletin
S. 1. cap. t.	naiz	nax	naiz	nix
m.	naik	iiok	nauk	nök
f.	nan	non	nau	nün
r.	—	—	—	nüzü
conj. t.	naizela	naxala	naizela	nizala
m.	naikala	nuala	naukala	—
f.	nanala	nonala	naunala	—
rel. t.	naizan	nazau	naizen	nizan
m.	naikeu	nuan	naukau	—
f.	nanan	nonun	naunan	—
caus. t.	—	—	bainaiz	baniz
m.	—	—	bainauk	—
f.	—	—	bainaun	—
int. t.	—	—	—	niza
nég. t.	—	—	—	eniz
m.	—	—	—	enök
f.	—	—	—	enün
r.	—	—	—	enüzü
2. cap. t.	zera	zara	zare	zira
m.	aiz	az	haiz	iz
f.	aiz	az	haiz	iz
conj. t.	zerala	zariala	zarela	zirela
m.	aizela	aenla	hinizela	izala
f.	aizela	azala	haizela	izala
rel. t.	zeian	zarian	zaren	ziran
m.	aizan	azan	hinizen	izan
f.	aizan	azan	haizou	izau
caus. t.	—	—	baitzaro	baitzira
m.	—	—	baihaiz	beliz
f.	—	—	baihaix	belix
int. t.	—	—	—	zireya
m.	—	—	—	iza
f.	—	—	—	ixa
nég. t.	etzera	etzara	etzare	etzira
m.	—	—	—	ohiz
f.	—	—	—	ehiz
3. cap. t.	da	da	da	da
m.	dek	dok	duk	dük
f.	den	don	dun	dün
r.	—	—	—	düzü
conj. t.	dala	dala	dela	dela
m.	dekala	duala	dukala	—
f.	denala	donala	dunala	—
rel. t.	dau	dan	den	den
m.	dekan	duan	dukan	—
f.	denan	donau	dunau	—
caus. t.	—	—	baita	beita
m.	—	—	baituk	—
f.	—	—	baitun	—
int. t.	—	—	—	deya
nég. t.	ezta	ezta	ezta	ezta
m.	eztiok	eztok	eztink	eztük
f.	eztion	ezton	eztun	eztin
r.	—	—	—	eztüzü
P. 1. cap. t.	gera	gara	garo	gira
m.	gaituk	gaituk	gaituk	gütük
f.	gaitun	gaitun	gaitun	gütü
r.	—	—	—	güttüa
conj. t.	garala	garala	garela	girela
m.	gaitukala	gaitubala	gaitukala	—
f.	gaitunala	gaitunala	gaitunala	—
rel. t.	geran	garan	garon	giron
m.	gaitukan	gaituban	gaitukan	—
f.	gaitunau	gaitunan	gaitunau	—
caus. t.	—	—	baikaro	boikira
m.	—	—	baikaituk	—
f.	—	—	baikaitun	—
int. t.	—	—	—	gireya
nég. t.	ezkera	ezkara	ezkaro	ezkira
m.	ezkaituk	ezkaituk	ezkaituk	ezkütük
f.	ezkaitun	ezkaitun	ezkaitun	ezkütü
r.	—	—	—	ezkütüxü
2. cap. t.	zorate	zarete	zareto	zirayo
conj. t.	zoratela	zaretela	zaretela	zirayela
rel. t.	zeraten	zareten	zareten	zirayen
caus. t.	—	—	baitzarete	boitzirayo
int. t.	—	—	—	zirayoya
nég. t.	etzorate	etzaroe	etzareto	etziraye
3. cap. t.	dira	dira	dire	dira
m.	dituk	dituk	dituk	dütük
f.	ditun	ditun	ditun	dütün
r.	—	—	—	dütüxü
conj. t.	dirala	dirala	direla	direla
m.	ditukala	ditubala	ditukala	—
f.	ditunala	ditunala	ditanala	—
rel. t.	diran	dirian	diren	diren
m.	ditukan	dituban	ditukan	—
f.	ditunan	ditunan	ditunan	—
caus. t.	—	—	baitira	boitira
m.	—	—	baitituk	—
f.	—	—	baititun	—
int. t.	—	—	—	direya
nég. t.	eztira	eztira	eztira	eztira
m.	eztituk	eztituk	eztituk	eztütük
f.	eztitun	eztitun	eztitun	eztütün
r.	—	—	—	eztütüxü

IL ÉTAIT — Indicatif — Passé

	Guipuscoan	Biscayen	Labourdin	Souletin
S. 1. cap. t.	nintzan	nintzan	nintzen	niutzan
m.	nindukan	nintzan	nindukan	ündia
f.	nindunan	nintzonan	nindunan	nindüña
r.	—	—	—	nindüzün
conj. t.	nintzala	nintzela	nintzela	nintzala
m.	nindukala	nintzala	nindukala	—
f.	nindunala	nintzonala	ninduwala	—
rel. t.	nintzan	nintzen	nintzen	nintzan
m.	nindukan	nintzan	nindukan	—
f.	nindunan	nintzonan	nindunan	—
caus. t.	—	—	bainintzen	banintzan
m.	—	—	bainindukan	—
f.	—	—	bainindunan	—
int. t.	—	—	—	nintzana
nég. t.	—	—	—	eninzan
m.	—	—	—	enündia
f.	—	—	—	enündüña
r.	—	—	—	enündüzün
2. cap. t.	ziñan	zintzan	ziñen	ziñen
m.	intzakan	intzan	hintzen	intzan
f.	intzanan	intzan	hintzen	intzan
conj. t.	ziñala	zintzala	ziñela	zinela
m.	intzakala	intzala	hintzela	intzala
f.	intzanala	intzanala	hintzela	intzala
rel. t.	ziñan	zintzan	ziñen	ziren
m.	intzakan	intzan	hintzen	intzan
f.	intzanan	intzan	hintzen	intzan
caus. t.	—	—	baitzinen	beitzinen
m.	—	—	balkintzan	behintzan
f.	—	—	baitzintzan	behintzan
int. t.	—	—	—	ziñena
m.	—	—	—	intzana
f.	—	—	—	intzana
nég. t.	otziñan	etziutzan	etzinen	etzinen
m.	—	—	—	ohiutzan
f.	—	—	—	ehiutzun
3. cap. t.	zan	zan	zen	zen
m.	ukan	zuan	zukan	zia
f.	unan	zonan	zunan	züña
r.	—	—	—	züzün
conj. t.	xala	zala	zela	zela
m.	ukala	zukala	zukala	—
f.	unala	zonala	zunala	—
rel. t.	zan	zan	zen	zen
m.	ukau	znan	zukan	—
f.	uuau	zonau	zunan	—
caus. t.	—	—	baitzen	beitxen
m.	—	—	baitzenkan	—
f.	—	—	baitzunan	—
int. t.	—	—	—	zena
nég. t.	etzan	etxan	eizen	etzen
m.	—	otzuan	etzukan	otzou
f.	—	otzonan	etzunan	otzeña
r.	—	—	—	otzükan
P. 1. cap. t.	giñan	gintzan	ginen	ginen
m.	gindukan	gintzoazan	gintukan	gintia
f.	gindunan	gintzonazan	gintunan	gintüña
r.	—	—	—	gintükün
conj. t.	giñala	gintzala	ginela	ginela
m.	gindukala	gintzaazala	gintukala	—
f.	gindunala	gintzonazala	gintunala	—
rel. t.	giñan	gintkan	ginen	ginen
m.	gindukan	gintkuazan	gintukan	—
f.	gindunan	gintzonazan	gintunau	—
caus. t.	—	—	baikinen	boikinou
m.	—	—	baikintukan	—
f.	—	—	balkintuuan	—
int. t.	—	—	—	ginena
nég. t.	ezkiñan	ezkintzan	ezkinen	ezkiñon
m.	ezkindukan	ezkiutzuazan	ezkintukan	ezkintia
f.	ozkindunan	ezkintzonazan	ezkintunau	ezkintüña
r.	—	—	—	ezkintüxün
2. cap. t.	ziñaten	zintzen	zineten	zinten
conj. t.	ziñatela	zintzela	zinetela	zinetela
rel. t.	ziñaten	zintzen	zineten	zinien
caus. t.	—	—	baitzineten	beitzinion
int. t.	—	—	—	ziñena
nég. t.	etziñaten	etzintzen	etzineten	etzinien
3. cap. t.	ziran	zirian	ziren	ziren
m.	itukan	zozan	zitukan	zitia
f.	ituman	zonazan	zitunan	zitüña
r.	—	—	—	zütüxün
conj. t.	zirala	ziriala	zirela	zirela
m.	itukala	zozala	zitukala	—
f.	itunala	zonazala	zitunala	—
rel. t.	ziran	zirian	ziren	ziren
m.	itukan	zozan	zitukan	—
f.	itunan	zonazan	zitunan	—
caus. t.	—	—	baitziren	beitziren
m.	—	—	baitzitukan	—
f.	—	—	baitzitunan	—
int. t.	—	—	—	zirena
nég. t.	etziran	etziran	etziren	etziren
m.	otziran	etzonan	etziitukan	etzitia
f.	otzunan	etzonazan	etzitunan	etzitüña
r.	—	—	—	etzitüxün

IL SERAIT — Conditionnel — Présent

	Guipuscoan	Biscayen	Labourdin	Souletin
S. 1. cap. t.	nintzako	nintzateko	nintake	nintzate
m.	nindukek	nintzatekek	nindukek	nindükek
f.	ninduken	nintzatoken	ninduken	nindüken
r.	—	—	—	nindükoni
conj. t.	nintzatekoala	nintzatekela	nintakela	nintzatiala
m.	nindukekala	nintzatekiala	nindukekala	—
f.	nindukenala	nintzatokenala	nindükenala	—
rel. t.	nintzaken	nintzateken	nintaken	nintzatian
m.	nindukokan	nintzatekian	nindukokan	—
f.	nindukenan	nintzatokenan	nindukenan	—
caus. t.	—	—	baininteke	banintzate
m.	—	—	bainindukek	—
f.	—	—	baininduken	—
int. t.	—	—	—	nintzateya
nég. t.	—	—	—	eninteke
m.	—	—	—	enündükek
f.	—	—	—	enündüken
r.	—	—	—	enündükeni
2. cap. t.	ziñake	zintzateke	zintake	zinate
m.	intzakek	intzateko	hintoke	intzate
f.	intzaken	intzateken	hinteke	intzate
conj. t.	ziñakeala	zintzatekeala	ziñekela	zinatiala
m.	intzakokela	intzatekela	hintekela	intzatiala
f.	intzakenala	intzatokenala	hintekela	intzatiala
rel. t.	ziñaken	zintzatokezan	zintzake	zinatian
m.	intzakeken	intzatekezan	hintzekezan	intzatian
f.	intzakenan	intzatokenan	hintekezan	intzatian
caus. t.	—	—	baitzinteke	beitzinate
m.	—	—	bahintzke	behintzato
f.	—	—	bahintzke	behintzate
int. t.	—	—	—	zinatoya
m.	—	—	—	intzateya
f.	—	—	—	intzutoya
nég. t.	etziñake	etziintzatekez	etzienteke	etzinateye
m.	—	—	—	ehintzato
f.	—	—	—	ehintzate
3. cap. t.	litzako	litzateke	liteke	lizate
m.	litzakek	litzatekek	lukek	lükek
f.	litzakou	litzateken	luken	lüken
r.	—	—	—	lükezü
conj. t.	litzakeala	litzatekela	litekela	lizatiala
m.	litzakekala	litzatekiala	lukekala	—
f.	litzakouala	litzatokenala	lukenala	—
rel. t.	litzaken	litzateken	liteken	lizatian
m.	litzakekau	litzatekian	lukekan	—
f.	litzakouan	litzatokenan	lukenan	—
caus. t.	—	—	bailiteke	belizate
m.	—	—	bailukek	—
f.	—	—	bailukeu	—
int. t.	—	—	—	lizatoya
nég. t.	—	—	—	elizate
m.	—	—	—	elikek
f.	—	—	—	eliken
r.	—	—	—	elikezü
P. 1. cap. t.	giñako	gintzatekok	gintzake	ginate
m.	gindukek	gintzatekozak	ginturkek	gintükok
f.	ginduken	gintzatekozan	ginturken	gintütüken
r.	—	—	—	gintükozü
conj. t.	giñakeala	gintzatekozala	ginterkela	ginatiala
m.	gindukokala	gintzatekozala	gintukekala	—
f.	gindukenala	gintzatekozanala	gintukenala	—
rel. t.	giñaken	gintzatekezan	ginterken	ginatian
m.	gindukekan	gintzatokezan	gintukekan	—
f.	gindukonan	gintzatekozanan	gintukenan	—
caus. t.	—	—	baikinterke	baikinate
m.	—	—	baikinturkek	—
f.	—	—	baikinturken	—
int. t.	—	—	—	ginatoya
nég. t.	ozkiñako	ezkintzatekez	ezkinterke	ezkinato
m.	ozkindukek	ezkintzatekozak	ezkinturkek	ezkintükek
f.	ozkinduken	ezkintzatekozan	ezkinturken	ezkintükon
r.	—	—	—	ezkintfikozü
2. cap. t.	ziñateko	zintzatekozo	zintezkato	zinateyo
conj. t.	ziñatekenla	zintzatekezela	zintezketela	zinateyela
rel. t.	ziñatekon	zintzatekezen	zinterketen	zinateyen
caus. t.	—	—	baitzinterkete	beitzinateyo
int. t.	—	—	—	zinateyoya
nég. t.	etziñateke	etzintzatekezo	etzinterkete	etzinatoye
3. cap. t.	lirake	litzateke	litezke	lirate
m.	litzakotok	litzatekezak	lituxkek	litütikek
f.	litzakoteu	litzatekezan	lituxken	lütüken
r.	—	—	—	litütikozü
conj. t.	lirakeala	litzatekezala	litezkela	liratiala
m.	litzakotekala	litzatekezala	lituxkekala	—
f.	litzaketeuala	litzatokezunala	lituxkenala	—
rel. t.	lirakon	litzatekozan	litezken	liratian
m.	litzakotekan	litzatekezan	litüxkokan	—
f.	litzaketenan	litzatekozanan	lituxkonan	—
caus. t.	—	—	bailitezke	belirate
m.	—	—	bailütükek	—
f.	—	—	bailütüken	—
int. t.	—	—	—	liratoya
nég. t.	—	—	—	elirate
m.	—	—	—	elitükek
f.	—	—	—	elitüken
r.	—	—	—	elitükozü

TABLEAU MONTRANT LES PRINCIPALES MANIÈRES DE COMPOSER LES FORMES VERBALES.

VOIX TRANSITIVE.

Forme	Pers.	IL L'A—*Indicatif*—*Présent*				IL LE LUI A—*Indicatif*—*Présent*				S'IL L'AVAIT—*Suppositif du conditionnel*—*Présent*			
		GUIPUSCOAN	BISCAÏEN	LABOURDIN	SOULETIN	GUIPUSCOAN	BISCAÏEN	LABOURDIN	SOULETIN	GUIPUSCOAN	BISCAÏEN	LABOURDIN	SOULETIN
S. 1. cap.	t.	det	dot	dut	dût	diot	deutsat	diot	deyot	bana	banou	baun	bauk
	m.	diat	juat	dint	dint	ziokat	joutsaat	ziont	dioynt	bauk	banoyeuk	banik	—
	f.	diñat	jonat	dinat	diñat	ziofiat	joutsanat	zionat	diofiat	banin	banoyoun	banin	—
	r.	—	—	—	dixût	—	—	—	dioxût	—	—	—	—
conj.	t.	dedala	dodala	dutala	dûdala	diodala	deutsadala	diotala	deyodala	—	—	—	—
	m.	diadala	juadala	dintala	—	ziokadala	joutsanadala	ziontala	—	—	—	—	—
	f.	diñadala	jonadala	dinatala	—	ziofiadala	joutsanadala	ziontala	—	—	—	—	—
rel.	t.	dedan	dodan	dutan	dûdan	diodan	deutsadan	diotan	deyodan	—	—	—	—
	m.	diadan	juadan	diatan	—	ziokadan	joutsanadan	ziontan	—	—	—	—	—
	f.	diñadan	jonadan	dinatan	—	ziofiadan	joutsanandan	ziountan	—	—	—	—	—
caus.	t.	—	—	baitit	beitût	—	—	baitiot	beitoyot	—	—	—	—
	m.	—	—	baitiat	—	—	—	baitziont	—	—	—	—	—
	f.	—	—	baitinat	—	—	—	baitzionat	—	—	—	—	—
int.	t.	—	—	—	dûta	—	—	—	deyota	—	—	—	—
nég.	t.	eztet	eztot	eztut	eztût	eztiot	eztoutsat	eztiot	eztoyot	expanu	expanou	expanu	expanü
	m.	eztiat	—	eztiat	eztiat	etziokat	—	etziont	eztioyat	expanik	expanayeuk	expanik	—
	f.	eztiñat	—	eztinat	eztiñat	etziofiat	—	etzionat	eztiñat	expaniu	expanayoun	expanin	—
	r.	—	—	—	eztixût	—	—	—	eztioxût	—	—	—	—
2. cap.	r.	dozu	dozu	duzu	düxü	diozu	deutsazu	diozu	deyoza	baxendu	baxendu	baxizu	baxixü
	m.	dok	dok	duk	dük	diok	deutsak	diok	deyok	bauk	beou	bahu	baitü
	f.	fon	don	dun	dün	dion	deutsan	dion	deyon	baun	beoun	bahu	baitü
conj.	r.	dozula	dozula	duzula	düzüla	diozula	deutsazula	diozula	deyozula	—	—	—	—
	m.	dokala	duala	dukala	düyala	diokala	deutsaala	diokala	deyuala	—	—	—	—
	f.	donala	donala	dunala	düñala	dionala	deutsanala	dionala	deyofiala	—	—	—	—
rel.	r.	dozun	dozun	duzun	düxün	diozun	deutsazun	diozun	deyozun	—	—	—	—
	m.	dokan	duan	dukan	düyan	diokan	deutsaan	diokan	deyuan	—	—	—	—
	f.	donan	donan	dunan	düñan	dionan	deutsanun	dionan	deyofian	—	—	—	—
caus.	r.	—	—	baituzu	beitüzü	—	—	baitiozu	beitoyozü	—	—	—	—
	m.	—	—	baituk	beitük	—	—	baitiok	beitoyok	—	—	—	—
	f.	—	—	baitun	beitün	—	—	baition	beitoyon	—	—	—	—
int.	r.	—	—	—	düzia	—	—	—	deyozia	—	—	—	—
	m.	—	—	—	dûka	—	—	—	deyoka	—	—	—	—
	f.	—	—	—	düna	—	—	—	deyona	—	—	—	—
nég.	r.	eztozu	eztozu	eztuzu	eztüzü	etziozu	eztoutsazu	eztiozu	eztoyozü	expaxendu	expaxendu	expaxizu	expaxendü
	m.	eztok	eztok	eztuk	eztük	etziok	eztoutsak	etziok	eztoyok	expauk	expeou	expahu	expahü
	f.	eztou	ezton	eztun	eztün	etzion	eztoutsan	etzion	eztoyon	expaun	expeoun	expahin	—
3. cap.	i.	du	dau	du	dü	dio	deutsa	dio	deyo	balu	balou	bahu	balü
	m.	dik	jok	dik	dik	ziok	joutsak	ziok	diok	balik	balayeuk	balik	—
	f.	diñ	jon	din	din	zion	joutsan	zion	dion	balin	balayoun	balin	—
	r.	—	—	—	dixü	—	—	—	dioxü	—	—	—	—
conj.	i.	duala	dabela	duala	diala	diola	deutsala	diola	deyola	—	—	—	—
	m.	dikala	juala	dikala	—	ziokala	joutsaala	ziokala	—	—	—	—	—
	f.	diñala	jonala	diñala	—	zionala	joutsanala	zionala	—	—	—	—	—
rel.	i.	duan	daben	duen	dian	dion	deutsan	dioin	deyon	—	—	—	—
	m.	dikan	juan	dikan	—	ziokan	joutsaan	ziokan	—	—	—	—	—
	f.	diñan	jonan	dinan	—	zionan	joutsanan	zionan	—	—	—	—	—
caus.	i.	—	—	baitu	beitü	—	—	baitio	beitoyo	—	—	—	—
	m.	—	—	baitik	—	—	—	baitziok	—	—	—	—	—
	f.	—	—	baitin	—	—	—	baitzion	—	—	—	—	—
int.	i.	—	—	—	dia	—	—	—	deyoya	—	—	—	—
nég.	i.	eztu	eztau	eztu	eztü	etzio	eztoutsa	eztio	eztoyo	expalu	expalou	expalu	expalü
	m.	eztik	—	eztik	eztik	etziok	—	etziok	eztiok	expalik	expalayeuk	expalik	—
	f.	eztiñ	—	eztin	eztin	etzion	—	etzion	eztion	expalin	expalayoun	expalin	—
	r.	—	—	—	eztixü	—	—	—	eztioxü	—	—	—	—
P. 1. cap.	i.	degu	dogu	dugu	dügü	diogu	deutsagu	diogu	deyogü	bagendu	bagendu	bagindu	bagindü
	m.	diagu	juagu	diagu	diagü	ziokagu	joutsangu	ziongu	dioyagü	bagifiik	bagenyeuk	bagifiik	—
	f.	diñagu	jonagu	dinagu	diñagü	zionagu	joutsanagu	zionagu	dioñagü	bagifiin	bagenyoun	bagindin	—
	r.	—	—	—	dixügü	—	—	—	dioxügü	—	—	—	—
conj.	t.	degula	dogula	dugula	dügüla	diogula	deutsagula	diogula	deyogüla	—	—	—	—
	m.	diagula	juagula	diagula	—	ziokagula	joutsaagula	ziogula	—	—	—	—	—
	f.	diñagula	jonagula	dinagula	—	zionagula	joutsanagula	zionagula	—	—	—	—	—
rel.	t.	degun	dogun	dugun	dügün	diogun	deutsagun	diogun	deyogün	—	—	—	—
	m.	diagun	juagun	diagun	—	ziokagun	joutsaagan	ziongun	—	—	—	—	—
	f.	diñagun	jonagun	dinagun	—	zionagun	joutsanagun	zionagun	—	—	—	—	—
caus.	t.	—	—	baitugu	beitügü	—	—	baitiogu	beitoyogü	—	—	—	—
	m.	—	—	baitiagu	—	—	—	baitziongu	—	—	—	—	—
	f.	—	—	baitinagu	—	—	—	baitzionagu	—	—	—	—	—
int.	t.	—	—	—	dügia	—	—	—	deyogia	—	—	—	—
nég.	t.	eztegu	eztogu	eztugu	eztügü	etziogu	eztoutsagu	eztiogu	eztoyogü	expagendu	expagendu	expaginu	expagündü
	m.	eztiagu	—	eztingu	eztingü	etziokagu	—	etziongu	eztioyagü	expagifiik	expagenyeuk	expaginik	—
	f.	eztiñagu	—	eztinagu	eztiñagü	etzionagu	—	etzionagu	eztiofiagü	expagüdin	expagenyoun	expaginin	—
	r.	—	—	—	eztixügü	—	—	—	eztioxügü	—	—	—	—
4. cap.	t.	dozuto	dozubo	duzue	düxie	diozute	deutsazube	diozue	deyozie	baxenduto	baxenduho	baxizue	baxinie
conj.	t.	dozutela	dozubela	duzuela	düxiela	diozutela	deutsazubela	diozuela	deyoziela	—	—	—	—
rel.	t.	dozuton	dozubon	duzueu	düxien	diozuten	deutsazuben	diozuen	deyozien	—	—	—	—
caus.	t.	—	—	baituzue	beitüxie	—	—	baitiozue	beitoyozie	—	—	—	—
int.	t.	—	—	—	düxieya	—	—	—	deyozieya	—	—	—	—
nég.	t.	eztozuto	eztozubo	eztuzue	eztüxie	etziozuto	eztoutsazube	eztiozue	eztoyozie	expaxenduto	expaxenduho	expaxinuie	expaxinie
8. cap.	t.	dinte	dabe	dute	die	diote	deutsae	dioto	deyue	baluto	baluto	baluto	balic
	m.	ditek	juek	ditok	die	ziotek	joutsaek	ziotek	dioyo	balitek	balitek	balitok	balitek
	f.	diten	jono	dine	diño	zioten	joutsane	ziono	dione	baliten	balajeune	balino	baliten
	r.	—	—	—	dixio	—	—	—	dioxio	—	—	—	—
conj.	t.	dutela	dabela	dutela	diola	diotela	deutsaela	diotela	deyuela	—	—	—	—
	m.	ditokala	juala	ditokala	—	ziotekala	joutsaela	ziotokala	—	—	—	—	—
	f.	ditenala	jonola	dinela	—	ziotenala	joutsanela	zionela	—	—	—	—	—
rel.	t.	duten	daboan	duten	dien	dioten	deutsaen	dioten	deyuen	—	—	—	—
	m.	ditekan	julau	ditekan	—	ziotekan	joutsaen	ziotekan	—	—	—	—	—
	f.	ditenan	jouou	dinen	—	ziotenan	joutsaneu	zionen	—	—	—	—	—
caus.	t.	—	—	baitiote	baitio	—	—	baitiote	beitoyue	—	—	—	—
	m.	—	—	baititek	—	—	—	baitziotek	—	—	—	—	—
	f.	—	—	baitine	—	—	—	baitzione	—	—	—	—	—
int.	t.	—	—	—	dioya	—	—	—	deyueya	—	—	—	—
nég.	t.	eztinte	eztabe	eztute	eztie	etziote	eztoutsae	eztiote	eztoyne	expaluto	expalobe	expalute	expalic
	m.	eztitek	—	eztitek	eztie	etziotek	—	etziotek	eztoyo	expalitek	expalajobek	expalitok	—
	f.	eztiten	—	eztine	eztiño	etzioten	—	etzione	eztione	expaliten	expalajeune	expaline	—
	r.	—	—	—	eztixio	—	—	—	eztioxie	—	—	—	—

TABLEAU MONTRANT LE NOMBRE DE FORMES VERBALES DONT CHAQUE TEMPS EST SUSCEPTIBLE.

VOIX INTRANSITIVE. VOIX TRANSITIVE.

			VOIX INTRANSITIVE				VOIX TRANSITIVE			
			Guipuscoan	**Biscayen**	**Labourdin**	**Souletin**	**Guipuscoan**	**Biscayen**	**Labourdin**	**Souletin**
INDICATIF	1. Présent	cap conj rel caus int aff dub nég	da dala dan — — bada bada ezta	da dala dan — — bada bada ezta	da dela dan balia — bada bada ezta	da den den heila deya bada bada ezta	du duela duen — — badu badu eztu	dau dabela daben — — badau badau eztau	du duela duen baita — badu badu eztu	dü diala dian beitü din badü badü eztü
	2. Passé	cap conj rel caus int aff dub nég	zan zala zan — — bazan bazan etzan	zan zala zan — — bazan bazan etzan	zen zela zen baitzen zena bazen bazen etzen	zen zela zen beitzen zena bazen bazen etzen	zuan zuela zuen — — bazuen bazuen etzuen	eban ebala eban — — boeban hoeban —	zuen zuela zuen baitzuen — bazuen bazuen etzuen	zian ziala zian beitzian ziana bazian bazian etzian
	3. Futur	cap conj rel caus int aff dub nég	—	—	daiteke daitekela daiteken baitaiteko — badaiteko baduiteko eztaiteko	date datiala datin beitate dateya badato badato eztato	—	—	duke dukela duken baituke — baduke baduke eztuke	düke dükiala dükian beitüke dükeya badüke badüke eztüke
CONDITIONNEL	4. Présent	cap conj rel caus int aff dub nég	litzake litzakeala litzaken — — — balitzako —	litzateke litzatekela litzateken — — — balitzateko —	liteke litekela liteken bailiteko — — balitoko —	lizate lizatiala lizatian belizato lizateya — balizato elizato	luke lukeala luken — — — baluke —	leuke leukela leuken — — — baleuke —	luke lukela luken bailuke — — baluke —	lüke lükiala lükian beitüke lükeya — balüke elüke
	5. Passé	cap conj rel caus int aff dub nég	zitzakean zitzakeala zitzakean — — — bazitzakean etzitzakean	litzatekian litzatekiala litzatokian — — — balitzatekiau —	zitoken zitokela ziteken baitzitoken — — baxitoken etzitoken	zatekian zatekiala zatekiau beitzatekian zatekiana — bazatekian etzatekian	zukean zukeala zukean — — — bazukean etzukean	leukian leukiala leukiau — — — baleukian —	zuken zukela zuken baitzuken — — bazuken etzuken	zükian zükiala zükian beitzükian zükiana — bazükian etzükian
IMPÉR.	6. Présent	cap nég	bedi ezpedi	bedi ezpedi	bedi ezpedi	bedi ezpedi	beza ezpeza	begi ezpegi	beza ezpeza	beza ezpeza
	7. Futur	cap nég	— —	badike ezpedike	— —	— —	— —	begike ezpegike	— —	— —
SUBJONCTIF	8. Présent	rel conj nég	dedin dedilla eztedin	dedin dedilla eztedin	dadien dadiela eztadien	dadin dadila eztadin	dezan dezala eztezan	dagijan dagijala eztagijan	dezan dezala eztezan	dezan dezala eztezan
	9. Futur présent	rel conj nég	—	dedikiau dedikiala eztedikian	—	—	—	dagikian dagikiala eztagikian	—	—
	10. Passé	rel conj dub nég	zedin zedilla — etzedin	zedin zedilla — etzedin	zadien zadiela — etzadien	ledin ledila — eledin	zezan zezala bazezan etzezan	legijan legijala — —	zezan zezala bazezan etzezan	lezan lezala — elezan
	11. Futur passé	rel conj nég	—	zedikian zedikiala etzedikian	—	—	—	legikian legikiala —	—	—
POTENTIEL	12. Présent	cap conj rel caus int aff dub nég	diteke ditekeala diteken — — baditeke baditeke ezuiteke	daite daitela daiten — — badaite badaite eztaite	daiteke daitekela daiteken baitaiteke — badaiteko badaiteke eztaiteko	daite daitiala daitian beitaite daiteya badaite badaite eztaite	dezake dezakeala dezaken — — badezake badezake eztezake	dai daiu daijau — — badai badai eztai	dezake dezakela dezaken baitezake — badezake badezake eztezake	dezake dezakiala dezakian beitezake dezakeya badezake badezake eztezake
	13. Futur	cap conj rel aff dub nég	—	daiteke daitekela daiteken badaiteko badaiteke eztaiteke	—	—	—	daike daikela daiken badaike badaike eztaike	—	—
POTENTIEL CONDITIONNEL	14. Présent	cap conj rel caus int aff dub nég	liteke litekeala liteken — — baliteke baliteke —	leite leitela leiten — — baleite baleite —	liteke litekela liteken bailiteke — baliteke — —	leite leitiala leitian beleite leiteya baleite — eleite	lezake lezakeala lezaken — — balezake balezake —	lei leila leijan — — balei balei —	lezake lezakela lezaken bailezake — balezake — —	lezake lezakiala lezakian beitezake lezakeya balezake — elezake
	15. Futur présent	cap conj rel aff dub nég	—	leiteke leitekela leiteken baleiteko baleiteko —	—	—	—	leike leikela leiken baleike baleike —	—	—
	16. Passé	cap conj rel caus int aff dub nég	zitekean zitekeala ziteken — — bazitekean baitekean etzitekean	leitian leitiala leitian — — baleitian baleitian —	ziteken zitekela ziteken baitziteken — baziteken baziteken etziteken	zaitekian zaitekiala zaitekian beitzaitekian zaitekiana — bazaitekian etzaitekian	zezakean zezakeala zezakean — — bazezakean bazezakean etzezakean	leijan leijala leijan — — baleijan baleijan —	zezaken zezakela zezaken baitzezaken — bazezaken bazezaken etzezaken	zezakian zezakiala zezakian beitzezakian zezakiana — bazezakian etzezakian
	17. Futur passé	cap conj rel aff dub nég	—	leitekian leitekiala leitekian baleitekian baleitekian —	—	—	—	leikian leikiala leikian baleikian baleikian —	—	—
SUPP. DU COND.	18. Présent	dub nég	balitz ezpalitz	balitz ezpalitz	balitz ezpalitz	balitz ezpalitz	balu ezpalu	balou ezpalou	balu ezpalu	balü ezpalü
SUPPOSITIF DU POTENTIEL	19. Présent	dub nég	badedi ezpadedi	badedi ezpadedi	badadi ezpadadi	— —	badeza ezpadeza	badagi ezpadagi	badeza ezpadeza	— —
	20. Futur	dub nég	— —	badedike ezpadedike	— —	— —	— —	badagike ezpadagike	— —	— —
SUPP. DU POTENTIEL COND.	21. Futur présent	dub nég	baledi ezpaledi	baledi ezpaledi	baledi ezpaledi	baledi ezpaledi	baleza ezpaleza	balegi ezpalegi	baleza ezpaleza	baleza ezpaleza
	22. Futur	dub nég	—	baledike ezpaledike	—	—	—	balegike ezpalegike	—	—
OPT. DU COND.	23. Présent	cap	—	—	—	ailitz	—	—	—	ailü
OPT. DU POT. COND.	24. Futur	cap	—	—	—	ailedi	—	—	—	ailexa

Règles pour composer les formes verbales.

1. La forme conjonctive se compose de la forme capitale en ajoutant à celle-ci *la*, *ala* ou *ela*, avec ou sans changement de la lettre finale du terminatif, et d'après les règles suivantes :

1. Aux terminatifs en *a* on ajoute *la* et, à moins qu'il ne s'agisse de noms verbisés, l'*a* final se change en *e* en labourdin et en souletin. C'est ainsi que de *da* "il est", *darama*, *darua* "il l'emporte" se forment le guipuscoan et le biscaïen *dala*, le labourdin et le souletin *dela* et le nom verbisé *daramala* (en biscaïen *daruala*). Dans ce dernier dialecte en outre on intercale un *i* devant l'*a* final de *zara* "tu es", *dira* "ils sont": *zariala*, *diriala*.

2. Aux terminatifs en *e* autres que ceux en *ke* ou en *te* on ajoute *la*. Du guipuscoan *die*, variante de *diote* "il le leur a", du biscaïen *dozube* "vous l'avez", du labourdin *dire* "ils sont" et du souletin *zitzaiztade*, variante de *zitzaiztaye* "vous m'êtes", on forme *diela*, *dozubela*, *direla*, *zitzaiztadela*. En biscaïen toutefois *nabe* "ils m'ont" et *dabe* "ils l'ont" prennent *ela*: *nabeela*, *dabeela*.

3. Aux terminatifs en *ke* on ajoute *ala* en guipuscoan, *la* en biscaïen et en labourdin, et tantôt *ala*, tantôt *la*, tantôt l'un ou l'autre indifféremment en souletin. C'est ainsi que le guipuscoan *nuke* "je l'aurais" devient *nukeala*, que le même mot en labourdin se change en *nukela*, que son correspondant biscaïen forme *neunkela* et que le souletin *nüke* donne lieu à *nükiala* ou *nükela*. Dans ce dialecte *naike* "il m'aura" et *aike* "il t'aura", ainsi que *nütüke* "je les aurais" avec les autres terminatifs transitifs à régime direct de troisième personne appartenant à ce temps, suivent *nüke* et se changent en *naikiala* ou *naikela*, *aikiala* ou *aikela*, *nütükiala* ou *nütükela*, tandis que *nitzaike* "je leur serai" avec tous les terminatifs à régime indirect, tels que *nintzeike* "je leur serais", *deike* "il le leur aura", *geneizke* "nous le leur aurions", ne prennent que la syllabe *la*: *nitzaikela*, *nintzeikela*, *deikela*, *geneizkela*. Tous les autres terminatifs souletins en *ke* autres que ceux que nous venons de nommer prennent *ala* à la forme conjonctive, comme *duke* "il l'aura", *zütüke* "il t'aura", *gütüke* "il nous aura", *nündüke* "il m'aurait", *nizateke* "je serais", variante de *nizate*: *dükiala*, *zütükiala*, *gütükiala*, *nündükiala*, *nizatekiala* etc. Dans tous ces terminatifs souletins en *ala* on ne manquera pas d'observer que l'*e* final, d'après la loi de l'affinité des voyelles, se change en *i*.

4. Les terminatifs souletins en *te* prennent *ala* après avoir changé l'*e* final en *i*, tandis que ceux du guipuscoan, du biscaïen et du labourdin ne font qu'ajouter la syllabe *la*. De *dute* "ils l'ont", guipuscoan et labourdin, se forme *dutela*; du biscaïen *naite* "je puis" dérive *naitela*, et du souletin *lizate* "il serait" on compose *lizatiala*.

5. Les terminatifs en *i* ajoutent *ela* en guipuscoan et en labourdin, et *ala* en biscaïen et en souletin. De *daki* "il le sait" on forme *dakiela*, *dakijala*, *dakiala*. Le biscaïen intercale le son "j" entre l'*i* et l'*a* dans tous les mots, à moins toutefois que l'*i* lui-même ne dérive d'un *e* par la loi de l'affinité des voyelles, comme dans *semia* "le fils", dérivé de *seme* "fils". Si l'*i* final du terminatif est précédé d'une voyelle, il se change en *y* en souletin: *nai* "il m'a", *nayala*.

6. Les terminatifs en *o* passent à la forme conjonctive moyennant l'addition de la syllabe *la*. Le guipuscoan et le labourdin *natzayo*, le biscaïen *nachako*, le souletin *nitzayo* "je suis à lui" donnent naissance à *natzayola*, *nachakola*, *nitzayola*. En guipuscoan toutefois *nago* et *dago* qui correspondent approximativement à *je reste*, *il reste* donnent lieu à *nagoela* ou *nagoala*, *dagoela* ou *dagoala*, tandis que les terminatifs labourdins en *ola* peuvent aussi se terminer en *oela*: *dioela* ou *diola* "il le lui a".

7. La syllabe *la* sert aussi à rendre conjonctifs les terminatifs en *u* ou en *ü*. De *dezu*, *dozu*, *duzu*, *düzü* "tu l'as" on forme le guipuscoan *dezula*, le biscaïen *dozula*, le labourdin *duzula*, le souletin *düzüla*. Cependant *du* "il l'a", *ditu* "il les a", *zaitu* "il t'a", *gaitu* "il nous a" se transforment, en guipuscoan et en labourdin, en *duela*, *dituela*, *zaituela*, *gaituela*, tandis que les correspondants souletins *dü*, *dütü*, *zütü*, *gütü* deviennent *diala*, *dütiala*, *zütiala*, *gütiala*, avec le changement de l'*ü* en *i* lorsqu'un *a* doit suivre. Quant au biscaïen *nau* "il m'a" et *dau* "il l'a", c'est *nabela* et *dabela* qu'ils présentent à la forme conjonctive.

8. Les terminatifs en *k* prennent *ala* à la forme conjonctive dans tous les dialectes. Le guipuscoan *dek*, le biscaïen *dok*, le labourdin *duk* et le souletin *dük* "tu l'as" deviennent *dekala*, *dkala*,

dukala et *düyala*. On remarquera toutefois que le *k* se supprime en biscaïen et qu'en souletin il est remplacé par l'*y*. Cependant, dans ce dernier dialecte, *naik* "tu m'as" donne lieu à *naiyala* et à *naikala*, et *gütük* "tu nous as" à *gütüyala* et à *gütiala*. Il ne faut pas non plus perdre de vue que lorsque par effet de la suppression du *k* final les voyelles *e, i, o, u* se trouvent en contact avec l'*a*, le dialecte biscaïen change l'*e* en *i* et l'*o* en *u*, tandis qu'il intercale un "j" entre l'*i* et l'*a* et un *b* entre cette dernière voyelle et l'*u*. De même donc que *dok* "tu l'as" et *daikek* "tu le pourras" deviennent *duala* et *daikiala, jakuk* "il nous est" et *duik* "tu le peux" donnent lieu à *jakubala* et à *daijala*. Quoique le souletin dans la forme conjonctive remplace presque toujours le *k* par *y* au lieu de le supprimer, il arrive quelquefois que cette suppression a lieu dans ce dialecte et que l'*a* se trouve précédé d'un *o* un d'un *ü*, comme dans *gütiala*, synonyme de *gütüyala*, forme conjonctive masculine de *gütük* "tu nous as", qu'il ne faut pas confondre avec *gütiala*, forme conjonctive indéfinie de *gütü* "il nous a". Dans les deux cas, comme on le voit, l'*ü* se change en *i*, de même que l'*o* se change en *u* dans *deuyala*, synonyme de *deoyala*, forme conjonctive masculine de *deyok* "tu le lui as". Quant à l'*e*, en dépit de la loi de l'affinité des voyelles, son changement en *i* n'a pas lieu en souletin lorsque le contact avec l'*a* n'est du qu'à la suppression de la consonne finale. C'est pourquoi dans *deyeala*, synonyme de *deeyala*, forme conjonctive masculine de *deyek* "tu le leur as", l'*e* persiste devant l'*a*. Dans *deeyala* et *deoyala* on remarquera aussi la suppression euphonique d'un *y*, car c'est bien *deyeyala* et *deyoyala* que la théorie indiquerait comme les formes conjonctives de *deyek* et de *deyok* ; et c'est de même par euphonie que *deik* "il te l'a", *zaik* "il t'est", *nitzaik* "je te suis" et probablement quelques autres offrent les formes *deyala, zayala, nitzayala*, synonymes de *deiyala, zaiyala, nitzaiyala*.

9. Les terminatifs en *l* du guipuscoan changent *l* en *ll* en prenant *ela*, et ceux du biscaïen, tout en pouvant mouiller ou ne pas mouiller le *l* final, ajoutent *ala*. De *nabil* "je marche" on fait *nabillela, nabillala* ou *nabilala*.

10. Les terminatifs en *ll* ajoutent simplement *ela* ou *ala*. De *nabill*, synonyme de *nabil*, on a *nabillela* en guipuscoan et *nabillala* en biscaïen.

11. Tout terminatif en *n* dans lequel cette lettre finale ne sert pas à indiquer le traitement féminin passe à la forme conjonctive par le changement du *n* en *la*. De *nintzan* (en labourdin *nintzen*) "j'étais" on forme *nintzala, nintzela*, et des terminatifs féminins *ziñan, jonan, zinan* "il l'avait" le guipuscoan fait *ziñala*, le biscaïen *jonala* et le labourdin *zinala*. Si la finale est *in*, le *l* se mouille en guipuscoan et peut se mouiller en biscaïen : *nendin* "que je fusse", *nendilla, nendila*. Que si le *n* final caractérise le sexe féminin, c'est *ala* qu'il faut ajouter au *n* final, qui en souletin en outre se mouille en *ñ*. C'est ainsi que *den, don, dun, dün*, féminins de *dezu, dozu, duzu, düzü* "tu l'as", donnent lieu au guipuscoan *denala*, au biscaïen *donala*, au labourdin *dunala* et au souletin *düñala*.

12. Les terminatifs en *ñ* prennent *ala : diñ, diñala* "il l'a", terminatif féminin guipuscoan, et *zaiñ, zaiñala* "il t'est", terminatif féminin souletin. Dans ce dernier l'*i*, étant suivi du *ñ*, peut être supprimé : *zañala*. Il en est de même de *nitzaiñ* "je te suis" : *nitzaiñala* ou *nitzañala*, et peut-être de quelques autres.

13. Les terminatifs en *rr* prennent *ela* en guipuscoan et en labourdin, et *ala* en biscaïen : *datorr* "il vient", *datorrela, datorrala*.

14. Ceux en *s* reçoivent en guipuscoan l'addition de *ela*, et celle de *ala* en biscaïen : *dakus* "il le voit", *dakusela, dakusala*.

15. Les terminatifs en *t* prennent *ala* à la forme conjonctive, et le *t* se change toujours en *d* en guipuscoan, tandis que dans les trois autres dialectes ce changement peut ou ne peut avoir lieu avant l'addition de *ala*. De *det, dot, dut, düt* "je l'ai" et de *zait, jat* "il m'est" le guipuscoan fait *dedala* et *zaidala*, le biscaïen *dodala* et *jatala*, le labourdin *dutala* ou *dudala* et *zaitala* ou *zaidala*, et le souletin *düdala* et *zaitala*. En biscaïen le changement du *t* en *d* n'a pas lieu à l'indicatif de la voix intransitive ni lorsque le *t* final est précédé d'un *s*. C'est pourquoi *jat* fait *jatala, deust* "il me l'a" *deustala*, et *diraunst* "il m'incommode en bavardant" *diraunstala*. Cependant *dakust* "il me voit" donne lieu, dans ce dialecte, à *dakusdala*. En souletin le changement du *t* n'a pas lieu lorsque cette lettre est précédée d'une diphthongue ou d'un *z*. De *deit* "il me l'a", *deizt* "il me les a" on forme *deitala, deiztala*, comme *zaitala* de *zait*. Par exception *ait* "je t'ai" donne lieu à *aidala*. En labourdin la plus grande variété existe à ce sujet, mais on peut admettre comme règle générale que le changement peut ou ne peut avoir lieu à volonté, quoique la persistance du *t* y soit un peu plus fréquente que sa permutation en *d*.

16. Les terminatifs en *tz*, comme le biscaïen *datz* ou *datza* "il gît", prennent *ala : datzala*.

RÈGLES.

17. Ceux en *z* enfin ajoutent *ela* en guipuscoan et en labourdin, tandis qu'ils prennent *ala* en biscaïen et en souletin. Du guipuscoan *doaz* "ils vont" ont fait *doazela*, de son correspondant biscaïen *duaz* et de *naz* "je suis" on forme *duazala* et *nazala*, du labourdin *naiz* on fait *naizela* et du souletin *niz*, *nizala*. Quant au terminatifs guipuscoans *naiz* "je suis", *aiz* "tu es", ils ont *naizela* ou *naizala*, *aizela* ou *aizala*.

II. La forme relative se compose ou ne peut plus facilement de la forme conjonctive en changeant le *la* final en *n*. On remarquera toutefois qu'en guipuscoan les terminatifs qui à la forme conjonctive prennent *ala* ne prennent que *n* au lieu de *an* à la relative : *nuke, nukeala, nuken*. En outre *naiz* et *aiz*, dans ce dialecte, font au conjonctif *naizela* ou *naizala*, *aizela* ou *aizala* et au relatif *naizan* ou *aizan*. En biscaïen *dai* "il le peut" fait *daijan* au relatif, ainsi que *lei* "il le pourrait" fait *leijan*, en changeant l'*i* final en *ijan*. Il en est de même des autres terminatifs en *ai* ou en *ei* de ce dialecte. En souletin ceux des terminatifs en *ke* qui prennent indifféremment *ala* ou *la* au conjonctif ne prennent que *an* au relatif : *naike, naikiala* ou *naikela, naikian; aike, aikiala* ou *aikela, aikian; nüke, nükiala* ou *nükela, nükian; nütüke, nütükiala* ou *nütükela, nütükian* etc. Au conjonctif *dük* et *dütük* donnent lieu dans ce même dialecte à *düyala* et à *dütüyala*, et au relatif à *düyan* ou *dian* et à *dütüyan* ou *dütian*. On remarquera en passant que *dian* et *dütian* présentent l'inconvénient d'être en même temps les formes relatives de *dük, dütük* "tu l'as, tu les as" et de *dü, dütü* "il l'a, il les a".

III. La forme causative, propre au labourdin et au souletin, se compose de la forme capitale que l'on fait précéder du mot *bai* ou *bei*, selon le dialecte. En même temps le *d* initial du terminatif se change en *t*, le *g* en *k* et le *z* en *tz*. C'est ainsi que *dire* "ils sont", *gaitu* "il nous a", *zen* "il était" donnent lieu, en labourdin, à *baitire, baikaitu, baitzen*, tandis que les terminatifs correspondants du souletin *dira, gütü, zen* deviennent *beitira, beikütü, beitzen*. Dans ce dernier dialecte en outre l'*i* final de *bei* s'élimine devant les terminatifs commençant par une voyelle, par *l* ou par *n*. De *aigü* "nous t'avons", *entzaket* "je te pourrais", *itzait* "tu m'es", *ündian* "il t'avait", *lüke* "il l'aurait", *niz* "je suis" on forme *behaigü, behentzaket, beitzait, behündian, belüke, beniz*, tandis que les terminatifs labourdins correspondants *haugu, hintzaket, hatzait, hintuen, luke, naiz* ne font qu'ajouter *bai* pour passer à la forme causative : *baihaugu, baihintzaket, baihatzait, baihintuen, bailuke, bainaiz*. On remarquera que les terminatifs souletins qui commencent par une voyelle se prononcent quelquefois, quoique rarement, avec un *h* initial comme en labourdin : *haigü* etc. C'est toujours avec *h* qu'ils se prononcent à la forme causative.

IV. La forme interrogative est propre au souletin. Si le terminatif finit en consonne, on ajoute un *a :* *badük* "tu l'as", *badüka?* "l'as-tu?"; *banian* "je l'avais", *baniana?* "l'avais-je?"; *niz* "je suis", *niza?* "suis-je?"; *badüket* "je l'aurai", *badüketa?* "l'aurai-je?". Dans les terminatifs en *u* on rend cette voyelle accentuée si elle est atone, ou bien on la change en *eya :* *dira* "ils sont", *dirá* ou *direya?* "sont-ils?"; *gira* "nous sommes", *girá* ou *gireya?* "sommes-nous?". Si le terminatif finit en *e* non précédé d'un *i*, on ajoute *ya* ou bien on change l'*e* final en *ia :* *dezake* "il le peut", *dezakeya* ou *dezakia?* "le peut-il?". Dans les terminatifs en *ie* c'est toujours *ya* que l'on ajoute : *badie* "ils l'ont", *badieya?* "l'ont-ils?". A ceux en *i* on ajoute un *a :* *badaki* "il le sait", *badakia?* "le sait-il?". Ceux en *o* non précédé d'un *i* changent l'*o* en *ua :* *badago* "il reste", *badagua?* "reste-t-il?". Si le terminatif finit en *io*, c'est *ya* que l'on ajoute : *dizakio* "il le lui peut", *dizakioya?* "le lui peut-il?". Si enfin la lettre finale est un *ü*, elle se change en *ia :* *badüzu* "tu l'as", *badüzia?* "l'as-tu?".

V. La forme affirmative n'est autre que la forme principale précédée de la syllabe inséparable *ba*. Le guipuscoan et le labourdin *du*, le biscaïen *dau*, le souletin *dü* donnent lieu à *badu, badau, badü*. En souletin on ajoute un *h* au terminatif qui commence par voyelle. De *ua* (plus rarement *hua*) on forme *bahua* "tu vas", comme du labourdin *hoá*, du guipuscoan *oa* et du biscaïen *ua* on compose *bahoa, baoa, baua*.

VI. La forme dubitative ne diffère en rien de la forme affirmative, quoique la syllabe inséparable *ba* y ait un sens tout différent. (V. la troisième note du quatrième tableau préliminaire de la première partie, ainsi que le troisième tableau préliminaire de cette deuxième partie, où les différences de ces

RÈGLES.

deux syllabes *ba* quant au sens et quant au nombre de combinaisons possibles avec les temps se trouvent données d'une manière détaillée dans les quatre dialectes.)

VII. La forme négative se compose du mot *ez* "non" dont on fait précéder la forme capitale. Pour que la forme négative ait lieu il faut toutefois que *ez* détermine un changement quelconque dans le terminatif qu'il affecte ou bien qu'il s'altère lui-même dans cette union. Dans le guipuscoan et dans le labourdin *ez naiz* "je ne suis pas" nous n'avons pas plus de forme négative que dans *non sum*, les deux mots restant séparés avec leur sens indépendant. Il en est de même du biscaïen *ez naz*. Dans le souletin *eniz*, au contraire, nous avons une véritable forme négative ne formant qu'un seul mot, car on ne pourrait pas écrire *e niz*, puisque c'est bien *ez* et non pas *e* qui constitue la négative souletine. Cet *eniz* forme un seul mot au même titre que le latin *nolo*. Si dans la forme causative on ne refuse pas à *bai* le droit de former avec *naiz* la forme *bainaiz*, forme dans laquelle le terminatif aussi bien que *bai* reste intact, pourquoi, dira-t-on, refuser à la négative *ez* ce que l'on accorde à *bai*? La réponse est facile : c'est que le *bai* des formes causatives n'a rien de commun, quant au sens, avec l'adverbe affirmatif *bai*, tandis que *ez* conserve toujours le sens négatif. Il n'est donc pas nécessaire que le *bai* causatif s'altère ou qu'il produise de changement dans le terminatif pour constituer des formes verbales, comme cela est de rigueur pour *ez*, qui ne peut trouver d'autre bonne raison pour faire partie de la forme négative que les changements morphologiques qu'il est capable de produire. En effet *ez* est un mot qui peut exister isolé, tandis que ce n'est pas du *bai* causatif, mais seulement du *bai* affirmatif que l'on peut en dire autant. Le sens causatif de *bai*, lors même qu'il n'aurait jamais la propriété de déterminer les changements du terminatif, suffit à lui seul à justifier l'existence des formes causatives. Quant aux formes dubitatives et affirmatives, on doit aussi les reconnaître, quoique elles ne présentent jamais ou presque jamais de changement dans les terminatifs, car le *ba* affirmatif, n'étant plus *bai*, se trouve avoir subi une altération comme celle de *e* pour *ez*, et quant au *ba* dubitatif, ce n'est pas un mot, mais seulement une syllabe incapable d'exister isolée. Que si elle sert à rendre, soit dans les temps suppositifs, soit dans les formes dubitatives, ce que l'on exprime en français par la conjonction *si*, elle ne saurait pas plus exister isolée avec le sens de *si* que le *que* latin ne saurait être employé isolément avec le sens de *et*.

Quant au changements que la négative *ez* fait subir aux consonnes initiales des terminatifs, le *b* se transforme en *p*, le *d* en *t*, le *g* en *k*, le *z* en *tz*. Lorsque le *z* du terminatif se change ou *tz* le *z* final de la négative s'élimine. Ces règles valent pour les quatre dialectes.[1] C'est ainsi que des terminatifs labourdins *balu* "s'il l'avait", *dire* "ils sont", *gaitu* "il nous a", *zen* "il était" on forme *ezpalu*, *eztire*, *ezkaitu*, *etzen*. De même en souletin les terminatifs correspondants *balü*, *dira*, *gütü*, *zen* donnent lieu à *ezpalü*, *eztira*, *ezkütü*, *etzen*. Dans ce dialecte en outre les terminatifs qui commencent par une voyelle, terminatifs qui peuvent aussi, mais rarement, commencer par un *h*, prennent toujours cette lettre à la forme négative, et le *z* final de *ez* s'élimine. Ce *z* final s'élimine de même devant les terminatifs commençant par *h* ou par *n*. C'est ainsi que *aigü* (rarement *haigü*) "nous t'avons", *entzaket* "je te pourrais", *itzait* "tu m'es", *ündian* "il t'avait", *lüke* "il t'aurait", *niz* "je suis" donnent lieu à *chaigü*, *chentzaket*, *chitzait*, *ehündian*, *elüke*, *eniz*, tandis qu'en labourdin *ez haugu*, *ez hintzaket*, *ez hatzait*, *ez hintuen*, *ez luke*, *ez naiz* ne représentent pas des formes, mais seulement des locutions négatives. Il en est de même du guipuscoan et du biscaïen pour les terminatifs qui commencent par une voyelle, par un *l* ou par un *n*, tels qu'on peut les observer dans *ez luke*, *ez naiz*, *ez aiz*, en biscaïen *ez leuke*, *ez naz*, *ez az*.

[1] En guipuscoan la forme négative, comme nous l'avons déjà remarqué, n'est pas obligatoire, et en biscaïen elle l'est encore moins. Dans ce dernier dialecte *ez balen*, *ez gara*, *ez dira*, *ez zan* sont plus usités que *ezpalen*, *ezkara*, *eztira*, *etzan*, tandis qu'en guipuscoan *ez balu* et *ezpalu*, *ez gera* et *ezkera*, *ez dira* et *eztira*, *ez zan* et *etzan* s'usent indifféremment.

OBSERVATIONS

SUR

LES PERMUTATIONS, LES ADDITIONS ET LES SUPPRESSIONS RÉGULIÈRES QUE SUBIT LE RÉGIME DE TROISIÈME PERSONNE DE L'INDÉFINI, AINSI QUE LES LETTRES ET LES SYLLABES ALLOCUTIVES, DANS LA FORMATION DES TRAITEMENTS.

LES changements réguliers qui ont lieu dans les terminatifs masculins, féminins, respectueux et diminutifs, peuvent affecter non seulement la lettre ou la syllabe pronominale allocutive qui n'entre dans le terminatif ni comme sujet ni comme régime et qui appartient toujours à la seconde personne du singulier, mais aussi d'autres lettres ou d'autres syllabes pronominales qui, exprimant toujours soit un sujet soit un régime, peuvent appartenir à n'importe quelle personne du verbe. Il est évident que lorsque ce sujet ou ce régime est de seconde personne, la lettre ou la syllabe pronominale est nécessairement allocutive. Il ne sera question ici, parmi les derniers changements, que de ceux qui se rapportent au régime de troisième personne lorsque la seconde n'entre dans le terminatif ni comme sujet ni comme régime, et de même parmi les lettres ou les syllabes allocutives, que de celles qui ne sont ni sujet ni régime. (*Voyez* page xxviii., ligne 26. et suiv.).

Lettres et syllabes allocutives.

Quant aux lettres ou aux syllabes allocutives n'entrant dans le terminatif ni comme sujet ni comme régime, elles consistent en 'k' pour le masculin, 'n' pour le féminin, 'zu' pour le respectueux, et 'šu' pour le diminutif. Ces signes d'allocution s'ajoutent à l'indéfini. Le dialecte bas-navarrais oriental, le seul qui possède les cinq traitements d'une manière complète, fournit comme exemple : dio, ziok, zion, ziozu, ziošu '*il le peut*'.

On évite par un 'a' euphonique, moins souvent par un 'e', le contact du 'k' ou du 'n' avec une consonne, et lorsque la nature du dialecte exige la suppression du signe allocutif, la lettre euphonique, qui ne disparaît presque jamais, s'en fait le représentant. C'est ainsi que dans le guipuscoan 'diot, ziokat, zioñat' *je le lui ai*, le 'k' et le 'ñ' suivis de l''a' euphonique entrent dans les terminatifs allocutifs, tandis que dans le labourdin 'diot, zioat, zionat', et dans le biscaïen 'deutsat, jeutsaat, jeutsanat', l''a', quoique le 'k' ait disparu, persiste au masculin. De même en 'diat' *m.* (pour 'dikat') '*je l'ai*', le '*k*' disparaît, et la lettre euphonique reste. Ce terminatif appartient à tous les dialectes, moins le biscaïen, qui à 'joat' (pour 'jokat'). Le 'n' féminin n'est pas supprimé, excepté en roncalais : zion '*il l'avait*' donne lieu à 'zia', masculin et féminin, et à 'zizun', respectueux. Dans ce sous-dialecte, en effet, le féminin ne diffère pas du masculin dans les temps passés : nokian, nokia, nokia, nokezun '*je l'aurais eu*'; nindion, nindia, nindia, nindizun '*il m'avait*'; gindokian, gindokia, gindokin, gindokezun '*il nous aurait eus*'; zazkaun, zazkaba, zazkaba, zazkauzun '*il les lui avait*'; zitzaun, zitzaba, zitzaba, zitzauzun '*il lui était*'. Le 'zu' respectueux perd quelquefois le 'z' en bas-navarrais oriental : zuun '*il était*', ziin '*il l'avait*', pour 'zuzun, zizin.' En roncalais, il perd l'*u* dans 'diez', resp. de 'duđ' *je l'ai*.

Les principales permutations des lettres et des syllabes allocutives, sont celles de 'k' en 't' et en 'y', de 'n' en 'ñ', de 'zu' en 'zi', et de 'šu' en 'ši'. Le 'k' masculin se transforme en 't', en haut-navarrais méridional et en aezcoan. Ce changement a lieu surtout aux temps passés de l'indicatif, du conditionnel et du potentiel, dans les terminatifs à régime indirect des deux voix. Le haut-navarrais méridional nous offre : zekio, zekiota '*il lui était*'; zekiote, zekioteta '*il leur était*'; zio, ziota '*il le lui avait*'; zioke, zioketa '*il le lui aurait eu*', etc., terminatifs qui en aezcoan sont rendus par 'zitzayo, zichayota; zitzaye, zichayeta; zako, šakota; zakoke, šakoketa', etc. Le même changement a presque toujours lieu dans ces deux dialectes à la première personne des deux nombres du présent de l'indicatif et du potentiel de la voix transitive : diot, ziotat '*je le lui ai*'; zokegu, zoketagu '*nous le lui pouvons*', et en aezcoan : 'dakot, šakotat; dazokegu, šašoketagu'. La permutation du 'k' en 'y' a lieu, plus ou moins, dans tous les dialectes de France, mais surtout en souletin. Ce dialecte nous présente : nükian, nikeya '*je l'aurais eu*'; dezaket, dezakeyat '*je le puis*'; lükeye, likeye '*ils l'auraient*', tandis que les terminatifs labourdins correspondants sont en général ceux-ci : 'nuken, nikeyan; dezaket, zezakeat; lukete, liketek'. Quant aux deux dialectes bas-navarrais, ils fournissent : 'nikean, dezakeat, likeye'. Le 'n' allocutif féminin se change souvent en 'ñ', en guipuscoan et en souletin. Cela arrive le plus souvent, lorsque cette lettre se trouve entre deux voyelles, mais en guipuscoan c'est plutôt la voyelle 'i' qu'aucune autre celle qui détermine ce changement, lorsque le 'n' en est précédé. C'est ainsi que les terminatifs souletins : dü, din '*il l'a*'; dügü, diñagü '*nous l'avons*'; zükian, zikeña '*il l'aurait eu*', se rendent en guipuscoan par 'du, diñ; dugu, diñagu; zukean, zikenan'. Le 'zu' et le 'šu' allocutifs se transforment en 'zi' et en 'ši' dans le dialecte bas-navarrais oriental. On observe ce changement à l'indicatif et au conditionnel dans les terminatifs de la voix transitive à un seul régime, et dans tout autre terminatif ayant un 'u' à la suite du 'zu' allocutif : nu, nizi '*il m'a*'; luke, likezi '*il l'aurait*'; gintien, gintzin '*il nous avait*'; zuken, zikezin '*il l'aurait eu*'; dakou, diñkoziu '*nous le lui avons*'; dezakou, dezakeziu '*nous le pouvons*'. Dans ce même dialecte, le 'zu' et le 'šu', ainsi qui le 'zi' et le 'ši', se transforment en 'tzu, chu, tzi, chi', lorsque le sujet de l'intransitif ou le régime direct du transitif est au pluriel : ziakozu '*il lui est*', zitzkotzu, zinzkotzu '*ils lui sont*', diakozu '*il le lui a*', diazkotzu '*il les lui a*'; likezi '*il l'aurait*', lizketzi '*il les aurait*'. Au diminutif : 'ziakošu, ziazkochu; diakošu, diazkochu; likeši, lizkechi'. Le souletin suit de près le bas-navarrais oriental dans cette permutation, mais avec quelques irrégularités, car le changement du 'zü' en 'tzü' n'y est pas toujours obligatoire, et quelquefois même il n'a pas lieu : 'ziezü, zitzotzü; diozü, ditzozü-ditzotzü; likezü, litikezü'. Le *zü*, en souletin, ne se change pas en *zi*.

OBSERVATIONS.

Permutations.

1. e × a : deutsee, *f.* jeutsave '*ils le lui ont*' bisc. 17.
2. e × i : det, *m.* diat '*je l'ai*' guip. == *geneizko, *m.* ginizkok '*nous les lui aurions*' soul. 11.
3. i × e : ditu, *m.* zetik '*il les a*' guip. 7, 10.
4. i × ai : *ninduan, *m.* nainduan '*il m'avait*' bisc. 35.
5. o × e : dizkiotet, *m.* zizkiekatet '*je les leur ai*' guip. 10. == dako, *m.* dakek '*il le lui a*' nav. occ.
6. o × i : do, *m.* dik '*il l'a*' guip. de Cegama.
7. u × i : du, *m.* dik '*il l'a*' guip.; lab.; soul. de Roncal; nav. sept.; nav. mér.; nav. occ.; nav. or.
8. u × o : *ninduen, *m.* ninchokan '*il m'avait*' guip. 30, 37.
9. ü × i : dü, *m.* dik '*il l'a*' soul.; nav. or. de S. Palais et de Bardos. == züin, *m.* zian 38, '*il l'avait*' nav. occ. d'Ustarits.
10. ai × i : *nai, *m.* nik '*il m'a*' soul.
11. ei × i : deit, *m.* ditak '*il me l'a*' soul.
12. au × a : *nau, *m.* niak 20. '*il m'a*' lab. == dav, *m.* diaak 20, 45. '*il me l'a*' nav. occ. == *m.* datak nav. or. d'Arberoue.
13. au × o : *nau, *m.* nachok 30. '*il m'a*' guip. == *m.* najok, bisc. 31.

14. eu × o : euan, *m.* joan '*il l'avait*' bisc. 31.
15. eu × i : deu, *m.* dik '*il l'a*' guip. d'Azpeitia.
16. ote × e : zizkioten, *m.* zizkiekan '*il les leur avait*' guip.
17. d × j : dot, *m.* joat '*je l'ai*' bisc.
18. d × š : dako, *m.* šakok '*il le lui a*' nav. occ. d'Aezcoa.
19. d × z : dio, *m.* ziok guip.; *lab.*; *nav. sept.*; *nav. mér.*; *nav. occ. d'Ustarits.* == dako, *m.* zakok *nav. occ. de Mendionde* '*il le lui a*'. == dio, *m.* ziok '*il le peut*' soul.; nav. occ. de Mendiondé; nav. or.
20. l × j : legion, *m.* jegioan '*qu'il le lui eût*' bisc.
21. t × d : giñituen, *m.* gindukan '*nous les avions*' guip. 37, 38.
22. tz × ch : zitzayo, *m.* zichayota '*il lui était*' nav. occ. d' Aezcoa. 27.
23. z × j : zituzan, *m.* jituazan '*il les avait*' bisc.
24. z × š : zayo, *m.* šayok '*il lui est*' nav. occ. d'Aezcoa.
25. z × ti : leizko, *m.* litikok }
26. z × tzi : leizko, *m.* litzikok } '*il les lui aurait*' soul. 11.

Additions.

27. + a : deust, *f.* jeustana '*il me l'a*' bisc. 17. == gindio, *m.* gindiota '*nous le lui avions*' nav. mér. == gindako, *m.* gindakota nav. occ. d'Aezcoa.
28. + e : dute, *f.* ditene, 7. *ils l'ont*' lab. de S. J. de Luz == zeilten, *m.* zikecya 11, 44. '*il le leur aurait eu*' soul. == du, *r.* diez 7. '*il l'a*' ronc. == zue, *f.* ziena 7, 27. '*il l'avait*' nav. mér. de Goñi (localité appartenant à la variété d'Olza, faisant partie du sous-dialecte haut-navarrais méridional ultra-pampelunais.)

29. + i : doiko, *m.* dikiok '*il le lui aura*' soul. 11. == daut, *m.* ziautak 19. lab. == *m.* diaak 12, 45. nav. occ. == *m.* diautak nav. or. == daat, *m.* diak 36, 45. nav. or. '*il me l'a*'. == datzazkioke, *m.* daizkiokek '*ils lui peuvent*' guip. 48.
30. + ch : *nau, *m.* nachok '*il m'a*' guip. 13.
31. + j : leuke, *m.* leyeukek '*il l'aurait*' bisc.
32. + k : zitzayon, *m.* zitzakiokan '*il lui était*' guip.
33. + z : lituke, *m.* lituzkek '*il les aurait*' guip.
34. + chen : *niuduke, *m.* ninchendukek '*il m'aurait*' guip.

Suppressions.

35. — a : *ninduan, *m.* nainduan '*il m'avait*' bisc. (pour nainduaan) 4. == zian, *m.* zikan '*il l'avait*' soul.
36. — aa : daat, *m.* diak '*il me l'a*' nav. or. (pour diaank) 29, 45.
37. — e : zuen, *m.* zikan 7. *guip.*; *lab.*; *nav. sept.* == zien, *m.* zikan nav. or. == zue, *m.* zia 7, 44. nav. mér. et nav. occ. d'Aezcoa '*il l'avait*'. == *ninduen, *f.* nindunen '*ils m'avaient*' bisc.
38. — i : giñituen, *m.* gindukan 21, 37. '*nous les avions*' guip. == dit, *m.* dak 45. '*il me l'a*' guip. de Cegama (pour ditak) == ziin, *m.* zian '*il l'avait*' nav. occ. == tu, *r.* tzi (pour tizi) '*il les a*' nav. or.
39. — o : zion, *m. f.* zia '*il l'avait*' soul. de Roncal 44.
40. — u : genduke, *m.* ginkek '*nous l'aurions*' guip. 2, 43.
41. — ai : nitzayo, *m.* nitzok '*je lui suis,*' soul. == zizayou, *r.* ziziozun '*il lui était*' nav. or. de Salazar.
42. — ei : nintzeyon, *m.* nintzoya '*je lui étais*' soul. 44.

43. — d : genduen, *m.* giñikan '*nous l'avions*' guip. 2, 7, 37. == genduan, *m.* gajoan bisc. 14, 31, 35, 44.
44. — n : zian, *m.* zia soul. 35. == zion, *m. f.* zia 39. soul. de Roncal '*il l'avait*'. == genutsan, *m.* gajeutsaan '*nous le lui avions*' bisc. 31.
45. — t : dit, *m.* dak 38. '*il me l'a*' guip. de Cegama (pour ditak) == dute, *m.* die, *f.* dine 7. '*ils l'ont*' lab.; nav. occ.; nav. or. == *f.* diño 7. nav. sept.; nav. mér.
46. — y : zeikoyen, *m.* zikueya '*ils le lui auraient eu*' soul. (pour zikoyeya) 11, 44.
47. — z : dituzte, *m.* zetitek '*ils les ont*' guip. 3, 7, 19.
48. — tza : datzakioke, *m.* dakiokek '*il lui peut*' guip.
49. — zt : zituzten, *m.* zituekan '*il les avaient*' guip. == dituzte, *f.* ditine 7. '*ils les ont*' lab. == tuzte, *f.* tiñe 7. nav. sept. de Baztan == *f.* tine 7. nav. occ.; nav. or. == tuzte, *f.* tiñe 7. nav. sept. de Vera. == tuste, *f.* tiñe, tiñen (*pléonasme*) 7. nav. mér.

---

* Les terminatifs marqués d'un astérisque ne présentent pas, à dire vrai, de changement de régime de troisième personne, le seul dont il soit ici question, mais on considère en eux les permutations que présente l'au pronominal de troisième personne, qui forme un tout avec *n* dans *nau*, *gau*, syllabes équivalentes à *niau*, *wihau* 'moi-même'. (*Voyez* la note 8. de la page xiii).

OBSERVATIONS.

CHANGEMENTS AUTRES QUE CEUX SUBIS PAR L'INDÉFINI DANS LA FORMATION DES TRAITEMENTS ALLOCUTIFS.

Régime direct singulier de troisième personne.

De toutes les permutations que l'on observe dans le verbe basque, celles des syllabes *au*, *dau*[1] sont sans contredit les plus nombreuses et les plus importantes. Ce sont bien ces syllabes en effet, ou leurs permutations (et c'est en cela surtout que consiste notre théorie du Verbe basque) celles qui représentent le régime direct singulier de troisième personne, *au* n'étant lui-même que le démonstratif français *ceci*. Le *d* préfixe qui se trouve au présent de l'indicatif à régime de troisième personne et aux temps qui en dérivent, disparaît au passé et aux temps du même type. A la troisième personne on a un *z*[2] redondant, qui à son tour se change en *l* au présent du conditionnel, au présent et aux futurs du potentiel conditionnel, ainsi qu'aux suppositifs et aux optatifs correspondants. C'est ainsi que *zautan* lab., *zeitan* soul. 'il me l'avait' donnent lieu, le premier à *lauket* 'il me l'aurait', *balaut* 's'il me l'avait', et le second à *aileit* 'me l'eût-il!'. Ce changement du *z* en *l* a lieu dans tous les dialectes, mais il n'est pas toujours obligatoire en biscaïen. Nous disons donc que la syllabe *au*, telle qu'elle existe dans son intégrité primitive en *dau* 'il l'a' du biscaïen, peut se transformer en *a, e, i, o, u, ü, ai, ei, eu, aa, ao, ie, ii, io, iu, iii, oo, iii, iiii.*

au : *dau* '*il l'a*' bisc.; guip. de la Burunda.═══*daust* '*il me l'a*' bisc. occ. des environs de Bilbao.═══*daut* *lab.*; *nav. occ.*; *nav. or.*.

a : **nazu* '*tu m'as*' guip. ═══ **nado* (*syn. de* naude) '*ils m'ont*' bisc. occ. ═══ biazo (*syn. de* bezo) '*aie-le-lui*' lab. ═══ dat '*il me l'a*' lab. d'Arcangues; nav. sept. de Baztan. ═══ dako '*il le lui a*' nav. occ.; nav. or. ═══ dau *soul. de Roncal.*

e : det '*je l'ai*' guip. ═══ dezan '*qu'il l'ait*' guip.; lab.; soul.; nav. sept.; nav. occ.; nav. or.═══ deye *soul.* ═══ dee *nav. occ.*; *nav. or.* 'il le leur a'. ═══ dere '*il me l'a*' nav. mér. d'Olza.

i : dit *guip.* ═══ dit *nav. sept.* ═══ dida *ou* dira *nav. mér.* 'il me l'a'.═══ dio '*il le lui a*' lab.; nav. occ. d'Ustarits.═══**nizu* (*syn. de* nuzu) '*tu m'as*' nav. or. de Salazar. ═══ dion '*qui l'a*' soul. de Roncal.

o : dot '*je l'ai*' bisc. ═══ do '*il l'a*' guip. de Cegama. ═══ **nroke* '*il me peut*' (*potest me*†) soul. de Roncal. ═══ **noke** *nav. or. de Salazar.*

u : du '*il l'a*' guip.; lab.; soul. de Roncal; nav. sept.; nav. mér.; nav. occ.; nav. or. ═══ **gaituz* '*il nous a*' bisc.

ü : dü '*il l'a*' soul.; nav. or. de Mixe et de Bardos. ═══ züin '*il l'avait*' nav. occ. d'Ustarits.

ai : **nai* '*il m'a*' soul.

ei : deit '*il me l'a*' soul.

eu : deust '*il me l'a*' bisc. ═══ deu '*il l'a*' guip. d'Azpeitia; bisc. occ. d'Arratia, d'Arrigorriaga.

aa : daat '*il me l'a*' lab. de S. Pée; nav. or.

ao : daxot '*il me l'a*' lab. des livres.

ie : diegu '*nous l'avons*' ronc. d'Urzainqui.

ii : **nindin* '*il m'avait*' lab. d'Arcangues. ═══ **nindion** *soul. de Roncal.*═══**nindiin** *nav. occ.*═══**nindien** *nav. or.*

io : dio '*il le peut*' soul.; nav. occ. de Mendionde; nav. or.

iu : **ninduen* *guip.*; *nav. sept.* ═══ **ninduan** *bisc.*═══**nindue** *nav. mér.* '*il m'avait*'.═══**yindudan* *m. f.* '*je t'avais*' soul. de Roncal.

iii : **nintüin*, nitiin '*il m'avait*' nav. occ. d'Ustarits.

oo : doot '*il me l'a*' lab. de Sare.

üi, üü : **nündian* '*il m'avait*'. ═══ **nündüke* '*il m'aurait*' soul.

—e : ditzan (*pour* ditzan) '*qu'il les ait*' guip.; soul.; nav. occ.; nav. or.

—u : zen (*pour* zuen) '*il l'avait*' guip. de la Burunda. ═══ tzu (*pour* duzu) '*tu l'as*' soul. de Roncal. ═══ **gitzu* (*pour* gituzu) '*tu nous as*' nav. or. ═══ tzu (*pour* tuzu) '*tu les as*' nav. or. de Salazar.

On peut ajouter à cette liste le changement du *d* en *j* et en *š*, dans le bisc. guipuscoan : deutso, *bisc.*; jao, *Anzuola*; šao, *Oñate* 'il le lui a'.

Régime indirect singulier de troisième personne.

La lettre *o* exprime ce régime, qui peut en outre être représenté par *o, u, b, i, ka, ka, yo, io, tsa*[3], *tso*. Le démonstratif *au* a pour régime indirect singulier *oni*[4], dont *o* n'est qu'une abréviation, de même que *ko* en est une de *koni*, salazarais et roncalais.

---

† Lorsque le *me* français, à l'intransitif, correspond au *miki*, on ne donne pas de synonyme latin.

[1] Variantes de *au* '*ceci*' *guip.*; *bisc.*; *nav. sept.* ═══ hau *lab.*; *soul.*; *nav. occ.*; *nav. or.* ═══ gau *nav. mér.*; *nav. occ.* d'Aezcoa. ═══ kau *nav. or. de Salazar.* ═══ kaur *soul. de Roncal.* Entre *g* et *d* la permutation n'est pas rare en basque, de sorte que *dau*, tel qu'on le rencontre dans les terminatifs, pourrait être considéré comme synonyme de *gau*. Nous sommes portés à croire que l'ordre chronologique du changement de la consonne, dans les démonstratifs isolés, a été le suivant : *k, g, h.* De *kau* se serait formé *gau*, et de celui-ci, *hau.* Ce dernier, par la suite, aurait donné lieu à *au.* D'après cette manière de voir, *kume*, dans *emakume* 'femme', serait plus primitif que *hume* ou *ume* 'enfant, fils, petit'. C'est au reste dans les composés que le mot primitif se trouve souvent, du moins d'après nous, le mieux conservé : *bet* pour *begi* 'œil', dans *betazal* 'paupière' (écorce d'œil); *gal* pour *gari* 'bled', dans *galburu* 'épi' (tête de bled), etc.

[2] Ce *z* redondant (*voyez* page xxiii.) ne se trouve presque jamais en biscaïen au passé de l'indicatif. C'est ainsi qu'au labourdin *zautan* 'il me l'avait'; *zidan* guip.; *zeitan* soul.; *ziren* nav. sept.; *zida* ou *zira* nav. mér.; *zuan* nav. occ. et nav. or., correspond en biscaïen *eustan*, et non pas *zeustan.* Au passé des autres modes, ce dialecte change très-souvent le *z* en *l*, ce qui, en souletin, peut avoir lieu au subjonctif. Le guipuscoan a *zezakean* 'il le pouvait', *leikean* bisc.═══*zezan* 'qu'il l'eût', *legian* bisc.; *lezan* ou *zezan* soul., et quelquefois haut-navarrais méridional et bas-navarrais oriental.

[3] Le *ts*, en biscaïen, est une caractéristique de régime indirect du transitif, laquelle s'applique aux trois personnes indistinctement, et précède les lettres ou les syllabes pronominales *o, a, t, gu, zu, e, zue*, en donnant lieu à *tso* ou *tsa*, *st*, *sku*, *tsu* ou *s-zu*, *tse*, *tsue* ou *s-zue.*

[4] Variantes de *oni* '*à ceci*' *guip.*; *bisc.*; *nav. sept.* ═══ huni *lab.*; *soul.*; *nav. occ.*; *nav. or.* ═══ goni *nav. mér.*; *nav. occ.* d'Aezcoa. ═══ gonei *nav. mér.* ═══ onei *nav. mér.* d'Olza. ═══ koni *nav. or. de Salazar*; *soul. de Roncal.*

ð : dio 'il le lui a' guip.; lab.; soul. de Roncal (varieté d'Ustarroz); nav. sept.; nav. mér.; nav. occ. d'Ustaritz.═══ litzakeo 'il lui serait' bisc. ═══ deitzo 'il les lui a' soul.═══ dakion 'qu'il lui soit' ronc. ═══ lakioke 'il lui pourroit' nav. occ., nav. or.

u, b : dau 'il le lui a' soul. de Roncal; dazka ou dazkau 'il les lui a'; dabei 'ils le lui ont'.

i : dazkei ou dazkiei ou dazkabei 'ils les lui ont' soul. de Roncal.

ko : zako 'il lui est' guip. de Cegama; nav. occ.; nav. or. ═══ jako, bisc.

ka : jaka 'il lui est', bisc., syn. de jako.

yo, io : zayo 'il lui est' guip.; lab.; soul.; nav. sept.; nav. mér.; nav. occ. d'Espelette. ═══ daroyot (syn. de daroakot) 'j'ai accoutumé de le lui' bisc. ═══ zaiko 'il lui sera' soul.

tsa : deutsa 'il le lui a' bisc.

tso : deutso 'il le lui a' bisc., syn. de deutsa.

On remarquera dans ses exemples les permutations de l'o en a et en u, de l'u en i et en b, du k en y et en ts, ainsi que la suppression totale du régime indirect qui a lieu en dazka, dazkei syn. de dazkau, dazkiei ou dazkabei. Le biscaïen supprime aussi quelque-fois l'o régime indirect, devant l'e sujet pluriel de troisième personne, et en guip. d'Hernani, je trouve la même suppression devant zka régime direct : dizkan, pour diozkun 'il les lui a'; begie-begioe 'qu'ils le lui aient'. Pour d'autres exemples, voyez au régime indirect de troisième personne du pluriel, page xix.

Sujet et régime de première personne du singulier.

Le sujet de première personne du singulier est indiqué par n ou par t; le régime direct, par n; le régime indirect, par t. A l'intransitif et aux temps passés du transitif à régime direct de troisième personne, ainsi qu'à leurs dérivés, c'est n prépositif qui indique le sujet, tandis que t postpositif joue le même rôle au transitif à régime de seconde personne, ainsi qu'aux temps présents du transitif à régime direct de troisième, et à leurs dérivés : naiz 'je suis', nuen 'je l'avais', nizun 'je te l'avais', zaitut 'je t'ai', det 'je l'ai'; nau 'il m'a'; zait 'il m'est', dit 'il me l'a'. Ces règles valent pour tous les dialectes : naz, nenan, neutsun, zaitudaz, dot; nau; jat, doust, bisc. ═══ naiz, nuon, nautzun, zaitut, dut; nau; zait, daut, lab. ═══ niz, nün, neizün, zutüt, düt; nai; zait, deit, soul. ═══ naiz, nuen, nizun, zaitut, dut; nau; zai; dit, nav. sept. ═══ naiz, nua, nizu, zaitut, dut; nau; zaida, dida, nav. mér. ═══ niz, nün, nauzun, zitut, dut; nu; zaut, daut, nav. occ. ═══ niz, nien, nauzun, zitut, dut; nu; zaat, daat, nav. or. Outre la permutation du n en t, on remarquera celle du t en 'ç', en 'd', en 'r' et en 'đ', ainsi que celle du n en 'ñ'. Le t se change en 'ç' en plusieurs variétés de la langue basque, surtout du haut-navarrais septentrional, et cela a lieu non seulement dans le sous-dialecte d'Ulzama, que nous avons choisi comme le représentant le plus caractéristique de ce dialecte, mais aussi dans ceux de Vera, d'Irun, etc. Le changement de ce t pronominal en d, entre deux voyelles, est plus ou moins fréquent en guipuscoan, en biscaïen, en labourdin et en souletin : dezadan guip., lab., soul., dagidan bisc. 'que je l'aie'; zizkidaketean guip., leuskedezan bisc., zauzkidatoken lab., zeizkeden soul. 'ils me les auraient eus'; zitzaizkidakean guip., litzazkedazan bisc., zitzaizkidaken lab., zitzeizkedan soul. 'ils m'auraient été'. Les deux dialectes navarrais d'Espagne peuvent bien changer le t en d ou en r, lorsque cette lettre représente le régime indirect, mais ils préfèrent en général conserver le t, quand celui-ci se rapporte au sujet. C'est ainsi qu'ils confondent 'zaten, dezaten' avec la troisième personne du pluriel, puisqu'ils emploient ce terminatif non seulement dans le sens de 'qu'ils les aient', mais aussi dans celui de 'que je l'aie'. Il en est de même des formes verbales 'duten, dutela', qui expriment en même temps 'que j'ai, que je l'ai', et 'qu'ils ont, qu'il les ont'. La cause de cette confusion, il faut la chercher dans la voyelle euphonique du terminatif à sujet de première personne, qui dans ces deux dialectes étant un e au lieu d'être un a, se confond avec l'e qui fait partie du te représentant le sujet pluriel de troisième personne du terminatif homonyme. Si le t toutefois exprime le mihi du latin, le changement en d ou en r peut bien avoir lieu entre deux voyelles, comme nous venons de le dire. Seulement il n'est rien moins que possible d'établir dans quels cas c'est un d, et dans quels cas c'est un r. Nos bons amis d'Elcano, de Puente la Reina, d'Olza et de Goñi prononçaient tantôt 'dira', tantôt 'dida' (il me l'a), mais plus souvent, quoique moins correctement, avec r. La variante d'Olza 'dere', nous l'avons toujours entendue prononcer ainsi, mais à l'intransitif—zaida, zekida 'il m'est, il m'était' (zaide et zekide à Olza)—le d nous a paru le plus usité. Cette indifférence pour ces deux sons se retrouve en bien d'autres mots, et en plusieurs autres variétés du basque d'Espagne, surtout du guipuscoan, et dans les localités les plus renommées pour la pureté du dialecte. Il est fort probable que le son intermédiaire participant de d, r et l, qui persiste en Roncal d'une manière régulière, et qui se trouve aussi en finnois et en d'autres langues, était jadis en usage dans les autres dialectes, surtout dans ces mots à double prononciation moderne, d'autant plus que l'on entend de temps en temps ce son, d'une manière exceptionnelle, en d'autres dialectes d'Espagne que celui de Roncal. En guip. de Cegama, le t ou le d pronominal se supprime entre deux voyelles : induan m. (pour indudan) 'je t'avais'; zien (pour ziden) 'il me l'avait'. Quant aux deux dialectes navarrais de France, le t n'y subit pas de changement, mais il se supprime presque toujours entre deux aa : dezaan 'que je l'ai'; zaan 'il me l'avait'; zitzaan 'il m'était'. Le labourdin d'Arcangues en agit de même, et la suppression du t a souvent lieu dans ces dialectes, surtout en bas-navarrais oriental, même lorsque la voyelle qui précède n'est pas un a : dezakoan 'que je le lui aie', dezakotan nav. occ.; duala (pour dutala) 'que je l'ai' arc., nav. En souletin de Roncal, le t peut se changer en 'đ', signe adopté pour la représentation du son intermédiaire entre d et r dont on vient de parler[2] : ztuđ, r.; yaiđ, m. f. 'je t'ai'; duđ 'je l'ai'; daitađ 'il me l'a' (pléon.); zaitađ 'il m'est' (pléon.) Si cette lettre n'est pas finale, ou elle se change en d, ou elle persiste, ou elle se supprime : zuntudan 'je t'avais'; zitzaidan, 'il

---

[1] Voyez la troisième note de la page xi.

[2] Un autre son très-particulier est celui que l'on entend à Echarri Aranaz, à Lizarrabengoa et à Lizarraga (guip. de la Haute Navarre), ainsi qu'à Arbizu (nav. sept. d'Araquil), dans le mot ura 'l'eau', au défini. Cette prononciation, qui existe peut-être en d'autres localités, est intermédiaire entre 'đ' roncalais et 'z' doux italien en zelo. C'est une permutation du r.

OBSERVATIONS.

m'*était*'; yaitan, *f.* '*tu* m'*étais*'; zinaitan '*tu* me *l'avais*'; dazkidan '*qu'il* me *les ait*'; duala '*que je l'aie*'. Comme on peut bien le voir par ces exemples, lorsque le *t* représente le sujet en roncalais, il se change en '*d*' ou en '*đ*'; le *t* régime, selon la nature de la syllabe ou de la lettre dont il est précédé, change ou persiste, tandis que dans les formes verbales le '*đ*' peut être éliminé, si la forme principale se termine en '*ud*'. Le '*đ*' représentant le sujet se supprime aussi, sous l'influence de l'allocution, à l'indicatif, et partiellement au potentiel, dans les terminatifs au seul régime de troisième personne : dud '*je l'ai*'; diak *m.*; dian *f.*; diez *r.* === droked '*je le puis*'; drokeak *m.*; drokean *f.*; drokezud *r.* La variété d'Urzainqui et celle d'Uztarroz ont pourtant 'diad' au masculin et au féminin, avec suppression non pas du '*đ*', mais du *k* ou du *n* allocutif. Quant au *n* pronominal, il se change en *ñ* en aezcoan, sous l'influence de l'allocution, mais seulement lorsqu'il représente le sujet dans les terminatifs sans régime du potentiel, ou dans ceux à régime indirect de troisième personne : nako, ñakola 'je le lui avais'; neike, ñeikek 'je puis'; nakio, ñakiokek 'je lui puis'.[1]

Sujet et régime de première personne du pluriel.

Le sujet de première personne du pluriel est indiqué par *gu* ou par *g*; le régime direct, par *g*; le régime indirect, par *gu*. Ce dernier remplace le *t* de la première personne du singulier, de même que le *n* initial de celle-ci remplace le *g*, également initial, de la première personne du pluriel. Si l'on considère *g* comme une simple abréviation de *gu*, et par conséquent moins primitif que ce dernier, le *t*, remplaçant le *gu*, devra de même être considéré plus ancien que le *n* de *ni*. La dentale forte, que l'on substitue si souvent en basque à la dentale nasale, pourrait bien avoir été jadis la seule consonne faisant partie du pronom singulier. Le rapport entre *gu* et *t* et entre *g* et *n* initials, est constant : natzayo, gatzazkio 'je *lui suis*, nous *lui sommes*'; nuen, genduen 'je *l'avais*, nous *l'avions*'; nion, giñion 'je *le lui avais*, nous *le lui avions*'; ninduen, ginduen '*il m'avait*, *il* nous avait'; nau, gaitu '*il* m'a, *il* nous a'; zait, zaigu '*il* m'*est*, *il* nous *est*'; zidan, zigun '*il* me *l'avait*, *il* nous *l'avait*'; zaitut, zaitugu 'je *t'ai*, nous *t'avons*'; diot, diogu 'je *le lui ai*, nous *le lui avons*'; dit, digu '*il* me *l'a*, *il* nous *l'a*'. Ces exemples présentent les rapports de sujet à régime dans les différents types de terminatifs. Les variantes des dialectes sont celles-ci : nachako, gachakoz; neban, genduan; neutsan, geuntsan; ninduan, ginduzan; nau, gaituz; zat, zaku; eustan, euskun; zaitudaz, zaituguz; deutsat, deutsagu; deust, deusku[4], bisc. === natzayo, gaizko; nuen, ginuen; nioen, giuioen; ninduen, gintuen; nau, gaitu; zait, zaiku; zautan, zaukun; zaitut, zaitugu; diot, diogu; dau, dauku, lab. === nitzayo, gitzayo; niñn, günian; neyon, geneyon; nündian, güntian; nai, gütü; zait, zaikü; zeitan, zeikün; zütüt, zütügü; deyot, deyogü; deit, deikü, soul. === natzayo, gaizkio; nuen, giñuen; nion, giñion; ninduen, giñuzen; nau, gatu; zal, zaigu; ziren, zigun; zaitut, zaitugu; diot, diogu; dit, digu, nav. sept. === nezayo, gaizkio; nue, gindue; nio, gindio; ninduc, ginduza; nau, gaitu; zaidu, zaigu; zida, zigu; zaitut, zaitugu; diot, diogu; dida, digu, nav. mér. === nitzako, gitzazko; niin, giniin; nakon, ginakon; nindiin, ginitiin; nu, gitu; zaut, zau; zaan, zawn; zitut, zituu; dakot, dakoo; daut, dau, nav. occ. === nitzako, gitzazko; nien, gindien; nakon, gindakon; nindien, gintien; nu, gitu; zaat, zaukiu; zaan, zaukiun; zitut, zituu; dakot, dakou; daat, daukiu, nav. or. Le *g*, sujet ou régime direct, ne peut que se changer en *k*; celui de *gu* sujet peut s'éliminer, tandis que le *g* de *gu* régime indirect est susceptible de permutation, d'élimination, et même de l'une et de l'autre dans le même terminatif : ezkera guip.; ezkara bisc.; nav. mér.; ezkare lab.; ezkira soul.; nav. occ.; 'nous ne sommes pas'. === baikaitu lab.; nav. mér.; beikütü, soul.; baikitu nav. occ. 'parce qu'il nous a'. === aiküntü soul. 'les eussions nous!', 'nous eut-il !'. === diau m., nav. mér.; nav. occ.; nav. or. 'nous l'avons'; laukeu nav. or. 'il nous l'aurait'. === zaku guip. de Oegama; jaku, bisc.; zaiku lab.; nav. sept. de Baztan; zaikü soul.; zaukiu nav. or.

---

[1] Si la consonne *n* appartient au pronom *ni*, en est-il de même de sa voyelle? Nous ne le pensons pas. Dans nitzayo, nituen, nizun, ninduen, de même que dans les terminatifs correspondants des autres personnes ayant *gu*, *hi*, *zu*, zuek au lieu de *ni*, tels que gitzayo, hituen, ziñidan, zinduztedan, la voyelle *i* ne peut évidemment jouer d'autre rôle que celui que joue cette même voyelle dans les terminatifs leurs analogues à régime direct de troisième personne. Or nituen 'je les avais', nizun 'je te l'avais', ninduen 'il m'avait' correspondent exactement à zituen, zizun, zuen 'il les avait, il te l'avait, il l'avait'. Dans nituen et dituen, l'*i* ne peut appartenir qu'à la syllabe *it* indiquant le régime direct pluriel de troisième personne, puisque dans dituen il n'entre pas de pronom *ni* auquel on puisse être tenté d'attribuer cette voyelle. En outre le terminatif du biscaïen occidental correspondant à zituen est euazan, dans lequel le *t* est remplacé par le *z*, signe de pluralité, tandis que la syllabe eu qui n'est autre que le démonstratif au, représente la voyelle *i*, une de ses nombreuses permutations. En nizun et zizun, le sens de au dans *i* est encore plus évident, car les terminatifs correspondants du labourdin nautzun et zautzun, présentant le démonstratif au dans son intégrité, prouvent péremptoirement que l'*i* d'autres dialectes n'a rien de commun avec celui du pronom *ni*, et qu'il n'y a que le *n* qui représente la première personne en nituen et en nizun. En effet, si cet *i* faisait réellement partie des pronoms *ni* et *hi*, on devrait avoir *gu* et *zu*, au lieu de *gi* et *zi*, dans gitzayo et ziñidan, du moins pour les dialectes autres que ceux que l'on écrit avec les permutations exigées par la grande loi de l'affinité constante des voyelles, permutations dont celle de l'*u* ou de l'*ü* en *i* appartient au souletin, au bas-navarrais occidental et au bas-navarrais oriental. Quant à ninduen et à zuen, le biscaïen occidental y confirme par nenduu et par euan le sens du démonstratif au remplacé en guipuscoan par *iu* et *u*. Dans ninduen ou nenduen toutefois, et d'une manière encore plus évidente dans le présent nau 'il m'a', le composé 'moi-même', et non pas le simple 'moi', existe comme régime direct, cette syllabe n'étant, pour ainsi dire, que le pronom niau ou nihau dans son intégrité. Les congénères guhau, hihau, zuhau, zihauk se retrouvent tous dans le navarrais de France. On reconnaît enfin, comme sujet, cette même syllabe nau, composée de *ni* et de au, et avec le sens de moi-même, dans natzayo, 'je lui suis', et dans nitzayo, sa variante.

[4] Voyez la troisième note de la page xi.

OBSERVATIONS.

'il nous est'. Dans ce dernier terminatif, nous avons le pronom répété, car *zaukiu* est bien pour *zaukugu*. Ce pléonasme se retrouve dans le roncalais *daikugu* 'il nous l'a'. Seulement, dans le terminatif cizain, l'*u* du premier pronom se change en *i*, son *y* se transforme en *k*, et le *g* du second pronom s'élimine. La permutation de l'*u* en *i* au régime indirect de ce pronom, est propre au bas-navarrais oriental. Le bas-navarrais occidental a *zau*, avec changement de *au* en *a* et suppression du *g*, *zau* étant pour *zaugu*, correspondant à *zaut*. La voyelle *u* subit une autre transformation en *i* dans ce pronom, mais d'un genre différent, puisqu'elle n'a lieu que sous l'influence de l'allocution, et seulement lorsque la syllabe *gu* représente le sujet. Ce n'est que dans la variété mixaine du bas-navarrais oriental que l'on remarque cette excentricité linguistique. En effet, le terminatif *duu* (pour *dugu*) 'nous l'avons' a au masculin *diik*; au féminin, *diin*; au respectueux, *diizi*. Le pronom *gu* se trouve donc représenté ici par un seul *i*, et précisément par le second, car celui de la syllabe *di* n'est qu'une des nombreuses permutations de l'*au* biscaïen primitif exprimant le régime direct. En tenant compte de la suppression du *g*, qui s'opère en même temps que le changement de l'*u* en *i*, *di-i-zi* n'est au fond que le roncalais *di-gu-zu*, dont les syllabes pronominales suivent le même arrangement[1]. L'*u* du pronom *gu*, enfin, à l'exception des changements exigés par la loi de l'affinité des voyelles, loi que nous avons étudiée dans tous ses détails (*voyez* 'Langue Basque et Langues Finnoises') et dont nous n'avons pas à nous occuper ici, ne présente plus d'autres permutations que celle en *ü*[2], son propre au souletin et à quelques variétés d'autres dialectes, ainsi que le changement en *o* du bas-navarrais occidental. La syllabe *gu*, en souletin, comme on peut le voir par les exemples que nous avons déjà donnés, se change régulièrement en *gü* ou en *kü*. Quant à la permutation en *o* du bas-navarrais occidental, elle a lieu, lorsque l'*u*, dérivé de *gu*, se trouve précédé d'un *o* à la fin du terminatif: *dakoo* 'nous le lui avons' (*pour* dakou), *dezakoou* 'que nous le lui ayons' (*pour* dezakoun).

---

[1] Le terminatif *badugu* 'nous l'avons', pris ainsi dans sa forme affirmative et avec ses traitements allocutifs, est fort propre à la comparaison des variétés bas-navarraises orientales et souletines, les seules qui possèdent le traitement respectueux.

BAS-NAVARRAIS ORIENTAL.

I. 1.	Cize:	baduu	badiank	bainau	baiziu	baišiu
2.	Mixe:	badûû	badiik	badiin	badiizi	—
3.	Bardos:	badiu	badiuk	badiun	badiuzu	badiušu
4.	Arberoue:	baduu	badiuk	badiun	badiuzu	badiušu
II. 1. Briscous : 2. Urcuit :		baduu	badiau	bainau	baizuu	baišuu
III.	Salazar:	badugu	badiagu	banagun	bazugu	bašugu

SOULETIN.

I.	Souletin littéraire:	badûgû	badiagü	badiñagü	badizügü	—
II. 1.	Roncalais de Vidangoz:	badigu	badiguk	badigun	badiguzu	—
2.	—— d'Urzainqui:	badiegu	badieguk	badiegun	badioguzu	—
3.	—— d'Uztarroz:.	badugu	badiaguk	badiagun	badiaguzu	—

[2] Le son de l'*u* français, représenté par *ü*, existe:

En souletin, mais seulement en souletin de France, ou en souletin propre. Le deuxième sous-dialecte, le roncalais, souletin d'Espagne ou de Roncal, ne connaît pas ce son. Dans la variété d'Uztarroz, nous avons remarqué une prononciation intermédiaire entre celle de l'*u* et de l'*ü*, son que nous indiquons par '*û*', et qui pourrait bien n'exister que dans la combinaison '*üei*'. Les terminatifs *dabei* 'ils le lui ont, il le leur a, ils le leur ont', et *zabei* 'il leur est', qui appartiennent à la variété principale de Vidangoz, se transforment en '*düei*' et en '*zûei*' dans celle d'Uztarroz.

En bas-navarrais oriental, mais seulement dans les variétés de Mixe et de Bardos, où l'on peut entendre, (chose plaisante!) *düzit* et *diin* avec *ü*, et *duk* avec *u*. Il paraît que l'*ü* semble trop mou au masculin. Dans la variété d'Arberoue, la triple prononciation *üya*, *üa*, *uya* de la finale *ua* du labourdin peut être remarquée à Hélette, à Isturits, à Saint-Esteben et à Ayherre, où elle commence à se prononcer aussi comme *ia*: *buru* 'tête' *buriiya*, *buria*, *buruya* 'la tête', et même *buria* dans les deux dernières localités. A Isturits, *buria* le plus souvent; à Hélette, *buria* jamais. En briscousien, *zilyerri* 'à vous' nous présente le son de l'*ü*, quoique l'on y dise *ziek* 'vous'. Le salazarais, bas-navarrais oriental d'Espagne, possède, dans des mots tout-à-fait exceptionnels, le son intermédiaire de l'*û*'. Le mot '*šúri*' *blanc*, et le mot '*zure*' *votre*, diffèrent souvent quant au son de leur première voyelle.

Le bas-navarrais occidental, dans son deuxième sous-dialecte, qui se compose de la variété d'Ustarits et de celle de Mendionde, admet dans cette dernière, comme à Hélette, la triple prononciation *üya-üa-uya*. A Ustarits l'*ü* se trouve dans la combinaison *üi*, qui correspond à *ue* labourdin: *süin* 'je l'avais'; *züik* 'vous', et en labourdin: *nuen*, *zuek*. L'aezcoan, bas-navarrais occidental d'Espagne, possède le son intermédiaire '*û*', mais seulement comme simple variante de l'*u* dans la terminaison '*ua*' ou '*üa*': *burua* ou *burüa*. Ce son, de même que celui d'Uztarroz, est réellement intermédiaire entre *u* et *ü*, car la différence que l'on pourrait remarquer entre l'*ü* et la voyelle faisant partie des combinaisons *üyu*, *üa*, *üi* dans les variétés de France, n'est pas assez forte pour y justifier, comme dans l'aezcoan, l'usage de l'*û*'.

Le labourdin lui-même dans son second sous-dialecte, celui d'Arcangues, fait grâce à l'*ü* dans le mot *züik*. Hâtons-nous toutefois de faire observer que ce mot est, pour ainsi dire, le seul à Arcangues qui présente l'*ü*'. L'analogie exigerait

OBSERVATIONS.

Sujet et régime de seconde personne, masculine et féminine, du singulier.

Le sujet est indiqué par *h*[3], aux deux genres; par *k*, au masculin; par *n*, au féminin. Le régime direct est exprimé par *h*; le régime indirect, par *k* ou par *n*, selon le genre. La correspondance que l'on remarque entre l'*h* initial de la seconde personne et le *n*, également initial, de la première, de même que le rapport existant entre le *k* ou le *n* postpositif de l'une et le *t*, également postpositif, de l'autre, sont ce ne peut plus réguliers : *naiz* 'je suis,' *haiz* 'tu es;' *nuen* 'je l'avais,' *huen* 'tu l'avais'; *naukan* ou *naunan* 'je te l'avais'; *hautakan* ou *hautanan* (*pléon.*) 'tu me l'avais'; *haut* 'je t'ai', *nauk* ou *naun* 'tu m'as'; *dut* 'je l'ai', *duk* ou *dun* 'tu l'as'; *nau* 'il m'a', *hau* 'il t'a'; *zait* 'il m'est', *zaik* ou *zain* 'il t'est'; *daut* 'il me l'a', *dauk* ou *daun* 'il te l'a'. Ces terminatifs labourdins ont pour équivalents dans les autres dialectes : *naiz* et *aiz*; *nuen*, et *ukan* ou *unan* (*pléon.*); *nikikan* ou *nikiñan*, et *idakan* ou *idanan* (*pléon.*); *aut*, et *nak* ou *nan*; *det*, et *dek* ou *den*; *nau* et *au*; *zait*, et *zaik* ou *zain*; *dit*, et *dikik* ou *dikiñ*, guip. === *naz* et *az*; *neban*, et *eban* ou *ebanan* (*f. pléon.*); *nenan* ou *neunan*, et *eustaan* ou *eustanan* (*pléon.*); *aut*, et *nok* ou *non*; *dot*, et *dok* ou *don*; *nau* et *au*; *jat*, et *jataa* ou *jataan* (*pléon.*); *deust*, et *deua* ou *deuna*, bisc. === *niz*, et *iz*; *nian* et *tan*; *ncya* ou *neña*, et *citan*; *ait*, et *naik* ou *nañ*; *düt*, et *dük* ou *dün*; *nai* et *ai*; *zait*, et *zaik* ou *zañ*; *deit*, et *deik* ou *deiñ*, soul. === *naiz* et *yaiz*; *nuen* et *yuen*; *niken* ou *niñen*, et *iren*; *aut*, et *nauk* ou *naun*; *dut*, et *duk* ou *dun*; *nau* et *an*; *zai*, et *zaik* ou *zañ*; *dit*, et *dik* ou *diñ*, nav. sept. === *naiz* et *aiz*; *nue* et *yue*; *nia* ou *nina*, et *ida*; *aut*, et *nauk* ou *naun*; *dut*, et *duk* ou *dun*; *nau* et *au*; *zaida*, et *zaidak* ou *zaidan*; *dida*, et *dik* ou *din*, nav. mér. === *niz* et *hiz*; *nien* et *hien*; *naukan* ou *naunan*, et *haau*; *hut*, et *nuk* ou *nun*; *dut*, et *duk* ou *dun*; *nu* et *hu*; *zaat*, et *zauk* ou *zaun*; *daat*, et *dauk* ou *daun*, nav. or. Le bas-navarrais occidental emploie *niin, hiin, nauyan, zaut, daut* pour *nien, hien, naukan, zaat, daat* du bas-navarrais oriental. Cependant *naukan, zaut* et *daut* sont usités dans les deux dialectes, et il en est de même des autres terminatifs, à l'exception de *niin, hiin* et *nauyan*. Outre la permutation de l'*h* en *k* ou en *n*, on remarquera celle de

---

qu'on le prononçât *zik*, qui est aussi en usage. La combinaison *ue* du labourdin, en effet, s'y change régulièrement en un simple *i* : *nin* pour *nuen*; *din* pour *duen* 'qui l'a, qu'a'. Quant à la terminaison *uya*, lorsqu'on ne la prononce pas comme *ouya* français, elle a quelquefois pour variante, chez certains individus, non pas *üya*, mais presque *euya*, en donnant à l'*eu* le son qu'il a dans le mot *peu* (non pas celui du mot *veuf*) mêlé à celui de l'*ü*.

Le haut-navarrais septentrional offre dans le sous-dialecte de Baztan le son intermédiaire 'ú' dans la finale 'úa', que l'on prononce aussi 'ua', et même 'üœ', en donnant à l'*a* un son intermédiaire entre l'*a* et l'*è* français, son dont nous parlerons plus tard. (*Voyez* la note 13. de la page xxxi).

Le haut-navarrais méridional, enfin, n'est pas exempt de cet 'ú', car on y remarque son existence, qui n'est jamais obligatoire, non seulement dans les combinaisons *ua, ue*, mais aussi dans plusieurs mots isolés. La vallée de Longuida et celle du Haut Urraul, appartenant à la variété principale du sous-dialecte cis-pampelunais, qui est celle d'Elcano dans la vallée d'Egües, ainsi que les variétés d'Arce, d'Erro, de Burguete, faisant partie de ce même sous-dialecte, présentent ce son assez fréquemment.

Des huit dialectes de la langue basque, il n'y a donc que le guipuscoan et le biscaïen qui soient absolument exempts de 'ü', ou de 'ú'. Si maintenant on considère d'une part que le son de l'*ü* n'existe qu'en France, et seulement en Soule, en Mixe et à Bardos d'une manière obligatoire et générale, et d'autre part, que le son vraiment intermédiaire 'ú' ne s'entend que dans les vallées espagnoles les plus rapprochées de la France, on pourra regarder, au moins comme possible, non seulement l'origine française de l'"ü', mais aussi celle de l''ú'. Si nous penchons pour l'opinion contraire, seulement quant à l'"ú', qui après tout n'existe pas en France, c'est qu'il nous paraît difficile de pouvoir admettre que les Basques français, qui sont tous d'origine espagnole, aient rien donné à l'Espagne. Ils auront bien probablement emprunté au français le son 'ü', ou bien sous l'influence de cette langue, ils auront changé l'"ú' en 'ü', mais quant au premier de ces sons, il doit être d'origine basque.

[3] L'*h*, à l'exception d'une seule commune, n'existe pas en Espagne, pas même dans les sous-dialectes qui au point de vue linguistique appartiennent à la France. En effet, on n'entend ce son ni dans le roncalais, qui est une subdivision du souletin; ni dans le salazarais, qui fait partie du bas-navarrais oriental; ni dans l'aezcoan, qui appartient au bas-navarrais occidental. C'est donc le pays, plutôt que le dialecte, qui détermine l'absence de l'*h*. À Urdax, où l'on parle à peu près le labourdin pur de la variété de Sare, ce son peut être considéré comme ayant disparu, mais il persiste à Zugarramurdi, et même un peu à Alquerdi, hameau dépendant d'Urdax, quoique moins que dans le reste de la variété de Sare. Si Zugarramurdi est la seule commune basque espagnole où l'*h* ait trouvé grâce, Saint-Jean-de-Luz, Ciboure, Urrugne avec Béhobie, Hendaye, Biriatou sont celles de France où ce son a disparu, car ce n'est qu'à l'usage plus ou moins général du labourdin littéraire, qu'il faut attribuer les mots prononcés avec *h* dans ces localités, et particulièrement à Saint-Jean-de-Luz, par les personnes qui se piquent de bien parler, mais qui admettent en même temps que leur basque vulgaire n'a pas d'*h*. On est donc forcé de convenir que ces communes offrent l'inconvénient de ne pas fournir au terminatif de consonne initiale dans la syllabe qui représente le pronom de la seconde personne du singulier. Dans la variété de Saint-Jean-de-Luz toutefois, l'*h* commence à reparaître à Ascain, et encore plus à Guétary et à Bidart, mais jamais autant que dans les autres variétés du labourdin. Ce dernier d'ailleurs, excepté le sous-dialecte d'Arcangues qui est mêlé de bas-navarrais occidental, ne se sert pas aussi souvent de l'*h* que les trois autres dialectes de France. On dirait que ce son tend à disparaître, quoique très-lentement, du labourdin en général. Le souletin, au contraire, fait un grand usage de l'*h*, mais par une anomalie assez bizarre, il le supprime presque toujours dans ses terminatifs : *iz* 'tu es', *intzeyon* 'tu lui étais', *ükian* 'tu l'aurais eu', *itzagün* 'que tu nous les eusses'; *ündüket* 'je t'aurais'. Néanmoins, si l'*h* n'est pas initial, la suppression n'a pas lieu : *bahintzeit* 'si tu m'étais'; *ahentzagü* 't'cussions-nous!'; *ehündükedan* 'je ne t'aurais pas eu'.

OBSERVATIONS.

l'*h* en *y*, ainsi que celles du *k* en *y* et en *t*, et du *n* en *ñ* et en *y*. L'*h* initial, en haut-navarrais septentrional et méridional, et surtout en aezcoan et en roncalais, peut se changer en *y*: *yaiz nav. sept.*, *yiz aezc.*, *yaz ronc.* 'tu es'; *bayitza nav. mér.*, *bayintz aezc. et ronc.* 'si *tu* étais'; *yue nav. mér. et aezc.*, *yon ronc.* '*tu* l'avais'; *bayez nav. mér. et aezc.*, *bayeza ronc.* 'si *tu* l'avais'; *yakioke aezc. et ronc.* '*tu* lui peux'; *yako aezc.*, *yaun ronc.* '*tu* lui avais'; *yu aezc.*, *yai ronc.* 'il *t*'a'; *yindue aezc.*, *yindion ronc.* 'il *t*'avait'. Le *k*, entre deux voyelles, peut se changer en *y*, en labourdin et en souletin: *dezaya soul.* 'que *tu* l'aies'; *naukeyan lab.*, *neikeya soul.* 'je *te* l'aurais eu'. Le changement en *t* peut avoir lieu en nav. mér. et en nav. occ. d'aezcoa: *nindura nav. mér.*, *aezc.* '*tu* m'avais'; *zekita nav. mer.*, *zitzaita aezc.* 'il *t*'était'; *zauta aezc.* 'il *te* l'avait'. Le *k* reparaît à la forme relative et à la conjonctive: *nindukela* 'que tu m'avais', *zekiken* 'qui t'était', et en aezcoan: *nindukala, zitzaikan, zaukan*. En guip. de Cegama, le *k* pronominal se supprime entre deux voyelles: *ninduan m.* (pour *nindukan*) '*tu* m'avais'; *zian m.* (*pour zikan*) 'il *te* l'avait'. Dans les deux dialectes navarrais de France, la suppression du *k* entre deux voyelles a lieu le plus souvent: *nezaukean* 'je te le pouvais'. On y a toutefois *dezakan* 'que tu l'aies', *naukan* 'je te l'avais', qui en bas-navarrais occidental a *nanyan* pour synonyme plus usité. Cette suppression a lieu quelquefois en souletin: *niindia—niindüya* 'tu m'avais.' Le *n* peut se permuter en *ñ* en guipuscoan et en souletin: *dezaña soul.* 'que *tu* l'aies'; *dikiñ guip.*, *deiñ soul.* 'il *te* l'a'. Le changement du *n* en *y* arrive souvent en roncalais, qui dit *tzayan* 'que tu l'aies', tout aussi bien au masculin qu'au féminin, de même que *naya* 'je te l'avais'. La suppression du *n* peut aussi y avoir lieu: *nundina* 'tu m'avais', aux deux genres[1].

Sujet et régime de seconde personne respectueuse du singulier.

Nous ne doutons point que le pronom *zu* n'ait jadis exprimé le pluriel français *vous*, mais nous ne pensons pas qu'il puisse pour cela être regardé comme appartenant à ce nombre dans la langue actuelle, malgré sa forme comparable en tout point à celle du pronom *gu* 'nous'. Il ne peut appartenir au pluriel, par la raison bien simple que depuis des siècles il ne s'emploie guère qu'en parlant d'une seule personne. C'est un fait accompli, qui comme tel doit être respecté, et sur lequel il serait oiseux de revenir[2]. Nous croyons toutefois qu'il sera très-utile d'étudier ce pronom dans ses terminatifs verbaux, comme s'il n'avait jamais discontinué d'être un pluriel. En le comparant ainsi aux terminatifs du pronom *gu*, on ne manquera pas d'observer qu'il n'est pas jusqu'au pléonasme et à la rédondance que l'on remarque souvent chez ces derniers, qui ne se reproduisent dans les mêmes circonstances et d'une manière exactement typique chez les premiers. C'est donc par la forme que l'origine plurielle de ceux-ci est mise en évidence. Nous choisirons pour exemple de pléonasme les terminatifs biscaïens *gaituz, zaituz* 'il nous a, il *t*'a'. Le *z*, indiquant un régime direct pluriel, ne devrait pas, au point de vue de la logique, s'ajouter à *gaitu*, qui contient déjà un autre régime direct pluriel représenté par le *g* initial. Cependant, si ce *z* constitue un pléonasme, il est en même temps une confirmation de pluralité. Or cette confirmation n'a pu avoir lieu en *zaituz* que lorsque ce terminatif signifiait *il vous a*, et non pas ce qu'il exprime actuellement: *il t'a*. Les pronoms *ni* et *hi* 'moi et toi', qui sont des singuliers non seulement quant au sens, mais aussi quant à la forme, ne pourraient jamais présenter des terminatifs renfermant un *z* comme pléonasme pronominal. On ne dit guère en biscaïen *nauz* et *auz* pour *il m'a, il t'a*, mais *nau* et *au*, quoique on se serve souvent de *zaituz* pour *zaitu*. Nous disons *zaitu*, et non pas *zau* ou *gau*, parce que la syllabe *it* qui fait partie de *gaitu* et de *zaitu*, ne constitue nullement un second pléonasme, mais elle sert seulement à rendre pluriel le démonstratif *au*, qui par son union intime avec les consonnes initiales *g* et *z*, donne lieu aux régimes directs indivisibles *gau* et *zau* ayant le sens de *nous-mêmes, toi-même* (*vous-mêmes* morphologiquement)[3]. Le guipuscoan, dans ses terminatifs *genduen, zenduen* 'nous l'avions, tu l'avais', nous offre un exemple de rédondance dans les consonnes *nd*. Cette rédondance n'a pas lieu toutefois dans *nuen, ukan*, ou *nuan* 'je l'avais, tu l'avais', et on ne dit guère *nenduen, endukan* ou *enduan*. Elle ne s'observe qu'à la première personne du pluriel et à la seconde respectueuse du singulier, parce que celle-ci jadis étant plurielle, formait des terminatifs analogues à ceux de la première.

Quant aux lettres et aux syllabes pronominales qui représentent la seconde personne respectueuse du singulier, le sujet

---

[1] Nous avons trouvé à Charritte-de-Bas *niindia*, comme en roncalais *nundiua*, usité aux deux genres.

[2] Dire que *zu* basque est tout aussi bien pluriel que *vous* français, c'est dire, selon nous, quelque chose de très-inexact. *Vous* français est un vrai pluriel, parce qu'on l'emploit on ne peut plus souvent en parlant à plusieurs personnes, tandis que *zu* basque ne saurait, absolument dans aucun cas, être employé en s'adressant à plus d'un. Le *gij* hollandais, qui a complétement remplacé l'ancien *du*, ainsi que le *you* anglais qui a presque supprimé le *thou* de la Bible, des poètes et des vieux Quakers, s'emploient à dire vrai en s'adressant à un seul, et cela a lieu d'une manière obligatoire et non comme en français, où l'on tutoie souvent dans les rapports ordinaires de la vie. Cependant, comme on fait très-souvent usage de *gij* et de *you* en parlant à plusieurs, la comparaison avec le *zu* basque, quoique un peu moins inexacte que celle du *vous* français, l'est toujours assez. Ce ne serait que le génitif hollandais *uws*, qui est toujours employé au singulier, qui pourrait soutenir la comparaison avec le *zure* du basque, puisque le *zuen* de ce dernier n'est jamais rendu que par *uwer*. L'espagnol *vos*, malgré son origine plurielle, comme celle du *zu* basque, constitue en castillan un vrai singulier, car il ne s'emploit qu'en s'adressant à un seul, ce qui d'ailleurs n'a lieu que dans des cas assez rares. La comparaison avec le *zu* basque n'est donc bonne que pour le *vos* de l'espagnol et pour le génitif *uws* du hollandais. Si maintenant on réfléchit que ces deux langues, tout aussi bien que l'anglais et le français, emploient toujours le verbe au pluriel avec *vos, gij, vous, you*, et que le basque ne confond pas les centaines de terminatifs qui se rapportent à *zu*, avec les centaines d'autres terminatifs qui se rapportent a *zuek*, on sera forcé de conclure que la comparaison de *zu* avec *vos* et avec *gij* ne portant que sur un seul mot, se réduit à quelque chose de tellement minime qu'il approche de rien du tout.

[3] *Voyez* page xiii., à la fin de la troisième note.

OBSERVATIONS.

est indiqué par *z* ou par *zu*; le régime direct, par *z*; le régime indirect, par *zu*. Le rapport est parfait entre *z* et *g*, ainsi qu'entre *zu* et *gu*: gera, zera 'nous *sommes*, tu *es*'; genduen, zenduen 'nous *l'avions*, tu *l'avais*'; giñizun, ziñigun 'nous te *l'avions*, tu nous *l'avais*'; zaitugu, gaituzu 'nous *t'avons*, tu nous *as*'; degu, dezu 'nous *l'avons*, tu *l'as*'; gaitu, zaitu 'il nous *a, il t'a*'; zaigu, zaizu 'il nous *est, il t'est*'; digu, dizu 'il nous *l'a, il te l'a*'. Les équivalents des autres dialectes sont les suivants: *gara, zara; genduan, zenduan; geuntsun, zeuskun; zaituguz, guituzuz; dogu, dozu; gaituz, zaituz; jaku, jatzu; deusku, deutsu*, bisc. ═ *gare, zure; ginuen, zinuen; ginautzun, zinaukuzun* (pléon.); *zaitugu, gaitutzu; dugu, duzu; gaitu, zaitu; zaiku, zaitzu; dauku, dautzu*, lab. ═ *gira, zira; günian, zünian; geneiziün, zeneikün; zütügü, gütiizü; dügü, diizü; gütii, ziitii; zaikii, zaizii; deikii, deizii*, soul. ═ *gara, zara; giñuen, ziñuen; giñizun, ziñigun; zaiugu, gaiuzu; dugu, duzu; gaiu, zaiu; zaigu, zaizu; digu, dizu*, nav. sept. ═ *gara, zara; ginduc, zinduc; gindizu, zindigu; zaitugu, gaituzu; dugu, duzu; guitu, zaitu; zaigu, zaizu; digu, dizu*, nav. mér. ═ *gira, zira; giniiu, ziniiu; ginauzun, zinauu; zituu, gituzu; duu, duzu; gitu, zitu; zau, zauzu; duu, dauzu*, nav. occ. ═ *gira, zira; gindieu, zindicu; giudauzun, zindaukiuu* (pléon.); *zituu, gitzu; duu, zu; zitu, gitu; zaukiu, zauzu; daukiu, danzu*, nav. or. En guipuscoan, en biscaïen, en labourdin et en bas-navarrais oriental, le *z* de ce pronom peut se permuter et *tz*, tandis que le premier, au traitement diminutif[4], se changera en *s̃*, et le second en *ch*. Le *z* en outre s'élimine du pronom *zu*, lorsque celui est accompagné de la caractéristique *ts* propre au biscaïen, et servant à indiquer, sans préciser de personne, le régime indirect du transitif. Cette suppression toutefois n'a pas lieu si le pronom n'est pas uni à la caractéristique, mais alors celle-ci perd son *t*. C'est ainsi que dans le premier cas, *ts* uni a *zu* ne produit pas *tszu*, mais *tsu*, tandis que dans le second, ce n'est pas à *ts-zu*, mais à *s-zu* qu'il donne lieu[5]. Voici des exemples: zaitzu, zaizkitzu, guip., lab.; jatzu, zauzkitzu, nav. or. 'il t'est, ils te sont'. ═ dizu, dizkizu, guip.; deutsu, deutsuz, bisc.; dautzu, dauzkitzu, lab.; dauzu, dauzkitzu, nav. or. 'il te l'a, il te les a'. ═ neuskezu, neuskezuz bisc. 'il te l'aurait, il te les aurait'. ═ nazu, gaituzu, guip.; nozu, gaituzuz (pléon.) bisc.; nauzu, gaituzu, lab. 'tu m'as, tu nous as'. ═ nezakezu, gitzazkotzu, nav. or. 'tu me peux, tu nous peux' (*potes me, nos*). On verra par ces terminatifs que le changement du *z* en *tz* n'a lieu qu'à l'intransitif en guipuscoan, changement qui n'est rien moins qu'obligatoire dans ce dialecte. Le terminatif *itzatzu* 'aie-les-moi' est le seul qui au transitif y présente cette permutation. Ces exemples montrent en outre: 1°. que le biscaïen n'offre ce changement qu'aux terminatifs à régime indirect; 2°. que le labourdin étend cette permutation aux terminatifs à régime direct pluriel; 3°. que le bas-navarrais oriental ne l'établit que sur le nombre du régime au transitif, et sur celui du sujet à l'intransitif[6]. Quant à la voyelle *u* de *zu*, elle devient *ü* dans les mêmes variétés qui présentent ce changement dans le pronom *gu*: zaizü, deizü, gütüzü, soul.; zauzü, dauzü, etc. *mix.* et *bard.* L'*u* peut encore se changer en *o*, mais je n'ai rencontré cette permutation, tout à fait insolite, qu'à Beinza Labayen, une des quatre localités de la vallée du Petit Basaburua qui font usage du sous-dialecte haut-navarrais septentrional de las Cinco Villas. On y trouve en effet: *duzo* 'tu l'as' pour *duzu*, et *zuzo* 'aie-le' pour *zazu*. (*Voyez* page xxvi. pour le changement de l'*a* en *u* dans ce dernier terminatif.) Cet *o* pourrait être attribué à *oni*, qui fait partie du pronom labourdin *zeroni* 'toi-même', qu'il faut bien se garder de confondre avec *oni* 'à ceci', régime indirect de *au*. Celui de *zeroni* est *zeroniri*. Le *z* initial qui représente tantôt le sujet tantôt le régime direct, peut se changer en *tz*, à peu près comme le *g* se change en *k* dans des cas pareils: etzera guip.; etzara bisc.; *nav. sept.; nav. mér.*; etzare *lab.*; etzira *soul.*; *nav. occ.*; *nav. or.* 'tu n'es pas'. ═ baitzaitu *lab.*; beitzütü *soul.*; baitzatu *nav. sept.*; baitzitu *nav. occ.* 'parce qu'il t'a'. ═ nitzüntü *soul.* 'les eusses-tu!, t'eût-il!'.

Sujet de troisième personne du pluriel[7].

Le sujet de troisième personne du pluriel, à l'intransitif, est exprimé en guipuscoan par *zk, zki, zka, zte*, et quelquefois par *z*; en cegamais, par *e*, mais le plus souvent le singulier y remplace le pluriel; en biscaïen, par *z*; en labourdin, par *zk, zki*, et quelquefois par *z*; en souletin, par *z, tz, t, zt*, et quelquefois par *zki* ou *it*; en roncalais, il peut aussi être indiqué par *zka, zk* et *zku*; en haut-navarrais, septentrional ou méridional, par *zki* et *z*; en bas-navarrais, occidental ou oriental, par *zki, z* et *zte*; en bas-navarrais occidental du Labourd, aussi par *iz* et *i*, ou par le changement de l'*u* du singulier en *i*; en bas-navarrais oriental, aussi par *zt*; en arberouan, aussi par le changement de l'*u* du singulier en *i*, et par *ztete* pléonastique; en briscousien, aussi par le changement de l'*u* du singulier en *i*, ou par *zt*; en salazarais, aussi par *zk* et *zt*. Exemples: zait, zaizkit guip.; lab.; zat (*sing. et plur.*) cegam.; jat, jatza, bisc.; zait, zaizt soul.; zat, zaizkit nav. sept.; zaida,

---

[4] *Voyez* la deuxième note du quatorzième tableau supplémentaire.

[5] *Voyez* la troisième note de la page xi.

[6] Le souletin a bien *zaizü* et *zaitzü, deizü* et *deitzü*, mais dans ce dialecte, le *t* de ces terminatifs représente le sujet et le régime direct pluriel, et correspond au *zki* labourdin: *zai-zki-tzu, zai-t-zü; dau-zki-tzü, dei-t-zü*. Il est clair au reste que *zaitzü* et *deitzü* ne sont que pour *zaitzazü* et *deitzazü* qu'ils ont remplacés, puisque au masculin et au féminin on a *zaitzak* et *zaitzan, deitzak* et *deitzan*. La permutation de *zü* en *tzü* n'a donc pas lieu dans ces terminatifs souletins. Cependant elle ne peut être niée ni en *litzeizketzü* pluriel de *litzeikezü* 'il te serait', ni en *leizkeizü* 'il te les aurait', car le sujet et le régime direct pluriels y étant représentés par le *z* qui précède la syllabe *ke*, le *t* ne peut être attribué qu'à la permutation du *zu* en *tzu*, à moins toutefois que l'on ne veuille considérer ces deux derniers terminatifs comme pléonastiques, ainsi que d'autres appartenant la plupart au conditionnel, au potentiel ou au subjonctif.

[7] Ce que nous disons du sujet pluriel de troisième personne, s'applique aux lettres qui, étant morphologiquement les mêmes que celles qui expriment ce sujet, ne peuvent toutefois être considérées que comme formant un tout avec celles qui expriment la première ou la seconde personne du pluriel, ainsi qu'avec la seconde personne respectueuse du singulier: *gatzazkio, zatzayo* (*voyez* la note 1. de la p. xx.), *zatzazkio*, guip.; *gachakoz, zachakoz, zachakoze*, bisc.; *gaizko, zatzaizko, zatzaizkote*, lab. 'nous lui sommes, tu lui es, vous lui êtes', etc.

OBSERVATIONS.

zaizkida *nav. mér.*; *acrc.*; zaut, zauzkit *nav. occ.*; *nav. or.*; zaut, zait *nav. occ. du Labourd.*; *arber.*; *brisc.*; zaat, zauzkit *nav. or.* 'il m'est, *ils* me sont'. === zayo, zazkio-zayozka, *guip.*; zako (*sing. et plur.*) *cegam.*; jako, jakoz, *bisc.*; zayo, zaizko *lab.*; *salaz.*; zayo, znitzo *soul.*; zau, zazka-zazkau *ronc.*; zayo, zaizkio *nav. sept.*; *nav. mér.*; zako, zazko *nav. occ.*; *nav. or.*; zuko, zaizko *nav. occ. du Labourd*; *arber.* 'il lui est, *ils* lui sont'. === zaye, zayezte *guip.*; zayo, zayee *cegam.*; zee, zezte *nav. occ.*; *nav. or.*; zec, zeiztete *arber.*, zeeztete *arber. de Méharin*; zaye, zaizte *brisc.*; *salaz.* 'il leur est, *ils* leur sont'. === datzakioke, datzazkioke (*abr. de* datzakizkioke) *guip.* 'il lui peut, *ils* lui peuvent'. === litzaiket, litzaizket (*abr. de* litzaizkiket) *lab.* 'il lui serait, *ils* lui seraient'. === zaizü, zaitzü *soul.*; zaizu, zaizkuzu *ronc.*; zatzu, zaitzu *nav. occ. d'Ustarits* 'il t'est, *ils* te sont'. === zabei, zazkei *ronc.* 'il leur est, *ils* leur sont'. === dakidan, dakiztadan *soul.* 'qu'il me soit, qu'*ils* me soient'. === balitzeit, balitzeizkit *soul.* 's'il m'était, s'*ils* m'étaient'. === likidak *m.*, litikidak *soul.* 'il me pourrait, *ils* me pourraient'. === daieke, daiezke *nav. sept*; daiko, daizke *nav. sept.*; *nav. mér.* 'il peut, *ils* peuvent'. === zitzeen, zitzezten (*syn. de* zitzezteen) *nav. or.* 'il leur était, *ils* leur étaient'. La suppression de la syllabe zki avant tz peut avoir lieu en labourdin : zaitzu 'il t'est', et aussi '*ils* te sont', comme syn. de zaizkitzu.

Au transitif, le sujet pluriel est exprimé par *te* en guipuscoan, en labourdin, et dans les quatre dialectes navarrais; par *e*, en guip. de Cegama et d'Azpeitia; par *ei* ou par *i*, dans le guipuscoan navarrais de la Burunda; par *e* ou *ee*, en biscaïen; par *de* ou *dee*, en bisc. occ.; aussi par *u*, en bisc. guipuscoan de Salinas; par *ye* ou *e*, en souletin; par *ei*, en roncalais; par *e* ou *ye*, en salazarais. Exemples : du, dute, *guip.*; *lab.*; *nav.*; do, doe, *ceg.*; du-deu, due-debe, *azp.*; dau, dei, *bur.*; dau, daue-dabee, *bisc.*, daudee, *bisc. occ.*; dü, die[1], *soul.*; du, dei, *ronc.*; du, die, *salaz.* 'il l'a, *ils* l'ont'. === zituen, zituzten *guip.*; *lab.*; zituen (*pour les deux régimes*) *bur.*; zituzan, zituezan *bisc.*; ebazan, eudeezan *bisc. occ.*; zütian, zütien *soul.*; ztion, ztein *ronc.*; zituen, zituzten *nav. sept.*; zitue, zuste, *nav. mér.*; zitiin, zuzten *nav. occ.*; zitien, zuzten *nav. or.*, 'il les avait, *ils* les avaient'. === ninduke, ninduteko *guip.*; ninduke, nindukei, *bur.*; ninduke, nindukee, *bisc.*; ninduke, nindukete, *lab.*; *nav.*; nündüke, nündükeye, *soul.*; nindoke, nindokei, *ronc.*; nindoke, nindokeye, *salaz.* 'il m'aurait, *ils* m'auraient'. === detzan, detzain *bur.* 'qu'il les ait, qu'*ils* les aient'. === nau, nade-naude, *bisc. occ.* 'il m'a, *ils* m'ont'. === eben, euben *bisc. de Salinas* 'il l'avait, *ils* l'avaient'. La suppression de la syllabe exprimant le sujet pluriel, a lieu : 1°. en guipuscoan, en labourdin, dans les deux dialectes navarrais d'Espagne, et en salazarais, lorsque la troisième personne du singulier se termine par *te* ou *teke*: dizuto *guip.* 'il vous l'a, *ils* vous l'ont'; diote *guip.*; *lab.*; *nav. sept.*; *nav. mér.* 'il le leur a, *ils* le leur ont'; lioteke *guip.* 'il le lui aurait, *ils* le lui auraient'; dauzte *salaz.* 'il les leur a, *ils* les leur ont'; 2°. en souletin et en salazarais, lorsque le singulier finit en *ie*: deizie *soul.*, dauzie *salaz.* 'il vous l'a, *ils* vous l'ont'; 3°. en salazarais, et en nav. sept. d'Elizondo, lorsque le singulier se termine par *be*: dabe 'il le leur a, *ils* le leur ont'; 4°. en briscousien et en urcuitien, mais seulement après *zte*: dayo dayote 'il le leur a, *ils* le leur ont'; daizte '*il les leur a*, ils *les leur ont*'. Quant au roncalais, la syllabe *ei* se supprime au pluriel, si le singulier lui-même se termine par *ei*: dabei 'il le leur a, *ils* le leur ont'. Cette syllabe enfin exige la suppression de la voyelle qui précède, à moins que celle-ci n'appartienne aux régime indirect *gu, kiu* 'à nous': tzan 'qu'il l'ait' et 'qu'il les ait', tzein 'qu'*ils* aient', et 'qu'*ils* les aient'; zrozke 'il te peut', zrozkei '*ils* te peuvent' (*potest, possunt te*); ziou 'il l'avait', zein '*ils* l'avaient'; du 'il l'a', dei '*ils* l'ont'; dazka (*syn. de* dazkau) 'il les lui a', dazkei (*syn. de* dazkabei) '*ils* les lui ont'; daikugu 'il *nous* l'a', daikuguei '*ils nous* l'ont'; zaikun 'il *nous* l'avait', zaikinein '*ils nous* l'avaient'. Le guipuscoan de la Burunda exige aussi la suppression : dau 'il l'a', dei '*ils* l'ont'. (*Voyez* la troisième note de la page xxi).

Régime direct de troisième personne du pluriel.[2]

Ce régime direct est représenté en guipuscoan par *it, zki, tzi, zka, zte*, ou par *z*; en cegamais, il se confond très-souvent avec le régime direct singulier, ce qui a lieu, en Espagne, ailleurs qu'à Cegama; en biscaïen, ce régime direct pluriel est exprimé par *z*, et quelquefois par *it*; en labourdin, par *it, t, zki, tza, zka*, et quelquefois par *itt, t, z, tz*; en roncalais, aussi par *tt, zk* et *zka*; en haut-navarrais septentrional, par *it, ĩ, t*, ou par *z*; en haut-navarrais méridional, par *it, z, zki*; en bas-navarrais, occidental ou oriental, par *it, zki, z, zte*; en bas-navarrais occidental du Labourd, aussi par *tzi, iz, i*, ou par le changement en *t* de l'*u* du régime direct singulier; en bas-navarrais oriental, aussi par *zt*; en arberouan, aussi par le changement de l'*u* en *i*; en briscousien, aussi par ce même changement, ou par *iz* et *zt*. Exemples : du, ditu *guip.*; *lab.*; dau, ditu-dituz *bisc.*; dü, dütu *soul.*; du, tu (*pour* ditu) *nav. sept.*; du, tu (*pour* ditu) *nav. mér.*; *nav. occ.*; *nav. or.*; *ronc.* 'il l'a, il *les* a'. === dezan, ditzan *guip.*; *soul.*; *nav. occ.*; *nav. or*; dagian, dagizan *bisc.*; dezan, dotzan *lab.*; *soul.*; tzan *ronc.* (*pour* dezan *et* detzan); dezan, dechan (*pour* detzan) *nav. sept.*; zan, zkin *nav. mér.*; (*pour* dezan *et* dozazkin); 'qu'il l'ait, qu'il *les* ait'. === dit, dizkit-ditzit *guip.*; dit, dit *cegam.*; deust, deustaz, *bisc.*; daut, dauzkit *lab.*; *soul.*; *nav. occ.*; *nav. or.*; deit, deizt *soul.*; dit, tit (*pour* dizit) *nav. sept.*; dida, tida (*pour* ditida) *nav. mér.*; daut, dait *nav. occ. du Labourd*; *arber.*; *brisc.*; daut, dazkit *nav. or.* 'il me l'a, il me *les* a'. === dio, dizkio-diozka, *guip.*; dio, dio *cegam.*; deutsa-deutso, deutsaz-deutsoz, *bisc.*; dio,

---

[1] La permutation de l'*ü* en *i* dans les terminatifs du souletin tels que *die*, n'ayant lieu dans ce dialecte que par la loi de l'affinité des voyelles qui exige que l'*ü* devant l'*e* se change toujours en *i*, nous n'en avons pas à nous en occuper ici. Il n'en est pas de même du changement de l'*u* en *i* qui a lieu en salazarais. Lorsque ce sous-dialecte du bas-navarrais oriental dit *die*, comme en souletin, pour *due*, il n'obéit pas à cette loi, car elle n'existe pas dans cette espèce de basque. L'*u*, en dehors du verbe, ne s'y change jamais en *i* devant l'*e*.

[2] Ce que l'on dit du régime direct pluriel de troisième personne, est applicable aux lettres qui, quoique identiques pour la forme avec celles qui expriment ce régime, n'en sont pas moins unies d'une manière intime quant au sens, au régime direct de première ou de seconde personne du pluriel, ainsi qu'à celui de seconde personne respectueuse du singulier: gaitu, zaitu, zaituzte, *guip.*; *lab.*; gaituz, zaituz, zaituez; *bisc.*; gitü, zütü, zütie, *soul.* 'il *nous* a, il *t'a*, il *vous* a', etc.

OBSERVATIONS.

diotza-diozka, *lab.*; deyo, deiizo *soul.*; dau, dazka-dazkau *ronc.*; dio, īio (*pour* diīio) *nav. sept.*; dio, iio (*pour* ditio) *nav. mér.*; dako, dazko *nav. occ.*; *nav. or.*; dio, diotzi, *nav. occ. d'Ustarits*; dako, daiko-daizko *nav. occ. de Mendionde*; dako, daiko *arber.*; dako, daizko *brisc.* 'il le lui a, il *les* lui a'. === die, diezte *guip.*; dio, die *cegam.*; deutse, deutsez, *bisc.*; dee, deztee *nav. occ.*; *nav. or.*; dee, deezte *mix.*; dee, deizte *arber.*; daye, daizte *brisc.* 'il le leur a, il *les* leur a'. === ninduen, ginduen; genduen, giñitnen-ginduzen *guip.*; ninduen, giñuzen; giñuen, giñiīuen *nav. sept.*; nindue, ginduza[3]; gindue, ginditue-ginduza[2] *nav. mér.*; nindue, ginduzo[3]; gindue, ginduze[3] *aezc.*; nintzan[3], gintzan[3]; ginuen, gintzan[3] *salaz.* 'il m'avait, il *nous* avait; nous l'avions, nous *les* avions'. === tzu, dutzu (*pour* duzu *et* dutuzu) *ronc.* 'tu l'as, tu *les* as'. === dabei, dazkei *ronc.* 'ils le lui ont, ils *les* lui ont'. === nau, gaīu *nav. sept.*, gaitu *nav. mér.* 'il m'a, il *nous* a'. === zizu, zizkizu *nav. mér.* 'il te l'avait, il te *les* avait'. === zezan, zezkien (*pour* zezazkien) *nav. mér.* 'qu'il l'eût, qu'il *les* eût'. === luke, luzke *nav. mér.* 'il l'aurait, il *les* aurait'. === nu, gitu *nav. occ.*; *nav. or.* 'il m'a, il *nous* a'. === zeen, zezten (*syn. de* zezteen) *nav. or.* 'il le leur avait, il *les* leur avait'. On remarquera la permutation du z en ī qui a lieu en haut-navarrais septentrional en même temps que l'addition du t qui sert à pluraliser le régime direct, et d'où resulte le son 'ch': *dezan, dechan*; *dezake, dechake*; *nazazu, gachozu* 'qu'il l'ait, qu'il les ait; il le peut, il les peut; aie-moi, aie-nous', au lieu de *gaīsazu, detsake, detsan*.

Le changement du t en *d*[4], comme signe de pluralité, devra être observé en guipuscoan et en biscaïen, d'autant plus que l'on pourrait confondre ce d, tel qu'il existe en *ginduen, zinduen* guip.; *ginduzan, zinduzan* bisc. '*il nous avait, il t'avait*', avec celui de *ninduen, ninduban, nindue* 'il m'avait'. Dans ce dernier terminatif, le d n'est qu'une lettre rédondante, qui se conserve presque toujours telle dans les autres dialectes, tandis que dans les premiers il peut être remplacé par *it, t* et *z*: *ninduen, gintuen, zintuen lab.*; *nündian, güntian, züntian soul.*; *ninduen, giñuzen, ziñuzen nav. sept.*; *nindiin, giniñin, zinīiin nav. occ.*; *nindien, gintien, zinrien nav. or.* La suppression des syllabes *it, ut, üt* peut être totale, ou bien partielle. Dans ce dernier cas, c'est tantôt la consonne qui disparaît, et tantôt la voyelle: *zusto* (*pour* zitusto) *nav. mér.*; *zuzten* (*pour* zituzten) *nav. occ.*; *nav. or.* 'ils *les* avaient'. === *giuzte* (*pour* gituzte) *nav. occ.*; *nav. or.* 'ils nous ont'. === *ginduen* guip.; *ginduzan* bisc.; *gintuen* lab.; *güntian* soul.; *gintien* nav. or. 'il *nous* avait'. === *zuntudan* ronc. 'je t'avais'. === *ztu* (*pour* zitu) *ronc.*; salaz. 'il t'a'. === *ztion* ronc.; *ztuen* salaz. (*pour* zition, zituen) 'il *les* a'. La syllabe *tzi* d'Ustarits peut aussi se supprimer devant *te*: *diote* 'il le leur a', et aussi 'il les leur a', comme syn. de *diotzite*.

Régime indirect de troisième personne du pluriel.

Les syllabes qui représentent ce régime, sont souvent celles du régime indirect singulier, plus celles du sujet pluriel au transitif. Le guipuscoan emploie *ote, yote, e, ye*; le biscaïen, *tse*[5], *ke, kee, koe, oe, e, te*; le labourdin, ainsi que les deux dialectes navarrais d'Espagne, *te*; le souletin, *e* ou *ye*; le roncalais, *bei, iei, ei, e*; les deux dialectes navarrais de France, *e*; le nav. occ. d'Ustarits, *ote* ou *kote*; celui de Mendionde, *kote*; l'aezcoan, *ye*; le bardosien, *kote*; l'arberouan, aussi le changement de l'*e* en *i*; le briscousien, *ye*; le salazarais, *be* ou *ye*. Exemples: dio, diote-die; zayo, zayote-zaye, *guip.* === deutsa-deutso, deutse; jako, jakee-jakoe, *bisc.*===(dotsa-deutsa, dotse-deutse, *Vergara*; dotza-dotzo, dotze, *Salinas*; šao, šaue, *Oñate*); jako jute, *bisc. du Guipuscoa.* === dio, diote; zayo, zayote, *lab.*; *nav. sept.*; *nav. mér.*===deyo-dero-derio, deye-dere-derie; zayo, zaye, *soul.* === dau, dabei; zau, zabei, *ronc.*=== dako, dee; zako, zee, *nav. occ.*; *nav. or.* === dio, diote; zako, zakote, *nav. occ. d'Ustarits.* ===

---

[3] On remarquera le double emploi de *ginduza*, de *ginduze* et de *gintzan*, ainsi que la forme insolite *nintzan*, qui ne peut s'expliquer par *ninduen*, comme *gintzan* par *ginduzan*, ou comme *tzu* du roncalais s'explique par *duzu*. Il est bien positif pourtant que le salazarais, lorsqu'il est forcé d'employer l'indéfini, se sert de *nintzan*, et non pas de *ninduen* pour exprimer 'il m'a'. Dans ce curieux sous-dialecte, *nintzan, intzan, zintzan, gintzan, zintzayen* signifient en même temps: *j'étais et il m'avait*; *tu étais, il t'avait et tu les avais*; *nous étions, il nous avait et nous les avions*; *vous étiez, il vous avait et vous les aviez*. La confusion du transitif avec l'intransitif peut avoir lieu, à dire vrai, dans tous les dialectes sous l'influence de l'allocution, mais ce n'est qu'en salazarais que l'on peut trouver des terminatifs indéfinis appartenant en même temps aux deux voix. On dira, par exemple, en tutoyant un homme en guipuscoan: 'etorri nindukan' *j'étais venu (tu m'avais venu)*, 'maitatu nindukan' *il m'avait aimé*, comme on dit en Salazar 'šin nintzakan, maitatu niutzakan'. Que le tutoiement cesse, le guipuscoan se servira de deux terminatifs différents, tandis que le salazarais persistera dans la confusion des deux voix, quoique à l'indéfini: noiz etorri nintzan?, noiz maitatu ninduen? '*quand étais-je venu?, quand m'avait-il aimé?*' guip.; *noiz šin nintzan?, noiz maitatu nintzan? salaz.*

[4] Le *t* et le *k* précédés de *n* se changent souvent en *d* et en *g* dans certains dialectes, tandis qu'en d'autres ces deux lettres persistent. On a donc eu tort d'admettre cette permutation d'une manière absolue, et comme appartenant au basque en général, d'autant plus que même en guipuscoan les exceptions ne manquent pas. Dan *Jainkoaren ontasuna* 'la bonté de Dieu', ce dialecte offre le *k* et le *t* après le *n* dans toute leur intégrité primitive. Le souletin surtout aime à conserver ces consonnes dures: *igante* 'dimanche', *hunki* 'bien', etc. Dans ce dernier on dirait certainement *emanko*, et non pas *emango* comme en guipuscoan, si les noms verbaux terminés en *n* y étaient susceptibles de prendre le suffixe génitif local, au lieu du suffixe génitif possessif, qui donne lieu à *emanen*. Néanmoins, les noms verbaux en *nko* n'en existent pas moins en basque, puisqu'ils se trouvent dans le sous-dialecte de Puente la Reina (Gares ou Garens), appartenant au haut-navarrais méridional, où l'on entend: *emanko* 'pour donner', *janko* 'pour manger', *juanko* 'pour aller'. Il est digne de remarque que ce *ko* primitif venant après le *n* du nom verbal, se soit conservé dans un des sous-dialectes les plus éloignés du Guipuscoa, et qui est en même temps environné par ses deux congénères (l'oriental en deçà, et l'occidental en delà de Pampelune) lesquels se servent exclusivement du nom verbal en *in*: *emain, šain, joain*.

[5] *Voyez* la troisième note de la page xi.

OBSERVATIONS.

dako, *dakote*; zako, *zakote*, *nav. occ. de Mendionde.*== dako, *daye*; zayo, *zaye*, *aezc.* == dako, *dakote*; zako, *zakote*, *bard.* ==dako, *daye*; zako, *zaye*, *brisc.* == dako, *dabe*; zako, *zaye*, *salaz.* 'il le lui a, il le *leur* a; il lui est, il *leur* est'.== jakon, jaken, *bisc.* 'il lui était, il *leur* était'. == litzakeo, litzakeoe, *bisc.* 'il lui serait, il *leur* serait'. == begi, begie-begioe, *bisc.* 'qu'il le lui ait, qu'il le *leur* ait'.== deiko, deike; zaiko, zaike, *soul.* 'il le lui aura, il le *leur* aura; il lui sera, il *leur* sera'. == dozka (*syn. de dazkau*), dazkei (*syn. de dazkiei, dazkabei*); zazka (*syn. de zazkau*), zazkei (*syn. de zazkiei, zazkabei*) *ronc.* 'il les lui a, il les *leur* a; ils lui sont, ils *leur* sont'. == dakion, dakien *ronc.* 'qu'il lui soit, qu'il *leur* soit'. == deo, deizte; zeo, zeiztete *arber.* 'il le *leur* a, il les *leur* a; ils lui sont, ils *leur* sont'. On remarquera, en biscaïen du Guipuscoa, la permutation du *k* appartenant au régime indirect singulier, en *t* du régime indirect pluriel. Quant à la suppression de la voyelle qui précède la syllable roncalaise *ei* exprimant le régime indirect, elle a lieu comme pour le *ei* sujet, à moins que cette voyelle n'appartienne à *gu* 'nous': *dagu* '*nous* le lui avons', *daguei* '*nous* le *leur* avons'.

Sujet de seconde personne du pluriel.

Les syllabes exprimant au transitif le sujet pluriel de troisième personne, ajoutées au sujet de seconde personne respectueuse du singulier, servent en général à représenter le sujet de seconde personne du pluriel[1]. A l'intransitif, le guipuscoan emploie *z-zki, z-zk, z-zku, z-zte*; le cegamais, *z-e*; le biscaïen, *z-e*; le labourdin, *z-te*; le souletin, *z-ye, z-e*; le roncalais, *z-ei*; les quatre dialectes navarrais, *z-te*; le bas-navarrais occidental, aussi *zte-te*; le mixain, aussi *z-zte*; le briscousien, aussi *z-zt*; le salazarais, *z-ye*. Exemples: zatzait, zatzaizkit; 'tu *m'es*, vous *m'êtes*'; zatzaigu, zatzaizkigu 'tu *nous es*, vous *nous êtes*'; zatzayo, zatzazkio-zatzayozka 'tu *lui es*, vous *lui êtes*'; zatzayote-zatzaye, zatzazkiote-zatzayozkate-zatzayozte 'tu *leur es*, vous *leur êtes*'. Ces terminatifs guipuscoans ont pour équivalents dans les autres dialectes: zachataz, zachataze; zachakuz, zachakuze; zachakoz-zachakaz, zachakoze-zachakaze; zachakoez-zachakoez, zachakeeze-zachakoeze, *bisc.*== zatzaizkit, zatzaizkitet; zatzaizkigu, zatzaizkigute; zatzaizko, zatzaizkote; zatzaizkote, zatzaizkote, *lab.* == zitzait, zitzaiztoye; zitzaikü, zitzaizküye; zitzayo, zitzayue; zitzaye, zitzayie, *soul.* == zaizkit *nov. sept.* (zaizkida *nav.mér.*), zaizkidate; zaizkigu, zaizkigute; zaizkio, zaizkinte; zaizkiote, zaizkinte, *nav. sept.*: *nav. mér.* == zitzauzkit, zazkidaate; zitzauzkin, zitzauzkute; zitzazko, zazkote; zitzee, tzezteete, *nav. occ.* == zazkit, zazkitet-zazkiatet; zauzkin, zauzkiute; zitzazko, zitzazkote, *nav. or.* == zauzkit, zauzkitet; zauzku, zauzkute; zitzazko, zitzazkote; zitzeo, zitzeztee, *mix.* == zitzait, zitzaitate; zitzaiku, zitzaizkute; zitzazko, zitzazkote; zitzayo, zitzaizte-zitzayete, *brisc.* == zaitzeku, zaitzekue; zaitzeko, zaitzee; zaitzee, zaitzee, *guip. de Cegama.* == zaitazud, zaitazeid; zaizkuguzu, zaizkuguzei, *ronc.* == zaizta, zaiztaye; zaizku, zaizkuye, *salaz.* == zizuizten, zizaizteke 'tu *leur étais*, tu *leur serais*, vous *leur étiez*, vous *leur seriez*' salaz. On verra par ces exemples que les syllabes exprimant la pluralité, excepté en navarrais de France, se suppriment après *te, teke* ou *ee*. La syllabe initiale exprimant la seconde personne ne figure pas toujours dans le terminatif, et cette dernière suppression a lieu plus ou moins dans tous les dialectes. La suppression de la voyelle qui précède la syllabe roncalaise *ei* servant à pluraliser le pronom *zu*, a lieu, à l'intransitif, même après *gu* 'à nous': zitzaizkigun 'tu *nous* étais', zitzaizkigein 'vous *nous* étiez'.

Au transitif, le guipuscoan exprime le sujet pluriel de seconde personne par *zute* ou *z-te*; le guip. de la Burunda, par *zei* ou *z-ei*; le cegamais, par *zue* ou *z-e*; le biscaïen, par *zue* ou *z-e*; le labourdin, par *zue* ou *z-te*; le labourdin d'Arcangues, par *zi* ou *z-te*; le souletin, par *zie*, ou par *z-e* et *z-ye*; le roncalais, par *zei* ou *z-ei*; le haut-navarrais septentrional, par *zie* ou *z-te*; le nav. sept. de Fontarabie, par *zia* ou *z-te*; le haut-navarrais méridional, par *ze* et *zie*, ou par *z-te*; le bas-navarrais occidental, par *zii* ou *z-te*; le nav. occ. d'Ustarits, par *ziii* et *zük*[2], ou par *z-te*; l'aezcoan, par *zie* ou

---

[1] En guipuscoan, ce ne sont pas les syllabes du sujet pluriel transitif, mais celles du sujet pluriel intransitif, que l'on ajoute au sujet de seconde personne respectueuse du singulier pour le transformer en sujet de seconde personne du pluriel, lorsqu'il s'agit de la voix intransitive. Cela explique pourquoi dans ce dialecte *zatzaizkit* signifie 'vous m'êtes', tandis qu'en labourdin il a le sens de 'tu m'es'. En effet, *zatzait* exprimant 'tu m'es' en guipuscoan, l'addition de la syllabe *zki* qui appartient au sujet pluriel de troisième personne à l'intransitif, sert à transformer 'tu m'es' en 'vous m'êtes', tandis que le labourdin qui se sert de *zatzaizkit* dans le sens de 'tu m'es', par le moyen de la syllabe *te* appartenant au sujet pluriel du transitif, forme le terminatif *zatzaizkitet* 'vous m'êtes.'

[2] Nous n'avons trouvé de terminatifs en *zük* que dans cette partie de la commune de Villefranque connue sous le nom d'Arguintz-Carrica. A Villefranque même, ainsi que dans les huit autres communes où l'on fait usage de la variété d'Ustarits, la principale du sous-dialecte bas-navarrais occidental du Labourd, on dit *duzili*, et non pas *duziik*. Ce dernier terminatif est donc une exception toute locale et des plus curieuses. Nous admettons comme une des lois fondamentales de la langue basque, celle qui exige que les pronoms représentant le sujet dans les terminatifs du transitif, y figurent toujours sous la forme de sujet intransitif. Cela a lieu en dépit de la faculté inhérente au transitif de forcer le sujet à devenir actif, car on sait que celui-ci ne devient jamais tel et reste à son état naturel lorsqu'il régit l'intransitif: *zu zera, zuk dezu* 'tu es, tu l'as'. Cette faculté du transitif basque est une preuve de la présence du verbe dans le terminatif, preuve d'autant plus précieuse, que ce terminatif lui-même ne nous offre dans sa composition matérielle que des éléments non verbaux, quoique ceux-ci par leur réunion donnent lieu à la condition nécessaire à la manifestation verbale. Or, si d'une part il n'existe pas de sujet actif dans le terminatif transitif, quoique celui-ci ait la faculté de rendre actif tout sujet autre que celui qui entre dans sa constitution, et si d'une autre part c'est par cette faculté même que l'on prouve la présence du verbe, on doit en conclure, pensons nous, que la manifestation de celui-ci dans la langue basque n'est pas antérieure à la réunion des éléments pronominaux. S'il en était autrement, ce n'est pas *dezu* et *degu*, mais *dezuk* et *deguk* que l'on devrait avoir pour exprimer 'tu l'as, nous l'avons'. Quant à *duziik*, ceux qui pourraient être tentés de voir dans ce cas exceptionnel quelque chose de contraire à ce que nous venons de

OBSERVATIONS.

z-te; le bas-navarrais oriental, par *zie* ou *z-te*; l'arberouan, le briscousien, par *zii* ou *zie*; le salazarais, par *zie*, ou par *z-e* et *z-ye*. Exemples: *dezu, dezute*; *zenduen, zenduten* 'tu l'as, vous l'avez; tu l'avais, vous l'aviez' guip. ═══ *dezu, dezei*; *zinduban, zindubein, bur.* ═══ *dezu, dezue*; *zendun, zenduen, ceg.* ═══ *dozu, dozue*; *zenduan, zenduen, bisc.* ═══ *duzu, duzue*; *zinuen, zinuten, lab.* ═══ *duzu, duzi*; *zinin, zinuten, lab. d'Arcangues.* ═══ *düzü, düzie*; *zünian, zünien, soul.* ═══ *tzu, tzei*; *zunion, zinein, ronc.* ═══ *duzu, duzie*; *ziñuen, ziñuten, nav. sept.* ═══ *duzu, duzia*; *zenuen, zenuten, fontar.* ═══ *duzu, duze-duzie*; *zindue, zindute, nav. mér.* ═══ *duzu, duzii*; *ziniin, zinuten, nav. occ.; arber.; brisc.* ═══ *duzu, duzii-duziiik*[2]; *zintin, zinuten, nav. occ. d'Ustarits.* ═══ *duzu, duzie*; *zindue, zindute, aezc.* ═══ *zu, zie*; *ziudien, zinduten, nav. or.* ═══ *zu, zie*; *zinuen, zinien, salaz.* ═══ *zinizen, ziniezen-zinizeyen* 'que tu le leur eusses; que vous le leur eussiez' soul. ═══ *zinakon, zinakoyen* 'tu le lui avais, vous le lui aviez' salaz. ═══ *ziñioteke* 'tu le leur aurais, vous le leur auriez' guip. ═══ *zinaixten* 'tu les leur avais, vous les leur aviez' brisc.; urc.[3] La syllabe roncalaise *ei* qui pluralise le sujet *zu* au transitif, exige la suppression de la voyelle qui précède, à moins qu'elle n'appartienne à *kiu* 'à nous': *zinaikun* '*tu nous l' avais*', *zinaikiucin* '*vous nous l' aviez*'.

Régime direct de seconde personne du pluriel.

Il se compose du régime direct de seconde personne respectueuse du singulier, et des syllabes qui indiquent au transitif le sujet de troisième personne du pluriel. A l'exception du cegamais, du biscaïen, du souletin, du salazarais qui emploient *z-e* et du roncalais qui se sert de *z-ei*, le régime direct de seconde personne du pluriel est représenté par *z-zte*, le second *z* constituant un pléonasme. Exemples: *zaitu, zaituzte* 'il t'a, il vous a', guip.; lab. ═══ *zaitu, zaitue, ceg.* ═══ *zaituz, zaituez, bisc.* ═══ *zütü, zütie, soul.* ═══ *ztu, ztei, ronc.* ═══ *zaïu, zaiuzte, nav. sept.* ═══ *zaitu, zaituste, nav. mér.* ═══ *zitu, ziuzte, nav. occ.; nav. or.* ═══ *zitu, zituzte, nav. occ. de Mendionde; aezc.* ═══ *zitü, züzte, mix.; bard.* ═══ *ztu, ztie, salaz.* La syllabe roncalaise *ei* qui pluralise le régime direct *zu*, exige la suppression de la voyelle qui précède, même après *gu* 'nous': *zuntugu* '*nous t' avions*', *zuntugein* '*nous vous avions*'. J'ai observé, en nav. occ., le changement en *ke* du *te* faisant partie du régime direct de seconde personne du pluriel, lorsque cette dernière syllabe se trouve elle-même précédée de *ke* et suivie de *te*: *zintzazkekete* 'ils vous pourraient' (*possent vos*), au lieu de *zintzazketete*.

Régime indirect de seconde personne du pluriel.

Le régime indirect de seconde personne respectueuse du singulier, plus les syllabes du transitif appartenant au sujet pluriel de troisième personne, forment le régime indirect de seconde personne du pluriel. En guipuscoan, c'est *zute*; en cegamais, *zue*; en biscaïen, *tsue*[4] ou *zue*; en labourdin, *zue*; en lab. d'Arcangues, *zi*; en souletin, *zie*; en roncalais, *zei*; en haut-navarrais septentrional, *zie*; en haut-navarrais méridional, *ze* ou *zie*; en bas-navarrais occidental, *zii*; en nav. occ. d'Ustarits, *ziii*; en aezcoan, *zie*; en bas-navarrais oriental, *zie*; en arberouan et en briscousien, *zii*. Exemples: *dizu, dizute* 'il te l'a, il vous l'a'; *zaizu, zaizute* 'il t'est, il vous est', guip. ═══ *dizu, dizue*; *zatzu, zatzue, ceg.* ═══ *deutsu, deutsue*; *jatzu, jatzue, bisc.* ═══ *dautzu, dautzue*; *zaitzu, zaitzue, lab.* ═══ *deizü, deizie*; *zaizii, zaizie, soul.* ═══ *dauzu, dauzei*; *zaizu, zaizei, ronc.* ═══ *dizu, dizie*; *zaizu, zaizie, nav. sept.* ═══ *dizu, dize-dizie*; *zaizu, zaize-zaizie, nav. mér.* ═══ *dauzu, dauzii*; *zauzu, zauzii, nav. occ.* ═══ *datzu, datziii*; *zatzu, zatzüi, nav. occ. d'Ustarits.* ═══ *dauzu, dauzie*; *zaizu, zaizie, aezc.* ═══ *dauzu, dauzie*; *zauzu, zauzie, nav. or.* ═══ *dautzu, dautzii, arber. et brisc.*; *zautzu, zautzii, arber.*; *zaitzu, zaitzii, brisc.*

LETTRES ET SYLLABES PLÉONASTIQUES.

En guipuscoan, en biscaïen, quelquefois en labourdin, plus rarement dans les autres dialectes (*voyez la note 2. de la page* xxvii.), les terminatifs masculins ou féminins qui commencent par un *h*, ou qui commenceraient indubitablement par cette lettre pronominale de seconde personne si elle existait dans le dialecte, prennent un *k* ou un *n* additionnel; de sorte que le sujet ou le régime direct se trouve répété. Il faut remarquer que c'est seulement dans ce cas de pléonasme que le régime direct peut être

---

dire, n'aurons qu'à réfléchir: 1°. que l'apparition de *ziiik*, quoique ayant plusieurs siècles de date, est indubitablement postérieure à l'époque de la manifestation verbale dans le terminatif, puisqu'on n'a commencé à se servir de ce pronom pluriel que lorsque *zu* a été adopté d'une manière exclusive pour le singulier respectueux; 2°. que *ziiik*, représentant tout aussi bien le sujet qui régit l'intransitif que celui qui régit le transitif, il n'y a rien qui prouve que ce soit ce dernier plutôt que le premier qui se trouve en *duziiik*: *ziiik ziizte, ziiik duziiik* 'vous êtes, vous l'avez'. Si le fait qui a lieu avec *ziiik* avait lieu avec *zu* et *gu*, pronoms qui font une différence entre le sujet actif et celui qui n'est pas tel; si à Arguintz-Carrica enfin, on se servait de *duzuk* comme on se sert de *duziiik*, c'est alors que nos idées sur l'époque de la manifestation du verbe se trouveraient en défaut, mais à Arguintz-Carrica, quoiqu'on se serve de *duziiik* au pluriel, on se gardera bien, comme partout ailleurs, de se servir de *duzuk* au singulier ou de *duuk*, les terminatifs de cette localité étant: *duzu, duu* 'tu l'as, nous l'avons', et *duziiik* 'vous l'avez'.

[3] Les terminatifs à deux régimes ayant la seconde ou la troisième personne du pluriel pour sujet, et la troisième du pluriel pour régime indirect, présentent de grandes différences, surtout au passé de l'indicatif, quant à la suppression ou à la conservation de la syllabe qui représente le sujet pluriel de troisième personne, ou de celle qui sert à pluraliser la seconde. Exemples: *zioten-zieu* 'il le leur avait', *zioten-zieten* '*ils* le leur avaient'; *ziñioten-ziñieu* 'tu le leur avais', *ziñioten, ziñieten* '*vous* le leur aviez', guip. ═══ *zion, zioeu*; *ziozun, ziozuen, ceg.* (transp. du sujet). ═══ *eutson, eutseen*; *zeuntsen, zeuntseen, bisc.* ═══ *zioten, zioten*; *zinioten, ziñioten, lab.; Ustarits.* ═══ *zeyen, zeyien*; *zeneyen, zenezien-zeneyen, soul.* ═══ *zabein, zabein*; *zinabein, zinabein, ronc.* ═══ *zion, zioten*; *ziñion, ziñioten, nav. sept.* (confus. du rég. ind. sing. avec le rég. ind. plur.) ═══ *zaben, zaben*; *zinaben, zinaben, Elizondo; salaz.* ═══ *ziote, ziote*; *zindiote, zindiote, nav. mér.* ═══ *zeen, zeeten*; *zincen, zineeten, nav. occ.; arber.* ═══ *zakoten, zakoten*; *zinakoten, zinakoten, Mendionde.* ═══ *zayo, zayote*; *zindayo, zindayote, aezc.* ═══ *zeon, zeeten*; *zindeen, zindeeten, nav. or.* ═══ *zakoten, zakoten*; *zindakoten, zindakoten, bard.* ═══ *zayen, zayoten*; *zinayen, zinayoten, brisc.; urc.*

[4] *Voyez* la troisième note de la page xi.

OBSERVATIONS.

représenté par *k* ou par *n*, selon le genre. Exemples : atzayok, atzayon, *guip.*; achako, achakon, *bisc.* 'tu lui es'. ═══ ukan, ukan *guip.*; eban, ebanan *bisc.* 'tu l'avais'. ═══ idakan, idanan *guip.*; eustaan, eustanan *bisc.*; hautakan, hautanan *lab.* 'tu me l'avais'. ═══ izkidakok, izkidaken, *guip.*; euskedazak, euskedazan, *bisc.*; hauzkidakek, hauzkidaken, *lab.* 'tu me les aurais'. ═══ indukekadan, indukenadan *guip.*; indukedan, indukenadan, *bisc.* 'je t'aurais eu'. ═══ bauk, baun *guip.*; *nav. mér.*; beeu, beeun, *bisc.* 'si tu l'avais'. ═══ yaitad, yaitan, *ronc.* 'tu m'es'. Lorsque le sujet de seconde personne du singulier est exprimé par *k* ou par *n*, le pléonasme n'a presque jamais lieu. On trouve toutefois, en guipuscoan : dizkiekatek, dizkienaten 'tu les leurs as'. Le régime indirect de première personne offre quelquefois des pléonasmes dans certains dialectes : zaitadak m., zaitadan f. *guip.*; zinitanat f. *lab.* de S. J. de Luz 'il m'est'. ═══ zatzaizkidatet, zatzaistatot, S. J. de Luz 'vous m'êtes'. ═══ zeitadan *soul.* 'il me l'avait'. ═══ zaitad; zuitazud, yaitad m.f.; daitad, *ronc.* 'il m'est; tu m'es; il me l'a'. ═══ lezakent (*pour* lezaketaf) *nav. occ., nav. or.* 'il me l'aurait'. ═══ zaizkuguzu, yaikugu, m.f.; daikugu, *ronc.* 'tu nous es; il nous l'a'. ═══ zaukiu, daukiu, *nav. or.* 'il nous est, il nous l'a'. Le sujet de première personne du pluriel offre un pléonasme en 'giñiitugun' *guip.* 'nous les avions'. Le sujet de seconde personne respectueuse et celui de seconde personne du pluriel, sont très-usités en *lab.* d'une manière pléonastique, non seulement au passé du transitif à régime indirect de première personne, mais aussi à tous les temps qui en dérivent : zinautazun, zinautazuen; zinaukuzuke, zinauzkigutzuke; ziniezaguzun, zinietzadatzueken 'tu me l'avais, vous me l'aviez; tu nous l'aurais, vous nous les auriez; que tu nous l'eusses, vous me les pouviez'. Le bisc. aussi emploie quelquefois le pléonasme de seconde personne, comme le lab., ou celui de première personne du pluriel, comme le guip.: zeustan-zeustazun 'tu me l'avais'; geroyan-geroyagun 'nous avions accoutumé de le'. Le soul., au passé et à ses dérivés, se sert quelquefois de terminatifs pléonastiques à sujet de seconde personne du pluriel : zeneitazien, zenozien, zeneikuzien, *pour* zeneitzyen 'vous me l'aviez', etc., et je trouve en nav. occ.: zintzozkeazun; hitzazkeak, hitzazkeaan; gintzezteun; zintzeztecziin, 'tu me les pouvais; tu me les pourrais; que nous les leur eussions; que vous les leur eussiez'. Le sujet de troisième personne du pluriel se trouve répété en zeiztete 'ils leur sont', arber. (zeeztete à Méharin), et le régime direct de troisième personne du même nombre, même lorsqu'il est employé comme simple signe de pluralité accompagnant la première et la seconde personne du pluriel ou la seconde respectueuse du singulier, donne souvent lieu au pléonasme dans tous les dialectes, le souletin excepté. (*Voyez* page xvi., ligne 28. et suiv.). On verra par le tableau comparatif qui suit, que dans ce cas c'est presque toujours un *z* qui fait double emploi dans le terminatif, et que les dialectes n'aiment pas tous également la lettre pléonastique.

	guip.	*bisc.*	*lab.*	*soul.*	*nav. sept.*	*nav. mér.*	*nav. occ.*	*nav. or.*
il t'a	zaitu	zaituz	zaitu	zütü	zařu	zaitu	ziitu	zitu
ils t'ont	zaituzto	zaituez	zaituzto	zütie	zařuzto	zaituste	ziuzte	ziuzte
il nous a	gaitu	gaituz	gaitu	gütü	gařu	gaitu	gitu	gitu
ils nous ont	gaituzto	gaituez	gaituzto	gütie	gařuzto	gaituste	giuzte	giuzte
il vous a	zaituzte	zaituez	zaituzte	zütie	zaizte	zaiste	ziuzte	ziuzte
ils vous ont	zaituzte	zaitueez	zaituzte	zütie	zaizte	zaiste	ziuztete	ziuztete
il les a	ditu	dituz	ditu	dütü	řu	tu	tu	tu
ils les ont	dituzto	dituez	dituzto	dütie	řute	tuste	tuzte	tuzte
il t'avait	zinduen	zinduzan	zintuen	züntian	ziñuzen	zinduza	zinitiin	zintien
ils t'avaient	zinduten	zinduezan	zintuzten	züntien	ziñuzten	zinduste	zinuzten	zintuzten
il nous avait	ginduen	ginduzan	gintuen	güntian	giñuzen	ginduza	ginifiin	gintien
ils nous avaient	ginduzten	ginduezan	gintuzten	güntien	giñuzten	ginduste	ginuzten	gintuzten
il vous avait	zinduzten	zindnezan	zintuzten	züntien	ziñuzten	zinduste	zinuzten	zintuzten
ils vous avaient	zinduzten	zindueezan	zintuzten	züntien	ziñuzteu	zinduste	zinuzteten	zintuzteten
il les avait	zituen	zituzan	zituen	zütian	ziřnon	zitue	zitiin	zitien
ils les avaient	zituzten	zituezan	zituzten	zütien	ziřuzten	zuste	zuzten	zuzten
il t'aurait	zinduke	zindukez	zintuzko	züntüke	ziñuzke	zinduzke	zinuzke	zintuzke
ils t'auraient	zindukete	zindukeez	zintuzkete	züntükie	ziñuzkete	zinduzkete	zinuzketo	zintuzkete
il nous aurait	ginduke	gindukez	gintuzke	güntüke	giñuzke	ginduzke	ginuzke	gintuzke
ils nous auraient	ginduteke	gindukeez	gintuzkete	güntükeye	giñuzketo	ginduzkete	ginuzketo	gintuzkete
il vous aurait	zinduteke	zindukeez	zintuzkete	züntükie	ziñuzkete	zinduzkete	zinuzkoto	zintuzkete
ils vous auraient	zinduteke	zindukeeez	zintuzkete	züntükeye	ziñuzkete	zinduzkote	zinuzketete	zintuzketete
il les aurait	lituke	leukez	lituzke	lütüke	liřuzke	luzke	luzke	luzke
ils les auraient	litukete	leukeez	lituzkete	lütükeye	liřuzkete	luzkete	luzkete	luzkete
il les lui peut	ditzazkioke	daioz	diotzake	ditzakio	dechoke	zozke	ditzazko	ditzazkio
si tu les avais, m.	baituzak	baituk	bahitu	bahütü	bařu	baituk	bahitu	bahitu
qu'il te les eût, m.	zizazkikan	engiazan	zietzakan	litzaya	zechaken	zezkiken	zitzauzkikan	zitzauzkan
qu'il te les eût, f.	zizazkiñan	enginazan	zietzauan	litzaña	zechanen	zezkinen	zitzauzkinan	zitzautnan

OBSERVATIONS.

Les lettres allocutives *k* et *n*, qui représentent la seconde personne masculine ou féminine, lorsque celle-ci n'entre dans le terminatif ni comme sujet ni comme régime, n'échappent pas toujours au pléonasme : *diñen* f. (*syn. de diño*) *nav. mér.* 'ils l'ont'. ═══ *diagnk* m. ; *diagun* f. (*pour dikaguk, dinagun*) *nav. mér. de Puente* ; *nagun* f. (*pour dinagun*) *salaz.* 'nous l'avons'. ═══ *dezakonuk* m. (*pour dezakokauk*) *nav. or.* 'nous le lui pouvons'. Il en est de même de la syllabe *ke* : *dezakeguke, dezake-zuke, dezakezuoke, lab.* 'nous le pouvons, tu le peux, vous le pouvez'. ═══ *dezokeguke, nav. sept.* 'nous le lui pouvons'. ═══ *zakeguke, zakezuke, nav. mér* 'il nous le peut, il te le peut'. ═══ *zarakezuke* (*pour zadakezuke*), *zagukezuke, nav. mér. de Puente* 'tu me le peux, tu nous le peux'. ═══ *ziaukeakenan* f. (*pour ziauketakenan*) *nav. or.* 'il me l'aurait eu'.

DES LETTRES ET DES SYLLABES, SOIT RÉDONDANTES, SOIT EUPHONIQUES, ET DE LEURS CHANGEMENTS.

Les lettres pléonastiques, ainsi que les euphoniques, diffèrent des lettres rédondantes pures, en ce que ces dernières n'expriment absolument rien dans le terminatif, et en ce qu'elles pourraient être supprimées sans qu'il en résultat de cacophonie. Personne en effet ne saurait douter que l'*a* de *didak* guip., *deustak* bisc., *dautak* lab., *deitak* soul. 'tu me l'as' ne soit une vraie lettre euphonique, car *didk, deustk, dautk, deitk* ne peuvent être du goût de qui que ce soit. Si toutefois l'euphonie de l'*a* est réelle dans ce cas, en est-il de même de celle de l'*a*, de l'*e*, de l'*i*, de l'*o*, du *r*, du *n*, du *d*, du *tz*, du *y* qui entrent dans la composition des terminatifs qui suivent ? — *nnan guip., lab., nav. sept.* ; *neuan bisc.* ; *nendnan bisc. occ.* ; *nian soul.* ; *nion ronc.* ; *nuen* (forme relative de *nue*) *nav. mér.* ; *nin nav. occ.* ; *nieu nav. or.* 'je l'avais'. ═══ *zera guip.* ; *zara bisc., nav. sept., nav. mér.* ; *zare lab., nav. mér. de Puente* ; *zira soul., nav. occ., nav. or.* 'tu es'. ═══ *darot lab. des livres* 'il me l'a'. ═══ *diro soul.* 'il le peut'. ═══ *zenduen guip.* ; *zenduan bisc.* ; *zinuen lab.* ; *zünian soul.* ; *ziñuen nav. sept.* ; *zinduen* (forme relative de *zinduc*) *nav. mér.* ; *ziniin nav. occ.* ; *zindien nav. or.* 'tu l'avais'. ═══ *nintzan salaz.* 'il m'avait'. ═══ *zukeyen bard.* 'il l'aurait eu'. —— Il est évident que tous ces terminatifs privés de la prétendue lettre euphonique, sont loin de produire aux oreilles des Basques une impression désagréable, puisque ceux-ci s'en servent très-souvent, et dans plusieurs variétés, d'une manière exclusive. Le nom de 'rédondantes' conviendrait donc mieux que celui de 'euphoniques' aux lettres qui passent pour telles dans ces derniers terminatifs. Voici de quelle manière les Basques suppriment souvent ces lettres, selon les différents dialectes : *nun guip. mér. de Villafranca*, pour *nuen* ; *nendun bisc. occ.*, pour *neudnan* ; *nin lab. d'Arcangues*, pour *niin* ; *nin soul. de Barcus*, pour *nian*. ═══ *zen, za guip. de Cegama*, pour *zera* ; *sa bisc. d'Ochandiano* ; *zaa lab. de Sare, d'Ainhou*, et quelquefois *d'Arcangues*, pour *zara* ; *zao lab. d'Arcangues*, et quelquefois de *Sare*, pour *zare* ; *zai lab. de Guétary et de Bidart* ; *zia nav. occ. du Labourd, nav. or. d'Arberoue*, et quelquefois *souletin*, pour *zira* ; *zic bard., brisc., urc.* ═══ *daut lab., nav. occ., nav. or.* ; *doot lab. de Sare. daut lab. de S. Pée, nav. or.*, pour *darot*. ═══ *dio-dioke soul.*, pour *diro*[*] ; *dio nav. occ. de Mendionde, nav. or.* ═══ *zendun guip. de Cegama*, pour *zenduen* ; *sendun bisc. occ.*, pour *senduan* ; *zeban*[1] *bisc. guipuscoan de Salinas*, pour *zenduan* ; *zinin lab. d'Arcangues*, pour *ziniin* ; *zünin soul. de Barcus*, pour *zünian*. ═══ *nintzan salaz.*, pour *ninduzan*. ═══ *zuken lab.*, pour *zukeen* ou *zukeyen*. La lettre z que l'on ajoute à la troisième personne des temps passés de l'intransitif, ainsi qu'à ceux du transitif à régime direct de troisième personne, lettre que le biscaïen supprime presque toujours, ne peut être considérée que comme rédondante pure, car on chercherait en vain sa raison d'être, soit euphonique, soit grammaticale. Les terminatifs biscaïens, tels que *eban* 'il l'avait', etc., prouvent au reste simplement que c'est par intrusion que le z de la seconde personne s'est attaché à la troisième dans les autres dialectes. D'après cette manière de voir qui se trouve confirmée par les ter-

---

[*] *Voyez la deuxième note de la page xxv.*

[1] Les terminatifs *neben, zeben, eben, geben, zeuben, euben* ; au conditionnel *neuke, zeuke, leuke, geuke, etc.*, existent tous à Salinas et sont très-importants, car ils démontrent la rédondance du *n* et du *d* dans les autres dialectes, où la présence de ces letures n'est justifiée que par le but d'éviter la confusion de la seconde personne avec la troisième. Le P. Zavala avait remarqué que dans les localités du Guipuscoa où l'on parle biscaïen on emploie *zeben, etc.*, mais nous avons, à Salinas même, acquis la conviction que cet habile grammairien a eu tort de croire, du moins quant à cette localité, que ce terminatif correspond à *zuen* 'il l'avait', et non pas à *zenduen* 'tu l'avais' du guipuscoan. Pour ne conserver aucun doute à cet égard, nous avions prié le toujours regrettable P. Uriarte, le savant traducteur de la Bible en dialecte guipuscoan, de vouloir bien de son côté prendre de nouvelles informations à ce sujet. Ses recherches ont confirmé les nôtres, et une seconde excursion que nous avons faite à Salinas n'a servi qu'à les corroborer de plus en plus. Nous croyons enfin devoir citer, comme preuve finale, les passages suivants de la traduction salinaise du catéchisme d'Astete, imprimée à Vitoria en 1862 : pag. 22. *zeure curtze santuaz mundua errediñidu cebelaco* 'parce que tu rachetes le monde avec ta croix sainte'; pag. 24. *icusi zeben zue Jesucristo jaixoten?* 'vis-tu naître Jésus-Christ?'; pag. 55. *oneic guri eguitia guraco gueukiana eurai eguiñaz* 'en faisant à eux ce que nous voudrions qu'ils fissent à nous'; pag. 56. *artu gueben fedian indartuteco* 'pour fortifier dans la foi que nous reçûmes'; pag. 90, *vixitan ebenecua* ; *azotau enbenecua* 'celui du quand il le visita; celui de quand ils le trouvèrent'. D'après l'orthographe adoptée dans cet ouvrage : 'zeure kurtze santuaz mundua errediñidu zebelako'; ikusi zeben zuk Josukristo jaiñoten?; oneik guri egitin gurako geukiana eurai egiñaz; artu geben fedian indartuteko; biñitau ebenekua; azotau eubenekua'. Le potentiel conditionnel du bisc. occ. de Zamudio fournit, d'après Zavala, les terminatifs suivants qui, à l'exception du *l* rédondant, sont aussi logiquement formés que ceux de Salinas : *nei, zei, lei, gei, zeye, leye* 'je le pourrais, tu le pourrais, il le pourrait, nous le pourrions, vous le pourriez, ils le pourraient'.

OBSERVATIONS.

minatifs en usage à Salinas, *nen, ne, ian, iin, ien* auraient jadis été en usage au lieu de *zuen* guip., lab., nav. sept.; *zue* nav. mér.; *zian* soul.; *zien* nav. occ.; *zien* nav. or., tandis que ces derniers auraient servi, presque sans altération, pour la seconde personne. Si l'on retranche en effet les lettres rédondantes *n* et *d* des terminatifs actuels de seconde personne, on a *zeuen* guip.; *ziuen* lab., nav. sept.; *ziue* nav. mér.; *züian* soul.; *ziiin* nav. occ.; *ziien* nav. or., absolument comme de *zenduen* guip. on obtient par le même retranchement le *zeben* salinais. L'existence réelle de ce dernier rend plus que probable celle des premiers à une époque plus ou moins éloignée. Ce que nous venons de dire sur le *z* rédondant, s'applique aussi au *l* dans lequel le *z* se permute souvent. (*Voyez* page xi. et la deuxième note). Nous citerons encore, sans avoir pourtant la prétension d'épuiser ce sujet, les exemples suivants d'addition ou de suppression de la lettre rédondante : + a : *daikeda* ronc. 'il me peut'; *dida*, nav. mér.; *dada*, nav. mér. d'Erro, nav. occ. d'Aezcoa, nav. or. de Salazar; *data*, arber. d'Armendarits et d'Iholdy '*il me l'a*'; *dauzta*, arber. *d'Irissarry* 'il me les a'. === + e : *zioen-zion, dakioen-dakion, zakioen-zakion*, lab. '*il le lui avait, qu'il lui soit, qu'il lui fût*'. === *dadien-dadin, zadien-zadin*, lab. '*qu'il soit, qu'il fût*'. Les terminatifs en *ion* et en *in* de ce dialecte sont très-usités avec l'*e* épenthétique, à moins qu'ils ne soient en même temps allocutifs féminins, comme *zaizkin, ziaizkon* 'ils te sont, ils lui sont'. Au subjonctif et aux modes qui en dérivent, l'*i* rédondant est très-commun en labourdin dans les terminatifs de la voix transitive à régime indirect de première et de seconde personne : *diezadan, zietzan, lietzoguke, ziezazueken*, syn. de *dezadan, etc.* 'qu'il me l'ait, qu'il te les eusses, il nous les pourrait, il vous l'aurait pu'. Le *n* et le double *l* rédondants sont en usage, d'une manière bizarre, à la première personne du singulier et à la troisième du singulier et du pluriel du potentiel conditionnel, à Orozco et à Barambio, ainsi qu'à Llodio, localités où l'on parle deux variétés distinctes du biscaïen occidental : *ninei, lilei, lileye* 'je le pourrais, il le pourrait, ils le pourraient'. La seconde personne des deux nombres et la première du pluriel étant comme en biscaïen ordinaire *ginei, zinei, zineye* 'nous le pourrions, tu le pourrais, vous le pourriez', les terminatifs des deux variétés d'Orozco et de Llodio se trouvent tout à fait en opposition avec ceux, admirablement formés, de Zamudio : *nei, zei, lei, gei, zeye, leye*. (*Voyez* la note de la page xxiii). Le *n* rédondant est fréquent en biscaïen, où quelquefois il se supprime de préférence, tandis que d'autrefois on aime mieux le maintenir : *zeustan-zeunstan* (*zenduztan* à *Elorrio*) 'tu me l'avais'; *neutsan-neuntsan* 'je le lui avais'; *neunke, neuke* 'je l'aurais'. Cette lettre épenthétique a lieu, comme on le voit par ces exemples, au passé et aux temps qui en dérivent. A ces mêmes temps, le bas-navarrais occidental du Labourd, dans la variété d'Ustarits, présente le *n* dans les terminatifs de la voix transitive à régime direct de troisième personne : *nintuin-nituin, nintuzke-nituzke, nintzan-nitzan* 'je les avais, je les aurais, que je les eusse'. === *zinauntan, zeunton; nautzun, ginauntzun; zinankuten, zinainkun-zinainzkun; nautziiin, giuantziiin*, syn. de *zinautan, etc.* 'tu me l'avais, il me l'avait; je te l'avais, nous te les avions; vous nous l'aviez, tu nous les avais; je vous les avais, nous vous l'avions'. La suppression du *n*, au contraire, a souvent lieu à l'intransitif dans cette même variété : *nitzen-nintzen, hitain* m-f., *zitazkete-zintazkete, gitazkeen-gintazkeen* 'j'étais, que tu fusses, vous pourriez, nous pouvions'. Cette même suppression du *n* a lieu aussi, en guip. de Cegama, dans les terminatifs suivants correspondant à ceux d'Ustarits : *nitzen, ciu, gitezken*, pour *nintzan, cudin, gintezkean* guip. Quant aux permutations offertes par les voyelles euphoniques et les rédondantes, l'examen que nous allons faire des éléments qui font partie du temps passé va nous en fournir de nombreux exemples, et pour ce qui regarde la voyelle euphonique du temps présent et de ses dérivés, il suffira de savoir que le changement n'a lieu que dans les terminatifs allocutifs, et que cette voyelle est presque toujours un *a* dans tous les dialectes, à moins que la loi de l'affinité ne s'y oppose : det, diat, diñat *guip.*; dot, joat, jonat *bisc.*; dut, diat, dinat *lab.*; *nav. occ.*; *nav. or.*; düt, diat, diñat *soul.*; dud, diak, dian, diez *ronc.*; dut, diet, diñet *nav. sept.* (ce dialecte est soumis à la loi de l'affinité des voyelles); dut, diat, diñt *nav. mér.*

DES LETTRES ET DES SYLLABES NON PRONOMINALES QUI ENTRENT DANS LES TERMINATIFS DU PASSÉ, DU FUTUR, DU CONDITIONNEL ET DES AUTRES MODES, ET DES CHANGEMENTS QU'ELLES PRÉSENTENT.

Le passé de l'indicatif, du conditionnel et du potentiel se termine par un *n* dans presque tous les dialectes. Cette consonne est précédée le plus souvent d'une voyelle rédondante, et celle-ci quelquefois l'est par un *y*. Le haut-navarrais méridional et le bas-navarrais occidental d'Aezcoa suppriment toujours le *n* final, à moins que le terminatif n'appartienne à la forme relative[1] : *zue* 'il l'avait', *zuen* 'qui l'avait' ou 'qu'il avait'. Le souletin, en général, et le roncalais toujours, adoptent cette suppression pour les seuls terminatifs masculins et féminins ne commençant pas par *h* en labourdin, à moins que ces derniers ne soient pléonastiques : *zian, zia, ziña, ziziin* soul.; *zion, zia, zia, zizun* ronc. (*Voyez* la note 2. de la page xxvii). Le *n* rédondant, excepté à Salinas et à Zamudio (*voyez* la note de la page xxiii.), fait toujours partie des terminatifs des temps passés, conditionnels et suppositifs, dans lesquels la seconde personne respectueuse du singulier ou la première et seconde personne du pluriel entrent, soit comme sujet, soit comme régime direct. Il en est de même des terminatifs qui renferment comme régime direct, soit la première personne du singulier, soit la seconde personne masculine et féminine. Ce *n* se change souvent en *ñ* devant une voyelle, en guipuscoan, en lab. de S. J. de Luz, en souletin et en haut-navarrais septentrional. Le *d* rédondant, qui peut, quoique rarement, se transformer en *t* et même en *tz*, s'associe fréquemment au *n* en guipuscoan, en biscaïen, en labourdin

---

[1] Selon le P. Zavala, les localités maritimes des environs de Bilbao retrancheraient aussi ce *n* final : *za* pour *zan* 'il était'; *egia* pour *egian*; *zidi* pour *zidin*; *ekio* pour *ekian*. Ces trois derniers terminatifs, qui avec le *n* final signifient généralement 'qu'il l'eût, qu'il fût, qu'il lui fût', prennent sans le *n* le sens de 'il l'avait, il était, il lui était'. (*Voyez* la note 4. du dixième tableau supplémentaire).

OBSERVATIONS.

de S. J. de Luz, en nav. sept. d'Araiz, en haut-navarrais méridional, en aezcoan, et en bas-navarrais oriental. Dans les autres dialectes, la combinaison *nd* n'a lieu que dans les terminatifs à régime direct de première personne du singulier ou de seconde personne masculine et féminine. Le *z* enfin, comme il a déjà été dit, se supprime souvent en biscaïen à la troisième personne, où cette lettre, dans les autres dialectes, n'existe que par intrusion. Les permutations et les suppressions des lettres euphoniques et des rédondantes, selon la voyelle qui précède et d'après les dialectes, seront mieux démontrées par les exemples suivants : *ninduen, nindukan, nindunan* '*il m'avait*'; *zindudan* '*je t'avais*'; *zenduen* '*tu l'avais*'; *zuen, zikan, ziñan* '*il l'avait*'; *zuten* '*ils l'avaient*'; *zukean* '*il l'aurait eu*'; *giñituen* '*nous les avions*'; *zituen* '*ils les avait*'; *zidan* '*il me l'avait*'; *zidaten, zidakaten, zidanaten* '*ils me l'avaient*'; *zizun, zikikan, zikiñan* '*il te l'avait*'; *zion* '*il le lui avait*'; *zizkion-ziozkan* '*il les lui avait*'. Ces terminatifs guipuscoans varient beaucoup dans les autres dialectes, surtout quant aux lettres euphoniques et aux rédondantes. Exemples: *ninduen-ninduan*; *zindudan*; *zenduan-zenduan*; *zuan-zuan*; *uen*; *lukean*; *ginduzen*; *zituan*; *zidan*; *ziden*; *zidekan, zidenan*; *zizun*; *zion*; *ziozkan guip. de Goyervi.* ══ *nindun, ninduan, nindunan*; *zinduztan*; *zendun*; *zon, zian, zinan*; *zoen*; (*le passé du cond. manque au cegam.*); *gindutzen*; *zituen*; *zien*; *zion, zienn, zienan*; *zizun, zian, zinan*; *zion*; *ziou guip. de Cegama.* ══ *uinduan, ninduan, nindunan*; *zindudazan-zindudan*; *zenduan*; *eban, joan, jonan*; *obeen*; *leukean*; *genduzan*; *zituzan-zituan*; *eustan*; *eusten, jeusteen, jeustanen*; *eutsun, euan, eunan*; *eutsan*; *eutsazan bisc.* ══ *nendun (nenduin Orozco)*; *sendudasan*; *sendun (senduin Orozco)*; *euan-eban*; *eudeen-ebeen*; *leukean*; *gendusan*; *situsan (euasan-ebasan Orozco, Lequeitio)*; *eustan*, etc. *bisc. occ.* ══ *ninduen, nindikan, nindinen*; *zintudan*; *zinuen*; *zuen, zikan, zinan*; *zuten*; *ginituen*; *zituan*; *zautan*; *zautaten, ziautatekan, ziautatenan*; *zautzun, zaukan, zaunan*; *zioen-zion*; *ziotzan-ziozkan lab.* ══ *ninduben, nindikan, nindiñan*; *zintudan*; *zinduben*; *zuben, zikan, ziñan*; *zuten*; *zuken*; *giñituben-gintuben*; *zituben (voyez la note 8. du x. tableau supplém.*); *ziyoen*; *ziyotzon-ziyotzan-ziyozkon-ziyozkan lab. de S. J. de Luz.* ══ *nindin, nindian, nindinau*; *zintuan*; *zinin*; *zin, zian, zinan*; *zuten*; *zuken*; *gintin*; *zitin*; *zatan*; *zataten, zatateyan, zatatenan*; *zatzun, zakan, zanan*; *zion*; *ziotzan lab. d'Arcangues.* ══ *nündian, nündia, nündüña*; *zündüdan*; *zünian*; *zian, zia, ziña*; *zion*; *zükian*; *güntian*; *zitien*; *zeitan*; *zeitayon, zitadieya, zitadieña*; *zeixün, zeya, zeña*; *zeyon*; *zeitzon soul.* ══ *nündin*; *zündüdan*; *zünin*; *zin*; *zien*; *zükian*; *güntin*; *zitin*; *zeitan*; *zeitayen*; *zeiztin*; *zeyon*; *zeitzon soul. de Barcus.* ══ *nindion, nindia, nindia*; *zuntudan*; *zunion*; *zion, zia, zia*; *zein*; *zokian²*; *gintion*; *ztion*; *zaitan, zaiteya, zaitoya*; *zaizun, zaya, zaya*; *zaun*; *zazkaun soul. de Roncal.* ══ *nindien*; *zuntudan*; *zunien*; *zien*; *zein*; *zokian²*; *gintien*; *ztien*; *zatan (Uztarroz)*; *zitein, ziteya, ziteya (id.)*; *zeizun, zeya, zeya (id.)*; *zion (id.) ronc. d'Urzainqui et d'Uztarroz.* ══ *ninduen, nindiken, nindiñen*; *ziñuzten*; *ziñuen*; *zuen, ziken, ziñan*; *zuten*; *zuken*; *giñituen*; *ziñuen*; *ziren*; *zireten, zireteken, ziretenan*; *zizun, ziken, ziñen*; *zion*; *zition nav. sept.* ══ *ninduen, nindiken, nindinen*; *zinduten*; *zinuen*; *zuen, ziken, zinan*; *zuten*; *zuken*; *ginituen*; *zituen*; *zatan*; *zataten, zatateken, zatatenan*; *zatzun, zaken, zanen*; *zion*; *zition nav. sept. de Baztan.* ══ *nindue, nindita, nindina*; *zinduzada*; *zindue*; *zue, zia, zina (ziñe Olza, ziena Goñi)*; *zute*; *zuke (zukea Puente)*; *ginditue (giñitue Olza, gintue Goñi)*; *zitue*; *zida-zira (zore Olza)*; *zidate-zirate (zerete Olza)*; *zidateta-zirateta (zereteta Olza, zereteta Goñi)*; *zidatena-ziratena (zereten Olza, zeretena Goñi)*; *zizu, zia, zina (ziñe Olza, ziena Goñi)*; *zio*; *zitio (sizkio Puente) nav. mér.* ══ *nindin, nindian, nindinan*; *zintuan*; *ziniin*; *ziin, zian, zinan*; *zuten*; *zukeen*; *ginitiin*; *zitiin*; *zaan*; *zaaten, zaatean, zaatenan*; *zauzun, zauyan, zaunan*; *zakon*; *zazkon nav. occ.* ══ *nintüin, nintian, nintinan*; *zintuan*; *zintiin*; *ztiin, zian, zinan*; *zuten*; *zukeen*; *gintüin*; *zittiin*; *zauntan*; *zauntean-zauntaten, zaunteyan-zauntoteyan, zauntenan-zauntotenan*; *zantzun, zauyan, zaunan*; *zioin*; *ziotzin nav. occ. d'Ustarits.* ══ *nindiin, nindiau, nindinan*; *zinituan*; *ziniin*; *ziin, zian, zinan*; *zuten*; *zukeen*; *ginitiin*; *zitiin*; *zautan*; *zautaten, zautatean, zautatenan*; *zautzun, zaukan, zaunan*; *zakon*; *zaizkon-zaikon nav. occ. de Mendionde.* ══ *ninduo, nindita, nindina*; *zinduzta*; *zindue*; *zuo, zia, zina*; *zute*; *zuke*; *ginduze*; *zitue*; *zade*; *zadate, ŝadateta, ŝadatena*; *zauzu, zauta, zauna; zako*; *zazkio nav. occ. d'Aezcoa.* ══ *nindien, nindikau, nindinan*; *zintuan*; *zindien*; *zien, zikan, zinan*; *zuten*; *zuken*; *gintien*; *zitien*; *zaan-zautan (zatan miz.)*; *zaaten-zautaten (zataten miz.), ziateán (zatatekan miz.), ziatenan (zatatenan miz.)*; *zauzun, zaukan, zaunan*; *zakon*; *zazkon nav. or.* ══ *nindien, nindikan, nindinan*; *zindituan*; *zindien*; *zien, zikan, zinau*; *zuten*; *zukeyen*; *ginditien*; *zitien*; *zautan*; *zauztetan, ziauztatekan, ziauztatenan*; *zauzun, zaukan, zaunan*; *zakon*; *zazkon nav. or. de Bardos.* ══ *nindiin, nindian, nindinan*; *zinituan*; *ziniin*; *ziin, zian, zinan*; *zuten*; *zuken*; *ginitiin*; *zitiin*; *zautan*; *zautateu, zautatean, zautatenan*; *zautzun, zaukan, zaunan*; *zakon*; *zaizkon nav. or. d'Arberoue.* ══ *nintiin, nintiau, nintinan*; *zinituan*; *ziniin*; *ziin, zian, zinau*; *zuten*; *zukeen*; *ginitiin*; *zitiin*; *zautan*; *zautaten, zautateyan, zautatenan*; *zautzun, zauyau, zaunan*; *zakon*; *zaizkon nav. or. de Briscous.* ══ *nintzan, nintzakan, nintzanan*; *zintzatan*; *zinuen*; *zuen, zikan, zinan*; *zien*; *zoken²*; *gintzan*; *ztien*; *zadan*; *zadayen, zadayekan, zadayenan*; *zauzun, zaukan, zaunan*; *zakon*; *zazkon nav. or. de Salazar.* On peut donc admettre que les voyelles euphoniques et les rédondantes sont représentées en général par *a* en biscaïen, en labourdin d'Arcangues, en souletin; par *a* et *e*, en guipuscoan, en labourdin, en roncalais d'Urzainqui et d'Uztarroz, en haut-navarrais méridional, en aezcoan, en bas-navarrais oriental; par *e* presque toujours, en haut-navarrais

---

² Le souletin, le bas-navarrais oriental et une partie du bas-navarrais occidental du Labourd, ont conservé des restes de potentiels transitifs à terminatifs verbaux purs, synonymes quant au sens, mais non pas quant à la forme, des potentiels ordinaires ayant la syllabe *za* ou le nom verbal *izan* pour radical. Ce sont ces derniers qui figurent dans les tableaux comparatifs des quatre dialectes littéraires. Les terminatifs des premiers potentiels seront tous donnés à la troisième partie, aux variantes, dans les trois dialectes. Nous nous contenterons ici de présenter ceux du souletin, au régime direct des trois personnes et avec la troisième personne du singulier comme sujet. Les terminatifs à deux régimes manquent dans tous les dialectes: *dioke-dio-diro*; *lioke-lio-liro*; *ziokian* '*il le peut*; *il le pourrait*; *il le pouvait*'. ══ *ditioke-ditio-ditziro*; *litioke-litio*; *zitiokian* '*il les peut*; *il les pourrait*; *il les pouvait*'. ══ *nintio-nintioke*; *nindiokian* '*il me pourrait*; *il me pouvait*'. ══ *gintioke*; *gintiokian* '*il nous pourrait, il nous pouvait*'. ══ *intio-intioke, zintio-zintioke*; *indiokian, zintiokian* '*il te pourrait, il te pouvait*'. ══ *zintioe-zintiokeye*; *zintiokien* '*il vous pourrait, il vous pouvait*'. Les terminatifs salazarais *doke-droke, loke-luke, zoken*; *noke-nuke, nindoke, etc.*, et les roncalais *droke-doke, loke, zokian*; *nroke-noke, nindoke, etc.*, qui s'emploient

OBSERVATIONS.

septentrional ; par *i* et *a*, en bas-navarrais occidental, en arberouan, en briscoüsien ; par *o* et *a*, en roncalais. On remarquera aussi que la suppression de ces mêmes voyelles a surtout lieu dans le guipuscoan de Cegama, dans le labourdin d'Arcangues et dans le souletin de Barcus. Quant à l'analogie qui existe entre le *n* de la forme relative et le *n* qui caractérise les temps passés, il est impossible de ne pas s'apercevoir qu'il y a identité morphologique, sinon idéologique. Au suppositif, en effet, le *n* final se perd, de même que cela arrive presque toujours lorsque le terminatif se trouve à la forme dubitative : *jan nuen* 'je l'avais mangé', *jan izan banu* 'si je l'avais mangé'; *jan duen* 'qui a mangé', *jan badu* 's'il l'a, mangé' *guip*. On peut donc admettre que le passé n'a pas de caractère qui lui soit exclusivement propre. C'est plutôt par la disposition des éléments pronominaux, ou par leurs permutations, qu'il se distingue du présent.

Les temps futurs et les temps conditionnels sont caractérisés par la syllabe *ke*, et ces derniers reçoivent aussi à la troisième personne le *l* initial, dérivé du *z* redondant des temps passés (*voyez* page xi. et la deuxième note). Cette syllabe *ke*, en souletin, perd sa voyelle au futur et au conditionnel devant le régime indirect de troisième personne *o, e*, et lorsque le sujet est de seconde personne, au potentiel : *deiko* 'il le lui aura'; *leiko* 'il le lui aurait'; *zeizkon* 'il les lui aurait eus'; *dizakozü* 'tu le lui pourras'; *deike* 'il le leur aura'; *leizke* 'il les leur aurait'; *zeiken* 'il le leur aurait eu'; *ditzaketzü* 'tu les leur pourras'. La même suppression peut avoir lieu au potentiel, en bas-navarrais de France : *ditzazko* 'il les lui peut.' Quelquefois le *ke*, par euphonie, peut même subir une suppression totale.

Le subjonctif, l'impératif, le potentiel avec ses suppositifs et son optatif, ont pour caractère la syllabe *za* au transitif de tous les dialectes autres que le biscaïen. Celui-ci remplace *za* par *gi* [1]. Cette dernière syllabe appartient à *egin* 'faire', comme la première appartient à *izan* 'avoir'. C'est également ce même nom *izan* avec le sens de 'être' (*itz guip.*, *nav. sept.*, *nav. mér.*; *hitz lab.*, *nav. occ.*, *nav. or.*; *berba bisc.* 'mot, parole, Verbe, Dieu, être par excellence') celui qui fournit à la voix intransitive de tous les dialectes la lettre *z* et les syllabes *za, zai, tza, itz, iz*, de même que le *ki* de *egon* (*egoki*) fournit au subjonctif, au potentiel, etc. la syllabe qui les caractérise. Le *za* du transitif perd sa voyelle dans tous les dialectes où elle précède l'*o* et l'*e* exprimant le régime indirect de troisième personne : *dezon, dezoten lab. de Sare, nav. sept.*; *dizon, dizen soul.*; *zon, zoten* (*pour dezon, dezoten*) *nav. mér.*; *dazon, dazen azc., salaz.* 'qu'il le lui ait, qu'il le leur ait'. En roncalais, l'*a* de *za* peut se perdre devant une consonne : *daizguzu* (*syn. de dazaiguzu*) 'aie-le-nous'. En navarrais de France l'*a* de *za* se transforme en *e* devant *e* : *dezeen* (*pour dezaen*). La suppression totale de la syllabe a lieu dans les dialectes où celle-ci devrait être suivie de *tza, tzi, zka, zki* exprimant le régime direct pluriel de troisième personne : *diotzan-diozkan, diotzaten-diozkaten lab.*; *diotzin, diotziten nav. occ. d'Ustarits*; *dazkaun-dazkan, dazkabein-dazkein-dazkiein ronc.* 'qu'il le leur ait, qu'il les leur ait' (*pour diozatzan, dazazkaun, etc.*), *daizkiguzu ronc.* 'aie-les-nous' (*pour daizazkiguzu*). La même suppression a lieu devant *zki, zk, zt, it* dans les terminatifs des dialectes suivants : *nav. mér.*: *zkion* (*pour dezazkion*); *azc.*: *dazkion, daizten* (*pour dazazkion, dazainten*); *salaz.*: *dazkon, dazten*. J'ai observé à Beinza Labayen la permutation bizarre de l'*a* en *u*, en *zuzo* (*pour zazu*) 'aie-le'. (*Voyez* page xvii. pour le changement de *zu* en *zo* pronominal). Quant aux syllabes *za* et *tza* de l'intransitif, elles se permutent souvent en *da* : *zayo* 'il lui est', *da* 'il est'; *zait* 'il m'est', *dagokit* 'il me reste, il m'appartient' guip.; *bitzakon nav. occ.*, *hindakon nav. or.* 'tu lui étais'. La suppression de *tza* et de *itz* peut aussi avoir lieu : *gaizko* (*syn. de galzaizko*) *lab.*, *gaizko* (*pour gatzaizko*) *arber.*, *gazko* (*pour gatzazko*) *bard.*, *méhar.*, *gaizkio* (*pour gatzaizkio*) *nav. sept.*, *nav. mér.* 'nous lui sommes'; *hako* (*pour bitzako*) 'il lui est' *nav. or.* La syllabe *gi* perd son *g* initial aux potentiels du biscaïen et du cegamais, ainsi qu'au subjonctif et à l'impératif de ce dernier [1]: *daike* 'il le pourra' (*pour dagike*). A l'intransitif, surtout devant *zki*, la syllabe *ki* peut perdre quelquefois sa voyelle, et même se supprimer entièrement : *datzazkinke* (pour *datzakizkioke*) 'ils lui peuvent'; *litzaizkidake* (pour *litzakizkidake*) 'ils me pourraient' *guip.* === *daizkion* (pour *dakizkion*) 'qu'ils le lui aient'; *zezkion* (pour *zekizkion*) 'qu'ils le lui eussent' *nav. mér.*, et ainsi, plus ou moins, en d'autres dialectes. En souletin, la syllabe *it* caractérise les potentiels intransitifs, mais elle peut aussi se supprimer au présent et au futur conditionnel des mêmes modes : *ditakio-dakio, leikio-leitekio, zitakion* 'il lui peut, il lui pourrait, il lui pouvait'. Le bas-navarrais oriental a *ditakio* au présent, comme le souletin, mais *lakioke-liakioke-litaikioke* au futur conditionnel, et *zakioken* au passé. L'*i* de *dio, etc.* appartient aussi au potentiel. (*Voyez* la note 2. de la page xxv).

Les terminatifs du subjonctif appartiennent nécessairement à la forme relative, et finissent en *n*. Il n'y a guère d'exceptions à cet égard que celle que présentent les allocutifs souletins, soit masculins, soit féminins, ou bien les terminatifs de certaines localités de la Biscaie, lesquels, tout en appartenant au subjonctif quant à la forme, sont employés dans le sens de l'indicatif. (*Voyez* la note de la page xxiv). Les Souletins en effet, comme nous en avons acquis la conviction sur les lieux mêmes, disent en général *dezaya* m., *dezaña* f., quoiqu'ils prononcent avec *n* final au respectueux : *dezazün* 'que tu l'aies'. Il en est de même de tous les terminatifs de ce mode dans lesquels la seconde personne entre comme sujet ou comme régime indirect, à l'exception toutefois de ceux qui, n'étant pas pléonastiques (*voyez* la note de la page qui suit), devraient commencer par un *h*, si cette lettre n'était pas éliminée en souletin. Exemples : *nezazün, nezaya, nezaña* 'que tu m'aies'; *nentzazün, nentzaya, nentzaña* 'que tu m'eusses'; *zitzadan, ezadan* 'que je t'aie'; *zenezan, ezan* 'que tu l'eusses'; *gitzatzün, gitzaya, gitzaña* 'que

---

dans le sens des potentiels, du futur conjectural de l'indicatif, et surtout du conditionnel, se rapportent morphologiquement à *dioke-diro, ziokion*; *niutio-nintioke, etc.* du souletin lorsque le *r* entre dans leur composition, mais au futur et au conditionnel de ce dialecte : *düke, lüke, zükian*; *naike, nitndüke, etc.* quand ils ne renferment pas cette consonne.

[1] Quoique le guipuscoan emploie généralement les terminatifs avec *za* pour exprimer le subjonctif et les autres modes du même type, ceux avec *gi* n'y sont pas toutefois inusités, surtout dans la variété d'Azpeitia. Dans le sous-dialecte méridional de Cegama, on ne se sert même que de ces derniers aux modes potentiels, et lorsque le régime indirect entre dans le terminatif, il en est de même du subjonctif et de l'impératif : *deyen, deizun, deyon, deigun, deizuen, deyen* 'qu'il me l'aie, qu'il te l'ait, qu'il le lui ait, qu'il nous l'ait, qu'il vous l'ait, qu'il le leur ait'. === *eizu, yozu, iguzu, yezu* 'aie-le-moi, aie-le-lui, aie-le-nous, aie-le-leur'. === *daike*; *daizke*; *naike*; *gaizke*; *aike, zaizke*; *zaizkee* 'il le peut; il les peut; il me peut; il nous peut; il le peut; il vous peut' (*potest me, etc.*). === *daikit*; *daikezu*; *deyoke*; *deyezke* 'il me le peut; il te le peut; il le lui peut; il les leur peut'.

OBSERVATIONS.

tu nous aies'; *ditzadatzün, ditzadaya, ditzadaña* 'que tu me les aies'; *lizazün, lizaya, lizoña* 'qu'il te l'eût'; *dizozün, dizoya, dizoña* 'qu tu le lui aies'; *dizezün, dizeya, dizeña* 'que tu le leur aies'; *dakizün, dakia, dakiña* 'qu'il te soit'.

Quant aux terminatifs biscaïens formés par les noms verbaux *eroan* 'emporter' et *joan* 'aller', terminatifs avec lesquels le P. Zavala a composé son mode 'consuetudinario', nous n'y voyons pas, comme pour *izan, egin*, et *egon* ou *egoki*, de raison suffisante à justifier leur séparation des noms verbisés ordinaires, car leur sens de 'avoir accoutumé' n'est après tout qu'une locution verbale, ou un idiotisme propre à un seul dialecte: *edan daroa, jausi doa* 'il a accoutumé de boire, il a coutume de tomber', ou littéralement: 'il emporte boire *ou* bu, il va tomber *ou* tombé'. Si maintenant on réfléchit: 1°. que *eroan* n'est que le factitif de *joan*, et que le radical *oa* fait tout aussi bien partie du transitif que de l'intransitif; 2°. que le nom verbal *izan*, dans la majorité des dialectes, a le sens de *être* et celui de *avoir*; on sera forcé de conclure, que dans les noms verbisés les plus importants et les plus usuels du basque, le radical du transitif est le même que celui de l'intransitif, et que ce sont bien deux voix et non pas deux verbes que cette langue nous présente en *nintzan* 'j'étais' et en *nezan* 'que je l'eusse' (*je l'avais*, en vieux labourdin). *Voyez* la note 4. du dixième tableau supplémentaire.

Nous finirons par faire observer, que lorsque des noms comme *izan, egin, egon* ou *egoki, joan* ou *eroan* se verbisent en *dezan, nazan, zatzayo*; *dagian*; *dagokio*; *zijoan*; *zeraman*, il y a échange entre la voyelle initiale du nom verbal et celle qui exprime le pronom dans le terminatif pur, celui-ci fournissant les syllabes *de, na, za, da, zi, ze*, et celui-là les radicaux *za, tza, zai, ki, gi, oa*.

Autres exemples de permutations, d'additions et de suppressions.

a × e, i : *gara*, bisc., nav. sept., nav. mér.; *gaa*, lab. de Sare, d'Ainhoa, quelquefois d'Arcangues; *ga-gea*, guip. de Cegama; *gera*, guip.; *gare*, lab.; nav. mér. de Puente; *gai*, lab. de Guétary et de Bidart; *gira*, soul., nav. occ., nav. or.; *gie*, nav. or. de Bardos, de Briscous et d'Urcuit 'nous sommes'. ⚌ e × a, i, ei : *daikeda*, m. *daikadak* ronc. 'il me peut'; *bedi*; bisc. de Llodio : *bidi* 'soit-il;' *ditezen* lab., etc., *ditezin* lab. d'Arcangues, *daitezin* nav. sept. d'Elizondo, 'qu'ils soient'; *zekidan*, m. *zeikidakan*, guip. 'qu'il me fît'. ⚌ ei × a, i : *naiz*, guip., lab., nav. sept., nav. mér.; *naz*, bisc., lab. d'Ainhoa, soul. de Roncal; *niz*, soul., nav. occ., nav. or. 'je suis'; *guitezen* lab., etc., *gitezin* lab. d'Arcangues 'que nous soyons'.

L'*i* entre deux voyelles se change presque toujours en *y* : *zazkio, zayo* guip.; *zaizko, zayo* lab., nav. or. de Salazar; *zaizkio, zayo* nav. sept., nav. mér., nav. occ. d'Aezcoa 'ils lui sont, il lui est'. ⚌ *deit, deyo* soul. 'il me l'a, il le lui a'. L'*u* entre deux voyelles a une tendance assez forte à se changer en *b* dans certains terminatifs verbaux, mais cela n'a pas lieu dans tous les dialectes : *debe-due* (*pour deue*) guip. d'Azpeitia; *dabe-daue* bisc. 'ils l'ont'. ⚌ *dabei* (*pour dauei*) ronc.; *dabe* (*pour daue*) nav. sept. d'Elizondo, salaz. 'il le leur a'. ⚌ io × u : *eguzu* (*pour egiozu*) bisc. occ. d'Orozco et de Llodio 'fais-le-lui'. Lorsque, par l'effet de la suppression d'une voyelle, le *d* devrait se trouver en contact immédiat avec le *z*, ces deux consonnes se transforment en *tz* : *tzu* (*pour duzu*) 'tu l'as'; *tzan* (*pour dezan*) 'qu'il l'ait' soul. de Roncal; *gintzan* (*pour ginduzan*) 'nous les avions' nav. or. de Salazar, etc. La permutation du *n* en *ñ* est fréquente en guipuscoan : *zinen* lab., etc., *ziñan* guip. Il en est de même en lab. de S. J. de Luz et en nav. sept. : *zifien* 'tu étais'. Elle a lieu en souletin, comme nous l'avons déja observé à la pag. ix., dans les terminatifs allocutifs féminins. Le *t* précédé de *i*, et la syllabe *it* précédée d'une voyelle, se changent et *t* dans le haut-navarrais septentrional: *ditu, zaitu* guip., etc., *ïu* (*pour diñu*), *zaïu* nav. sept. 'il les a, il t'a'. Le *ts* se prononce *tz* en bisc. occ. et en bisc. guip. de Salinas : *dotze* 'il le leur a' (pour *dotse*), *deutse* bisc. littéraire ou oriental. Le *t* ou le *tz* de la syllabe *tza* de l'intransitif, paraît se changer en *d* dans le terminatif roncalais et salazarais *balidra* 's'ils étaient' (pour *balitzate* ou *bolira*). Le changement du *t* en *d* a lieu à l'intransitif aussi à Bardos, et dans des terminatifs qui presque partout ailleurs ne présentent pas cette dernière consonne : *zinden, ginden* 'tu étais, nous étions'. J'ai trouvé toutefois ces derniers en guip. de Cegama ; *zinda* et *ginda* en nav. mér. de Puente la Reina ; *zinde* et *ginde* en celui d'Olza (*zine* et *giñe* à Goñi). Les autres dialectes ont : *ziñan, giñan* guip.; *zintzan, gintzan* bisc. et nav. or. de Salazar ; *zinen, ginen* lab., soul., nav. occ., nav. or.; *zintzen, gintzen* soul. de Roncal ; *ziñen, giñen* nav. sept.; *zina, gina* nav. mér.; *zine, gine* nav. occ. d'Aezcoa. Le *tz* du traitement respectueux devient *ch* (*ch* espagnol et anglais) au traitement diminutif (*voyez* la note 2. du quatorzième tableau supplémentaire) ; *nachako, syn. de natzako* bisc. 'je lui suis'. Le *z* des autres dialectes, se change souvent en *j*, en biscaïen: *zayo, jako* 'il lui est'. Le *z* se prononce *s* en bisc. occ., prononciation fâcheuse, qui est souvent la source de bien des équivoques : *dosu* 'tu l'as' (pour *dozu*). Devant *t, z* se permute en *s* à S. J. de Luz, à Fontarabie et en nav. mér.: *dituste, dituste, tusté* 'ils les ont' (*pour* dituzte). Au traitement diminutif, *z* se change en *ŝ* ou *ch* français. (*Voyez* la note 2. du quatorzième tableau). Le *z* enfin, se prononce *tz*, lorsque le nom verbal qui précède finit en *n*, en *r* ou en *l*: *eman zuen*, prononcez : *emantzuen* 'il l'avait donné'. Les syllabes biscaïennes *gaj, laj, naj* des terminatifs allocutifs, se changent très-souvent en *gañ*, en *ll*, en *ñ* dans le sous-dialecte occidental: *geuntsan*, m. *gajeuntsaan* 'nous le lui avions'; *leuskegu*, f. *lajeuskegun* 'il nous l'aurait'; *neunke*, m. *najeunkek* 'je l'aurais', et en bisc. occ.: *gañeuntsan*; *leusku*, f. *lleuskun*; *ñeunkek*. Dans plusieurs localités, mais jamais d'une manière obligatoire, lorsque le terminatif commence par *d* ou *b*, et que le nom qui précède finit par *k*, les combinaisons *kd, kb* qui en résultent se changent en *t* ou en *p* : *onatira* pour *onak dira* 'ils sont bons'; *onapalira* pour *onak balira* 's'ils étaient bons'. Nous avons surtout remarqué ces dernières permutations dans le guipuscoan de Cegama, plus ou moins dans le guipuscoan en général, et dans le labourdin.

---

* La suppression du *ya* et du *y*, propres au masculin, peut avoir lieu aussi aux autres modes. Celle de *ña* féminin, est plus rare. Je l'ai toutefois remarquée à Mauléon et à Charitte-de-Bas dans le terminatif *deza* 'que tu l'aies', pour *dezaya* m., *dezaña* f. La suppression du *n* final au subjonctif, mode qui implique nécessairement la forme relative, est considérée incorrecte au point de vue littéraire, mais nous étant proposé d'être non pas le juge, mais l'historien des dialectes basques tels qu'ils sont et non tels qu'ils devraient être, nous nous félicitons d'avoir admis tous ces terminatifs dans nos tableaux, d'autant plus que nous les

OBSERVATIONS.

Quant aux suppressions et aux additions, on pourra, entre autres, remarquer encore celles qui suivent : — e : *zazu*, *syn. de* *ezazu guip.*; *zazu lab., soul. de Roncal, nav. sept., nav. mér., nav. occ., nav. or.* 'aie-le'; *yozu* (*pour egiozu*) *guip. de Cegama* 'aie-le-lui'. ══ — d: *dein* (*pour dedin*) *guip. de Cegama, soul. de Roncal*; *dain* (*pour dadin*) *lab. d'Ainhoa et d'Arcangues, nav. occ., nav. or.*; *dayen* (*pour dadien*) *nav. sept., nav. mér.* 'qu'il soit'. ══ — de: *tzan* (*pour detzan*) *ronc.* 'qu'il les ait'; *zan* (*pour dezan*) *nav. mér., aezc., salaz.* 'qu'il l'ait'. ══ — di: *tu* (*syn. de ditu*) *lab., nav. mér.*, *tu* (*pour ditu*) *nav. occ., nav. or.*, *tu* (*pour ditu*) *nav. sept.*, *tizu* r. (*syn. de ditizu*) *soul.* 'il les a'; *tio* (*pour ditio*) *nav. sept.*, *tio* (*pour ditio*) *nav. mér.* 'il les lui a'; *zi* r. (*syn. de dizi*) *nav. or.*, *zu* r. (*pour dizu*), *nat* f. (*pour dinat*) *salaz.* 'je l'ai'; *tautzu* (*pour ditautzu*) *nav. or.* 'il te les a' ══ — du: *tuk* m. (*pour dutuk*) *ronc.*, *zu* (*syn. de duzu*) *nav. or.* 'tu l'as'; *tau* (*pour dutan*) *salaz.* 'que je l'ai'. ══ — dü: *tü* (*syn. de dütü*) *soul.* 'il les a'. ══ — ez: *zindadan* (*pour zindezadan*) *nav. mér.* 'que tu me l'eusses'. ══ — g: *yozu* (*pour egiozu*) *guip. de Cegama* 'aie-le-lui'. ══ — ra: *zate* (*pour zarate*) *guip. de Cegama, nav. sept.*, *zate* (*syn. de zarate*) *nav. mér.* 'vous êtes'. ══ — te: *zaizen* (*pour zaitezen*) *nav. mér.* 'que tu sois'. ══ — ya, — y, — ña: *dezaya* m., *dezaña* f. *soul.* 'que tu l'aies' (*voyez la note de la page qui précède*). ══ + ze: *zaitezen* (*pour zaiten*) *guip. de Cegama, nav. mér.*, *zaitezen* (*syn. de zaiten*) *lab.*, 'que tu sois'. ══ — zü: *dit* r. (*syn. de dizüt*) *soul.* 'je l'ai'. On remarquera, en roncalais et en salazarais, la suppression de la voyelle qui devrait précéder le r, et suivre le d, le t, le g ou le z : *dra*, pour *dira* 'ils sont'; *droke* (syn. de *doke*), pour *diroke* 'il le peut'; *baitra*, pour *baitira* 'parce qu'ils sont'; *gra*, pour *gira* 'nous sommes'; *zra*, pour *zira* 'tu es'; *zren*, pour *ziren* 'ils étaient'; *zrozke* ronc. (syn. de *zozke*), pour *zirozke* 'il te peut'. Le roncalais présente la suppression de la voyelle même entre n et r: *nroke* (syn. de *noke*), pour *niroke* 'il me peut' (*potest me*), et le salazarais l'admet après ẑ, tz, ch et devant r: *ẑra* dimin. de *zra*, pour *ẑira*; *etzra, echra* dimin., pour *etzira, echira* 'tu n'es pas'.[1] Dans *gitra* roncalais, syn. de *gra* 'nous sommes', on peut voir un ancien *gitza* hypothétique ayant perdu son z, ou l'ayant permuté en r. Il est certain en tout cas que le radical *tza*, propre à l'intransitif, est moins latent en *gitra* qu'en *gra, gira, gera, gara, yare*. Les terminatifs commençant par un g peuvent perdre cette consonne lorsque le mot qui précède se termine par un k : *onakera* pour *onak gera* 'nous sommes bons'. Nous avons surtout remarqué cette suppression, qui n'est jamais obligatoire, en cegamais, plus ou moins dans le reste du guipuscoan, et en labourdin. L'addition de k ou de ki s'observe quelquefois à indicatif, et celle de *tza* au subjonctif : *aikida* nav. mér., *hakit* nav. or. (pour *aida, hait*) 'il m'est'; *datzakion* (pour *dakion*) guip. 'qu'il lui soit'. La syllabe explétive *de* s'ajoute souvent aux terminatifs finis par *ra*: *dirade-dira* guip., soul., *drade-dra* ronc. d'*Urzainqui* 'ils sont'.

Nous avons donné à la page x. les changements par les lettres et les syllabes allocutives lorsque la seconde personne n'entre dans le terminatif ni comme sujet ni comme régime. Dans le cas contraire, on peut admettre comme règle générale, que le masculin et le féminin ne diffèrent du respectueux que par les lettres et les syllabes qui leur sont propres, et qui se substituent à celles qui représentent ce dernier traitement, en prenant en même temps la voyelle euphonique si cela est nécessaire. Il arrive cependant quelquefois que les terminatifs masculins et les féminins prennent en outre une syllabe de plus, ou bien qu'ils suppriment quelque lettre. Exemples: + a: *dozu*, f. *dona* bisc. occ., *don* bisc. 'tu l'as'; *gaitzazun*, m. *gaitzakoun*, f. *gaitzanaan* guip. 'que tu nous aies'. ══ + da: *nazazun*, m. *nazadakan*, f. *nazadanan* guip. 'que tu m'aies'. ══ + ki: *dizu*, m. *dikik*, f. *dikiñ* guip. 'il te l'a'. ══ — d: *dezazun*, m. *ezakan*, f. *exanan* guip. 'que tu l'aies'. ══ — ki: *zauzkizun*, m. *zauzkan* salaz. 'il te les avait'. Comme exemple de permutation, on peut citer celle de *au* en *e* du bas-navarrais de France : *dauzut*, m. *deat* 'je te l'ai'.

L'assimilation est une autre cause, dont nous n'avons pas encore parlé, de permutation des voyelles. C'est ainsi qu'en *diyozozun*, syn. de *diyozazun* 'que tu le lui aies', le labourdin de S. J. de Luz nous offre un exemple d'assimilation. Nous avons en effet dans ce terminatif l'*o* du régime indirect de troisième personne, qui force l'*a* de la syllabe *za* appartenant au nom verbal *izan* à se transformer en un second *o*. Au masculin et au féminin, l'assimilation est encore plus frappante, puisqu'elle va jusqu'à atteindre la voyelle euphonique *a*, qui donne lieu à un troisième *o*: *diyozokon, diyozonon*, syn. de *diyozakan, diyozanan*. On peut citer plusieurs exemples de ce genre, lesquels, s'ils ne peuvent être assujétis à une règle fixe, comme ceux qu'offre la loi invariable de l'affinité des voyelles, n'en ont pas moins un certain intérêt : *doot-daat-darot* 'il me l'a'. Ici la suppression du r est cause de l'assimilation. Dans le terminatif de Sare, c'est la seconde voyelle qui s'assimile la première, tandis que dans celui de S. Pée et du bas-navarrais oriental, nous avons la première s'assimilant la seconde. Le second *i* de *ziin* 'il l'avait' nav. occ., n'est tel que parce que son précurseur est également un *i*[2]. Cependant ce-

---

trouvons énregistrés dans les 'Etudes grammaticales sur la langue euskarienne par Mrs D'Abbadie et Chaho'. Dans cet excellent ouvrage, on ne donne même le plus souvent, au masculin, que ces terminatifs raccourcis, et quant aux féminins, ils renferment fréquemment une syllabe pléonastique. (*Voyez page xxi*). Le pléonasme est un peu plus rare au masculin. Nous avons cru devoir renvoyer aux variantes ces synonymes, car les terminatifs, tels qu'ils figurent dans les tableaux, sont tout aussi usités, surtout à Tardets. Exemples de synonymes raccourcis : *neza-nezaya* 'que tu m'aies'; *dilzada-dilzadaya* 'que tu me les aies'; *dizua-dizoya* 'que tu le lui aies'. ══ *neitzu-neitzaya* 'je te les avais'; *zitada-ziladaya* 'il me l'avait' (*pléon., syn. de zitaya*); *zitzua-zitzoya* 'il les lui avait'; *zeitza-zeitzaya* 'ils t'étaient'; *zitzua-zitzoya* 'ils lui étaient'. Exemples de synonymes pléonastiques : *ezaña-ezan* 'que tu l'eusses'; *izoña-izon*, m. *izuan-izon* 'que tu le lui eusses'; *izagüña-izagün*, m. *izagüya-izagün* 'que tu nous l'eusses'. ══ *citaña-citan* 'tu me l'avais'; *cikiña-cikün* 'tu nous avais'; *cizkiya-cizkün* m. 'tu nous les avais'; *citzoña-citzon*, 'tu les lui avais'; *citzeña-citzen* 'tu les leur avais'; *zitada-ziladaya-zitaya* m. 'il m'était.' A Etcharry et à Aroue, où l'influence du mixain sur le souletin commence à se faire sentir, j'ai trouvé *dezaka* et *dezana*, au lieu de *dezaya* et de *dezaña*.

[1] Il ne faut pas s'étonner que des dialectes admettant des combinaisons telles que *nr, zr, tzr, chr*, puissent, contrairement à ce qui arrive en général en basque, commencer quelquefois leur mots par un *r*. On n'a pas besoin de recourir à l'influence de l'espagnol ou du français pour s'expliquer le *r* initial du roncalais et du salazarais en *redimitu*, etc.

[2] L'*i* primitif (non pas celui dérivé d'un *e*) s'assimile l'*a*, en nav. or. d'Urcuit : *argizarii* (pour *argizaria*) 'la lune'; *athia* (pour *athea*) 'l'écurie'.

OBSERVATIONS.

lui-ci, tout en jouant le rôle d'assimilateur, ne doit rien à l'assimilation, puisqu'il n'est qu'une permutation de l'*u* du *zuen* labourdin. Le haut-navarrais méridional a *dere* pour *dire* 'ils sont', et son sous-dialecte d'Olza emploie en outre *dere* pour *dire* ou *dide*, dans le sens de 'il me l'a'. Ici c'est l'*e* final qui s'assimile l'*i*. Le navarrais de France a *dako* 'il le lui a', et *dee* 'il le leur a'. C'est l'*e* du régime indirect pluriel qui s'assimile l'*a* du régime direct singulier, *dee* étant pour *dae*. Dans *dezeen* 'qu'il le leur ait' des mêmes dialectes, nous avons l'assimilation de l'*a* de *za*. J'observe en haut-navarrais septentrional de Beinza Labayen: *dezatala* 'qu'ils l'aient' pour *dezatela*, et *dalaza* 'qu'il l'ait' pour *dezala*. On remarquera que le dernier *e* de *dezatela* a été assimilé par l'*a* de *la* appartenant à la forme conjonctive, et qu'il en est de même de l'*e* de *dezala*, car par l'effet de l'inversion bizarre des syllabes, c'est *la* qui précède le *za* dans *dalaza*. Ces exemples suffisent pour démontrer que l'assimilation existe, et qu'elle diffère essentiellement, par son but purement assimilatif, de la loi de l'affinité.

Quant à cette dernière, elle n'exige jamais en basque, comme elle l'exige souvent dans les langues ouraliques, l'assimilation des voyelles, car elle se borne seulement à les permuter d'une manière régulière et constante, sous l'influence d'une autre voyelle qui précède ou qui suit. Dans notre mémoire sur la langue basque et les langues finnoises, ce sujet a été traité dans tous ses détails, non seulement quant à la nature des changements commandés par la loi de l'affinité, mais aussi au point de vue des localités où cette loi existe et des différents systèmes de permutations auxquels elle donne lieu. Nous renvoyons donc nos lecteurs à ce qui a été dit dans ce mémoire, en nous bornant seulement à leur rappeler les changements suivants:——Iº. Sous l'influence, et selon la qualité de la voyelle qui suit: 1.) *Permutations*: a × e, i; e × i[1]; o × u[2]; u × i, iu; ü × i; ẽ × ĩ[3]; ĩ × ỹ[4]; ũ × ĩ[3]. 2.) *Additions*: a + r[5]; i + y[6]; o + b[7], m[8]; u + b[9], y[10], i[11]; ü + y. *Exemples*: sirean (*pour* ziraan) bisc. occ. de Plencia, d'Arratia et d'Orozco; ziriun bisc. 'ils étaient'. == nukian (*pour* nukean)

---

[1] Lorsque l'*e* primitif se change en *i* devant une autre voyelle, celle-ci, dans certains dialectes, forme diphthongue avec l'*i*, tandis qu'en d'autres dialectes elle se prononce comme une syllabe distincte. C'est ainsi que selon la prononciation labourdine vulgaire de Sare, de S. J. de Luz et d'Arcangues, *semia* (pour *semea*) 'le fils', présente l'*i* atone faisant diphthongue avec l'*a*, et constituant le dissyllabe *se-mia*. Le labourdin littéraire n'admet pas en général la loi de l'affinité des voyelles, et aime à suivre la prononciation naturelle d'Ainhoa: *semea*. Dans ce dialecte et en tout autre dialecte littéraire, on considère en outre comme très-incorrecte l'épellation dissyllabique, au lieu de la trissyllabique *se-me-a*. Cette dernière est la seule admise par les bons versificateurs, tandis que la première est abandonnée aux poëteraux. Quant à la différence qualitative de son entre l'*i* de *semia* et l'*i* de *mendia* 'la montagne', nous ne saurions l'admettre, quoique nous admettions fort bien celle de la place de l'accent tonique dans ces deux mots. L'*i* est atone dans *semia*, il ne l'est pas dans *mendia*. C'est cette différence d'accent qui empêche ses deux mots de rimer ensemble, ni plus ni moins qu'elle empêche l'italien *balia* 'nourrice' et l'espagnol *varia* 'différente', de rimer avec *balia* 'pouvoir' et *varia* 'il varie' de ces mêmes langues. Nous n'admettons pas surtout que l'*i* de *semia* labourdin soit la consonne *y* ou le *j* allemand, et par conséquent, que la représentation phonétique *semya* ou *semja* soit exacte. Selon nous, c'est celle-ci: en labourdin vulgaire: *se-mia*, et en labourdin littéraire: *se-me-a* comme à Ainhoa, ou bien, quoique rarement et seulement par concession: *se-mi-a*, mais jamais *se-mia* en deux syllabes. Quant à *mendia*, l'*i* y reçoit l'accent tonique, et même d'après la prononciation vulgaire, il forme toujours un trissyllabe: *men-di-a* (à S. J. de Luz *men-di-ya*). Les choses se passent tout autrement en souletin, où la permutation de l'*e* en *i* est toujours obligatoire, tandis que les deux *i* y sont également accentués: *se-mí-a*, *men-dí-a*. Ces deux trissyllabes riment parfaitement ensemble dans ce dialecte.

[2] Ce que nous venons de dire sur l'*i* dérivé de l'*e*, s'applique à l'*u* dérivé de l'*o*. Dans *otsua* (pour *otsoa*) 'le loup', nous avons un *u* comme dans *eskua* 'la main'. Nous n'admettons pas que l'*u* de *otsua* soit un *w* anglais, et que la représentation phonétique *otsua* soit exacte. La différence entre *otsua* et *burua*, nous la voyons dans l'accent tonique: *otsúa*, *burúa*. Le labourdin littéraire n'admet presque jamais la permutation de l'*o* en *u*, et adopte *otsoa* comme à Ainhoa. En outre il repousse, de même que tout autre dialecte littéraire, l'épellation *o-tsua*, et n'admet que *o-tso-a* (rarement *o-tsu-a*) trissyllabe. Les variétés de Sare, de S. J. de Luz et d'Arcangues, au contraire, adoptent vulgairement le dissyllabe. Quant à *es-kú-a* (Sare, Ainhoa et lab. littér.), *es-kú-ba* (S. J. de Luz), *es-kú-ya* (Arcangues), il est toujours trissyllabe paroxyton. En souletin *o-tsú a* est aussi trissyllabe paroxyton, et il ne saurait rimer avec *o-tsu-a* lab., mais il rime très-bien avec *es-kú-a* de ce dialecte. Le souletin correspondant à *eskúa*, est *eshía*, rimant avec *mendía*.

[3] De même que l'*e* et l'*ü* du souletin se changent en *i*—le premier devant *a* et *o*, et le second devant *a* et *e*—; de même les nasales correspondantes 'ẽ, ũ', propres à ce dialecte, s'y changent en *i* nasal ou *ĩ*, dans les mêmes circonstances. Le cas de cette permutation ne se présente pas dans le verbe. Quoique les mots renfermant des voyelles nasales ne soient pas très-communs, nous pouvons toutefois citer les suivants, avec les changements exigés par la loi de l'affinité: *ãhãbe fruit de l'airelle-myrtille*, *ãhãlke honte*, *ãhãte canard*, *ãhatze oubli*, *sãhãtü nettoyer*. == *mẽhẽ mince*, *mõhĩa le mince*, *sẽhẽ menu*, *sẽhĩa le menu*. == *ĩhĩ jonc*, *ĩhĩze chasse*, *ĩhĩztatü chasser*, *khiristü chrétien*, *kosĩ cousin*, *llapĩ lapin*, *lleperĩ (à Barcus) lièvre*, *mĩhĩ langue*, *mĩhĩmen espèce d'osier*, *porĩ poulain*, *sũhĩ gendre*, *zĩ gland*. == *alchũ troupeau*, *ardũ vin*, *arrathũ rat*, *ezperũ aiguillon*, *falkũ faucon*, *galtsũ caleçon*, *hazkũ blaireau*, *kapũ chapon*, *kharrũ glace*, *kotũ coton*, *lanhũ brouillard*, *lehũ lion*, *melũ melon*, *miliũ million*, *pabũ paon*, *pantalũ pantalon*, *salmũ saumon*, *ũhũñ voleur*, *uñũ oignon*, *zitrũ zitron*. == *sũhũ (à Barcus) gendre*, *sũhĩa le gendre*. == *gĩhãu nous-mêmes*, *ĩhãrdetsi répondre*, *ĩhãu toi-même*, *ĩhẽsi fuite*, *nĩhãu moi-même*, *sũlũ propre*, *sahĩa le propre*, *zĩhãu toi-même*, *zĩhãuriek vous-mêmes*. On verra par ces exemples, que lorsque la voyelle qui précède l'*h* est nasale, celle qui suit cette consonne le devient aussi presque toujours par assimilation. On ne manquera pas non plus d'observer que la nasalité correspond en général à un *n* en d'autres dialectes, soit du basque, soit d'autres langues qui se servent d'un mot ayant la même racine que celui qui présente le son nasal. C'est ainsi que la finale souletine *ũ* est *oin* en labourdin. Quant à *ardũ*, sa nasalité ne paraît pas être sans rapport avec le *n* de *arno* lab., *ano* nav. occ., nav. or. 'vin', et avec le *n* de *ardantze* nav. mér., aezc., salaz., *ardauntzu* ronc. 'vigne', car *ardañ* sans *n* et avec *u* final nasal est bien le nom du vin dans ce dernier sous-dialecte. De même *ãhãte* rappelle le *n* de *anas*, *anate*, lat., *anade* esp.; *ãhatze*, celui de *ahanzte* lab.; *ĩhẽsi*, le *ñ* de *ihes* bisc. occ.; *mĩhĩ*, celui de *miñ* bisc., ou le *n*

OBSERVATIONS.

guip. sept.; neunkian (*pour* neunkean) *bisc.*; nükían (*pour* nükean) *soul.* 'je l'aurais eu'. == deutzie (*pour* deutsee) *bisc. occ. d'Orozco et d'Arrigorriaga* 'ils le leur ont'. == leikio (*pour* leikeo) *soul.*; lakioke (*pour* lakeoke) *nav. occ., nav. or.* 'il lui pourrait'. == daguala (*pour* dagoala) *guip. d'Hernani, bisc.*; daguela (*pour* dagoela) *guip. Hernani,* syn. de *dagoula* 'qu'il reste'. == badia (*pour* badua) *nav. occ., nav. or.* 'l'a-t-il?'. == dien (*pour* duen) *nav. or.*, dion, (*pour* duon) *ronc.* 'qui l'a'. == badina (*pour* badua) *ronc.* 'l'a-t-il?' == dian (*pour* diian) *soul.* 'qui l'a'. == dakijan (*pour* dakian) *bisc.*; dakišan *bisc. du Guipuscoa*; dakiyen (*pour* dakien) *guip. d'Hernani, lab. de S. J. de Luz*; dakiyen *guip. de Tolosa* 'qui le sait'. == diyo (*pour* dio) *guip. d'Hernani, lab. de S. J. de Luz*; diyo *guip. de Tolosa et d'Azpeitia* 'il le lui a'. == dakijon (*pour* dakion) *bisc.*; dekišon *bisc. de Vergara* 'qu'il lui soit'. == doba (*pour* doa) *bisc. occ. d'Orozco* 'il va'. == ninduban (*pour* ninduan) *bisc.*; ninduben *guip. sept., lab. de S. J. de Luz* 'il m'avait'. == baduuya (*pour* baduua) *nav. occ., nav. or.* == badüüya (*pour* badüün) *nav. or. de Mixe* 'l'avons-nous?'. —— II°. Sous l'influence, et selon la qualité de la voyelle qui précède[12]: a × e, œ[13]. *Exemples*: zien (*pour* zian, zidan) *guip. de Oegama* 'il me l'avait'. == euen (*pour* euan) *bisc. occ.* 'il l'avait'. == diet m. (*pour* diat)

---

de mingañ guip. '*langue*'. Nous n'avons rencontré de vraies voyelles nasales, pour ainsi dire, qu'en souletin, soit dans celui de France, soit dans le roncalais ou souletin espagnol: A Domezain et à Ithorots-Olhaïby, localités de la Soule où l'on parle le mixain, nous avons cependant trouvé des mots, tels que mehē, mihī. Voilà encore des exemples, fournis par le roncalais: aïstur *pincettes*, aïsturko *ciseaux*, aïsto *couteau* (à Urzainqui et à Uztarroz), älke *honte*, ür (r fort) *ver*, ardañ *vin*, ätze *oubli* (à Urzainqui), azkoï *blaireau*, eskoï *droit*, gãzta *fromage*, ïañzi *en chaleur* (en parlant de la truie), ïesi *suite*, karroï *glace*, kristiaï *chrétien*, kušäla *cousine*, lüa *le lin*, mī *langue*, ōrzi *enterrer*, šipoï *gilet*, süa (sïa à Uztarroz) *le gendre*, zīa *le gland*. La terminaison oï de Roncal correspond à oin lab. et à ü soul. Le mot *gãzta* présente le n en *gasna* dans tous les dialectes de France, et cette consonne se retrouvera presque toujours ailleurs, si le roncalais se sert d'une voyelle nasale. C'est ainsi que *encina* 'chêne vert' de l'espagnol, paraît être composé de zia (pour *zina*) 'gland', et que *honra* 'honneur' de la même langue pourrait bien ne pas être sans rapport avec ōrzi (pour *ourzi*), dans le sens de *enterrer* ou de *honorer de la sépulture*. Des six voyelles nasales du souletin, l'' ï ', l' ' ü ' et l' ' ü ' manquent au français, tandis que celui-ci possède en plus du premier l' 'en' nasal, représenté par un ou um, en *brun* et *parfum*. Cependant on retrouve tous ces sons nasals du souletin et du français, soit dans quelques variétés du picard, soit dans le guègue, dialecte principal de l'albanais.

⁴ Le son 'ȳ', propre au roncalais, est une consonne nasale dérivée de l' 'ï', comme l' 'y' dérive de l' 'i'. Sa valeur est intermédiaire entre le ü et le y, et précisément celle d'une nasale gutturale mouillée ou, en d'autres termes, celle d'un ng mouillé (en donnant à *ng* le son que ce digramme possède en *strong* anglais, ou celui du n espagnol ou italien en *vengo*, et en le mouillant en outre). Lorsque des mots roncalais finis par oï, oï, tels que *azkoï, kristiaï*, prennent une voyelle après l'ï, ce dernier se change en 'ȳ': azkoȳa '*le blaireau*', kristiaȳen '*des chrétiens*'.

⁵ Le r euphonique entre deux a, qui forme le défini des noms terminés en a à l'indéfini, n'est en usage qu'en salazarais: *alaba* 'fille', *alabara* 'la fille', mais il faut pour cela que le nom ne prenne pas de suffixe: *alabak, alabaren*, et non: *alabarak, alabararen*. Le suffixe allatif étant en la, au défini, il n'y a pas à craindre que *elizara* 'l'église' puisse se confondre avec *elizara* 'à l'église', car c'est de *elizala* que le salazarais se sert dans ce dernier cas. Le roncalais, au contraire, a le suffixe allatif en ra, et l'indéfini semblable au défini: *eliza* 'église, l'église'; *elizara* 'à l'église'. De même *usi* 'bois', *usia* 'le bois', *usiara* 'au bois'. Ce dernier exemple prouve qu'il n'y a que le roncalais qui puisse fournir des noms recevant le suffixe allatif au défini, sans que l'article se supprime ou sans que le suffixe s'altère. En effet, en *mendiala* 'à la montagne', le salazarais et le souletin altèrent le suffixe tout en conservant l'article, tandis qu'en *mendira*, les autres dialectes conservent le suffixe sans altération, mais ils suppriment irrégulièrement l'article. Le r euphonique, exigé en salazarais entre deux a, ne se présente pas dans les terminatifs verbaux.

⁶ Le 'y' qui prend naissance par l'influence d'un i qui précède, présente des permutations souvent différentes de celles que subit le 'y', presque toujours initial, qui ne subit pas cette influence. Les exemples que nous donnons dans le texte prouvent en effet que ce premier 'y', tel qu'il se trouve dans le guip. d'Hernani et dans le lab. de S. J. de Luz, se change en 'y' (entre g et d mouillés) en guip. de Tolosa et d'Azpeitia; en 'j', en bisc.; en 'š', en bisc. du Guipuscoa. Nous ajouterons que 'y' appartient aussi aux sous-dialectes nav. sept. de Vera et d'Irun, et que 'y' a lieu aussi en guip. de Navarre et en nav. sept. d'Araquil. Quant au 'y' indépendant de la loi de l'affinité, il se permute en 'y' en lab.; en nav. occ., en nav. or.; en 'j', en bisc. occ.; en 'ɹ', en guip., en bisc., en bisc. occ. d'Orozco, en nav. sept. d'Huarte Araquil et d'Araiz, en nav. mér. de Puente; en 'j', en souletin; en 'š' en bisc. d'Oñate, en nav. mér., en nexe., en salaz., en ronc. Il reste 'y' en nav. sept., et en nav. mér. d'Erro et de Burguete: yan, ÿan, jan, jan, jan, šan '*manger*'. Le 'j' souletin, malgré une légère différence qu'il présente avec le 'j' du français, paraît être dû à l'influence que cette langue a exercée sur le son 'š' son congénère. Ce dernier s'étend à l'ouest jusqu'au delà de Pampelune, et se retrouve même dans le biscaïen d'Oñate, de sorte que son origine basque ne saurait être douteuse, car tout le monde sait que le son du 'š' n'existe pas en espagnol, excepté dans le dialecte asturien qui n'a pas de contact avec la basque. Le son du 'j' souletin d'une part, n'existant pas dans les autres dialectes de l'euskara, et d'autre part la Soule étant de toutes les provinces basques celle qui est le plus limitée par la France, il est au moins probable que celle-ci ait exercé une influence sur l'origine de ce son. En est-il de même du son 'ɹ' par rapport à l'espagnol? Nous ne le pensons pas. En effet, si l'on est forcé de reconnaître comme un fait que le son 'ɹ' en basque n'existe qu'en Espagne, rien n'est moins prouvé que sa dérivation du castillan. Ce dialecte, devenu la langue littéraire, est le seul qui possède le 'ɹ' parmi les langues parlées dans la péninsule. Ni l'asturien, dialecte éminemment espagnol, ni le galicien, qui ne forme qu'une seule langue avec le portugais, ni le catalan, le vrai roman moderne, ne reconnaissent ce son comme le leur. Ce n'est donc que le castillan, l'espagnol littéraire, qui pourrait avoir fourni le 'ɹ' au basque, puisque c'est le castillan seul qui possède ce son, puisque c'est lui seul qui en Espagne se trouve en contact avec le basque. Si nous n'admettons pas cette origine, cela tient à l'existence d'autres faits non moins importants, et qui n'ont pas manqué de nous frapper dès notre premier voyage en 1856. Ils consistent: 1°. dans la présence du son 'ɹ' dans les variétés basques qui ne touchent pas au castillan, mais qui se trouvent en contact immédiat avec d'autres variétés basques ne possédant pas

OBSERVATIONS.

nav. sept., nav. mér. d'Olza 'il l'a'. ═ bistu de (*pour* biztu da) *bisc. occ.*; erresuzitetu de (*pour* erresuzitatu da) *nav. sept., nav. mér. d'Olza* 'il est ressuscité'.——III°. Sous l'influence simultanée de la voyelle qui suit et de celle qui précède : aa × ie; ea × ie; oa × ue; ia × ije; ua × ube. *Exemples*: sirien (*pour* ziraan); neukien (*pour* neukean) *bisc. occ. de Guernica, d'Arrigorriaga et d'Ochandiano*; duuela (*pour* dagoala) *Ochandiano*; dakijen (*pour* dakian) *Guernica, Arrigorriaga, Ochandiano*; ninduben (*pour* ninduan) *Ochandiano*.

REMARQUES IMPORTANTES.

Dans le but de rendre plus facile la comparaison du biscaïen littéraire avec les autres dialectes, depuis la page ix. jusqu'à la page xxxii. inclusivement, les exemples ont été donnés en général sans les changements exigés par la loi de l'affinité des voyelles, d'après l'usage de la minorité des auteurs biscaïens, et c'est aussi dans le même but que les exemples du bas-navarrais oriental, excepté au xiv. tableau, se trouvent presque toujours à l'indéfini, quoique dans ce dialecte on se serve régulièrement du respectueux. (*Voyez* la note 2. du tableau xiv).

---

ce son; 2º, dans l'absence du son 'ɹ' dans ces dernières variétés basques touchant immédiatement au castillan. C'est ainsi que depuis Fontarabie inclusivement jusqu'à Lequeitio exclusivement, nous trouvons en pays de 'ɹ', en suivant la côte. A Lequeitio nous rencontrons le 'ɹ' qui ne nous abandonne plus, dans cette direction, jusqu'à Portugalete, où l'on parle castillan. La Biscaie occidentale qui ne possède pas le 'ɹ', est donc limitée par des pays castillans, tandis que le pays de 'ɹ', formé par la Biscaie orientale où domine le dialecte littéraire, par la totalité du Guipuscoa et les vallées du nord-ouest de la Navarre, telles que celles d'Araiz et d'Araquil, se trouve séparé du castillan par le pays sans 'ɹ', qui consiste dans les vallées du nord et du nord-est de la même province, telles que celles d'Ulzama et de Baztan, et par le pays au sud occupé par le haut-navarrais méridional. Quant au 'ɹ' de la variété bisc. occ. d'Orozco et du sous-dialecte nav. mér. de Puente, sa présence, due selon toute apparence à l'influence du castillan, n'a rien de surprenant, puisque ces localités, quoique faisant partie, la première d'un sous-dialecte et la seconde d'un dialecte sans 'ɹ', se trouvent à l'extrême limite de l'euskara, et par conséquent en contact immédiat du castillan.

[7,8] Le *b* d'Orozco a un son très-faible, qui se rapproche du *w* anglais. Les gens les plus grossiers de cette vallée qui habitent la partie montueuse d'Ergoyen, changent quelquefois le *b* en *m*: ollo 'poule'; olloba 'la poule' *Orozco, Barambio*; olloma *Ergoyen*.

[9] Un examen des plus attentifs nous fait admettre une double prononciation du *b*, qui prend naissance par l'influence d'un *u* qui précède. La plus commune est celle du *b* basque proprement dit, qui est en même temps le *b* ou *v* espagnol, ou le *b* gascon. Le son en est labial pur comme celui du *b* ordinaire, mais il en diffère par sa continuité. Dans la production de ce dernier qui est essentiellement explosif, les deux lèvres doivent venir en contact pour se séparer aussitôt. Ce n'est que par manque d'habitude des appréciations phonétiques, et par oubli de la définition physiologique des sons, que l'on a pu croire entendre un *v* en basque, et décrire comme tel le son que l'on donne au signe *v* de l'orthographe vulgaire. Le son du *v* en effet est essentiellement labio-dental, et il se produit par l'action continue des dents supérieures sur la lèvre inférieure. L'autre prononciation du *b*, est celle qui se rapproche du *w* anglais. Dans certaines localités, comme à Marquina, à Villareal de Guipuscoa, etc., le *b* a le premier son, ou bien, quoique plus rarement, il peut, se supprimer : buruba, et quelquefois burua à Marquina; buruba toujours, à Villareal. En d'autres localités, comme à Orozco en Biscaie, à Barambio en Alava, à Arrayoz dans la vallée navarraise de Baztan, nous avons trouvé le *b* très-faible, à peu près comme *w* anglais, qui est, lui aussi, comme les deux *b*, une consonne labiale pure, quoique très-faible. Bien que le son du *b* continu soit le plus commun des deux, cela n'empêche en rien qu'en plusieurs localités, notamment à S. J. de Luz, la double prononciation ne puisse être quelquefois saisie par une oreille un peu fine chez le même individu et à des courts intervalles. Le *b* ordinaire, ou explosif, a lieu au commencement des mots ou après le son *m*.

[10] *Voyez* ce qui est dit à la note 2. de la page xiv. sur la triple prononciation de l'*u* avant *ya*.

[11] La variété nav. or. d'Urcuit présente un cas particulier de suppression de la voyelle finale. Lorsqu'un mot fini par *u* devrait s'unir à l'*a* pour passer au défini, cette dernière voyelle s'élimine, et l'*u* s'associe à un *i*: buru, burui 'tête, la tête'. La dérivation du défini d'Urcuit, de celui de Briscous buruya, est évidente. Les exemples manquent pour les terminatifs verbaux.

[12] Les permutations produites par l'influence et selon la qualité de la voyelle qui précède, constitue le second système de changements qui se rapporte à la loi harmonique des langues finnoises, sinon quant à la nature des voyelles permutées*, du moins quant à la cause productrice de ces transformations. Ce genre de permutations n'existe pas en France, car il n'y a rien qui prouve, par exemple, qu'en labourdin l'*e* de *dire* 'ils sont' soit dû à l'influence de l'*i*. En prenant comme sujet de comparaison le guip. de Cegama qui présente ce second système de permutations, il sera facile de juger de la cause du changement de l'*a* en *e* dans ce sous-dialecte, et de celle (si tant est qu'il y en ait une) qui produit ce même changement dans les terminatifs que nous allons citer du basque de France: die *ceg., sar., ainh., arc., bard., brisc., urc.*; dire *lab.*; dii *guél., bid.*; dira *soul., nav. occ., nav. or.*; dia *ustar., mend., arber., soul.* 'ils sont'. Il est clair que si l'influence de l'*i* et de l'*u*

---

* Ceux qui refusent de voir l'analogie qui existe entre la loi de permutation des voyelles basques et la loi d'harmonie de celles des idiomes ouraliques, par la raison que les voyelles permutées ne sont pas les mêmes dans ces deux souches de langues non aryaniques d'ailleurs très-différentes entre elles—non pas identiques, comme on s'est plu gratuitement à nous faire dire faute de nous avoir compris—font preuve que pour eux la cause n'est rien, et que les effets sont tout. Que le bisc. occ. de Guernica d'une part soit forcé de dire *lurrek* et non pas *lurral* 'les terres' sous l'influence de l'*u* qui précède, et que d'autre part en hongrois on soit obligé d'admettre *urak* et non pas *urek* 'les seigneurs' sous l'influence de la même voyelle *u*, il n'en est pas moins vrai que l'*e* de *lurrek* et l'*a* de *urak* ne sont forcement tels que par l'influence de l'*u* qui les précède en *lur* et en *ur*. Or c'est uniquement dans ce pouvoir de transformation régulière appartenant à certaines voyelles, et non pas dans la qualité des voyelles elles-mêmes, qu'il faut savoir discerner l'analogie que présentent certains dialectes basques avec la généralité des langues ouraliques. Un amateur de chevaux noirs n'est pas moins un hippophile qu'un amateur de chevaux blancs.

OBSERVATIONS.

Ce serait ici le lieu de parler de la place que doivent occuper dans le terminatif les lettres et les syllabes pronominales, pléonastiques, rédondantes et euphoniques, ainsi que celles qui représentent les temps, les modes et les radicaux ; mais comme la plus grande irrégularité existe sous ce rapport, même dans les variétés d'un même sous-dialecte (*voyez* la première note de la page xiv.), nous renvoyons cette étude à la troisième partie après l'énumération des nombreuses variantes, avec lesquelles le lecteur devra préalablement se familiariser, s'il tient à se former une idée complète de ce sujet.

---

sur l'*a* existait à Sare, à Ainhoa, à S. J. de Luz, à Arcangues, à Bardos, à Briscous, à Urcuit en vertu de la loi constante de l'affinité des voyelles, ce n'est pas seulement dans des mots isolés tels que *die, dire* qu'elle devrait se manifester, mais aussi dans les autres mots qui présentent l'*a* précédé d'un *i* ou d'un *u*. Or ce n'est pas seulement *die* (*pour dia ou dira*) que l'on entend à Cegama, mais encore des milliers d'autres, tels que: korputze *le corps*, burue *la tête*, begie *l'œil*, ogie *le pain*, aragie *la chair*, elurre *la neige*, intze *la rosée*, ariñe *l'agile*, urdiñe *le bleu*, eune *le jour, etc., etc., etc.* Tous ces mots, dans les différents dialectes de France, conservent leur *a*, malgré le voisinage de l'*i* et de l'*u* : *gorputza, ihintza, burua, elurra, etc.* L'*e* de *die, zie, etc.* existe donc à Bardos, à Briscous, à Urcuit, etc., comme il existe en *dire, die, zare, zae* du labourdin, qui présente l'*e* tout aussi bien avec l'*i* qu'avec l'*a* et les autres voyelles. Il en est de même des terminatifs *nien, zien, etc.* de la première localité, où l'*e* après l'*i* est dû au *n* final, et ne dépend nullement de la loi constante de l'affinité propre à l'Espagne. C'est ainsi que l'on entendra bien *begien* 'dans l'œil', mais nous pas *begie* 'l'œil' comme à Cegama, mais toujours *begia, mendia, etc., etc., etc.*; et à Urcuit, par assimilation, *begii, mendii, niin, ziin.* (*Voyez* la note 2. de la page xxviii).

[13] J'indique par *æ* un son intermédiaire entre l'*a* et l'*è* ouvert, que les Anglais indiquent par leur *a* bref en *man, fat, that*, et qui constitue l'*a* final portugais en *casa*, ou celui de la conjonction *mas*. Je n'ai trouvé ce son que dans la vallée d'Erro, et dans celle de Baztan. L'*æ* est une permutation de l'*a*, qui a lieu sous l'influence non seulement d'un *i* et d'un *u*, mais aussi sous celle d'un *e* qui précèdent. Cette dernière voyelle ne détermine jamais le changement de l'*a* en *e*, quoiqu'elle effectue, du moins dans la vallée d'Erro, celui de l'a en *æ*. C'est ainsi que dans cette variété du sous-dialecte haut-navarrais méridional en deçà de Pampelune, j'ai entendu : mendiæ, ilargiæ, ozpinæ, uræ, oñazturæ, kisûæ, eskûæ, semem, unideæ, eldu dæ, etorri dæ, yunin dæ, aingerû bæt, jaun bæt, aitæ, *au lieu de* : mendia *la montagne*, ilargia *la lune*, ozpina *le vinaigre*, ura *l'eau*, oñaztura *l'éclair*, kisun *la chaux*, eskua *la main*, semea *le fils*, unidea *la nourrice*, eldu da *il vient*, etorri da *il est venu*, yunin da *il ira*, aingeru bat *un ange*, jaun bat *un monsieur*, aita *père ou le père*. (*Voyez* page xv., note 2., ligne 6).

TABLEAU MONTRANT LA CLASSIFICATION DES TERMINATIFS EN DEUX TYPES.

TYPE I.

	1	guip.	bisc.	lab.	soul.	nav. sept.	nav. mér.	nav. occ.	nav. or.
Transitifs purs.	2.	nuen	neban	nuen	nian	nuen	nue	niin	nien
	18.	banu	baneu	banu	banu	banu	banu	banu	banu
	23.	—	—	—	ainu	—	—	—	—
	4.	nuke	neunke	nuke	ntlke	nuke	nuke	nuke	nuke
	5.	nukean	neunkean	nuken	nülcian	nuken	nuke	nukeen	nuken
Transitifs de izan ou de egin.[2]	10.	nezan	nengian	nezan	nezan	nezan	nezau	nezan	nezan
	21.	baneza	banengi	baneza	baneza	baneza	banez	baneza	baneza
	24.	—	—	—	nineza	—	—	—	—
	11.	—	nengikean	—	—	—	—	—	—
	22.	—	banengike	—	—	—	—	—	—
	14.	—	nei	—	—	—	—	—	—
	15.	nezake	neike	nezake	nezake	nezake	nezake	nezake	nezake
	16.	—	neyan	—	—	—	—	—	—
	17.	nezakean	neikean	nezaken	nezakian	nezaken	nezake	nezakeen	nezaken
Intransitifs de izan.	1.	naiz	naz	naiz	niz	naiz	naiz	niz	niz
	3.	—	—	naiteke	nizate	(voyez la prem. note des tabl. supplémentaires viii., x., xii., xiv.)			
	2.	nintzan	nintzan	nintzen	nintzan	nitzen	nitza	nintzan	nintz n
	18.	banintz	banintz	banintz	banintz	banitz	banitza	banintz	banintz
	23.	—	—	—	ainintz	—	—	—	—
	4.	nintzake	nintzateko	ninteke	nintzato	nitzeke	nitzake	nindaiteke	nindaiteke
	5.	nintzakean	nintzatekean	ninteken	nintzatekian	nitzeken	nindaike	nindaiteken	nindaiteken
Intransitifs de egon (egoki).[3]	8.	natzakion	nakion	nakioen	nakion	nakion	nakion	nakion	nakion
	19.	banatzakio	banakio	banakio	banakio[4]	—	—	—	—
	6.	zatzakio	zakioz	zakizkio	zakitzo	zaizkio	zaizkio	zazkio	zazkio
	9.	—	nakikeon						
	20.	—	banakikeo						
	7.	—	zakikeoz						
	12.	—	nakio						
	13.	natzakioke	nakikeo	nakioke	nitakio	nakioke	nakioke	nakioke	nitakio
	10.	nenkion	nenkion	nintzakioen	nenkion	nindekion	nindekion	nindakion	nindekion
	21.	banenkio	banenkio	banintzakio	banenkio	banindekio	banindekio	—	banindakio
	24.	—	—	—	ainenkio	—	—	—	—
	11.	—	nenkikeon						
	22.	—	banenkikeo						
	14.	—	nenkio						
	15.	nintzakioke	nenkikeo	nintzakioke	neinkio	nindekioke	nindekioke	nindakioke	nindakioke
	16.	—	nenkion						
	17.	nintzakiokean	nenkikeon	nintzakioken	niutakion	nindekioken	nindekioke	nindakioken	nindakioken

[1] Les numéros indiquent les temps, et se rapportent à ceux du premier tableau préliminaire.   [2] Les terminatifs de egin sont imprimés en caractères italiques.   [3] On a choisi pour exemples des terminatifs de egon ou de egoki, ceux à régime indirect, qui ont mieux conservé les traces du radical.

[4] Voyez la note 8. du prem. tableau préliminaire.   [5] Voyez la note 2 de la page xxv.

TYPE II.

	1	guip.	bisc.	lab.	soul.	nav. sept.	nav. mér.	nav. occ.	nav. or.
Transitifs purs.	1.	nauzu det	nozu dot	nauzu dut	naizü düt	nauzu dut	nauzu dut	nuzu dut	nuzu dut
	3.	—	—	nauzuke duket	naikezü düket ; dioket[5]	voyez la prem. note des tabl. supplémentaires viii., x., xii.. xiv.			
	2.	ninduzu	ninduzu	ninduzu	nündüzü	ninduzu	ninduzu	ninduzu	ninduzu
	18.	baninduzu	baninduzu	baninduzu	banindüzä	baninduzu	baninduzu	baninduzu	baninduzu
	23.	—	—	—	aintindüzä	—	—	—	—
	4.	ninduzuke	nindukezu	ninduzuke	nündükezü	nindukezu	nindukezu	nindukezu	nindukezu
	5.	ninduzukean	nindukezun	ninduzuken	{ nündükeziin ; nindiokeziin }[5]	nindukezun	nindukezu	nindukezun	nindukezun
Transitifs de izan ou de egin.[2]	8.	nazazu dezadan	nagizu dayidan	nazazu dezadan	nezazü dezadan	nazazu dezaten	nazazu zaten	nezazu dezaau	nezazu dezaan
	19.	banazazu badezat	banagizu badagit	banazazu badezat	banezazü[5] badezat[5]	—	—	—	—
	6.	nazazu ezazu	nagizu egizu	nazazu zazu	nezazü ezazü	nazazu zazu	nazazu zazu	nezazu zazu	nezazu zazu
	9.	—	nagikezun dagikedan						
	20.	—	banagikezu badagiket						
	7.	—	nagikezu egikezu						
	12.	—	naizu dait						
	13.	nazakezu dezaket	naikezu daiket	nazakezu dezaket	nezakezü dezaket	nazakezu dezaket	nazakezu zaket	nezakezu dezaket	nezakezu dezaket
	10.	ninzazu	nengizu	nintzatzu	nentzazün	nindezazu	nindezazu	nindezazu	nindezazu
	21.	baninzazu	banengizu	banintzatzu	banentzazü	banindezazu	banindezazu	—	buuindi zazu
	24.	—	—	—	ainentzazü	—	—	—	—
	11.	—	nengikezu						
	22.	—	banengikezu						
	14.	—	neizu						
	15.	nintzakezu	neikezu	nintzakezu	nentzakezü	nindezakezu	nindezakezu	nindezakezu	nindezakezu
	16.	—	neizun						
	17.	nintzakezwan	neikezun	nintzaketzun	nentzakezün	nindezakezun	nindezakezu	nindezakezun	nindezakezun

N.B.—Le premier type comprend tous les terminatifs intransitifs, et parmi les transitifs : Les terminatifs à régime direct de troisième personne qui appartiennent au temps passé de l'indicatif ou à ses dérivés. Le deuxième type comprend tous les autres terminatifs, c'est-à-dire : 1°. Les terminatifs à régime direct de troisième personne qui appartiennent au temps présent de l'indicatif ou à ses dérivés ; 2°. Tous les terminatifs à régime direct de première ou de seconde personne. Dans les terminatifs du premier type, le sujet se trouve au commencement ; dans ceux du deuxième, à la fin. Les lettres qui expriment le sujet dans les terminatifs du premier type, représentent le régime direct dans ceux du deuxième; tandis que celles qui dans les terminatifs du deuxième type expriment le sujet, servent à représenter le régime indirect de ceux du premier. Il n'y a d'exception que pour les syllabes zi, te, t du pluriel (v. la prem. note de la p. xx).

CONJUGAISON.

VOIX INTRANSITIVE.

1. IL EST—*Indicatif*—*Présent*

			Guipuscoan	Biscaïen	Labourdin	Souletin
S.	1	*i.*	naiz	naz	naiz	niz
		m.	*nak*[1]	*nok*	*nauk*	nük
		f.	*nan*	*non*	*naun*	nün
		r.	—[2]	—[2]	—[2]	nüzü
	2	*r.*	zera	zara	zare	zira
		m.	aiz	nz	haiz	iz
		f.	aiz	az	haiz	iz
	3	*i.*	da	da	da	da
		m.	*dek*	*dok*	*duk*	*dük*
		f.	*den*	*don*	*dun*	*dün*
		r.	—	—	—	*düzü*
P.	1	*i.*	gera	gara	gare	gira
		m.	*gaituk*	gaituk	*gaituk*	*gütük*
		f.	*gaitun*	gaitun	*gaitun*	*gütün*
		r.	—	—	—	*gütüzü*
	2	*i.*	zerate	zaree	zarete	ziraye
	3	*i.*	dira	dira	dire	dira
		m.	*dituk*	dituk	*dituk*	*dütük*
		f.	*ditun*	ditun	*ditun*	*dütün*
		r.	—	—	—	*dütüzü*

2. IL ÉTAIT—*Indicatif*—*Passé*

			Guipuscoan	Biscaïen	Labourdin	Souletin
S.	1	*i.*	nintzan	nintzan	nintzen	nintzan
		m.	*nindukan*	nintzuan	*nindukan*	*nündia*
		f.	*nindunan*	nintzonan	*nindunan*	*nündüña*
		r.	—	—	—	*nündüzün*
	2	*r.*	ziñan	zintzan	zinen	zinen
		m.	intzakan	intzan	hintzen	intzan
		f.	intzanan	intzanan	hintzen	intzan
	3	*i.*	zan	zan	zen	zen
		m.	*ukan*	zuan	zukan	zia
		f.	*unan*	zonan	zunan	züña
		r.	—	—	—	züzün
P.	1	*i.*	giñan	gintzan	ginen	ginen
		m.	gindukan	gintzuazan	*gintukan*	*güntia*
		f.	gindunan	giutzonazan	*gintunan*	*güntüña*
		r.	—	—	—	*güntüzün*
	2	*i.*	ziñaten	zintzen	zineten	zinien
	3	*i.*	ziran	zirian	ziren	ziren
		m.	*itukan*	zozan	zitukan	zütia
		f.	*itunan*	zonazan	zitunan	zütüña
		r.	—	—	—	*zütüzün*

[1] Les terminatifs masculins, féminins et respectueux empruntés aux temps de la voix transitive à un seul régime sont imprimés en caractères italiques.

[2] Quoique le guipuscoan, le biscaïen et le labourdin n'aient point de terminatifs à traitement respectueux dans lesquels n'entre pas la seconde personne du singulier comme sujet ou comme régime, ces terminatifs toutefois peuvent y être remplacés par ceux de la voix transitive à un seul régime dans lesquels entre cette seconde personne, et cela dans les mêmes cas où cette substitution a lieu pour les terminatifs masculins et féminins. C'est ainsi que *nak, nan* et *nazu, nok, non* et *nozu, nauk, naun* et *nauzu, dek, den* et *dezu, dok, don* et *dozu, duk, dun* et *duzu, gaituk, gaitun* et *gaituzu, dituk, ditun* et *dituzu* ou *ditutzu, nindukan, nindunan* et *ninduzun, ukan, unan* et *zenduen, gintukan, gintunan* et *gintutzun, itukan, itunan* et *zitituen, nindukek, ninduken* et *nindukezu* etc. peuvent signifier également *tu m'as* et *je suis, tu l'as* et *il est, tu nous as* et *nous sommes, tu les a* et *ils sont, tu m'avais* et *j'étais, tu l'avais* et *il était, tu nous avais* et *nous étions, tu les avais* et *ils étaient, tu m'aurais* et *je serais* etc. Ces terminatifs à double emploi ont lieu aussi en souletin, mais étant imprimés en caractères italiques, on les distinguera facilement des véritables terminatifs respectueux propres à ce dialecte et surtout au bas-navarrais oriental.

VOIX INTRANSITIVE.

3. IL SERA—*Indicatif*—*Futur*

		Guipuscoan	*Biscaïen*	*Labourdin*	*Souletin*
S. 1	i.	—	—	*naiteke*[1]	nizate
	m.	—	—	nukek	nükek
	f.	—	—	nuken	nüken
	r.	—	—	—	nükezü
2	r.	—	—	*saitezke*	zirate
	m.	—	—	*haiteke*	izate
	f.	—	—	*haiteke*	izate
3	i.	—	—	*daiteke*	date
	m.	—	—	*dukek*	*dükek*
	f.	—	—	*duken*	*düken*
	r.	—	—	—	*dükezü*
P. 1	i.	—	—	*gaitezke*	girate
	m.	—	—	*gituzkek*	*gütükek*
	f.	—	—	*gituzken*	*gütüken*
	r.	—	—	—	*gütükezü*
2	i.	—	—	*saitezkete*	zirateye
3	i.	—	—	*ditezke*	dirate
	m.	—	—	*dituzkek*	*dütükek*
	f.	—	—	*dituzken*	*dütüken*
	r.	—	—	—	*dütükezü*

4. IL SERAIT—*Conditionnel*—*Présent*

		Guipuscoan	*Biscaïen*	*Labourdin*	*Souletin*
S. 1	i.	nintzake	nintzateke	*ninteke*	nintzate
	m.	*nindukek*	nintzatekek	*nindukek*	*nündükek*
	f.	*ninduken*	nintzateken	*ninduken*	*nünduken*
	r.	—	—	—	*nündükezü*
2	r.	ziñake	zintzatekez	*zintezke*	zinate
	m.	intzakek	intzateke	*hinteke*	intzato
	f.	intzaken	intzateken	*hinteke*	intzato
3	i.	litzake	litzateke	*liteke*	lizate
	m.	litzakek	litzatekek	lukek	lükek
	f.	litzuken	litzateken	luken	lüken
	r.	—	—	—	lükezü
P. 1	i.	giñake	gintzatekez	*gintezke*	ginate
	m.	gindukek	gintzatekezak	*gintuzkek*	*güntükek*
	f.	ginduken	gintzatekezan	*gintuzken*	*güntüken*
	r.	—	—	—	*güntükezü*
2	i.	ziñateke	zintzatekeze	*zinteskete*	zinateye
3	i.	lirake	litzatekez	*liteke*	lirate
	m.	litzaketek	litzatekezak	lituzkek	lütükek
	f.	litzaketen	litzatekezan	lituzken	lütüken
	r.	—	—	—	lütükezü

[1] Les terminatifs indéfinis du dialecte labourdin imprimés en caractères italiques sont empruntés à d'autres temps. (V. les notes du premier tableau de la première partie.)

VOIX INTRANSITIVE.

5. IL AURAIT ÉTÉ—*Conditionnel*—*Passé*

			Guipuscoan	Biscaïen	Labourdin	Souletin
S.	1	i.	nintzakean	nintzatekian	ninteken	nintzatekian
		m.	nindukekan	nintzatekiaan	nindukeyan	nündükeya
		f.	nindukenan	nintzatekenan	nindukenan	nündükeñu
		r.	—	—	—	nündükezün
	2	r.	ziñakean	zintzatekezan	sintezken	zinatekian
		m.	intzakekan	intzatekian	hinteken	intzatekian
		f.	intzakenau	intzatekenan	hinteken	intzatekian
	3	i.	zitzakean	litzatekian	siteken	zatekian
		m.	zitzakekan	litzatekiaan	zukeyan	zükeya
		f.	zitzakenan	litzatekenan	zukenan	zükeña
		r.	—	—	—	zükezün
P.	1	i.	giñakean	gintzatekezan	gintezken	gintzatekian
		m.	gindukekan	gintzatekiazan	gintuzkeyan	güntükeya
		f.	gindukenan	gintzatekenazan	gintuzkenan	güntükeña
		r.	—	—	—	güntükezün
	2	i.	ziñatekean	zintzatekezen	sintezketen	zinatekien
	3	i.	zitzatekean	litzatekezan	zitesken	ziratekian
		m.	zitzaketekan	litzatekiazan	zituzkeyan	zütükeya
		f.	zitzaketenan	litzatekenazan	zituzkenan	zütükeña
		r.	—	—	—	zütükezün

6. QU'IL SOIT—*Impératif*—*Présent*

			Guipuscoan	Biscaïen	Labourdin	Souletin
S.	2	r.	zaite	zaitez	zaite	zite
		m.	adi	adi	hadi	adi
		f.	adi	adi	hadi	adi
	3	i.	bedi	bedi	bedi	bedi
		m.	—	bejedik	—	—
		f.	—	bejedin	—	—
P.	2	i.	zaitezte	zaiteze	zaitezte	ziteye
	3	i.	bitez	beitez	beitez	bite
		m.	—	bejeitezak	—	—
		f.	—	bejeitezan	—	—

VOIX INTRANSITIVE.

8. QU' IL SOIT—*Subjonctif—Présent*

			Guipuscoan	*Biscaïen*	*Labourdin*	*Souletin*
S.	1	*i.*	nadin	nadin	nadien	nadin
		m.	naikan	najadin	nadian	—
		f.	naiñan	najadinan	nadinan	—
	2	*r.*	zaitezen	zaitezan	zaitezen	zitian
		m.	aikan	adin	hadien	adin
		f.	aiñan	adinan	hadien	adin
	3	*i.*	dedin	dedin	dadien	dadin
		m.	deikan	jadin	dadian	—
		f.	deiñan	jadinan	dadinan	—
P.	1	*i.*	gaitezen	gaitezan	gaitezen	gitian
		m.	gaitekan	gajaitezan	gaitian	—
		f.	gaitenan	gajaitenazan	gaitinan	—
	2	*i.*	zaitezten	zaitezen	zaitezten	ziteyen
	3	*i.*	ditezen	ditezen	ditezen	ditian
		m.	ditezkan	jaitezan	daitian	—
		f.	diteznan	jaitenazan	daitinan	—

10. QU' IL FÛT—*Subjonctif—Passé*

			Guipuscoan	*Biscaïen*	*Labourdin*	*Souletin*
S.	1	*i.*	nendin	nendin	nindadien	nendin
		m.	nendikan	najendin	nindadian	—
		f.	nendiñan	najendinan	nindadinan	—
	2	*r.*	zindezen	zintezan	zintezen	zintian
		m.	endikan	endin	hindadien	endin
		f.	endiñan	endinan	hindadien	endin
	3	*i.*	zedin	zedin	zadien	ledin
		m.	zedikan	jedin	ledian	—
		f.	zediñan	jedinan	ledinan	—
P.	1	*i.*	gindezen	gintezan	gintezen	gintian
		m.	gindezekan	gajintiazan	gintian	—
		f.	gindezenan	gajintenazan	gintinan	—
	2	*i.*	zindezten	zintezen	zintezten	zintceyen
	3	*i.*	zitezen	zitezan	zitezen	litian
		m.	zitezekan	jitiazan	leitian	—
		f.	zitezenan	jitenazan	leitinan	—

VOIX INTRANSITIVE.

12. IL PEUT—*Potentiel—Présent*

			Guipuscoan	Biscaïen	Labourdin	Souletin
S.	1	*i.*	niteke	naite	naiteke	naite
		m.	nitekek	najaitek	naitekek	nitek
		f.	niteken	najaiten	naiteken	niten
		r.	—	—	—	nitezü
	2	*r.*	zaiteke	zaitez	zaitezke	zaite
		m.	aitekek	aite	haiteke	aite
		f.	aiteken	aiten	haiteke	aite
	3	*i.*	diteke	daite	daiteke	daite
		m.	ditekek	jaitek	zukek	ditek
		f.	diteken	jaiten	zuken	diten
		r.	—	—	—	ditezü
P.	1	*i.*	gaitezke	gaitoz	gaitezke	gite
		m.	gaitezkek	gajaitezak	gaitezkek	gitek
		f.	gaitezken	gajaitezan	gaitezken	giten
		r.	—	—	—	gitezü
	2	*i.*	zaitezke	zaiteze	zaitezkete	zitakeye
	3	*i.*	ditezke	daitez	ditezke	ditake
		m.	ditezkek	jaitezak	zituzkek	ditakek
		f.	ditezken	jaitezan	zituzken	ditaken
		r.	—	—	—	ditakezü

14. IL POURRAIT—*Potentiel conditionnel—Présent*

			Guipuscoan	Biscaïen	Labourdin	Souletin
S.	1	*i.*	ninteke	ncinte	ninteke	neinte
		m.	nintekek	naintek	nintekek	nintek
		f.	ninteken	nainten	ninteken	ninten
		r.	—	—	—	nintezü
	2	*r.*	zinteke	zeintez	zintezke	zinte
		m.	intekek	einte	hinteke	einte
		f.	inteken	einten	hinteke	einte
	3	*i.*	liteke	leite	liteke	leite
		m.	litekek	laitek	litekek	litek
		f.	liteken	laiten	liteken	liten
		r.	—	—	—	litezü
P.	1	*i.*	gintezke	geintez	gintezke	ginte
		m.	gintezkek	gaintezak	gintezkek	gintek
		f.	gintezken	gaintezan	gintezken	ginten
		r.	—	—	—	gintezü.
	2	*i.*	zintezke	zeinteze	zintezkete	zinteye
	3	*i.*	litezke	leitez	litezke	lite
		m.	litezkek	laitezak	litezkek	litakek
		f.	litezken	laitezan	litezken	litaken
		r.	—	—	—	litakezü

VOIX INTRANSITIVE.

16. IL POUVAIT—*Potentiel conditionnel—Passé*

			Guipuscoan	Biscaïen	Labourdin	Souletin
S.	1	i.	nintekean	neintian	ninteken	nintakian
		m.	nintekekan	naintian	nintekeyan	nintakeya
		f.	nintekenan	naintenan	nintekenan	nintakeña
		r.	—	—	—	nintakezün
	2	r.	zintekean	zeintezan	zintezken	zintakian
		m.	intekekan	eintian	hinteken	intakian
		f.	intekenan	eintenan	hinteken	intakian
	3	i.	zitekean	leitian	ziteken	zaitekian
		m.	zitekekan	loitian	zitekeyan	zitakeya
		f.	zitekenan	laitenan	zitekenan	zitakeña
		r.	—	—	—	zitakezün
P.	1	i.	gintezkean	geintezan	gintezken	gintakian
		m.	gintezkekan	gaintezan	gintezkeyan	gintakeya
		f.	gintezkenan	gaintenazan	gintezkenan	gintakeña
		r.	—	—	—	gintakezün
	2	i.	zintezkean	zeintezen	zintezketen	zintakeyen
	3	i.	zitezkean	leitezan	zitezken	zitakien
		m.	zitezkekan	laitezan	zitezkeyan	zitakeya
		f.	zitezkenan	laitenazan	zitezkenan	zitakeña
		r.	—	—	—	zitakezün

18. S'IL ÉTAIT—*Suppositif du conditionnel—Présent*

			Guipuscoan	Biscaïen	Labourdin	Souletin
S.	1	i.	banintz	banintz	banintz	banintz
		m.	*baninduk*	banintzok	*baninduk*	—
		f.	*banindun*	banintzon	*banindun*	—
	2	r.	baziña	baziña	bazine	bazina
		m.	baintzak	baintz	bahintz	bahintz
		f.	baintzan	baintzon	bahintz	bahintz
	3	i.	balitz	balitz	balitz	balitz
		m.	balitzak	balitzok	baluk	—
		f.	balitzan	balitzon	balun	—
P.	1	i.	bagiña	bagiña	bagine	bagina
		m.	baginduk	bagintzozak	*bagintuk*	—
		f.	baginduk	bagintzozan	*bagintun*	—
	2	i.	baziñate	baziñe	bazinete	bazinie
	3	i.	balira	balira	balire	balira
		m.	balitzatek	balitzozak	balituk	—
		f.	balitzaten	balitzozan	balitun	—

VOIX INTRANSITIVE.

19. s' il est—*Suppositif du potentiel—Présent*

			Guipuscoan	Biscaien	Labourdin	Souletin
S.	1	i.	banadi	banadi	banadi	—
		m.	banaik	banajadik	banadik	—
		f.	banain	banajadin	banadin	—
	2	r.	bazaitez	bazaitez	bazaitez	—
		m.	baaik	baadi	bahadi	—
		f.	baain	baadin	bahadi	—
	3	i.	badedi	badedi	badadi	—
		m.	badeik	bajadik	badadik	—
		f.	badein	bajadin	badadin	—
P.	1	i.	bagaitez	bagaitez	bagaitez	—
		m.	bagaitek	bagajaitezak	bagaitik	—
		f.	bagaiton	bagajaitezan	bagaitin	—
	2	i.	bazaitezte	bazaiteze	bazaitezte	—
	3	i.	baditez	baditez	baditez	—
		m.	baditek	bajaitezak	badaitik	—
		f.	baditen	bajaitezan	badaitin	—

21. s' il était—*Suppositif du potentiel conditionnel—Futur présent*

			Guipuscoan	Biscaien	Labourdin	Souletin
S.	1	i.	banendi	banendi	banindadi	banendi
		m.	banendik	banajendik	banindadik	—
		f.	banendin	banajendin	banindadin	—
	2	r.	bazindez	bazintez	bazintez	bazinte
		m.	baendik	baendi	bahindadi	bahendi
		f.	baendin	baendin	bahindadi	bahendi
	3	i.	baledi	baledi	baledi	baledi
		m.	baledik	balajedik	baledik	—
		f.	baledin	balajedin	baledin	—
P.	1	i.	bagindez	bagintez	bagintez	baginte
		m.	bagindek	bagaintezak	bagintik	—
		f.	baginden	bagaintezan	bagintin	—
	2	i.	bazindezte	bazinteze	bazintezte	bazinteye
	3	i.	balitez	balitez	balitez	balite
		m.	balitek	balaitezak	baleitik	—
		f.	baliten	balaitezan	baleitin	—

VOIX INTRANSITIVE.

Temps n' appartenant qu' au dialecte biscaïen.

			7. IL SERA *Impératif* *Futur*	9. QU' IL SOIT *Subjonctif* *Futur présent*	11. QU' IL FÛT *Subjonctif* *Futur passé*	13. IL POURRA *Potentiel* *Futur*
S.	1	*i.*	—	nadikian	nendikian	naiteke
		m.	—	najadikian	najendikian	najaitekek
		f.	—	najadikenan	najendikenan	najaiteken
	2	*r.*	zaitekez	zaitekezan	zintekezan	zaitekez
		m.	adike	adikian	endiken	aiteke
		f.	adiken	adikenan	endikenan	aiteken
	3	*i.*	bedike	dedikian	zedikian	daiteke
		m.	bejedikek	jadikian	jedikian	jaitekek
		f.	bejediken	jadikenan	jedikenan	jaiteken
P.	1	*i.*	—	gaitekezan	gintekezan	gaitekez
		m.	—	gajaitekiazan	gaintekiazan	gajaitekezak
		f.	—	gajaitekenazan	gaintekenazan	gajaitekezan
	2	*i.*	zaitekeze	zaitekezen	zintekezen	zaitekeze
	3	*i.*	beitekez	ditekezen	zitekezan	daitekez
		m.	bejeitekezak	jaitekiazan	jitekiazan	jaitekezak
		f.	bejeitekezan	jaitekenazan	jitekenazan	jaitekezan

			15. IL POURRAIT *Potentiel condit.* *Futur présent*	17. IL POUVAIT *Potentiel condit.* *Futur passé*	20. S' IL EST *Suppos. du potentiel* *Futur*	22. S' IL ÉTAIT *Supp. du pot. condit.* *Futur*
S.	1	*i.*	neinteke	neintekian	banadike	banendike
		m.	naintekek	naintekian	banajadikek	banajendikek
		f.	nainteken	naintekenan	banajadiken	banajendiken
	2	*r.*	zeintekez	zeintekezan	bazaitekez	bazintekez
		m.	einteke	eintekian	baadike	baendike
		f.	einteken	eintekenan	baadiken	baendiken
	3	*i.*	leiteke	leitekian	badedike	baledike
		m.	laitekek	laitekian	bajadikek	balajedikek
		f.	laiteken	laitekenan	bajadiken	balajediken
P.	1	*i.*	geintekez	geintekezan	bagaitekez	bagintekez
		m.	gaintekezak	gaintekezan	bagajaitekezak	bagaintekezak
		f.	gaintekezan	gaintekenazan	bagajaitekezan	bagaintekezan
	2	*i.*	zeintekeze	zeintekezen	bazaitekeze	bazintekeze
	3	*i.*	leitekez	leitekezan	baditekez	balitekez
		m.	laitekezak	laitekezan	bajaitekezak	balaitekezak
		f.	laitekezan	laitekenazan	bajaitekezan	balaitekezan

Temps n' appartenant qu' au dialecte souletin.

			23. FÛT-IL !—*Optatif—Présent*	24. FÛT-IL !—*Optatif—Futur*
S.	1	*i.*	ainintz	ainendi
	2	*r.*	aitzina	aitzinte
		m.	ahintz	ahendi
		f.	ahintz	ahendi
	3	*i.*	ailitz	ailedi
P.	1	*i.*	aikina	aikinte
	2	*i.*	aitzinie	aitzinteye
	3	*i.*	ailira	ailite

VOIX INTRANSITIVE.

1. IL M' EST—*Indicatif—Présent*

			Guipuscoan	*Biscaïen*	*Labourdin*	*Souletin*
S.	2	*r.*	zatzait	zachataz	zatzaizkit	zitzait
		m.	atzait	achat	hatzait	itzait
		f.	atzait	achatan	hatzait	itzait
	3	*i.*	zait	jat	zait	zait
		m.	zaitadak	jatak	ziaitak	zitak
		f.	zaitadau	jatan	ziaitan	zitan
		r.	—	—	—	zitazü
P.	2	*i.*	zatzaizkit	zachataze	zatzaïzkitet	zitzaiztaye
	3	*i.*	zaizkit	jataz	zaizkit	zaizt
		m.	zaizkidak	jatazak	ziaizkidak	ziztak
		f.	zaizkidan	jatazan	ziaizkidan	ziztan
		r.	—	—	—	ziztatzü

2. IL M' ÉTAIT—*Indicatif—Passé*

			Guipuscoan	*Biscaïen*	*Labourdin*	*Souletin*
S.	2	*r.*	zintzaidan	zinchatazan	zintzaizkidan	zintzeitan
		m.	intzaidakan	inchatan	hintzaitan	intzeitan
		f.	intzaidanan	inchatanan	hintzaitan	intzeitan
	3	*i.*	zitzaidan	jatan	zitzaitan	zeitan
		m.	zitzaidakan	jataan	zitzaitakan	zitaya
		f.	zitzaidanan	jatanan	zitzaitanàn	zitaña
		r.	—	—	—	zitazün
P.	2	*i.*	zintzaizkidan	zinchatazen	zintzaizkidaten	zintzeiztaden
	3	*i.*	zitzaizkidan	jatazan	zitzaizkidan	zeiztan
		m.	zitzaizkidakan	jataazan	zitzaizkidakan	ziztaya
		f.	zitzaizkidanan	jatanazan	zitzaizkidanan	ziztaña
		r.	—	—	—	ziztatzün

3. IL ME SERA—*Indicatif—Futur*

			Guipuscoan	*Biscaïen*	*Labourdin*	*Souletin*
S.	2	*r.*	—	—	zaizkiket	zitzaiket
		m.	—	—	hatzaiket	itzaiket
		f.	—	—	hatzaiket	itzaiket
	3	*i.*	—	—	zaiket	zaiket
		m.	—	—	zikedak	zikedak
		f.	—	—	zikedan	zikedan
		r.	—	—	—	zikeduzü
P.	2	*i.*	—	—	zaizkiketet	zitzaizkede
	3	*i.*	—	—	zaizkiket	zaizket
		m.	—	—	zaizkikedak	zizkedak
		f.	—	—	zaizkikedan	zizkedan
		r.	—	—	—	zizkedatzü

VOIX INTRANSITIVE.

4. IL ME SERAIT—*Conditionnel—Présent*

			Guipuscoan	*Biscaïen*	*Labourdin*	*Souletin*
S.	2	r.	zintzaiket	zinchakedaz	zintzaizkiket	zintzeiket
		m.	intzaidakek	inchaket	hintzaiket	intzeiket
		f.	intzaidaken	inchakedan	hintzaiket	intzeiket
	3	i.	litzaiket	litzaket	litzaiket	litzeiket
		m.	litzaidakek	litzakedak	litzaikedak	litzikedak
		f.	litzaidaken	litzakedan	litzaikedan	litzikedan
		r.	—	—	—	litzikedazü
P.	2	i.	zintzaizkiket	zinchakedaze	zintzaizkiketet	zintzeizkede
	3	i.	litzaizkiket	litzakedaz	litzaizket	litzeizket
		m.	litzaizkidakek	litzakedazak	litzaizkedak	litzizkedak
		f.	litzaizkidaken	litzakedazan	litzaizkedan	litzizkedan
		r.	—	—	—	litzizkedatzü

5. IL M'AURAIT ÉTÉ—*Conditionnel—Passé*

			Guipuscoan	*Biscaïen*	*Labourdin*	*Souletin*
S.	2	r.	zintzaidakean	zinchakedazan	zintzaizkidaken	zintzeikedan
		m.	intzaidakekan	inchakedan	hintzaitaken	intzeikedan
		f.	intzaidakenan	inchakedanan	hintzaitaken	intzeikedan
	3	i.	zitzaidakean	litzakedan	zitzaitaken	zitzeikedan
		m.	zitzaidakekan	litzakedaan	zitzaitakeyan	zitzikeda
		f.	zitzaidakenan	litzakedanan	zitzaitukenan	zitzikedaña
		r.	—	—	—	zitzikedazün
P.	2	i.	zintzaizkidakean	zinchakedazen	zintzaizkidakoten	zintzeizkeden
	3	i.	zitzaizkidakean	litzakedazan	zitzaizkidaken	zitzeizkedan
		m.	zitzaizkidakekan	litzakedaazan	zitzaizkidakeyan	zitzizkeda
		f.	zitzaizkidakenan	litzakedanazun	zitzaizkidakenan	zitzizkedaña
		r.	—	—	—	zitzizkedatzün

6. QU'IL ME SOIT—*Impératif—Présent*

			Guipuscoan	*Biscaïen*	*Labourdin*	*Souletin*
S.	2	r.	zatzalkit	zakidaz	zakizkit	zakitzat
		m.	akit	akit	hakit	akit
		f.	akit	akidan	hakit	akit
	3	i.	bekit	bekit	bekit	bekit
		m.	—	bejekidak	—	—
		f.	—	bejekidan	—	—
P.	2	i.	zatzakizkit	zakidaze	zakizkitet	zakitzade
	3	i.	bekizkit	bekidaz	bekizkit	bekitzat
		m.	—	bejekidazak	—	—
		f.	—	bejekidazan	—	—

VOIX INTRANSITIVE.

8. QU' IL ME SOIT—*Subjonctif*—*Présent*

			Guipuscoan	Biscaïen	Labourdin	Souletin
S.	2	r.	zatzakidan	zakidazan	zakizkidan	zakiztan
		m.	akidakan	akidan	hakidan	akidan
		f.	akidanan	akidanan	hakidan	akidan
	3	i.	datzakidan	dakidan	dakidan	dakidan
		m.	dakidakan	jakidan	zakidakan	—
		f.	dakidanan	jakidanan	zakidanan	—
P.	2	i.	zatzakizkidan	zakidazen	zakizkidaten	zakiztaden
	3	i.	datzakizkidan	dakidazan	dakizkidan	dakiztadan
		m.	dakizkidakan	jakidazan	zakizkidakan	—
		f.	dakizkidanan	jakidanazan	zakizkidanan	—

10. QU' IL ME FÛT—*Subjonctif*—*Passé*

			Guipuscoan	Biscaïen	Labourdin	Souletin
S.	2	r.	zenkidan	zenkidazan	zintzaizkidan	zintzakidan
		m.	eikidakan	enkidan	hintakidan	enkidan
		f.	eikidanan	enkidanan	hintakidan	enkidan
	3	i.	zekidan	ekidan	zakidan	lekidan
		m.	zeikidakan	jekidan	lekidakan	—
		f.	zeikidanan	jekidanan	lekidanan	—
P.	2	i.	zenkizkidan	zenkidazen	zintzaizkidaten	zintzakiden
	3	i.	zekizkidan	ekidazan	zakizkidan	lekiztadan
		m.	zeikizkidakan	jekidazan	lekizkidakan	—
		f.	zeikizkidanan	jekidanazan	lekizkidanan	—

12. IL ME PEUT—*Potentiel*—*Présent*

			Guipuscoan	Biscaïen	Labourdin	Souletin
S.	2	r.	zatzakidake	zakidaz	zakizkiket	zitakit
		m.	akidakek	akit	hakiket	itakit
		f.	akidaken	akinat	hakiket	itakit
	3	i.	datzakidake	dakit	dakiket	ditakidat
		m.	dakidakek	jakiduk	zakidakek	ditakiduk
		f.	dakidaken	jakidan	zakidaken	ditakidan
		r.	—	—	—	ditakidazü
P.	2	i.	zatzaizkidake	zakidaze	zakizkiketet	zitakidaye
	3	i.	datzaizkidake	dakidaz	dakizkiket	ditakiztat
		m.	daizkidakek	jakidazak	zakizkidakek	ditakiztak
		f.	daizkidaken	jakidazan	zakizkidaken	ditakiztan
		r.	—	—	—	ditakiztatzü

VOIX INTRANSITIVE.

14. IL ME POURRAIT—*Potentiel conditionnel—Présent*

			Guipuscoan	Biscaïen	Labourdin	Souletin
S.	2	r.	zintzakidake	zenkiduz	zintzaizkiket	zeneinkit
		m.	intzakidakek	einkit	hintakiket	einkit
		f.	intzakidaken	einkidan	hintakiket	einkit
	3	i.	litzakidake	lekit	lakiket	leikit
		m.	litzakidakek	lajeikidak	lakikedak	likidak
		f.	litzakidaken	lajeikidan	lakikedan	likidan
		r.	—	—	—	likidazü
P.	2	i.	zintzaizkidake	zenkidaze	zintzaizkiketet	zeneinkide
	3	i.	litzaizkidake	lekidaz	lakizket	leizkit
		m.	litzaizkidakek	lajeikidazak	lakizkedak	litikidak
		f.	litzaizkidaken	lajeikidazan	lakizkedan	litikidan
		r.	—	—	—	litikidatzü

16. IL ME POUVAIT—*Potentiel conditionnel—Passé*

			Guipuscoan	Biscaïen	Labourdin	Souletin
S.	2	r.	zintzakidakean	zenkidazan	zintzaizkidaken	zintakedan
		m.	intzakidakekan	einkidan	hintakidaken	intakedan
		f.	intzakidakenan	einkidanan	hintakidaken	intakedan
	3	i.	zitzakidakean	lekidan	zakidaken	zitakedan
		m.	zitzakidakekan	lajeikidan	zakidakeyan	zitakeda
		f.	zitzakidakenan	lajeikidanan	zakidakenun	zitakedaña
		r.	—	—	—	zitakedazün
P.	2	i.	zintzaizkidakean	zenkidazen	zintzaizkidaketen	zintakeden
	3	i.	zitzaizkidakean	lekidazan	zakizkidaken	zitazkedan
		m.	zitzaizkidakekan	lajeikidazan	zakizkidakeyan	zitazkeda
		f.	zitzaizkidakenan	lajeikidanazan	zakizkidakenan	zitazkedaña
		r.	—	—	—	zitazkedatzün

18. S'IL M'ÉTAIT—*Suppositif du conditionnel—Présent*

			Guipuscoan	Biscaïen	Labourdin	Souletin
S.	2	r.	bazintzait	bazinchadaz	bazintzaizkit	bazintzeit
		m.	baintzaidak	bainchat	bahintzait	bahintzeit
		f.	baintzaidan	bainchadan	bahintzait	bahintzeit
	3	i.	balitzait	balitzat	balitzait	balitzeit
		m.	balitzaidak	balitzadak	balizaitak	—
		f.	balitzaidan	balitzadan	balitzaitan	—
P.	2	i.	bazintzaizkit	bazinchadaze	bazintzaizkitet	bazintzeiztade
	3	i.	balitzaizkit	balitzadaz	balitzaizkit	balitzeizkit
		m.	balitzaizkidak	balitzadazak	balitzaizkidak	—
		f.	balitzaizkidan	balitzadazan	balitzaizkidan	—

VOIX INTRANSITIVE.

19. s' il m' est—*Suppositif du potentiel—Présent*

			Guipuscoan	*Biscaïen*	*Labourdin*	*Souletin*
S.	2	*r.*	bazatzakit	bazakidaz	bazakizkit	—
		m.	baakidak	baakit	bahakit	—
		f.	baakidan	baakinat	bahakit	—
	3	*i.*	badatzakit	badakit	badakit	—
		m.	badakidak	bajakidak	bazakidak	—
		f.	badakidan	bajakidan	bazakidan	—
P.	2	*i.*	bazatzakizkit	bazakidaze	bazakizkitet	—
	3	*i.*	badatzakizkit	badakidaz	badakizkit	—
		m.	badakizkidak	bajakidazak	bazakizkidak	—
		f.	badakizkidan	bajakidazan	bazakizkidan	—

21. s' il m' était—*Suppositif du potentiel conditionnel—Futur présent*

			Guipuscoan	*Biscaïen*	*Labourdin*	*Souletin*
S.	2	*r.*	bazenkit	bazenkidaz	bazintzaizkit	bazenenkit
		m.	baeikidak	baenkit	bahintakit	bahenkit
		f.	baeikidan	baenkidan	bahintakit	bahenkit
	3	*i.*	balekit	balekit	balakit	balekit
		m.	baleikidak	bajekidak	balekidak	—
		f.	baleikidan	bajekidan	balekidan	—
P.	2	*i.*	bazenkizkit	bazenkidaze	bazintzaizkiket	bazenenkidet
	3	*i.*	balekizkit	balekidaz	balakizkit	balezkit
		m.	baleikizkidak	bajekidazak	balekizkidak	—
		f.	baleikizkidan	bajekidazan	balekizkidan	—

VOIX INTRANSITIVE.

Temps n' appartenant qu' au dialecte biscaïen.

			7. IL ME SERA *Impératif* *Futur*	9. QU'IL ME SOIT *Subjonctif* *Futur présent*	11. QU'IL ME FÛT *Subjonctif* *Futur passé*	13. IL ME POURRA *Potentiel* *Futur*
S.	2	*r.*	zakikedaz	zakikedazan	zenkikedazan	zakikedaz
		m.	akiket	akikedan	enkikedan	akiket
		f.	akikedan	akikedanan	enkikedanan	akikenat
	3	*i.*	bekiket	dakikedan	ekikedan	dakiket
		m.	bejekikedak	jakikedan	jekikedan	jakikedak
		f.	bejekikedan	jakikedanan	jekikedanan	jakikedan
P.	2	*i.*	zakikedaze	zakikedazen	zenkikedazen	zakikedaze
	3	*i.*	bekikedaz	dakikedazan	ekikedazan	dakikedaz
		m.	bejekikedazak	jakikedazan	jekikedazan	jakikedazak
		f.	bejekikedazan	jakikedanazan	jekikedanazan	jakikedazan

			15. IL ME POURRAIT *Potentiel condit.* *Futur présent*	17. IL ME POUVAIT *Potentiel condit.* *Futur passé*	20. S'IL M'EST *Suppos. du potent.* *Futur*	22. S'IL M'ÉTAIT *Sup. du pot. condit.* *Futur*
P.	2	*r.*	zenkikedaz	zenkikedazan	bazakikedaz	bazenkikedaz
		m.	einkiket	einkikedan	baakiket	baenkiket
		f.	einkikedan	einkikedanan	baakikenat	baenkikedan
	3	*i.*	lekiket	lekikedan	badakiket	balekiket
		m.	lajeikikiadak	lajeikikedan	bajakikedak	bajekikedak
		f.	lajeikikedan	lajeikikedanan	bajakikedan	bajekikedan
P.	2	*i.*	zenkikedaze	zenkikedazen	bazakikedaze	bazenkikedaze
	3	*i.*	lekikedaz	lekikedazan	badakikedaz	balekikedaz
		m.	lajeikikiadazak	lajeikikedazan	bajakikedazak	bajekikedazak
		f.	lajeikikedazan	lajeikikedanazan	bajakikedazan	bajekikedazan

Temps n' appartenant qu' au dialecte souletin.

			23. ME FÛT-IL!—*Optatif—Présent*	24. ME FÛT-IL!—*Optatif—Futur*
S.	2	*r.*	aitzintzeit	aitzenenkit
		m.	ahintzeit	ahenkit
		f.	ahintzeit	ahenkit
	3	*i.*	ailitzeit	ailekit
P.	2	*i.*	aitzinzeiztade	aitzenenkidet
	3	*i.*	ailitzeizt	ailezkit

VOIX INTRANSITIVE.

1. IL T' EST—*Indicatif—Présent*

			Guipuscoan	Biscaïen	Labourdin	Souletin
S.	1	r.	natzaizu	nachatzu	natzaitzu	nitzaizü
		m.	natzaik	nachatat	natzaik	nitzaik
		f.	natzain	nachatan	natzain	nitzaiñ
	3	r.	zaizu	jatzu	zaitzu	zaizü
		m.	zaik	jataa	zaik	zaik
		f.	zain	jataan	zaiñ	zaiñ
P.	1	r.	gatzaizkizu	gachatzuz	gaizkitzu	gitzaizü
		m.	gatzaizkik	gachataaz	gaizkik	gitzaik
		f.	gatzaizkin	gachataazan	gaizkin	gitzaiñ
	3	r.	zaizkizu	jatzuz	zaizkitzu	zaitzü
		m.	zaizkik	jataaz	zaizkik	zaitzak
		f.	zaizkin	jataazan	zaizkin	zaitzan

2. IL T' ÉTAIT—*Indicatif—Passé*

			Guipuscoan	Biscaïen	Labourdin	Souletin
S.	1	r.	nintzaizun	ninchatzun	nintzaitzun	nintzeizün
		m.	nintzakikan	ninchataan	nintzaikan	nintzeiya
		f.	nintzakiñan	ninchatanan	nintzainan	nintzeiña
	3	r.	zitzaizun	jatzun	zitzaitzun	zeizün
		m.	zitzakikan	jataan	zitzaikan	zeiya
		f.	zitzakiñan	jataanan	zitzainan	zeiña
P.	1	r.	gintzaizkizun	ginchatzuzan	gintzaitzun	gintzeizün
		m.	gintzaizkikan	ginchataazan	gintzaikan	gintzeiya
		f.	gintzaizkiñan	ginchataanazan	gintzainan	gintzeiña
	3	r.	zitzaizkizun	jatzuzan	zitzaizkitzun	zeitzün
		m.	zitzaizkikan	jataazan	zitzaizkikan	zeitza
		f.	zitzaizkiñan	jataanazan	zitzaizkinan	zeitzaña

3. IL TE SERA—*Indicatif—Futur*

			Guipuscoan	Biscaïen	Labourdin	Souletin
S.	1	r.	—	—	natzaitzuke	nitzaikezü
		m.	—	—	natzaikek	nitzaikek
		f.	—	—	natzaiken	nitzaiken
	3	r.	—	—	zaitzuke	zaikezü
		m.	—	—	zaikek	zaikek
		f.	—	—	zaiken	zaiken
P.	1	r.	—	—	gatzaitzuke	gitzaikezü
		m.	—	—	gatzaikek	gitzaikek
		f.	—	—	gatzaiken	gitzaiken
	3	r.	—	—	zaizkitzuke	zaizketzü
		m.	—	—	zaizkikek	zaizkek
		f.	—	—	zaizkiken	zaizken

VOIX INTRANSITIVE.

4. IL TE SERAIT—*Conditionnel—Présent*

			Guipuscoan	Biscaïen	Labourdin	Souletin
S.	1	r.	nintzaizuke	ninchakezu	nintzaitzuke	nintzeikezü
		m.	nintzakikek	ninchakek	nintzaikek	nintzeikek
		f.	nintzakiken	ninchaken	nintzaiken	nintzeiken
	3	r.	litzaizuke	litzakezu	litzaitzuke	litzeikezü
		m.	litzakikek	litzakek	litzaikek	litzeikek
		f.	litzakiken	litzaken	litzaiken	litzeiken
P.	1	r.	gintzaizkizuke	ginchakezuz	gintzaitzuke	gintzeikezü
		m.	gintzaizkikek	ginchakezak	gintzaikek	gintzeikek
		f.	gintzaizkiken	ginchakezan	gintzaiken	gintzeiken
	3	r.	litzaizkizuke	litzakezuz	litzaizkitzuke	litzeizketzü
		m.	litzaizkikek	litzakezak	litzaizkikek	litzeizkek
		f.	litzaizkiken	litzakezan	litzaizkiken	litzeizken

5. IL T'AURAIT ÉTÉ—*Conditionnel—Passé*

			Guipuscoan	Biscaïen	Labourdin	Souletin
S.	1	r.	nintzaizukean	ninchakezun	nintzaitzuken	nintzeikezün
		m.	nintzakikekan	ninchakian	nintzaikeyan	nintzeikeya
		f.	nintzakikenan	ninchakenan	nintzaikenan	nintzeikeña
	3	r.	zitzaizukean	litzakezun	zitzaitzuken	zitzeikezün
		m.	zitzakikekan	litzakian	zitzaikeyan	zitzeikeya
		f.	zitzakikenan	litzakenan	zitzaikenan	zitzeikeña
P.	1	r.	gintzaizkizukean	ginchakezuzan	gintzaitzuken	gintzeikezün
		m.	gintzaizkikekan	ginchakiazan	gintzaikeyan	gintzeikeya
		f.	gintzaizkikenan	ginchakenazan	gintzaikenan	gintzeikeña
	3	r.	zitzaizkizukean	litzakezuzan	zitzaizkitzuken	zitzeizketzün
		m.	zitzaizkikekan	litzakiazan	zitzaizkikeyan	zitzeizkeya
		f.	zitzaizkikenan	litzakenazan	zitzaizkikenan	zitzeizkeña

6. QU'IL TE SOIT—*Impératif—Présent*

			Guipuscoan	Biscaïen	Labourdin	Souletin
S.	3	r.	bekizu	bekizu	bekizu	bekizü
		m.	—	bekik	bekik	bekik
		f.	—	bekin	bekin	bekin
P.	3	r.	bekizkizu	bekizuz	bekizkitzu	bekitzü
		m.	—	bekizak	bekizkik	bekitzak
		f.	—	bekizan	bekizkin	bekitzan

VOIX INTRANSITIVE.

8. QU' IL TE SOIT—*Subjonctif—Présent*

			Guipuscoan.	*Biscaïen*	*Labourdin*	*Souletin*
S.	1	*r.*	natzakizun	nakizun	nakizun	nakizün
		m.	nakikan	nakijan	nakikan	nakia
		f.	nakiñan	nakinan	nakinan	nakiña
	3	*r.*	datzakizun	dakizun	dakizun	dakizün
		m.	dakikan	dakijan	dakikan	dakia
		f.	dakiñan	dakinan	dakinan	dakiña
P.	1	*r.*	gatzakizkizun	gakizuzan	gaizkitzun	gitzakezün
		m.	gakizkikan	gakijazan	gaizkikan	gitzakeya
		f.	gakizkiñan	gakinazan	gaizkinan	gitzakeña
	3	*r.*	datzakizkizun	dakizuzan	dakizkitzun	dakitzün
		m.	dakizkikan	dakijazan	dakizkikan	dakitzaya
		f.	dakizkiñan	dakinazan	dakizkinan	dakitzaña

10. QU' IL TE FÛT—*Subjonctif—Passé*

			Guipuscoan.	*Biscaïen*	*Labourdin*	*Souletin*
S.	1	*r.*	nenkizun	nenkizun	nintzakizun	nenkizün
		m.	nekikan	nenkijan	nintzakikan	neukia
		f.	nekiñan	nenkinan	nintzakinan	nenkiña
	3	*r.*	zekizun	ekizun	zakizun	lekizün
		m.	zekikan	enkijan	zakikan	lekia
		f.	zekiñan	enkinan	zakinan	lekiña
P.	1	*r.*	genkizkizun	genkizuzan	gintzaizkitzun	gintzakizün
		m.	genkizkikan	genkijazan	gintzaizkikan	gintzakia
		f.	genkizkiñan	genkinazan	gintzaizkinan	gintzakiña
	3	*r.*	zekizkizun	ekizuzan	zakizkitzun	lekitzün
		m.	zekizkikan	enkijazan	zakizkikan	lekitzaya
		f.	zekizkiñan	enkinazan	zakizkinan	lekitzaña

12. IL TE PEUT—*Potentiel—Présent*

			Guipuscoan.	*Biscaïen*	*Labourdin*	*Souletin*
S.	1	*r.*	natzakizuke	nakizu	nakizuke	nitakizü
		m.	nakikek	nakik	nakikek	nitakik
		f.	nakiken	nakin	nakiken	nitakin
	3	*r.*	datzakizuke	dakizu	dakizezu	ditakizü
		m.	dakikek	dakik	dakikek	ditakik
		f.	dakiken	dakin	dakiken	ditakin
P.	1	*r.*	gatzaizkizuke	gakizuz	gaizkitzuke	gitakizü
		m.	gaizkikek	gakizak	gaizkikek	gitakik
		f.	gaizkiken	gakizan	gaizkiken	gitakin
	3	*r.*	datzaizkizuke	dakizuz	dakizketzu	ditakitzü
		m.	daizkikek	dakizak	dakizkikek	ditakitzak
		f.	daizkiken	dakizan	dakizkiken	ditakitzan

D

VOIX INTRANSITIVE.

14. IL TE POURRAIT—*Potentiel conditionnel—Présent*

			Guipuscoan	*Biscaïen*	*Labourdin*	*Souletin*
S.	1	r.	nintzakizuke	nenkizu	nintzakizuke	neinkizü
		m.	nintzakikek	neinkijak	nintzakikek	neinkik
		f.	nintzakiken	neinkijan	nintzakiken	neinkin
	3	r.	litzakizuke	lekizu	lakizuke	leikizü
		m.	litzakikek	einkijak	lakikek	leikik
		f.	litzakiken	einkijan	lakiken	leikin
P.	1	r.	gintzaizkizuke	genkizuz	gintzaizkitzuke	geneinkizü
		m.	gintzaizkikek	geinkijazak	gintzaizkikek	geneinkik
		f.	gintzaizkiken	geinkijazan	gintzaizkiken	geneinkin
	3	r.	litzaizkizuke	lekizuz	lakizkitzuke	leizkitzü
		m.	litzaizkikek	einkijazak	laizkikek	leizkik
		f.	litzaizkiken	einkijazan	laizkiken	leizkin

16. IL TE POUVAIT—*Potentiel conditionnel—Passé*

			Guipuscoan	*Biscaïen*	*Labourdin*	*Souletin*
S.	1	r.	nintzakizukean	nenkizun	nintzakizuken	nintakeizün
		m.	nintzakikekan	neinkijan	nintzakikeyan	nintakeiya
		f.	nintzakikenan	neinkinan	nintzakikenan	nintakeiña
	3	r.	zintzakizukean	lekizun	zakizuken	zitakeizün
		m.	zitzakikekan	einkijan	zakikeyan	zitakeiya
		f.	zitzakikenan	einkinan	zakikenan	zitakeiña
P.	1	r.	gintzaizkizukean	genkizuzan	gintzaizkitzuken	gintakeizün
		m.	gintzaizkikekan	geinkijazan	gintzaizkikeyan	gintakeiya
		f.	gintzaizkikenan	geinkinazan	gintzaizkikenan	gintakeiña
	3	r.	zitzaizkizukean	lekizuzan	zakizkitzuken	zitazkeitzün
		m.	zitzaizkikekan	einkijazan	zaizkikeyan	zitazkeiya
		f.	zitzaizkikenan	einkinazan	zaizkikenan	zitazkeiña

18. S' IL T'ÉTAIT—*Suppositif du conditionnel—Présent*

			Guipuscoan	*Biscaïen*	*Labourdin*	*Souletin*
S.	1	r.	banintzaizu	baninchazu	banintzaitzu	banintzeizü
		m.	banintzakik	baninchak	banintzaik	banintzeik
		f.	banintzakin	baninchan	banintzain	banintzeiñ
	3	r.	balitzaizu	balitzazu	balitzaitzu	balitzeizü
		m.	balitzakik	balitzak	balitzaik	balitzeik
		f.	balitzakin	balitzan	balitzain	balitzeiñ
P.	1	r.	bagintzaizkizu	baginchazuz	bagintzaitzu	bagintzeizü
		m.	bagintzaizkik	baginchazak	bagintzaik	bagintzeik
		f.	bagintzaizkin	baginchazan	bagintzain	bagintzeiñ
	3	r.	balitzaizkizu	balitzazuz	balitzaizkitzu	balitzeitzü
		m.	balitzaizkik	balitzazak	balitzaizkik	balitzeitzak
		f.	balitzaizkin	balitzazan	balitzaizkin	balitzeitzan

VOIX INTRANSITIVE.

19. s' il t' est—*Suppositif du potentiel—Présent*

			Guipuscoan	Biscaïen	Labourdin	Souletin
S.	1	r.	banatzakizu	banakizu	banakizu	—
		m.	banakik	banakik	banakik	—
		f.	banakin	banakin	banakin	—
	3	r.	badatzakizu	badakizu	badakizu	—
		m.	badakik	badakik	badakik	—
		f.	badakin	badakin	badakin	—
P.	1	r.	bagatzakizkizu	bagakizuz	bagaizkitzu	—
		m.	bagakizkik	bagakizak	bagaizkik	—
		f.	bagakizkin	bagakizan	bagaizkin	—
	3	r.	badatzakizkizu	badakizuz	badakizkitzu	—
		m.	badakizkik	badakizak	badakizkik	—
		f.	badakizkin	badakizan	badakizkin	—

21. s' il t' était—*Suppositif du potentiel conditionnel—Futur présent*

			Guipuscoan	Biscaïen	Labourdin	Souletin
S.	1	r.	banenkizu	banenkizu	banintzakizu	banenkizü
		m.	banekik	banenkik	banintzakik	banenkik
		f.	banekin	banenkin	banintzakin	banenkin
	3	r.	balekizu	balekizu	balakizu	balekizü
		m.	balekik	baenkik	balakik	balekik
		f.	balokin	baenkin	balakin	balekin
P.	1	r.	bagenkizkizu	bagenkizuz	bagintzaizkitzu	bagenenkizü
		m.	bagenkizkik	bagenkizak	bagintzaizkik	bagenenkik
		f.	bagenkizkin	bagenkizan	bagintzaizkin	bagenenkin
	3	r.	balekizkizu	balekizuz	balakizkitzu	balezkitzü
		m.	balekizkik	baenkizak	balakizkik	balezkik
		f.	balekizkin	baenkizan	balakizkin	balezkin

VOIX INTRANSITIVE.

Temps n' appartenant qu' au dialecte biscaïen.

			7. IL TE SERA *Impératif* *Futur*	9. QU' IL TE SOIT *Subjonctif* *Futur présent*	11. QU' IL TE FÛT *Subjonctif* *Futur passé*	13. IL TE POURRA *Potentiel* *Futur*
S.	1	r.	—	nakikezun	nenkikezun	nakikezu
		m.	—	nakikian	nenkikian	nakikek
		f.	—	nakikenan	nenkikenan	nakiken
	3	r.	bekikezu	dakikezun	ekikezun	dakikezu
		m.	bekikek	dakikian	enkikian	dakikek
		f.	bekiken	dakikenan	enkikenan	dakiken
P.	1	r.	—	gakikezuzan	genkikezuzan	gakikezuz
		m.	—	gakikiazan	genkikiazan	gakikezak
		f.	—	gakikenazan	genkikenazan	gakikezan
	3	r.	bekikezuz	dakikezuzan	ekikezuzan	dakikezuz
		m.	bekikezak	dakikiazan	enkikiazan	dakikezak
		f.	bekikezan	dakikenazan	enkikenazan	dakikezan

			15. IL TE POURRAIT *Potentiel condit.* *Futur présent*	17. IL TE POUVAIT *Potentiel condit.* *Futur passé*	20. S' IL T' EST *Suppos. du potent.* *Futur*	22. S' IL T' ÉTAIT *Sup. du pot. condit.* *Futur*
S.	1	r.	nenkikezu	nenkikezun	banakikezu	banenkikezu
		m.	neinkikiak	neinkikian	banakikek	banenkikek
		f.	neinkikian	neinkikenan	banakiken	banenkiken
	3	r.	lekikezu	lekikezun	badakikezu	balekikezu
		m.	einkikiak	einkikian	badakikek	baenkikek
		f.	einkikian	einkikenan	badakikon	baenkiken
P.	1	r.	gonkikezuz	genkikezuzan	bagakikezuz	bagenkikezuz
		m.	geinkikiazak	geinkikiazan	bagakikezak	bugenkikezak
		f.	geinkikiazan	geinkikenazan	bagakikezan	bugenkikezan
	3	r.	lekikezuz	lekikezuzan	badakikezuz	balekikezuz
		m.	einkikiazak	einkikiazan	badakikezak	baenkikezak
		f.	einkikiazan	einkikenazan	badakikezan	baenkikezan

Temps n' appartenant qu' au dialecte souletin.

			23. TE FÛT-IL !—*Optatif—Présent*	24. TE FÛT-IL !—*Optatif—Futur*
S.	1	r.	ainintzeizü	ainenkizü
		m.	ainintzeik	ainenkik
		f.	ainintzeiñ	ainenkin
	3	r.	ailitzeizü	ailekizü
		m.	ailitzeik	ailekik
		f.	ailitzeiñ	ailekin
P.	1	r.	aikintzeizü	aikenenkizü
		m.	aikintzeik	aikenenkik
		f.	aikintzeiñ	aikenenkin
	3	r.	ailitzeitzü	ailezkitzü
		m.	ailitzeitzak	ailezkik
		f.	alitzeitzan	ailezkin

VOIX INTRANSITIVE.

1. IL LUI EST—*Indicatif*—*Présent*

			Guipuscoan	Biscaïen	Labourdin	Souletin
S.	1	*i.*	natzayo	nachako	natzayo	nitzayo
		m.	natzayok	nachakok	natzayok	nitzok
		f.	natzayon	nachakon	natzayon	nitzon
		r.	—	—	—	nitzozü
	2	*r.*	zatzayo	zachakoz	zatzaizko	zitzayo
		m.	atzayok	achako	hatzayo	itzayo
		f.	atzayon	achakon	hatzayo	itzayo
	3	*i.*	zayo	jako	zayo	zayo
		m.	zayok	jakok	ziaypk	ziok
		f.	zayon	jakon	ziayon	zion
		r.	—	—	—	ziozü
P.	1	*i.*	gatzazkio	gachakoz	gaizko	gitzayo
		m.	gatzazkiok	gachakozak	gaizkok	gitzok
		f.	gatzazkion	gachakozan	gaizkon	gitzon
		r.	—	—	—	gitzozü
	2	*i.*	zatzazkio	zachakoze	zatzaizkote	zitzayue
	3	*i.*	zazkio	jakoz	zaizko	zaitzo
		m.	zazkiok	jakozak	ziaizkok	zitzok
		f.	zazkion	jakozan	ziaizkon	zitzon
		r.	—	—	—	zitzotzü

2. IL LUI ÉTAIT—*Indicatif*—*Passé*

			Guipuscoan	Biscaïen	Labourdin	Souletin
S.	1	*i.*	nintzayon	ninchakon	nintzayoen	nintzeyon
		m.	nintzakiokan	ninchakuan	nintzayokan	nintzoya
		f.	nintzakionan	ninchakonan	nintzayonan	nintzoña
		r.	—	—	—	nintzozün
	2	*r.*	zintzayon	zinchakozan	zintzaizkoen	zintzeyon
		m.	intzakiokan	inchakon	hintzayoen	intzeyon
		f.	intzakionan	inchakonan	hintzayoen	intzeyon
	3	*i.*	zitzayon	jakon	zitzayoen	zeyon
		m.	zitzakiokan	jakuan	zitzayokan	zioya
		f.	zitzakionan	jakonan	zitzayonan	zioña
		r.	—	—	—	ziozün
P.	1	*i.*	gintzazkion	ginchakozan	gintzaizkoen	gintzeyon
		m.	gintzazkiokan	ginchakuazan	gintzaizkokan	gintzoya
		f.	gintzazkionan	ginchakonazan	gintzaizkonan	gintzoña
		r.	—	—	—	gintzozün
	2	*i.*	zintzazkion	zinchakozen	zintzaizkoten	zintzeyuen
	3	*i.*	zitzazkion	jakozan	zitzaizkoen	zeitzon
		m.	zitzazkiokan	jakuazan	zitzaizkokan	zitzoya
		f.	zitzazkionan	jakonazan	zitzaizkonan	zitzoña
		r.	—	—	—	zitzotzün

VOIX INTRANSITIVE.

3. IL LUI SERA—*Indicatif—Futur*

			Guipuscoan	Biscaïen	Labourdin	Souletin
S.	1	i.	—	—	natzayoke	nitzaiko
		m.	—	—	natzayokek	nitzikok
		f.	—	—	natzayoken	nitzikon
		r.	—	—	—	nitzikozü
	2	r.	—	—	zatzaizkoke	zitzaiko
		m.	—	—	hatzayoke	itzaiko
		f.	—	—	hatzayoke	itzaiko
	3	i.	—	—	zayoke	zaiko
		m.	—	—	ziayokek	zikok
		f.	—	—	ziayoken	zikon
		r.	—	—	—	zikozü
P.	1	i.	—	—	gaizkoke	gitzaiko
		m.	—	—	gaizkokek	gitzikok
		f.	—	—	gaizkoken	gitzikon
		r.	—	—	—	gitzikozü
	2	i.	—	—	zatzaizkokete	zitzaizkue
	3	i.	—	—	zaizkoke	zaizko
		m.	—	—	ziaizkokek	zizkok
		f.	—	—	ziaizkoken	zizkon
		r.	—	—	—	zizkotzü

4. IL LUI SERAIT—*Conditionnel—Présent*

			Guipuscoan	Biscaïen	Labourdin	Souletin
S.	1	i.	nintzayóke	ninchakijo	nintzayoke	nintzeiko
		m.	nintzakiokek	ninchakijok	nintzayokek	nintzikok
		f.	nintzakioken	ninchakijon	nintzayoken	nintzikon
		r.	—	—	—	nintzikozü
	2	r.	zintzayoke	zinchakijoz	zintzaizkoke	zintzeiko
		m.	intzakiokek	inchakijo	hintzayoke	intzeiko
		f.	intzakioken	inchakijon	hintzayoke	intzeiko
	3	i.	—	litzakijo	litzayoke	litzeiko
		m.	litzayoke	litzakijok	litzayokek	litzikok
		f.	litzakiokek	litzakijon	litzayoken	litzikon
		r.	litzakioken	—	—	litzikozü
P.	1	i.	gintzazkioke	ginchakijoz	gintzaizkoke	gintzeiko
		m.	gintzazkiokek	ginchakijozak	gintzaizkokek	gintzikok
		f.	gintzazkioken	ginchakijozan	gintzaizkoken	gintzikon
		r.	—	—	—	gintzikozü
	2	i.	zintzazkioke	zinchakijoze	zintzaizkokete	zintzeizkue
	3	i.	litzazkioke	litzakijoz	litzaizkoke	litzeizko
		m.	litzazkiokek	litzakijozak	litzaizkokek	litzizkok
		f.	litzazkioken	litzakijozan	litzaizkoken	litzizkon
		r.	—	—	—	litzizkotzü

VOIX INTRANSITIVE.

5. IL LUI AURAIT ÉTÉ—*Conditionnel—Passé*

			Guipuscoan	Biscaïen	Labourdin	Souletin
S.	1	*i.*	nintzayokean	ninchakijon	nintzayoken	nintzeikon
		m.	nintzakiokekan	ninchakijuan	nintzayokeyan	nintzikioya
		f.	nintzakiokenan	ninchakijonan	nintzayokenan	nintzikioña
		r.	—	—	—	nintzikiozün
	2	*r.*	zintzayokean	zinchakijozan	zintzaizkoken	zintzeikon
		m.	intzakiokekan	inchakijon	hintzayoken	intzeikon
		f.	intzakiokenan	inchakijonan	hintzayoken	intzeikon
	3	*i.*	zitzayokean	litzakijon	zitzayoken	zitzeikon
		m.	zitzakiokekan	litzakijuan	zitzayokeyan	zitzikioya
		f.	zitzakiokenan	litzakijonan	zitzayokenan	zitzikioña
		r.	—	—	—	zitzikioziin
P.	1	*i.*	gintzazkiokean	ginchakijozan	gintzaizkoken	gintzeikon
		m.	gintzazkiokekan	ginchakijuazan	gintzaizkokeyan	gintzikioya
		f.	gintzazkiokenan	ginchakijonazan	gintzaizkokenan	gintzikioña
		r.	—	—	—	gintzikioziin
	2	*i.*	zintzazkiokean	zinchakijozen	zintzaizkoketen	zintzeizkuen
	3	*i.*	zitzazkiokean	litzakijozan	zitzaizkoken	zitzeizkon
		m.	zitzazkiokekun	litzakijuazan	zitzaizkokeyan	zitzizkioya
		f.	zitzazkiokenan	litzakijonazan	zitzaizkokenan	zitzizkioña
		r.	—	—	—	zitzizkiotzün

6. QU' IL LUI SOIT—*Impératif—Présent*

			Guipuscoan	Biscaïen	Labourdin	Souletin
S.	2	*r.*	zatzakio	zakijoz	zakizkio	zakitzo
		m.	akio	akijo	hakio	akio
		f.	akio	akijon	hakio	akio
	3	*i.*	bekio	bekijo	bekio	bekio
		m.	—	bejekijok	—	—
		f.	—	bejekijon	—	—
P.	2	*i.*	zatzakizkio	zakijoze	zakizkiote	zakitzue
	3	*i.*	bekizkio	bekijoz	bekizkio	bekitzo
		m.	—	bejekijozak	—	—
		f.	—	bejekijozan	—	—

VOIX INTRANSITIVE.

8. QU' IL LUI SOIT—*Subjonctif*—*Présent*

			Guipuscoan	Biscaïen	Labourdin	Souletin
S.	1	*i.*	natzakion	nakijon	nakioen	nakion
		m.	nakiokan	najakijuan	nakiokan	—
		f.	nakionan	najakijonan	nakionan	—
	2	*r.*	zatzakion	zakijozan	zakizkioen	zakitzon
		m.	akiokan	akijon	hakioen	akion
		f.	akionan	akijonan	hakioen	akion
	3	*i.*	datzakion	dakijon	dakioen	dakion
		m.	dakiokan	jakijuan	zakiokan	—
		f.	dakionan	jakijonan	zakionan	—
P.	1	*i.*	gatzakizkion	gakijozan	gaizkioen	gitzakion
		m.	gakizkiokan	gajakijuazan	gaizkiokan	—
		f.	gakizkiónan	gajakijonazan	gaizkionan	—
	2	*i.*	zatzakizkion	zakijozen	zakizkioten	zakitzuen
	3	*i.*	datzakizkion	dakijozan	dakizkioen	dakitzon
		m.	dakizkiokan	jakijuazan	zakizkiokan	—
		f.	dakizkionan	jakijonazan	zakizkionan	—

10. QU' IL LUI FÛT—*Subjonctif*—*Passé*

			Guipuscoan	Biscaïen	Labourdin	Souletin
S.	1	*i.*	nenkion	nenkijon	nintzakioen	nenkion
		m.	nenkiokan	najenkijuan	nintzakiokan	—
		f.	nenkionan	najenkijonan	nintzakionan	—
	2	*r.*	zenkion	zenkijozan	zintzaizkioen	zintzakion
		m.	enkiokan	enkijon	hintakioen	enkion
		f.	enkionan	enkijonan	hintakioen	enkion
	3	*i.*	zekion	ekijon	zakioen	lekion
		m.	zekiokan	jekijuazan	lekiokan	—
		f.	zekionan	jekijonazan	lekionan	—
P.	1	*i.*	genkizkion	genkijozan	gintzaizkioen	gintzakion
		m.	genkizkiokan	gajenkijuazan	gintzaizkiokan	—
		f.	genkizkionan	gajenkijonazan	gintzaizkionan	—
	2	*i.*	zenkizkion	zenkijozen	zintzaizkioten	zintzakioyen
	3	*i.*	zekizkion	ekijozan	zakizkioen	lekitzon
		m.	zekizkiokan	jekijuazan	lekizkiokan	—
		f.	zekizkionan	jekijonazan	lekizkionan	—

VOIX INTRANSITIVE.

12. IL LUI PEUT—*Potentiel*—*Présent*

			Guipuscoan	Biscaïen	Labourdin	Souletin
S.	1	*i.*	natzakioke	nakijo	nakioke	nitakio
		m.	nakiokek	najakijok	nakiokek	nitakiok
		f.	nakioken	najakijon	nakioken	nitakion
		r.	—	—	—	nitakiozü
	2	*r.*	zatzakioke	zakijoz	zakizkioke	zitakio
		m.	akiokek	akijo	hakioke	itakio
		f.	akioken	akijon	hakioke	itakio
	3	*i.*	datzakioke	dakijo	dakioke	ditakio
		m.	dakiokek	jakijok	zakiokek	ditakiok
		f.	dakioken	jakijon	zakioken	ditakion
		r.	—	—	—	ditakiozü
P.	1	*i.*	gatzazkioke	gakijoz	gaizkioke	gitakio
		m.	gaizkiokek	gajakijozak	gaizkiokek	gitakiok
		f.	gaizkioken	gajakijozan	gaizkioken	gitakion
		r.	—	—	—	gitakiozü
	2	*i.*	zatzazkioke	zakijoze	zakizkiokete	zitakioye
	3	*i.*	datzazkioke	dakijoz	dakizkioke	ditakitzo
		m.	daizkiokek	jakijozak	zakizkiokek	ditakitzok
		f.	daizkioken	jakijozan	zakizkioken	ditakitzon
		r.	—	—	—	ditakitzotzü

14. IL LUI POURRAIT—*Potentiel conditionnel*—*Présent*

			Guipuscoan	Biscaïen	Labourdin	Souletin
S.	1	*i.*	nintzakioke	nenkijo	nintzakioke	neinkio
		m.	nintzakiokek	najeinkijok	nintzakiokek	neinkiok
		f.	nintzakioken	najeinkijon	nintzakioken	neinkion
		r.	—	—	—	neinkiozü
	2	*r.*	zintzakioke	zenkijoz	zintzaizkioke	zeneinkio
		m.	intzakiokek	einkijok	hintakioke	einkio
		f.	intzakioken	einkijon	hintakioke	einkio
	3	*i.*	litzakioke	lekijo	lakioke	leikio
		m.	litzakiokek	lajeikijok	lakiokek	likiok
		f.	litzakioken	lajeikijon	lakioken	likion
		r.	—	—	—	likiozü
P.	1	*i.*	gintzazkioke	genkijoz	gintzaizkioke	geneinkio
		m.	gintzazkiokek	gajeinkijozak	gintzaizkiokek	geneinkiok
		f.	gintzazkioken	gajeinkijozan	gintzaizkioken	geneinkion
		r.	—	—	—	geneinkiozü
	2	*i.*	zintzazkioke	zenkijoze	zintzaizkiokete	zeneinkoye
	3	*i.*	litzazkioke	lekijoz	lakizkioke	leizkio
		m.	litzazkiokek	lajeikijozak	lakizkiokek	lizkiok
		f.	litzazkioken	lajeikijozan	lakizkioken	lizkion
		r.	—	—	—	lizkiotzü

VOIX INTRANSITIVE.

16. IL LUI POUVAIT—*Potentiel conditionnel—Passé*

			Guipuscoan	Biscaïen	Labourdin	Souletin
S.	1	*i.*	nintzakiokean	nenkijon	nintzakioken	nintakion
		m.	nintzakiokekan	najeinkijuan	nintzakiokeyan	nintakioya
		f.	nintzakiokenan	najeinkijonan	nintzakiokenan	nintakioña
		r.	—	—	—	nintakiozün
	2	*r.*	zintzakiokean	zenkijozan	zintzaizkioken	zintakion
		m.	intzakiokekan	cinkijon	hintakioken	iutakion
		f.	intzakiokenan	einkijonan	hintakioken	intakion
	3	*i.*	zitzakiokean	lekijon	zakioken	zitakion
		m.	zitzakiokekan	lajeikijuan	zakiokeyan	zitakioya
		f.	zitzakiokenan	lajeikijonan	zakiokenan	zitakioña
		r.	—	—	—	zitakiozün
P.	1	*i.*	gintzazkiokean	genkijozan	gintzaizkioken	gintakion
		m.	gintzazkiokekan	gajeinkijuazan	gintzaizkiokeyan	gintakioya
		f.	gintzazkiokenan	gajeinkijonazan	gintzaizkiokenan	gintakioña
		r.	—	—	—	gintakiozün
	2	*i.*	zintzazkiokean	zenkijozen	zintzaizkioketen	zintakioyen
	3	*i.*	zitzazkiokean	lekijozan	zakizkioken	zitazkion
		m.	zitzazkiokekan	lajeikijuazan	zakizkiokeyan	zitazkioya
		f.	zitzazkiokenan	lajeikijonazan	zakizkiokenan	zitazkioña
		r.	—	—	—	zitazkiotzün

18. S' IL LUI ÉTAIT—*Suppositif du conditionnel—Présent*

			Guipuscoan	Biscaïen	Labourdin	Souletin
S.	1	*i.*	banintzayo	baninchako	banintzayo	banintzeyo
		m.	banintzakiok	baninchakok	banintzayok	—
		f.	banintzakion	baninchakon	banintzayon	—
	2	*r.*	bazintzayo	bazinchakoz	bazintzaizko	bazintzeyo
		m.	baintzakiok	bainchako	bahintzayo	bahintzeyo
		f.	baiutzakion	bainchakon	bahiutzayo	bahintzeyo
	3	*i.*	balitzayo	balitzako	balitzayo	balitzeyo
		m.	balitzakiok	balitzakok	balitzayok	—
		f.	balitzakion	balitzakon	balitzayon	—
P.	1	*i.*	bagintzazkio	baginchakoz	bagintzaizko	bagintzeyo
		m.	bagintzazkiok	baginchakozak	bagintzaizkok	—
		f.	bagintzazkion	baginchakozan	bagintzaizkon	—
	2	*i.*	bazintzazkio	bazinchakoze	bazintzaizkote	bazintzeyue
	3	*i.*	balitzazkio	balitzakoz	balitzaizko	balitzeitzo
		m.	balitzazkiok	balitzakozak	balitzaizkok	—
		f.	balitzazkion	balitzakozan	balitzaizkon	—

VOIX INTRANSITIVE.

19. s' il lui est—*Suppositif du potentiel—Présent*

			Guipuscoan	Biscaïen	Labourdin	Souletin
S.	1	*i.*	banatzakio	banakijo	banakio	—
		m.	banakiok	banajakijok	banakiok	—
		f.	banakion	banajakijon	banakion	—
	2	*r.*	bazatzakio	bazakijoz	bazakizkio	—
		m.	baakiok	baakijo	bahakio	—
		f.	baakion	baakijon	bahakio	—
	3	*i.*	badatzakio	badakijo	badakio	—
		m.	badakiok	bajakijok	bazakiok	—
		f.	badakion	bajakijon	bazakion	—
P.	1	*i.*	bagatzakizkio	bagakijoz	bagaizkio	—
		m.	bagakizkiok	bagajakijozak	bagaizkiok	—
		f.	bagakizkion	bagajakijozan	bagaizkion	—
	2	*i.*	bazatzakizkio	bazakijoze	bazakizkiote	—
	3	*i.*	badatzakizkio	badakijoz	badakizkio	—
		m.	badakizkiok	bajakijozak	bazakizkiok	—
		f.	badakizkion	bajakijozan	bazakizkion	—

21. s' il lui était—*Suppositif du potentiel conditionnel—Futur présent*

			Guipuscoan	Biscaïen	Labourdin	Souletin
S.	1	*i.*	banenkio	banenkijo	banintzakio	banenkio
		m.	banenkiok	banajenkijok	banintzakiok	—
		f.	banenkion	banajenkijon	banintzakion	—
	2	*r.*	bazenkio	bazenkijoz	bazintzaizkio	bazenenkio
		m.	baenkiok	baenkijo	bahintakio	bahenkio
		f.	baenkion	baenkijon	bahintakio	bahenkio
	3	*i.*	balekio	balekijo	balakio	balekio
		m.	balekiok	bajekijok	balekiok	—
		f.	balekion	bajekijon	balekion	—
P.	1	*i.*	bagenkizkio	bagenkijoz	bagintzaizkio	bagenenkio
		m.	bagenkizkiok	bagajenkijozak	bagintzaizkiok	—
		f.	bagenkizkion	bagajenkijozan	bagintzaizkion	—
	2	*i.*	bazenkizkio	bazenkijoze	bazintzaizkiote	bazenenkioye
	3	*i.*	balekizkio	balekijoz	balakizkio	balezkio
		m.	balekizkiok	bajekijozak	balekizkiok	—
		f.	balekizkion	bajekijozan	balekizkion	—

VOIX INTRANSITIVE.

Temps n' appartenant qu' au dialecte biscaïen.

			7. IL LUI SERA *Impératif* *Futur*	9. QU' IL LUI SOIT *Subjonctif* *Futur présent*	11. QU' IL LUI FÛT *Subjonctif* *Futur passé*	13. IL LUI POURRA *Potentiel* *Futur*
S.	1	i.	—	nakikijon	nenkikijon	nakikijo
		m.	—	najakikijuan	najenkikijuan	najakikijok
		f.	—	najakikijonan	najenkikijonan	najakikijon
	2	r.	zakikijoz	zakikijozan	zenkikijozan	zakikijoz
		m.	akikijo	akikijon	enkikijon	akikijo
		f.	akikijon	akikijonan	enkikijonan	akikijon
	3	i.	bekikijo	dakikijon	ekikijon	dakikijo
		m.	bejekikijok	jakikijuan	jekikijuan	jakikijok
		f.	bejekikijon	jakikijonan	jekikijonan	jakikijon
P.	1	i.	—	gakikijozan	genkikijozan	gakikijoz
		m.	—	gajakikijuazan	gajenkikijuazan	gajakikijozak
		f.	—	gajakikijonazan	gajenkikijonazan	gajakikijozan
	2	i.	zakikijoze	zakikijozen	zenkikijozen	zakikijoze
	3	i.	bekikijoz	dakikijozan	ekikijozan	dakikijoz
		m.	bejekikijozak	jakikijuazan	jekikijuazan	jakikijozak
		f.	bejekikijozan	jakikijonazan	jekikijonazan	jakikijozan

			15. IL LUI POURRAIT *Potentiel condit.* *Futur présent*	17. IL LUI POUVAIT *Potentiel condit.* *Futur passé*	20. S' IL LUI EST. *Suppos. du potentiel* *Futur*	22. S' IL LUI ÉTAIT *Supp. du pot. condit.* *Futur*
S.	1	i.	nenkikijo	nenkikijon	badakikijo	banenkikijo
		m.	najeinkikijok	najeinkikijuan	banajakikijok	banajenkikijok
		f.	najeinkikijon	najeinkikijonan	banajakikijon	banajenkikijon
	2	r.	zenkikijoz	zenkikijozan	bazakikijoz	bazenkikijo
		m.	einkikijok	einkikijon	baakikijo	baenkikijo
		f.	einkikijon	einkikijonan	baakikijon	baenkikijon
	3	i.	lekikijo	lekikijon	badakikijo	balekikijo
		m.	lajeikikijok	lajeikikijuan	bajakikijok	bajekikijok
		f.	lajeikikijon	lajeikikijonan	bajakikijon	bajekikijon
P.	1	i.	genkikijoz	genkikijozan	bagakikijoz	bagenkikijoz
		m.	gajeinkikijozak	gajeinkikijuazan	bagajakikijozak	bagajenkikijozak
		f.	gajeinkikijozan	gajeinkikijonazan	bagajakikijozan	bagajenkikijozan
	2	i.	zenkikijoze	zenkikijozen	bazakikijoze	bazenkikijoze
	3	i.	lekikijoz	lekikijozan	badakikijoz	balekikijoz
		m.	lajeikikijozak	lajeikikijuazan	bajakikijozak	bajekikijozak
		f.	lajeikikijozan	lajeikikijonazan	bajakikijozan	bajekikijozan

Temps n' appartenant qu' au dialecte souletin.

			23. LUI FÛT-IL !—*Optatif—Présent*	24. LUI FÛT-IL !—*Optatif—Futur*
S.	1	i.	ainintzeyo	ainenkio
	2	r.	aitzintzeyo	aitzenenkio
		m.	ahintzeyo	ahekio
		f.	ahintzeyo	ahekio
	3	i	ailitzeyo	ailekio
P.	1	i.	aikintzeyo	aikenenkio
	2	i.	aitzintzeyue	aitzenenkioye
	3	i.	ailitzeitzo	ailezkio

VOIX INTRANSITIVE.

1. IL NOUS EST—*Indicatif*—*Présent*

			Guipuscoan	*Biscaïen*	*Labourdin*	*Souletin*
S.	2	*r.*	zatzaigu	zachakuz	zatzaizkigu	zitzaikü
		m.	atzaiguk	achaku	hatzaiku	itzaikü
		f.	atzaigun	achakun	hatzaiku	itzaikü
	3	*i.*	zaigu	jaku	zaiku	zaikü
		m.	zaiguk	jakuk	ziaikuk	zikük
		f.	zaigun	jakun	ziaikun	zikün
		r.	—	—	—	ziküzü
P.	2	*i.*	zatzaizkigu	zachakuze	zatzaizkigute	zitzaizküye
	3	*i.*	zaizkigu	jakuz	zaizkigu	zaizkü
		m.	zaizkiguk	jakuzak	ziaizkiguk	zizkük
		f.	zaizkigun	jakuzan	ziaizkigun	zizkün
		r.	—	—	—	zizkützü

2. IL NOUS ÉTAIT—*Indicatif*—*Passé*

			Guipuscoan	*Biscaïen*	*Labourdin*	*Souletin*
S.	2	*r.*	zintzaigun	zinchakuzan	zintzaizkigun	zintzeikün
		m.	intzaikigukan	inchakun	hintzaikun	intzeikün
		f.	intzaikigunan	inchakunan	hintzaikun	intzeikün
	3	*i.*	zitzaigun	jakun	zitzaikun	zeikün
		m.	zitzaikigukan	jakuban	zitzaikukan	ziküya
		f.	zitzaikigunan	jakunan	zitzaikunan	ziküña
		r.	—	—	—	ziküzün
P.	2	*i.*	zintzaizkigun	zinchakuzen	zintzaizkiguten	zintzeizküyen
	3	*i.*	zitzaizkigun	jakuzan	zitzaizkigun	zeizkün
		m.	zitzaizkigukan	jakubazan	zitzaizkigukan	zizküya
		f.	zitzaizkigunan	jakunazan	zitzaizkigunan	zizküña
		r.	—	—	—	zizkützün

3. IL NOUS SERA—*Indicatif*—*Futur*

			Guipuscoan	*Biscaïen*	*Labourdin*	*Souletin*
S.	2	*r.*	—	—	zaizkiguke	zitzaikegü
		m.	—	—	hatzaikuke	itzaikegü
		f.	—	—	hatzaikuke	itzaikegü
	3	*i.*	—	—	zaikuke	zaikegü
		m.	—	—	zikeguk	zikegük
		f.	—	—	zikegun	zikegün
		r.	—	—	—	zikegüzü
P.	2	*i.*	—	—	zaizkigukete	zitzaizkegie
	3	*i.*	—	—	zaizkiguke	zaizkegü
		m.	—	—	zaizkigukek	zizkegük
		f.	—	—	zaizkiguken	zizkegün
		r.	—	—	—	zizkegützü

VOIX INTRANSITIVE.

4. IL NOUS SERAIT—*Conditionnel—Présent*

			Guipuscoan	Biscaïen	Labourdin	Souletin
S.	2	r.	zintzaiguke	zinchakeguz	zintzaizkiguke	zintzeikegü
		m.	intzaigukek	inchakegu	hintzaikuke	intzeikegü
		f.	intzaiguken	inchakegun	hintzaikuke	intzeikegü
	3	i.	litzaiguke	litzakegu	litzaikuke	litzeikegü
		m.	litzaigukek	litzakeguk	litzaikukek	litzikegük
		f.	litzaiguken	litzakegun	litzaikuken	litzikegün
		r.	—	—	—	litzikegüzü
P.	2	i.	zintzaizkiguke	zinchakeguze	zintzaizkigukete	zintzeizkegie
	3	i.	litzaizkiguke	litzakeguz	litzaizkiguke	litzeizkegü
		m.	litzaizkigukek	litzakeguzak	litzaizkigukek	litzizkegük
		f.	litzaizkiguken	litzakeguzan	litzaizkiguken	litzizkegün
		r.	—	—	—	litzizkegützü

5. IL NOUS AURAIT ÉTÉ—*Conditionnel—Passé*

			Guipuscoan	Biscaïen	Labourdin	Souletin
S.	2	r.	zintzaigukean	zinchakeguzan	zintzaizkiguken	zintzeikegün
		m.	intzaigukekan	inchakegun	hintzaikuken	intzeikegün
		f.	intzaigukenan	inchakegunan	hintzaikuken	intzeikegün
	3	i.	zitzaigukean	litzakegun	zitzaikuken	zitzeikegün
		m.	zitzaigukekan	litzakegukan	zitzaikukeyan	zitzikegia
		f.	zitzaigukenan	litzakegunan	zitzaikukenan	zitzikegüña
		r.	—	—	—	zitzikegüzün
P.	2	i.	zintzaizkigukean	zinchakeguzen	zintzaizkiguketen	zintzeizkegien
	3	i.	zitzaizkigukean	litzakeguzan	zitzaizkiguken	zitzeizkegün
		m.	zitzaizkigukekan	litzakegubazan	zitzaizkigukeyan	zitzizkegia
		f.	zitzaizkigukenan	litzakegunazan	zitzaizkigukenan	zitzizkegüña
		r.	—	—	—	zitzizkegützün

6. QU'IL NOUS SOIT—*Impératif—Présent*

			Guipuscoan	Biscaïen	Labourdin	Souletin
S.	2	r.	zatzakigu	zakiguz	zakizkigu	zakizkü
		m.	akiguk	ukigu	hakigu	akigü
		f.	akigun	akigun	hakigu	akigü
	3	i.	bekigu	bekigu	bekigu	bekigü
		m.	—	bejekiguk	—	—
		f.	—	bejekigun	—	—
P.	2	i.	zatzakizkigu	zakiguze	zakizkigute	zakizküye
	3	i.	bekizkigu	bekiguz	bekizkigu	bekitzagü
		m.	—	bejekiguzak	—	—
		f.	—	bejekiguzan	—	—

VOIX INTRANSITIVE.

8. QU' IL NOUS SOIT—*Subjonctif—Présent*

			Guipuscoan	*Biscaïen*	*Labourdin*	*Souletin*
S.	2	*r.*	zatzakigun	zakiguzan	zakizkigun	zakizkün
		m.	akigukan	akigun	hakigun	akigün
		f.	akigunan	akigunan	hakigun	akigün
	3	*i.*	datzakigun	dakigun	dakigun	dakigün
		m.	dakigukan	jakiguban	zakigukan	—
		f.	dakigunan	jakigunan	zakigunan	—
P.	2	*i.*	zatzakizkigun	zakiguzen	zakizkiguten	zakizkien
	3	*i.*	datzakizkigun	dakiguzan	dakizkigun	dakizkün
		m.	dakizkigukan	jakigubazan	zakizkigukan	—
		f.	dakizkigunan	jakigunazan	zakizkigunan	—

10. QU' IL NOUS FÛT—*Subjonctif—Passé*

			Guipuscoan	*Biscaïen*	*Labourdin*	*Souletin*
S.	2	*r.*	zenkigun	zenkiguzan	zintzaizkigun	zintzakigün
		m.	eikigukan	enkigun	hintakigun	enkigün
		f.	eikigunan	enkigunan	hintakigun	enkigün
	3	*i.*	zekigun	ekigun	zakigun	lekigün
		m.	zeikigukan	jekiguban	lekigukan	—
		f.	zeikigunan	jekigunan	lekigunan	—
P.	2	*i.*	zenkizkigun	zenkiguzen	zintzaizkiguken	zintzakigien
	3	*i.*	zekizkigun	ekiguzan	zakizkigun	lezkigün
		m.	zeikizkigukan	jekigubazan	lekizkigukan	—
		f.	zeikizkigunan	jekigunazan	lekizkigunan	—

12. IL NOUS PEUT—*Potentiel—Présent*

			Guipuscoan	*Biscaïen*	*Labourdin*	*Souletin*
S.	2	*r.*	zatzakiguke	zakiguz	zakizkiguke	zitakigü
		m.	akigukek	akigu	hakiguke	itakigü
		f.	akiguken	akigun	hakiguke	itakigü
	3	*i.*	datzakiguke	dakigu	dakiguke	ditakigü
		m.	dakigukek	jakiguk	zakigukek	ditakigük
		f.	dakiguken	jakigun	zakiguken	ditakigün
		r.	—	—	—	ditakigüzü
P.	2	*i.*	zatzaizkiguke	zakiguze	zakizkigukete	zitakigie
	3	*i.*	datzaizkiguke	dakiguz	dakizkiguke	ditakizkü
		m.	daizkigukek	jakiguzak	zakizkigukek	ditakizkük
		f.	daizkiguken	jakiguzan	zakizkiguken	ditakizkün
		r.	—	—	—	ditakizkützü

VOIX INTRANSITIVE.

14. IL NOUS POURRAIT—*Potentiel conditionnel—Présent*

			Guipuscoan	Biscaïen	Labourdin	Souletin
S.	2	r.	zintzakiguke	zenkiguz	zintzaizkiguke	zeneinkigü
		m.	intzakigukek	einkigu	hintakiguke	einkigü
		f.	intzakiguken	einkigun	hintakiguke	einkigü
	3	i.	litzakiguke	lekigu	lakiguke	leikigü
		m.	litzakigukek	lajeikiguk	lakigukek	likigük
		f.	litzakiguken	lajeikigun	lakiguken	likigün
		r.	—	—	—	likigüzü
P.	2	i.	zintzaizkiguke	zenkiguze	zintzaizkigukete	zeneinkigie
	3	i.	litzaizkiguke	lekiguz	lakizkiguke	leizkigü
		m.	litzaizkigukek	lajeikiguzak	lakizkigukek	litikigük
		f.	litzaizkiguken	lajeikiguzan	lakizkiguken	litikigün
		r.	—	—	—	litikigützü

16. IL NOUS POUVAIT—*Potentiel conditionnel—Passé*

			Guipuscoan	Biscaïen	Labourdin	Souletin
S.	2	r.	zintzakigukean	zenkiguzan	zintzaizkiguken	zintakegün
		m.	intzakigukekan	einkigun	hintakiguken	intakegün
		f.	intzakigukenan	einkigunan	hintakiguken	intakegün
	3	i.	zitzakigukean	lekigun	zakiguken	zitakegün
		m.	zitzakigukekan	lajeikiguban	zakigukeyan	zitakegia
		f.	zitzakigukenan	lajeikigunan	zakigukenan	zitakegüña
		r.	—	—	—	zitakegüzün
P.	2	i.	ziutzaizkigukean	zenkiguzen	zintzaizkiguketen	zintakegien
	3	i.	zitzaizkigukean	lekiguzan	zakizkiguken	zitazkegün
		m.	zitzaizkigukekan	lajeikigubazan	zakizkigukeyan	zitazkegia
		f.	zitzaizkigukenan	lajeikigunazan	zakizkigukenan	zitazkegüña
		r.	—	—	—	zitazkegützün

18. S'IL NOUS ÉTAIT—*Suppositif du conditionnel—Présent*

			Guipuscoan	Biscaïen	Labourdin	Souletin
S.	2	r.	bazintzaigu	bazinchakuz	bazintzaizkigu	bazintzeikü
		m.	baintzaiguk	bainchaku	bahintzaiku	bahintzeikü
		f.	baintzaigun	bainchakun	bahintzaiku	bahintzeikü
P.	3	i.	balitzaigu	balitzaku	balitzaiku	balitzeikü
		m.	balitzaiguk	balitzakuk	balitzaikuk	—
		f.	balitzaigun	balitzakun	balitzaikun	—
P.	2	i.	bazintzaizkigu	bazinchakuze	bazintzaizkigute	bazintzeizküye
	3	i.	balitzaizkigu	balitzakuz	balitzaizkigu	balitzeizkü
		m.	balitzaizkiguk	balitzakuzak	balitzaizkiguk	—
		f.	balitzaizkigun	balitzakuzan	balitzaizkigun	—

VOIX INTRANSITIVE.

19. s'il nous est—*Suppositif du potentiel—Présent*

			Guipuscoan	Biscaïen	Labourdin	Souletin
S.	2	*r.*	bazatzakigu	bazakiguz	bazakizkigu	—
		m.	baakiguk	baakigu	bahakigu	—
		f.	baakigun	baakigun	bahakigu	—
	3	*i.*	badatzakigu	badakigu	badakigu	—
		m.	badakiguk	bajakiguk	bazakiguk	—
		f.	badakigun	bajakigun	bazakigun	—
P.	2	*i.*	bazatzakizkigu	bazakiguze	bazakizkigute	—
	3	*i.*	badatzakizkigu	badakiguz	badakizkigu	—
		m.	badakizkiguk	bajakiguzak	bazakizkiguk	—
		f.	badakizkigun	bajakiguzan	bazakizkigun	—

21. s'il nous était—*Suppositif du potentiel conditionnel—Futur présent*

			Guipuscoan	Biscaïen	Labourdin	Souletin
S.	2	*r.*	bazenkigu	bazenkiguz	bazintzaizkigu	bazenenkigü
		m.	baeikiguk	baenkigu	bahintakigu	bahenkigü
		f.	baeikigun	baenkigun	bahintakigu	bahenkigü
	3	*i.*	balekigu	balekigu	balakigu	balekigü
		m.	baleikiguk	bajekiguk	balekiguk	—
		f.	baleikigun	bajekigun	balekigun	—
P.	2	*i.*	bazenkizkigu	bazenkiguze	bazintzaizkigute	bazenenkigie
	3	*i.*	balekizkigu	balekiguz	balakizkigu	balezkigü
		m.	baleikizkiguk	bajekiguzak	balekizkiguk	—
		f.	baleikizkigun	bajekiguzan	balekizkigun	—

VOIX INTRANSITIVE.

Temps n' appartenant qu' au dialecte biscaïen.

			7. IL NOUS SERA *Impératif* *Futur*	9. QU' IL NOUS SOIT *Subjonctif* *Futur présent*	11. QU' IL NOUS FÛT *Subjonctif* *Futur passé*	13. IL NOUS POURRA *Potentiel* *Futur*
S.	2	*r.*	zakikeguz	zakikeguzan	zenkikeguzan	zakikeguz
		m.	akikegu	akikegun	enkikegun	akikegu
		f.	akikegun	akikegunan	enkikegunan	akikegun
	3	*i.*	bekikegu	dakikegun	ekikegun	dakikegu
		m.	bejekikeguk	jakikeguban	jekikeguban	jakikeguk
		f.	bejekikegun	jakikegunan	jekikegunan	jakikegun
P.	2	*i.*	zakikeguze	zakikeguzen	zenkikeguzen	zakikeguze
	3	*i.*	bekikeguz	dakikeguzan	ekikeguzan	dakikeguz
		m.	bejekikeguzak	jakikegubazan	jekikegubazan	jakikeguzak
		f.	bejekikeguzan	jakikegunazan	jekikegunazan	jakikeguzan

			15. IL NOUS POURRAIT *Potentiel condit.* *Futur présent*	17. IL NOUS POUVAIT *Potentiel condit.* *Futur passé*	20. S' IL NOUS EST *Suppos. du Potent.* *Futur*	22. S'IL NOUS ÉTAIT *Supp. du pot. condit.* *Futur*
S.	2	*r.*	zenkikeguz	zenkikeguzan	bazakikeguz	bazenkikeguz
		m.	einkikegu	einkikegun	baakikegu	baenkikegu
		f.	einkikegun	einkikegunan	baakikegun	baenkikegun
	3	*i.*	lekikegu	lekikegun	badakikegu	balekikegu
		m.	lajeikikeguk	lajeikikeguban	bajakikeguk	bajekikeguk
		f.	lajeikikegun	lajeikikegunan	bajakikegun	bajekikegun
P.	2	*i.*	zenkikeguze	zenkikeguzen	bazakikeguze	bazenkikeguze
	3	*i.*	lekikeguz	lekikeguzan	badakikeguz	balekikeguz
		m.	lajeikikeguzak	lajeikikegubazan	bajakikeguzak	bajekikeguzak
		f.	lajeikikeguzan	lajeikikegunazan	bajakikeguzan	bajekikeguzan

Temps n' appartenant qu' au dialecte souletin.

			23. NOUS FÛT-IL !—*Optatif—Présent*	24. NOUS FÛT-IL !—*Optatif—Futur*
S.	2	*r.*	aitzintzeikü	aitzenenkigü
		m.	ahintzeikü	ahenkigü
		f.	ahintzeikü	aheukigü
	3	*i.*	ailitzeikü	ailekigü
P.	2	*i.*	aitzintzeizküye	aitzenenkigie
	3	*i.*	ailitzeizkü	ailezkigü

VOIX INTRANSITIVE.

1. IL VOUS EST—*Indicatif*—*Présent*

		Guipuscoan	*Biscaïen*	*Labourdin*	*Souletin*
S.	1	natzaizute	nachatzube	natzaitzue	nitzaizie
	3	zaizute	jatzube	zaitzue	zaizie
P.	1	gatzaizkizute	gachatzube	gaizkitzue	gitzaizie
	3	zaizkizute	jatzubez	zaizkitzue	zaitzie

2. IL VOUS ÉTAIT—*Indicatif*—*Passé*

		Guipuscoan	*Biscaïen*	*Labourdin*	*Souletin*
S.	1	nintzaizuten	ninchatzuben	nintzaitzuen	nintzeizien
	3	zitzaizuten	jatzuben	zitzaitzuen	zeizien
P.	1	gintzaizkizuten	ginchatzubezan	gintzaitzuen	gintzeizien
	3	zitzaizkizuten	jatzubezan	zitzaizkitzuen	zeitzien

3. IL VOUS SERA—*Indicatif*—*Futur*

		Guipuscoan	*Biscaïen*	*Labourdin*	*Souletin*
S.	1	—	—	natzaitzueke	nitzaikezie
	3	—	—	zaitzueke	zaikezie
P.	1	—	—	gatzaitzueke	gitzaikezie
	3	—	—	zaizkitzueke	zaizketzie

4. IL VOUS SERAIT—*Conditionnel*—*Présent*

		Guipuscoan	*Biscaïen*	*Labourdin*	*Souletin*
S.	1	nintzaizuteke	ninchakezube	nintzaitzueke	nintzeikezie
	3	litzaizuteke	litzakezube	litzaitzueke	litzeikezie
P.	1	gintzaizkizuteke	ginchakezubez	gintzaitzueke	gintzeikezie
	3	litzaizkizuteke	litzakezubez	litzaizkitzuѳke	litzeizketzie

5. IL VOUS AURAIT ÉTÉ—*Conditionnel*—*Passé*

		Guipuscoan	*Biscaïen*	*Labourdin*	*Souletin*
S.	1	nintzaizutekean	ninchakezuben	nintzaitzueken	nintzeikezien
	3	zitzaizutekean	litzakezuben	zitzaitzueken	zitzeikezien
P.	1	gintzaizkizutekean	ginchakezubezan	gintzaitzueken	gintzeizkezien
	3	zitzaizkizutekean	litzakezubezan	zitzaizkitzueken	zitzeizketzien

6. QU'IL VOUS SOIT—*Impératif*—*Présent*

		Guipuscoan	*Biscaïen*	*Labourdin*	*Souletin*
S.	3	bekizute	bekizube	bekizue	bekizie
P.	3	bekizkizute	bekizubez	bekizkitzue	bekitzie

8. QU'IL VOUS SOIT—*Subjonctif*—*Présent*

		Guipuscoan	*Biscaïen*	*Labourdin*	*Souletin*
S.	1	natzakizuten	nakizuben	nakizuen	nakizien
	3	datzakizuten	dakizuben	dakizuen	dakizien
P.	1	gatzakizkizuten	gakizubezan	gaizkitzuen	gitzakezien
	3	datzakizkizuten	dakizubezan	dakizkitzuen	dakitzien

VOIX INTRANSITIVE.

10. QU' IL VOUS FÛT—*Subjonctif*—*Passé*

		Guipuscoan	Biscaïen	Labourdin	Souletin
S.	1	nenkizuten	nenkizuben	nintzakizuen	nenkizien
	3	zekizuten	ekizuben	zakizuen	lekizien
P.	1	genkizkizuten	genkizubezan	gintzaizkitzuen	gintzakizien
	3	zekizkizuten	ekizubezan	zakizkitzuen	lekitzien

12. IL NOUS PEUT—*Potentiel*—*Présent*

		Guipuscoan	Biscaïen	Labourdin	Souletin
S.	1	natzakizuteke	nakizube	nakizueke	nitakizie
	3	datzakizuteke	dakizube	dakikezue	ditakizie
P.	1	gatzaizkizuteke	gakizubez	gaizkitzueke	gitakizie
	3	datzaizkizuteke	dakizubez	dakizketzue	ditakitzie

14. IL VOUS POURRAIT—*Potentiel conditionnel*—*Présent*

		Guipuscoan	Biscaïen	Labourdin	Souletin
S.	1	nintzakizuteke	nenkezube	nintzakizueke	neinkizie
	3	litzakizuteke	lekezube	lakizueke	leikizie
P.	1	gintzaizkizuteke	genkezubez	gintzaizkitzueke	geneinkizie
	3	litzaizkizuteke	lekezubez	lakizkitzueke	leizkitzie

16. IL VOUS POUVAIT—*Potentiel conditionnel*—*Passé*

		Guipuscoan	Biscaïen	Labourdin	Souletin
S.	1	nintzakizutekean	nenkizuben	nintzakizueken	nintakeizien
	3	zitzakizutekean	lekizuben	zakizueken	zintakeizien
P.	1	gintzaizkizutekean	genkizubezan	gintzaizkitzueken	gintakeizien
	3	zitzaizkizutekean	lekizubezan	zakizkitzueken	zitazkeitzien

18. S' IL VOUS ÉTAIT—*Suppositif du conditionnel*—*Présent*

		Guipuscoan	Biscaïen	Labourdin	Souletin
S.	1	banintzaizute	baninchazube	banintzaitzue	banintzeizie
	3	balitzaizute	balitzazube	balitzaitzue	balitzeizie
P.	1	bagintzaizkizute	baginchazubez	bagintzaitzue	bagintzeizie
	3	balitzaizkizute	balitzazubez	balitzaizkitzue	balitzeitzie

19. S' IL VOUS EST—*Suppositif du potentiel*—*Présent*

		Guipuscoan	Biscaïen	Labourdin	Souletin
S.	1	banatzakizute	banakizube	banakizue	—
	3	badatzakizute	badakizube	badakizue	—
P.	1	bagatzakizkizute	bagakizubez	bagaizkitzue	—
	3	badatzakizkizute	badakizubez	badakizkitzue	—

21. S' IL VOUS ÉTAIT—*Suppositif du potentiel conditionnel*—*Futur présent*

		Guipuscoan	Biscaïen	Labourdin	Souletin
S.	1	banenkizute	banenkizube	banintzakizue	banenkizie
	3	balekizute	balekizube	balakizue	balekizie
P.	1	bagenkizkizute	bagenkizubez	bagintzaizkitzue	bagenenkizie
	3	balekizkizute	balekizubez	balakizkitzue	balezkitzie

VOIX INTRANSITIVE.

Temps n' appartenant qu' au dialecte biscaïen.

		7. IL VOUS SERA *Impératif* *Futur*	9. QU' IL VOUS SOIT *Subjonctif* *Futur présent*	11. QU' IL VOUS FÛT *Subjonctif* *Futur passé*	13. IL VOUS POURRA *Potentiel* *Futur*
S.	1	—	nakikezuben	nenkikezuben	nakikezube
	3	bekikezube	dakikezuben	ekikezuben	dakikezube
P.	1	—	gakikezubezan	genkikezubezan	gakikezubez
	3	bekikezubez	dakikezubezan	ekikezubezan	dakikezubez

		15. IL VOUS POURRAIT *Potentiel condit.* *Futur présent*	17. IL VOUS POUVAIT *Potentiel condit.* *Futur passé*	20. S' IL VOUS EST *Suppos. du potent.* *Futur*	22. S' IL VOUS ÉTAIT *Supp. du pot. condit.* *Futur*
S.	1	nenkikezube	nenkikezuben	banakikezube	banenkikezube
	3	lekikezube	lekikezuben	badakikezube	balekikezube
P.	1	genkikezubez	genkikezubezan	bagakikezubez	bagenkikezubez
	3	lekikezubez	lekikezubezan	badakikezubez	balekikezubez

Temps n' appartenant qu' au dialecte souletin.

		23. VOUS FÛT-IL !—*Optatif—Présent*	24. VOUS FÛT-IL !—*Optatif—Futur*
S.	1	aimintzeizie	ainenkizie
	3	ailitzeizie	ailekizie
P.	1	aikintzeizie	aikenenkizie
	3	ailitzeitzie	ailezkitzie

VOIX INTRANSITIVE.

1. IL LEUR EST—*Indicatif*—*Présent*

			Guipuscoan	Biscaïen	Labourdin	Souletin
S.	1	*i.*	natzayote	nachakee	natzayote	nitzaye
		m.	natzayotek	nachakeek	natzayotek	nitzek
		f.	natzayoten	nachakeen	natzayone	nitzen
		r.	—	—	—	nitzezü
	2	*r.*	zatzayote	zachakeez	zatzaizkote	zitzaye
		m.	atzayotek	achakee	hatzayote	itzaye
		f.	atzayoten	achakeen	hatzayote	itzaye
	3	*i.*	zayote	jakee	zayote	zaye
		m.	zayotek	jakeek	ziayotek	ziek
		f.	zayoten	jakeen	ziayone	zien
		r.	—	—	—	ziezü
P.	1	*i.*	gatzazkiote	gachakeez	gaizkote	gitzaye
		m.	gatzazkiek	gachakeezak	gaizkotek	gitzek
		f.	gatzazkien	gachakeezan	gaizkone	gitzen
		r.	—	—	—	gitzezü
	2	*i.*	zatzazkiote	zachakeeze	zatzaizkote	zitzayie
	3	*i.*	zazkiote	jakeez	zaizkote	zaitze
		m.	zazkiek	jakeezak	ziaizkotek	zitzek
		f.	zazkien	jakeezan	ziaizkone	zitzon
		r.	—	—	—	zitzetzü

2. IL LEUR ÉTAIT—*Indicatif*—*Passé*

			Guipuscoan	Biscaïen	Labourdin	Souletin
S.	1	*i.*	nintzayoten	ninchakeen	nintzayoten	nintzeyen
		m.	nintzayotekan	ninchakeian	nintzayotekan	nintzeya
		f.	nintzayotenan	ninchakeenan	nintzayotenan	nintzeña
		r.	—	—	—	nintzezün
	2	*r.*	zintzayoten	zinchakeezan	zintzaizkoten	zintzeyen
		m.	intzayotekan	inchakeen	hintzayoten	intzeyen
		f.	intzayotenan	inchakeenan	hintzayoten	intzeyen
	3	*i.*	zitzayoten	jaken	zitzayoten	zeyen
		m.	zitzayotekan	jakeian	zitzayotekan	zieya
		f.	zitzayotenan	jakeenan	zitzayotenan	zieña
		r.	—	—	—	ziezün
P.	1	*i.*	gintzazkioten	ginchakeezan	gintzaizkoten	gintzeyen
		m.	gintzazkiekan	ginchakeiazan	gintzaizkotekan	gintzeya
		f.	gintzazkienan	ginchakeenazan	gintzaizkotenan	gintzeña
		r.	—	—	—	gintzezün
	2	*i.*	zintzazkioten	zinchakeezen	zintzaizkoten	zintzeyien
	3	*i.*	zitzazkioten	jakeezan	zitzaizkoten	zeitzen
		m.	zitzazkiekan	jakeiazan	zitzaizkotekan	zitzeya
		f.	zitzazkienan	jakeenazan	zitzaizkotenan	zitzeña
		r.	—	—	—	zitzetzün

VOIX INTRANSITIVE.

3. IL LEUR SERA—*Indicatif—Futur*

			Guipuscoan	Biscaïen	Labourdin	Souletin
S.	1	*i.*	—	—	natzayokete	nitzaike
		m.	—	—	natzayoketek	nitzikek
		f.	—	—	natzayokene	nitziken
		r.	—	—	—	nitzikezü
	2	*r.*	—	—	zatzaizkote	zitzaike
		m.	—	—	hatzayokete	itzaike
		f.	—	—	hatzayokete	itzaike
	3	*i.*	—	—	zayokete	zaike
		m.	—	—	ziayoketek	zikek
		f.	—	—	ziayokene	ziken
		r.	—	—	—	zikezü
P.	1	*i.*	—	—	gaizkokete	gitzaike
		m.	—	—	gaizkoketek	gitzikek
		f.	—	—	gaizkokene	gitziken
		r.	—	—	—	gitzikezü
	2	*i.*	—	—	zatzaizkokete	zitzaizkeye
	3	*i.*	—	—	zaizkokete	zaizke
		m.	—	—	ziaizkoketek	zizkek
		f.	—	—	ziaizkokene	zizken
		r.	—	—	—	zizketzü

4. IL LEUR SERAIT—*Conditionnel—Présent*

			Guipuscoan	Biscaïen	Labourdin	Souletin
S.	1	*i.*	nintzayoteke	ninchakijue	nintzayokete	nintzeike
		m.	nintzayotekek	ninchakijuek	nintzayoketek	nintzikek
		f.	nintzayoteken	ninchakijuen	nintzayokene	nintziken
		r.	—	—	—	nintzikezü
	2	*r.*	zintzayoteke	zinchakijuez	zintzaizkokete	zintzeike
		m.	intzayotekek	inchakijue	hintzayokete	intzeike
		f.	intzayoteken	inchakijuen	hintzayokete	intzeike
	3	*i.*	litzayoteke	litzakijue	litzayokete	litzeike
		m.	litzayotekek	litzakijuek	litzayoketek	litzikek
		f.	litzayoteken	litzakijuen	litzayokene	litziken
		r.	—	—	—	litzikezü
P.	1	*i.*	gintzazkioteke	ginchakijuez	gintzaizkokete	gintzeike
		m.	gintzayotezkek	ginchakijuezak	gintzaizkoketek	gintzikek
		f.	gintzayotezken	ginchakijuezan	gintzaizkokene	gintziken
		r.	—	—	—	gintzikezü
	2	*i.*	zintzazkioteke	zinchakijueze	zintzaizkokete	zintzeizkeye
	3	*i.*	litzazkioteke	litzakijuez	litzaizkokete	litzeizke
		m.	litzayotezkek	litzakijuezak	litzaizkoketek	litzizkek
		f.	litzayotezken	litzakijuezun	litzaizkokene	litzizken
		r.	—	—	—	litzizketzü

VOIX INTRANSITIVE.

5. IL LEUR AURAIT ÉTÉ—*Conditionnel—Passé*

			Guipuscoan	Biscaïen	Labourdin	Souletin
S.	1	*i.*	nintzayotekean	ninchakijuen	nintzayoteken	nintzeiken
		m.	nintzayotekekan	ninchakijuecn	nintzayotekeyan	nintzikieya
		f.	nintzayotekenan	ninchakijuenan	nintzayotekenan	nintzikieña
		r.	—	—	—	nintzikiezün
	2	*r.*	zintzayotekean	zinchakijuezan	zintzaizkoteken	zintzeiken
		m.	intzayotekekan	inchakijuen	hintzayoteken	intzeiken
		f.	intzayotekenan	inchakijuenan	hintzayoteken	intzeiken
	3	*i.*	zitzayotekean	litzakijuen	zitzayoteken	zitzeiken
		m.	zitzayotekekan	litzakijuecn	zitzayotekeyan	zitzikieya
		f.	zitzayotekenan	litzakijuenan	zitzayotekenan	zitzikieña
		r.	—	—	—	zitzikiezün
P.	1	*i.*	gintzazkiotekean	ginchakijuezan	gintzaizkoteken	gintzeiken
		m.	gintzayotezkekan	ginchakijueezan	gintzaizkotekeyan	gintzikieya
		f.	gintzayotezkenan	ginchakijuenazan	gintzaizkotekenan	gintzikieña
		r.	—	—	—	gintzikiezün
	2	*i.*	zintzazkiotekean	zinchakijuezen	zintzaizkoteken	zintzeizkeyen
	3	*i.*	zitzazkiotekean	litzakijuezan	zitzaizkoteken	zitzeizken
		m.	zitzayotezkekan	litzakijueezan	zitzaizkotekeyan	zitzizkieya
		f.	zitzayotezkenan	litzakijuenazan	zitzaizkotekenan	zitzizkieña
		r.	—	—	—	zitzizkietzün

6. QU' IL LEUR SOIT—*Impératif—Présent*

			Guipuscoan	Biscaïen	Labourdin	Souletin
S.	2	*r.*	zatzakiote	zakijuez	zakizkiote	zakitze
		m.	akiotek	akijue	hakiote	akie
		f.	akioten	akijuen	hakiote	akie
	3	*i.*	bekiote	bekijue	bekiote	bekie
		m.	—	bejekijuek	—	—
		f.	—	bejekijuen	—	—
P.	2	*i.*	zatzakizkiote	zakijueze	zakizkiote	zakitzeye
	3	*i.*	bekizkiote	bekijuez	bekizkiote	bekitze
		m.	—	bejekijuezak	—	—
		f.	—	bejekijuezan	—	—

VOIX INTRANSITIVE.

8. QU' IL LEUR SOIT—*Subjonctif*—*Présent*

			Guipuscoan	Biscaïen	Labourdin	Souletin
S.	1	*i.*	natzakioten	nakijuen	nakioten	nakien
		m.	nakiotekan	najakijueen	nakiotekan	—
		f.	nakiotenan	najakijuenan	nakiotenan	—
	2	*r.*	zatzakioten	zakijuezan	zakizkioten	zakitzen
		m.	akiotekan	akijuen	hakioten	akien
		f.	akiotenan	akijuenan	hakioten	akien
	3	*i.*	datzakioten	dakijuen	dakioten	dakien
		m.	dakiotekan	jakijueen	zakiotekan	—
		f.	dakiotenan	jakijuenan	zakiotenan	—
P.	1	*i.*	gatzakizkioten	gakijuezan	gaizkioten	gitzakien
		m.	gakizkiotekan	gajakijueezan	gaizkiotekan	—
		f.	gakizkiotenan	gajakijuenazan	gaizkiotenan	—
	2	*i.*	zatzakizkioten	zakijuezen	zakizkioten	zakitzeyen
	3	*i.*	datzakizkioten	dakijuezan	dakizkioten	dakitzen
		m.	dakizkiotekan	jakijueezan	zakizkiotekan	—
		f.	dakizkiotenau	jakijuenazau	zakizkiotenan	—

10. QU' IL LEUR FÛT—*Subjonctif*—*Passé*

			Guipuscoan	Biscaïen	Labourdin	Souletin
S.	1	*i.*	nenkioten	nenkijuen	nintzakioten	nenkien
		m.	nenkiotekan	najenkijueen	nintzakiotekan	—
		f.	nenkiotenan	najenkijuenan	nintzakiotenan	—
	2	*r.*	zenkioten	zenkijuezan	zintzaizkioten	zintzakien
		m.	enkiotekan	enkijuen	hintakioten	enkien
		f.	enkiotenan	enkijuenan	hintakioten	enkien
	3	*i.*	zekioten	ekijuen	zakioten	lekien
		m.	zekiotekan	jekijueen	lekiotekan	—
		f.	zekiotenan	jekijuenan	lekiotenan	—
P.	1	*i.*	genkizkioten	genkijuezan	gintzaizkioten	gintzakien
		m.	genkizkiotekan	gajenkijueezan	gintzaizkiotekan	—
		f.	genkizkiotenan	gajenkijuenazan	gintzaizkiotenan	—
	2	*i.*	zenkizkioten	zenkijuezen	zintzaizkioten	zintzakieyen
	3	*i.*	zekizkioten	ekijuezan	zakizkioten	lekitzen
		m.	zekizkiotekan	jekijueezan	lekizkiotekan	—
		f.	zekizkiotenan	jekijuenazan	lekizkiotenan	—

VOIX INTRANSITIVE.

12. IL LEUR PEUT—*Potentiel—Présent*

			Guipuscoan	Biscaïen	Labourdin	Souletin
S.	1	*i.*	natzakioteke	nakijue	nakiokete	nitakie
		m.	nakiotekek	najakijuek	nakioketek	nitakiek
		f.	nakioteken	najakijuen	nakiokene	nitakien
		r.	—	—	—	nitakiezü
	2	*r.*	zatzakioteke	zakijuez	zakizkiokete	zitakie
		m.	akiotekek	akijue	hakiokete	itakie
		f.	akioteken	akijuen	hakiokete	itakie
	3	*i.*	datzakioteke	dakijue	dakiokete	ditakie
		m.	dakiotekek	jakijuek	zakioketek	ditakiek
		f.	dakioteken	jakijuen	zakiokene	ditakien
		r.	—	—	—	ditakiezü
P.	1	*i.*	gatzazkioteke	gakijuez	gaizkiokete	gitakie
		m.	gaizkiotekek	gajakijuezak	gaizkioketek	gitakiek
		f.	gaizkioteken	gajakijuezan	gaizkiokene	gitakien
		r.	—	—	—	gitakiezü
	2	*i.*	zatzazkioteke	zakijueze	zakizkiokete	zitakieye
	3	*i.*	datzazkioteke	dakijuez	dakizkiokete	ditakitze
		m.	daizkiotekek	jakijuezak	zakizkioketek	ditakitzek
		f.	daizkioteken	jakijuezan	zakizkiokene	ditakitzen
		r.	—	—	—	ditakitzetzü

14. IL LEUR POURRAIT—*Potentiel conditionnel—Présent*

			Guipuscoan	Biscaïen	Labourdin	Souletin
S.	1	*i.*	nintzakioteke	nenkijue	nintzakiokete	neinkie
		m.	nintzakiotekek	najeinkijuek	nintzakioketek	neinkiek
		f.	nintzakioteken	najeinkijuen	nintzakiokene	neinkien
		r.	—	—	—	neinkiezü
	2	*r.*	zintzakioteke	zenkijuez	zintzaizkiokete	zeneinkie
		m.	intzakiotekek	einkijuek	hintakiokete	einkie
		f.	intzakioteken	einkijuen	hintakiokete	einkie
	3	*i.*	litzakioteke	lekijue	lakiokete	leikie
		m.	litzakiotekek	lajeikijuek	lakioketek	likiek
		f.	litzakioteken	lajeikijuen	lakiokene	likien
		r.	—	—	—	likiezü
P.	1	*i.*	gintzazkioteke	genkijuez	gintzaizkiokete	geneinkie
		m.	gintzazkiotekek	gajeinkijuezak	gintzaizkioketek	geneinkiek
		f.	gintzazkioteken	gajeinkijuezan	gintzaizkiokene	geneinkien
		r.	—	—	—	geneinkiezü
	2	*i.*	zintzazkioteke	zenkijueze	zintzaizkiokete	zeneinkeye
	3	*i.*	litzazkioteke	lekijuez	lakizkiokete	lezkie
		m.	litzazkiotekek	lajeikijuezak	lakizkioketek	lizkiek
		f.	litzazkioteken	lajeikijuezan	lakizkiokene	lizkien
		r.	—	—	—	lizkietzü

VOIX INTRANSITIVE.

16. IL LEUR POUVAIT—*Potentiel conditionnel—Passé*

			Guipuscoan	Biscaïen	Labourdin	Souletin
S.	1	*i.*	nintzakiotekean	nenkijuen	nintzakioteken	nintakien
		m.	nintzakiotekekan	najeinkijueen	nintzakiotekeyan	nintakieya
		f.	nintzakiotekenan	najeinkijuenan	nintzakiotekenan	nintakieña
		r.	—	—	—	nintakiezün
	2	*r.*	zintzakiotekean	zenkijuezan	zintzaizkioteken	zintakien
		m.	intzakiotekekan	einkijuen	hintakioteken	intakien
		f.	intzakiotekenan	einkijuenan	hintakioteken	intakien
	3	*i.*	zitzakiotekean	lekijuen	zakioteken	zitakien
		m.	zitzakiotekekan	lajeikijueen	zakiotekeyan	zitakieya
		f.	zitzakiotekenan	lajeikijuenan	zakiotekenan	zitakieña
		r.	—	—	—	zitakiezün
P.	1	*i.*	gintzazkiotekean	genkijuezan	gintzaizkioteken	gintakien
		m.	gintzazkiotekekan	gajeinkijueezan	gintzaizkiotekeyan	gintakieya
		f.	gintzazkiotekenan	gajeinkijuenazan	gintzaizkiotekenan	gintakieña
		r.	—	—	—	gintakiezün
	2	*i.*	zintzazkiotekean	zenkijuezen	zintzaizkioteken	zintakieyen
	3	*i.*	zitzazkiotekean	lekijuezan	zakizkioteken	zitazkien
		m.	zitzazkiotekekan	lajeikijueezan	zakizkiotekeyan	zitazkieya
		f.	zitzazkiotekenan	lajeikijuenazan	zakizkiotekenan	zitazkieña
		r.	—	—	—	zitazkietzün

18. S'IL LEUR ÉTAIT—*Suppositif du conditionnel—Présent*

			Guipuscoan	Biscaïen	Labourdin	Souletin
S.	1	*i.*	banintzayote	baninchake	banintzayote	banintzeye
		m.	banintzayotek	baninchakek	banintzayotek	—
		f.	banintzayoten	baninchaken	banintzayone	—
	2	*r.*	bazintzayote	bazinchakez	bazintzaizkote	bazintzeye
		m.	baintzayotek	bainchake	bahintzayote	bahintzeye
		f.	baintzayoten	bainchaken	bahintzayote	bahintzeye
	3	*i.*	balitzayote	balitzake	balitzayote	balitzeyo
		m.	balitzayotek	balitzakek	balitzayotek	—
		f.	balitzayoten	balitzaken	balitzayone	—
P.	1	*i.*	bagintzazkiote	baginchakez	bagintzaizkote	bagintzeye
		m.	bagintzayotezak	baginchakezak	bagintzaizkotek	—
		f.	bagintzayotezan	baginchakezan	bagintzaizkone	—
	2	*i.*	bazintzazkiote	bazinchakeze	bazintzaizkote	bazintzeyie
	3	*i.*	balitzazkiote	balitzakez	balitzaizkote	balitzeitzo
		m.	balitzayotezak	balitzakezak	balitzaizkotek	—
		f.	balitzayotezan	balitzakezan	balitzaizkone	—

VOIX INTRANSITIVE.

19. s' il leur est—*Suppositif du potentiel—Présent*

			Guipuscoan	Biscaïen	Labourdin	Souletin
S.	1	*i.*	banatzakiote	banakijue	banakiote	—
		m.	banakiotek	banajakijuek	banakiotek	—
		f.	banakioten	banajakijuen	banakione	—
	2	*r.*	bazatzakiote	bazakijuez	bazakizkiote	—
		m.	baakiotek	baakijue	bahakiote	—
		f.	baakioten	baakijuen	bahakiote	—
	3	*i.*	badatzakiote	badakijue	badakiote	—
		m.	badakiotek	bajakijuek	bazakiotek	—
		f.	badakioten	bajakijuen	bazakione	—
P.	1	*i.*	bagatzakizkiote	bagakijuez	bagaizkiote	—
		m.	bagakizkiotek	bagajakijuezak	bagaizkiotek	—
		f.	bagakizkioten	bagajakijuezan	bagaizkione	—
	2	*i.*	bazatzakizkiote	bazakijueze	bazakizkiote	—
	3	*i.*	badatzakizkio	badakijuez	badakizkiote	—
		m.	badakizkiotek	bajakijuezak	bazakizkiotek	—
		f.	badakizkioten	bajakijuezan	bazakizkione	—

21. s' il leur était—*Suppositif du potentiel conditionnel—Futur présent*

			Guipuscoan	Biscaïen	Labourdin	Souletin
S.	1	*r.*	banenkiote	banenkijue	banintzakiote	banenkie
		m.	banenkiotek	banajenkijuek	banintzakiotek	—
		f.	banenkioten	banajenkijuen	banintzakione	—
	2	*r.*	bazenkiote	bazenkijuez	bazintzaizkiote	bazenenkie
		m.	baenkiotek	baenkijue	bahintakiote	bahenkie
		f.	baenkioten	baenkijueu	bahintakiote	bahenkie
	3	*i.*	balekiote	balekijue	balakiote	balekie
		m.	balekiotek	bajekijuek	balekiotek	—
		f.	balekioten	bajekijuen	balekione	—
P.	1	*i.*	bagenkizkiote	bagenkijuez	bagintzaizkiote	bagenenkie
		m.	bagenkizkiotek	bagajenkijuezak	bagintzaizkiotek	—
		f.	bagenkizkioten	bagajenkijuezan	bagintzaizkione	—
	2	*i.*	bazenkizkiote	bazenkijueze	bazintzaizkiote	bazenenkieye
	3	*i.*	balekizkiote	balekijuez	balakizkiote	balezkie
		m.	balekizkiotek	bajekijuezak	balekizkiotek	—
		f.	balekizkioten	bajekijuezan	balekizkione	—

VOIX INTRANSITIVE.

Temps n' appartenant qu' au dialecte biscaïen.

	7. IL LEUR SERA Impératif Futur	9. QU'IL LEUR SOIT Subjonctif Futur présent	11. QU'IL LEUR FÛT Subjonctif Futur passé	13. IL LEUR POURRA Potentiel Futur
S. 1 i.	—	nakikijuen	nenkikijuen	nakikijue
m.	—	najakikijueen	najenkikijueen	najakikijuek
f.	—	najakikijuenan	najenkikijuenan	najakikijuen
2 r.	zakikijuez	zakikijuezan	zenkikijuezan	zakikijuez
m.	akikijue	akikijuen	enkikijuen	akikijuek
f.	akikijuen	akikijuenan	enkikijuenan	akikijuen
3 i.	bekikijue	dakikijuen	ekikijuen	dakikijue
m.	bejekikijuek	jakikijueen	jekikijueen	jakikijuek
f.	bejekikijuen	jakikijuenan	jekikijuenan	jakikijuen
P. 1 i.	—	gakikijuezan	genkikijuezan	gakikijuez
m.	—	gajakikijueezan	gajenkikijueezan	gajakikijuezak
f.	—	gajakikijuenazan	gajenkikijuenazan	gajakikijuezan
2 i.	zakikijuezo	zakikijuezen	zenkikijuezen	zakikijueze
3 i.	bekikijuez	dakikijuezan	ekikijuezan	dakikijuez
m.	bejekikijuezak	jakikijueezan	jekikijueezan	jakikijuezak
f.	bejekikijuezan	jakikijuenazan	jekikijuenazan	jakikijuezan

	15. IL LEUR POURRAIT Potentiel condit. Futur présent	17. IL LEUR POUVAIT Potentiel condit. Futur passé	20. S'IL LEUR EST Suppos. du potent. Futur	22. S'IL LEUR ÉTAIT Supp. du pot. condit. Futur
S. 1 i.	nenkikijue	nenkikijuen	banakikijue	banenkikijue
m.	najeinkikijuek	najeinkikijueen	banajakikijuek	banajenkikijuek
f.	najeinkikijuen	najeinkikijuenan	banajakikijuen	banajenkikijuen
2 r.	zenkikijuez	zenkikijuezan	bazakikijuez	bazenkikijuez
ni.	einkikijuek	einkikijuen	baakikijue	baenkikijue
f.	einkikijuen	einkikijuenan	baukikijuen	baenkikijuen
3 i.	lekikijue	lekikijuen	badakikijue	bulekikijue
m.	lajeikikijuek	lajeikikijueen	bajakikijuek	bajekikijuek
f.	lajeikikijuen	lajeikikijuenan	bajakikijuen	bajekikijuen
P. 1 i.	genkikijuez	genkikijuezan	bagakikijuez	bagenkikijuez
m.	gajeinkikijuezak	gajeinkikijueezan	bagajakikijuezak	bagajenkikijuezak
f.	gajeinkikijuezan	gajeinkikijuenazan	bagajakikijuezan	bagajenkikijuezan
2 i.	zenkikijueze	zenkikijuezen	bazakikijueze	bazenkikijueze
3 i.	lekikijuez	lekikijuezan	badukikijuez	balekikijuez
m.	lajeikikijuezak	lajeikikijueezan	bajakikijuezak	bajekikijuezak
f.	lajeikikijuezan	lajeikikijuenazan	bajakikijuezan	bajekikijuezan

Temps n' appartenant qu' au dialecte souletin.

	23. LEUT FÛT-IL !—Optatif—Présent	24. LEUR FÛT-IL !—Optatif—Futur
S. 1 i.	ainintzeye	ainenkie
2 r.	aitzintzeye	aitzenenkie
m.	ahintzeye	ahekie
f.	ahintzeye	ahekie
3 i.	ailitzeye	ailekie
P. 1 i.	aikintzeye	aikenenkie
2 i.	aitzintzeyie	aitzenenkieye
3 i.	ailitzeitze	ailezkie

VOIX TRANSITIVE.

1. IL M' A—*Indicatif—Présent*

			Guipuscoan	Biscaïen	Labourdin	Souletin
S.	2	*r.*	nazu	nozu	nauzu	naizü
		m.	nak	nok	nauk	naik
		f.	nan	non	naun	naiñ
	3	*i.*	nau	nau	nau	nai
		m.	nachiok	najok	niak	nik
		f.	nachion	najon	nian	niñ
		r.	—	—	—	nizü
P.	2	*i.*	nazute	nozube	nauzue	naizie
	3	*i.*	naute	nabe	naute	naye
		m.	nachiotek	najuek	niatek	nie
		f.	nachioten	najuen	niane	niñe
		r.	—	—	—	nizie

2. IL M' AVAIT—*Indicatif—Passé*

			Guipuscoan	Biscaïen	Labourdin	Souletin
S.	2	*r.*	ninduzun	ninduzun	ninduzun	nündüzün
		m.	nindukan	ninduban	nindukan	nündia
		f.	nindunan	nindunan	nindunan	nündüña
	3	*i.*	ninduen	ninduban	ninduen	nündian
		m.	ninchiokan	nainduban	nindikan	nindia
		f.	ninchionan	naindunan	nindinan	nindiña
		r.	—	—	—	nindizün
P.	2	*i.*	ninduzuten	ninduzuben	ninduzuen	nündüzien
	3	*i.*	ninduten	ninduben	ninduten	nündien
		m.	ninchiokaten	naindubeen	ninditekan	nindieya
		f.	ninchionaten	naindunen	ninditenan	nindieña
		r.	—	—	—	nindizien

3. IL M' AURA—*Indicatif—Futur*

			Guipuscoan	Biscaïen	Labourdin	Souletin
S.	2	*r.*	—	—	nauzuke	naikezü
		m.	—	—	naukek	naikek
		f.	—	—	nauken	naiken
	3	*i.*	—	—	nauke	naike
		m.	—	—	niaukek	nikek
		f.	—	—	niauken	niken
		r.	—	—	—	nikezü
P.	2	*i.*	—	—	nauzueke	naikezie
	3	*i.*	—	—	naukete	naikeye
		m.	—	—	niauketek	nikeye
		f.	—	—	niaukene	nikeñe
		r.	—	—	—	nikezie

VOIX TRANSITIVE.

4. IL M' AURAIT—*Conditionnel—Présent*

			Guipuscoan	Biscaïen	Labourdin	Souletin
S.	2	r.	ninduzuke	nindukezu	ninduzuke	nündükezü
		m.	nindukek	nindukek	nindukek	nündükek
		f.	ninduken	ninduken	ninduken	nündüken
	3	i.	ninduke	ninduke	ninduke	nündüke
		m.	ninchendukek	naindukek	nindikek	nindikek
		f.	ninchenduken	nainduken	nindiken	nindiken
		r.	—	—	—	nindikezü
P.	2	i.	ninduzuteke	nindukezube	ninduzueke	nündükezie
	3	i.	ninduteke	nindukee	nindukete	nündükeye
		m.	ninchenduketek	naindukeek	nindiketek	nindikeye
		f.	ninchenduketen	naindukeen	nindikene	nindikeñe
		r.	—	—	—	nindikezie

5. IL M' AURAIT EU—*Conditionnel Passé*

			Guipuscoan	Biscaïen	Labourdin	Souletin
S.	2	r.	ninduzukean	nindukezun	ninduzuken	nündükezün
		m.	nindukekan	nindukian	nindukeyan	nündükeya
		f.	nindukenan	nindukenan	nindukenan	nünkükeña
	3	i.	nindukean	nindukian	ninduken	nündükian
		m.	ninchendukekan	naindukian	nindikeyan	nindikeya
		f.	ninchendukenan	naindukenan	nindikenan	nindikeña
		r.	—	—	—	nindikezün
P.	2	i.	ninduzutekean	nindukezuben	ninduzueken	nündükezien
	3	i.	nindutekean	nindukeen	ninduketen	nündükien
		m.	ninchenduketekan	naindukeeen	ninduketekan	nindikieya
		f.	ninchenduketenan	naindukenen	ninduketenan	nindikieña
		r.	—	—	—	nindikezien

6. QU' IL M' AIT—*Impératif—Présent*

			Guipuscoan	Biscaïen	Labourdin	Souletin
S.	2	r.	nazazu	nagizu	nazazu	nezazü
		m.	nazak	nagik	nazak	nezak
		f.	nazan	nagin	nazan	nezan
	3	i.	naza	nagi	beneza	—
		m.	—	najegik	—	—
		f.	—	najegin	—	—
P.	2	i.	nazazute	nagizube	nazazue	nezazie
	3	i.	nazate	nagije	benezate	—
		m.	—	najegijek	—	—
		f.	—	najegijen	—	—

VOIX TRANSITIVE.

8. QU' IL M' AIT—*Subjonctif*—*Présent*

			Guipuscoan	Biscaïen	Labourdin	Souletin
S.	2	*r.*	nazazun	nagizun	nazazun	nezazün
		m.	nazadakan	nagijan	nazakan	nezaya
		f.	nazadanan	naginan	nazanan	nezaña
	3	*i.*	nazan	nagijan	nazan	nezan
		m.	nazakan	najagijan	niezakan	—
		f.	nazanan	najaginan	niezanan	—
P.	2	*i.*	nazazuten	nagizuben	nazazuen	nezazien
	3	*i.*	nazaten	nagijen	nazaten	nezen
		m.	nazakaten	najagijeen	niezatekan	—
		f.	nazanaten	najaginen	niezatenan	—

10. QU' IL M' EÛT—*Subjonctif*—*Passé*

			Guipuscoan	Biscaïen	Labourdin	Souletin
S.	2	*r.*	ninzazun	nengizun	nintzatzun	nentzazün
		m.	nenzadakan	nengijan	nintzakan	nentzaya
		f.	nenzadanan	nenginan	nintzanan	nentzaña
	3	*i.*	ninzan	nengijan	nintzan	nentzan
		m.	nenzakan	najengijan	nientzakan	—
		f.	nenzanan	najenginan	nientzanan	—
P.	2	*i.*	ninzazuten	nengizuben	nintzatzuen	nentzazien
	3	*i.*	ninzaten	nengijen	nintzaten	nentzen
		m.	nenzakaten	najengijeen	nientzatekan	—
		f.	nenzanaten	najenginen	nientzatenan	—

12. IL ME PEUT—*Potentiel*—*Présent*

			Guipuscoan	Biscaïen	Labourdin	Souletin
S.	2	*r.*	nazakezu	naizu	nazakezu	nezakezü
		m.	nazadakek	naik	nazakek	nezakek
		f.	nazadaken	nain	nazaken	nezaken
	3	*i.*	nazake	nai	nazake	nitzake
		m.	nazakek	najaik	niezakek	nitzakek
		f.	nazaken	najain	niezaken	nitzaken
		r.	—	—	—	nitzakezü
P.	2	*i.*	nazakezute	naizube	nazakezue	netzakezie
	3	*i.*	nazakete	naije	nazakete	nitzakeye
		m.	nazaketek	najaijek	niezaketek	nitzakeye
		f.	nazaketen	najaijen	niezakene	nitzakeñe
		r.	—	—	—	nitzakezie

VOIX TRANSITIVE.

14. IL ME POURRAIT—*Potentiel conditionnel—Présent*

			Guipuscoan	Biscaïen	Labourdin	Souletin
S.	2	r.	nintzakezu	neizu	nintzaketzu	nentzakezü
		m.	nintzadakek	neik	nintzakek	nentzakek
		f.	nintzadaken	nein	nintzaken	nentzaken
	3	i.	nintzake	nei	nintzake	nentzake
		m.	nintzakek	najeik	nientzakek	nintzakek
		f.	nintzaken	najein	nientzaken	nintzaken
		r.	—	—	—	nintzakezü
P.	2	i.	nintzakezute	neizube	nintzaketzue	nentzakezie
	3	i.	nintzakete	neije	nintzakete	nentzakeye
		m.	nintzaketek	najeijek	nientzaketek	nintzakeye
		f.	nintzaketen	najeijen	nientzakene	nintzakeñe
		r.	—	—	—	nintzakezie

16. IL ME POUVAIT—*Potentiel conditionnel—Passé*

			Guipuscoan	Biscaïen	Labourdin	Souletin
S.	2	r.	nintzakezuan	neizun	nintzaketzun	nentzakezün
		m.	nintzadakekan	neijan	nintzakeyan	nentzakeya
		f.	nintzadakenan	neinan	nintzakenan	nentzakeña
	3	i.	nintzakean	neijan	nintzaken	nentzakian
		m.	nintzakekan	najeijan	nientzakeyan	nentzakia
		f.	nintzakenan	najeinan	nientzakenan	nentzakeña
		r.	—	—	—	nentzakezün
P.	2	i.	nintzakezutean	neizuben	nintzaketzuen	nentzakezien
	3	i.	nintzaketean	neijen	nintzaketen	nentzakeyen
		m.	nintzaketekan	najeijeen	nientzaketeyan	nentzakieya
		f.	nintzaketenan	najeinen	nientzaketenan	nentzakieña
		r.	—	—	—	nentzakiezün

18. S' IL M' AVAIT—*Suppositif du conditionnel—Présent*

			Guipuscoan	Biscaïen	Labourdin	Souletin
S.	2	r.	baninduzu	baninduzu	baninduzu	banündüzü
		m.	baninduk	baninduk	baninduk	banundük
		f.	banindun	banindun	banindun	banündün
	3	i.	banindu	banindu	banindu	banündü
		m.	baninchenduk	banainduk	banindik	—
		f.	baninchendun	banaindun	banindin	—
P.	2	i.	baninduzute	baninduzube	baninduzue	banündüzie
	3	i.	banindute	banindube	banindute	banündie
		m.	baninchendutek	banaindubek	baninditek	—
		f.	baninchenduten	banainduben	banindine	—

VOIX TRANSITIVE.

19. s' il m' a—*Suppositif du potentiel—Présent*

			Guipuscoan	Biscaïen	Labourdin	Souletin
S.	2	r.	banazazu	banagizu	banazazu	—
		m.	banazadak	banagik	banazak	—
		f.	banazadan	banagin	banazan	—
	3	i.	banaza	banagi	banaza	—
		m.	banazak	banajagik	baniezak	—
		f.	banazau	banajagin	baniezan	—
P.	2	i.	banazazute	banagizube	banazazue	—
	3	i.	banazate	banagije	banazate	—
		m.	banazatek	banajagijek	baniezatek	—
		f.	banazaten	banajagijen	baniezane	—

21. s' il m' avait—*Suppositif du potentiel conditionnel—Futur présent*

			Guipuscoan	Biscaïen	Labourdin	Souletin
S.	2	r.	baninzazu	banengizu	banintzatzu	banentzazü
		m.	baninzadak	banengik	banintzak	banentzak
		f.	baninzadan	banengin	banintzan	banentzan
	3	i.	baninza	banengi	banintza	banentza
		m.	baninzak	banajengik	banientzak	—
		f.	baninzan	banajengin	banientzan	—
P.	2	i.	baninzazute	banengizube	banintzatzue	banentzazie
	3	i.	baninzate	banengije	banintzate	banentze
		m.	baninzatek	banajengijek	banientzatek	—
		f.	baninzaten	banajengijen	banientzane	—

VOIX TRANSITIVE.

Temps n' appartenant qu' au dialecte biscaïen.

			7. IL M' AURA *Impératif* *Futur*	9. QU' IL M' AIT *Subjonctif* *Futur présent*	11. QU' IL M' EÛT *Subjonctif* *Futur passé*	13. IL ME POURRA *Potentiel* *Futur*
S.	2	*r.*	nagikezu	nagikezun	nengikezun	naikezu
		m.	nagikek	nagikian	nengikian	naikek
		f.	nagiken	nagikenan	nengikinan	naiken
	3	*i.*	nagike	nagikian	nengikian	naike
		m.	najegikek	najagikian	najengikian	najaikek
		f.	najegiken	najagikenan	najengikenan	najaiken
P.	2	*i.*	nagikezube	nagikezuben	nengikezuben	naikezube
	3	*i.*	nagikee	nagikeen	nengikeen	naikee
		m.	najegikeek	najagikeeen	najengikeeen	najaikeek
		f.	najegikeen	najagikeuen	najengikeuen	najaikeen

			15. IL ME POURRAIT *Potentiel condit.* *Futur présent*	17. IL ME POUVAIT *Potentiel condit.* *Futur passé*	20. S' IL M' A *Suppos. du potentiel* *Futur*	22. S' IL M' AVAIT *Supp. du pot. condit.* *Futur*
S.	2	*r.*	neikezu	neikezun	banagikezu	banengikezu
		m.	neikek	neikian	banagikek	banengikek
		f.	neiken	neikenan	banagiken	banengiken
	3	*i.*	neike	neikian	banagike	banengike
		m.	najeikek	najeikian	banajagikek	banajengikek
		f.	najeiken	najeikenan	banajagiken	banajengiken
P.	2	*i.*	neikezube	neikezuben	banagikezube	banengikezube
	3	*i.*	neikee	neikeen	banagikee	banengikee
		m.	najeikeek	najeikeeen	banajagikeek	banajengikeek
		f.	najeikeen	najeikenen	banajagikeen	banajengikeen

Temps n' appartenant qu' au dialecte souletin.

			23. M' EÛT-IL !—*Optatif—Présent*	24. M' EÛT-IL !—*Optatif—Futur*
S.	2	*r.*	ainündüzü	ainentzazü
		m.	ainündük	ainentzak
		f.	ainündun	ainentzan
	3	*i.*	ainündü	ainentza
P.	2	*i.*	ainündüzie	ainentzazie
	3	*i.*	ainündie	ainentze

VOIX TRANSITIVE.

1. IL T' A—*Indicatif*—*Présént*

			Guipuscoan	Biscaïen	Labourdin	Souletin
S.	1	r.	zaitut	zaitudaz	zaitut	zütüt
		m.	aut	aut	haut	ait
		f.	aut	aunat	haut	uit
	3	r.	zaitu	zaituz	zaitu	zütü
		m.	au	au	hau	ai
		f.	au	auna	hau	ai
P	1	r.	zaitugu	zaituguz	zaitugu	zütügü
		m.	augu	augu	haugu	aigü
		f.	augu	aunagu	haugu	aigü
	3	r.	zaituzte	zaitubez	zaituzte	zütie
		m.	aute	abe	haute	aye
		f.	aute	aunee	haute	aye

2. IL T' AVAIT—*Indicatif*—*Passé*

			Guipuscoan	Biscaïen	Labourdin	Souletin
S.	1	r.	zindudan	zindudazan	zintudan	züntüdan
		m.	indukadan	indudan	hintudan	ündüdan
		f.	indunadan	indunadan	hintudan	ündüdan
	3	r.	zinduen	zinduzan	zintuen	züntian
		m.	indukan	induan	hintuen	ündian
		f.	indunan	indunan	hintuen	ündian
P.	1	r.	zindugun	zinduguzan	zintugun	züntügün
		m.	indukagun	indugun	hintugun	ündügün
		f.	indunagun	indunagun	hintugun	ündügün
	3	r.	zinduten	zindubezan	zintuzten	züntien
		m.	indukaten	induben	hintuzten	ündien
		f.	indunaten	indunen	hintuzten	ündien

3. IL T' AURA—*Indicatif*—*Futur*

			Guipuscoan	Biscaïen	Labourdin	Souletin
S.	1	r.	—	—	zaituzket	zütüket
		m.	—	—	hauket	aiket
		f.	—	—	hauket	aiket
	3	r.	—	—	zaituzke	zütüke
		m.	—	—	hauke	aike
		f.	—	—	hauke	aike
P.	1	r.	—	—	zaituzkegu	zütükegü
		m.	—	—	haukegu	aikegü
		f.	—	—	haukegu	aikegü
	3	r.	—	—	zaituzkete	zütükeye
		m.	—	—	haukete	aikeye
		f.	—	—	haukete	aikeye

VOIX TRANSITIVE.

4. IL T' AURAIT—*Conditionnel—Présent*

			Guipuscoan	Biscaïen	Labourdin	Souletin
S.	1	r.	zinduket	zindukedaz	zintuzket	züntüket
		m.	indukekat	induket	hintuket	ündüket
		f.	indukenat	indukenat	hintuket	ündüket
	3	r.	zinduke	zindukez	zintuzke	züntüke
		m.	indukek	induke	hintuke	üudüke
		f.	induken	induken	hintuke	ündüke
P.	1	r.	zindukegu	zindukeguz	zintuzkegu	züntükegü
		m.	indukekagu	indukegu	hintukegu	ündükegü
		f.	indukenagu	indukenagu	hintukegu	ündükegü
	3	r.	zindukete	zindukeez	zintuzkete	züntükie
		m.	induketek	indukee	hintukete	ündükie
		f.	induketen	indukeen	hintukete	ündükie

5. IL IL T' AURAIT EU—*Conditionnel—Passé*

			Guipuscoan	Biscaïen	Labourdin	Souletin
S.	1	r.	zindukedan	zindukedazan	zintuzkedan	züntükedan
		m.	indukekadan	indukedan	hintukedan	ündükedan
		f.	indukenadan	indukenadan	hintukedan	ündükedan
	3	r.	zindukean	zindukezan	zintuzken	züntükian
		m.	indukekan	indukian	hintuken	ündükian
		f.	indukenan	indukenan	hintuken	ündükian
P.	1	r.	zindukeguan	zindukeguzan	zintuzkegun	züntükegün
		m.	indukekagun	indukegun	hintukegun	ündükegün
		f.	indukenagun	indukenagun	hintukegun	ündükegün
	3	r.	zinduketean	zindukeezan	zintuzketen	züntükien
		m.	indukekaten	indukeen	hintuketen	ündükeyen
		f.	indukenaten	indukenen	hintuketen	ündükeyen

6. QU' IL T' AIT—*Impératif—Présent*

			Guipuscoan	Biscaïen	Labourdin	Souletin
S.	3	r.	bizaitza	zagiz	bezaitza	—
		m.	—	agi	behaitza	—
		f.	—	agin	behaitza	—
P.	3	r.	bizaitzate	zagijez	bezaitzate	—
		m.	—	agije	behaitzate	—
		f.	—	agine	behaitzate	—

VOIX TRANSITIVE.

8. QU' IL T' AIT—*Subjonctif*—*Présent*

			Guipuscoan	Biscaïen	Labourdin	Souletin
S.	1	r.	zaitzadan	zagidazan	zaitzadan	zitzadan
		m.	azadakan	agidan	haitzadan	ezadan
		f.	azadanan	aginadan	haitzadan	ezadan
	3	r.	zaitzan	zagizan	zaitzan	zitzan
		m.	azakan	ugijan	haitzan	ezan
		f.	azanan	aginan	haitzan	ezan
P.	1	r.	zaitzagun	zagiguzan	zaitzagun	zitzagün
		m.	azakagun	agigun	haitzagun	ezagün
		f.	azanagun	aginagun	haitzagun	ezagün
	3	r.	zaitzaten	zagijezan	zaitzaten	zitzen
		m.	azakaten	agijen	haitzaten	ezen
		f.	azanaten	aginen	haitzaten	ezen

10. QU' IL T' EÛT—*Subjonctif*—*Passé*

			Guipuscoan	Biscaïen	Labourdin	Souletin
S.	1	r.	zinzadan	zengidazan	zintzadan	zintzadan
		m.	intzadakan	engidan	hintzadan	entzadan
		f.	intzadanan	enginadan	hintzadan	entzadan
	3	r.	zinzan	zengizan	zintzan	zintzan
		m.	intzakan	engijan	hintzan	entzan
		f.	intzanan	enginan	hintzan	ontzan
P.	1	r.	zinzagun	zengiguzan	zintzagun	zintzagün
		m.	intzakagun	engigun	hintzagun	entzagün
		f.	intzanagun	enginagun	hintzagun	entzagün
	3	r.	zinzaten	zengijezan	zintzaten	zintzen
		m.	intzakaten	engijon	hintzaten	entzen
		f.	intzanaten	enginen	hintzaten	entzen

12. IL TE PEUT—*Potentiel*—*Présent*

			Guipuscoan	Biscaïen	Labourdin	Souletin
S.	1	r.	zaitzaket	zaidaz	zaitzazket	zitzaket
		m.	azakekat	ait	haitzaket	etzaket
		f.	azakenat	ainan	haitzaket	etzaket
	3	r.	zaitzake	zaiz	zaitzazke	zitzake
		m.	azakek	ai	haitzake	etzake
		f.	azaken	ain	haitzake	etzake
P.	1	r.	zaitzakegu	zaiguz	zaitzazkegu	zitzakegü
		m.	azakekagu	aigu	haitzakegu	etzakegü
		f.	azakenagu	ainagu	haitzakegu	etzakegü
	3	r.	zaitzakete	zaijez	zaitzazkete	zitzakie
		m.	azaketek	aije	haitzakete	etzakeye
		f.	azaketen	aine	haitzakete	etzakeye

VOIX TRANSITIVE.

14. IL TE POURRAIT—*Potentiel conditionnel—Présent*

			Guipuscoan	Biscaïen	Labourdin	Souletin
S.	1	*r.*	zintzaiket	zineidaz	zintzazket	zentzaket
		m.	intzaikekat	inoit	hintzaket	entzaket
		f.	intzaikenat	ineinat	hintzaket	entzaket
	3	*r.*	zintzaike	zineiz	zintzazke	zentzake
		m.	intzaikek	inei	hintzake	entzake
		f.	intzaiken	inein	hintzake	entzake
P.	1	*r.*	zintzaikegu	zineiguz	zintzazkegu	zentzakegü
		m.	intzaikekagu	ineigu	hintzakegu	entzakegü
		f.	intzaikenagu	ineinagu	hintzakegu	entzakegü
	3	*r.*	zintzaikete	zineijez	zintzazkete	zentzakie
		m.	intzaiketek	ineije	hintzakete	entzakeye
		f.	intzaiketen	ineijen	hintzakete	entzakeye

16. IL TE POUVAIT—*Potentiel conditionnel—Passé*

			Guipuscoan	Biscaïen	Labourdin	Souletin
S.	1	*r.*	zintzaikedan	zineidazan	zintzazkedan	zentzakedan
		m.	intzaikekadan	ineidan	hintzakedan	entzakedan
		f.	intzaikenadan	ineinadan	hintzakedan	entzakedan
	3	*r.*	zintzaikean	zineizan	zintzazken	zentzakian
		m.	intzaikekan	ineijan	hintzaken	entzakian
		f.	intzaikenan	ineinan	hintzaken	entzakian
P.	1	*r.*	zintzaikeguan	zineiguzan	zintzazkegun	zentzakegün
		m.	intzaikekagun	ineigun	hintzakegun	entzakegün
		f.	intzaikenagun	ineinagun	hintzakegun	entzakegün
	3	*r.*	zintzaiketean	zineijezan	zintzazketen	zentzakien
		m.	intzaikekaten	ineijen	hintzaketen	entzakien
		f.	intzaikenaten	ineinen	hintzaketen	entzakien

18. S' IL T' AVAIT—*Suppositif du conditionnel—Présent*

			Guipuscoan	Biscaïen	Labourdin	Souletin
S.	1	*r.*	bazindut	bazindudaz	bazintut	bazüntüt
		m.	baindukat	baindut	bahintut	bahündüt
		f.	baindunat	baindunat	bahintut	bahündüt
	3	*r.*	bazindu	bazinduz	bazintu	bazüntü
		m.	bainduk	baindu	bahintu	bahündü
		f.	baindun	baindun	bahintu	bahündü
P.	1	*r.*	bazindugu	bazinduguz	bazintugu	bazüntügü
		m.	baindukagu	baindugu	bahintugu	bahündügü
		f.	baindunagu	baindunagu	bahintugu	bahündügü
	3	*r.*	bazindute	bazindubez	bazintuzte	bazüntie
		m.	baindutek	baindube	bahintuzte	bahündie
		f.	bainduten	baindune	bahintuzte	bahündie

VOIX TRANSITIVE.

19. s' il t' a—*Suppositif du potentiel—Présent*

			Guipuscoan	*Biscaïen*	*Labourdin*	*Souletin*
S.	1	r.	bazaitzat	bazagidaz	bazaitzat	—
		m.	baazadak	baagit	bahaitzat	—
		f.	baazadan	baaginat	bahaitzat	—
	3	r.	bazaitza	bazagiz	bazaitza	—
		m.	baazak	baagi	bahaitza	—
		f.	baazan	baagin	bahaitza	—
P.	1	r.	bazaitzagu	bazagiguz	bazaitzagu	—
		m.	baazakagu	baagigu	bahaitzagu	—
		f.	baazanagu	baaginagu	bahaitzagu	—
	3	r.	bazaitzate	bazagijez	bazaitzate	—
		m.	baazatek	baagije	bahaitzate	—
		f.	baazaten	baagine	bahaitzate	—

21. s' il t' avait—*Suppositif du potentiel conditionnel—Futur présent*

			Guipuscoan	*Biscaïen*	*Labourdin*	*Souletin*
S.	1	r.	bazinzat	bazengidaz	bazintzat	bazintzat
		m.	baintzadak	baengit	bahintzat	bahentzat
		f.	baintzadan	baenginat	bahintzat	bahentzat
	3	r.	bazinza	bazengiz	bazintza	bazintza
		m.	baintzak	baengi	bahintza	bahentza
		f.	baintzan	baengin	bahintza	bahentza
P.	1	r.	bazinzagu	bazengiguz	bazintzagu	bazintzagü
		m.	baintzakagu	baengigu	bahintzagu	bahentzagü
		f.	baintzanagu	baenginagu	bahintzagu	bahentzagü
	3	r.	bazinzate	bazengijez	bazintzate	bazintze
		m.	baintzatek	baengije	bahintzate	bahentze
		f.	baintzaten	baengijen	bahintzate	bahentze

VOIX TRANSITIVE.

Temps n' appartenant qu' au dialecte biscaïen.

			7. IL T' AURA *Impératif* *Futur*	9. QU' IL T' AIT *Subjonctif* *Futur présent*	11. QU' IL T' EÛT *Subjonctif* *Futur passé*	13. IL TE POURRA *Potentiel* *Futur*
S.	1	*r.*	—	zagikedazan	zengikedazan	zaikedaz
		m.	—	agikedan	engikedan	aiket
		f.	—	agikenadan	engikenadan	aikenat
	3	*i.*	zagikez	zagikezan	zengikezan	zaikez
		m.	agike	agikian	engikian	aike
		f.	agiken	agikenan	engikenan	aiken
P.	1	*r.*	—	zagikeguzan	zengikeguzan	zaikeguz
		m.	—	agikegun	engikegun	aikegu
		f.	—	agikenagun	engikenagun	aikenagu
	3	*r.*	zagikeez	zagikeezan	zengikeezan	zaikeez
		m.	agikee	agikeen	engikeen	aikee
		f.	agikeen	agikenen	engikenen	aikene

			15. IL TE POURRAIT *Potentiel condit.* *Futur présent*	17. IL TE POUVAIT *Potentiel condit.* *Futur passé*	20. S' IL T' A *Suppos. du potent.* *Futur*	22. S' IL T' AVAIT *Supp. du pot. condit.* *Futur*
S.	1	*r.*	zineikedaz	zineikedazan	bazagikedaz	bazengikedaz
		m.	ineiket	ineikedan	baagiket	baengiket
		f.	ineikenat	incikenadan	baagikenat	baengikenat
	3	*r.*	zineikez	zineikezan	bazagikez	bazengikez
		m.	ineikee	ineikian	baagike	baengike
		f.	ineikeen	ineikenan	baagiken	baengiken
P.	1	*r.*	zineikeguz	zineikeguzan	bazagikeguz	bazengikeguz
		m.	ineikegu	ineikegun	baagikegu	baengikegu
		f.	ineikenagu	ineikenagun	baagikenagu	baengikenagu
	3	*r.*	zineikeez	zineikeezan	bazagikeez	bazengikeez
		m	ineikee	ineikeen	baagikee	baengikee
		f.	incikeen	ineikenen	baagikene	baengikeen

Temps n' appartenant qu' au dialecte souletin.

			23. T' EÛT-IL!—*Optatif—Présent*	24. T' EÛT-IL!—*Optatif—Futur*
S.	1	*r.*	aitzüntüt	aitzintzat
		m.	ahündüt	ahentzat
		f.	ahündüt	ahentzat
	3	*r.*	aitzüntü	aitzintza
		m.	ahündü	ahentza
		f.	ahündü	ahentza
P.	1	*r.*	aitzüntügü	aitzintzagü
		m.	ahündügü	ahentzagü
		f.	ahündügü	ahentzagü
	3	*r.*	aitzüntie	aitzintze
		m.	ahündie	ahentze
		f.	ahündie	ahentze

VOIX TRANSITIVE.

1. IL L' A—*Indicatif—Présent*

			Guipuscoan	Biscaïen	Labourdin	Souletin
S.	1	*i.*	det	dot	dut	düt
		m.	diat	juat	diat	diat
		f.	diñat	jonat	diñat	diñat
		r.	—	—	—	dizüt
	2	*r.*	dezu	dozu	duzu	düzü
		m.	dek	dok	duk	dük
		f.	den	don	duñ	düñ
	3	*i.*	du	dàu	du	dü
		m.	dik	jok	dik	dík
		f.	diñ	jon	diñ	din
		r.	—	—	—	dizü
P.	1	*i.*	degu	dogu	dugu	dügü
		m.	diagu	juagu	diagu	diagü
		f.	diñagu	jonagu	diñagu	diñagü
		r.	—	—	—	dizügü
	2	*i.*	dezute	dozube	duzue	düzie
	3	*i.*	dute	dabe	dute	die
		m.	ditek	juek	ditek	die
		f.	diten	jone	dine	diñe
		r.	—	—	—	dizie

2. IL L' AVAIT—*Indicatif—Passé*

			Guipuscoan	Biscaïen	Labourdin	Souletin
S.	1	*i.*	nuen	neban	nuen	nian
		m.	nikan	najuan	nikan	nia
		f.	niñan	najonan	ninan	niña
		r.	—	—	—	nizün
	2	*r.*	zenduen	zenduban	zinuen	zünian
		m.	ukan	eban	huen	ian
		f.	unan	ebanan	huen	ian
	3	*i.*	zuen	eban	zuen	zian
		m.	zikan	juan	zikan	zia
		f.	ziñan	jonan	zinan	ziña
		r.	—	—	—	zizün
P.	1	*i.*	genduen	genduban	ginuen	günian
		m.	giñikan	gajuan	ginikan	ginia
		f.	giñiñan	gajonan	giniñan	giniña
		r.	—	—	—	ginizün
	2	*i.*	zenduten	zenduben	zinuten	zünien
	3	*i.*	zuten	ebeen	zuten	zien
		m.	zikaten	jueen	zitekan	zieya
		f.	ziñaten	jonen	zitenan	zieña
		r.	—	—	—	zizien

VOIX TRANSITIVE.

3. IL L'AURA—*Indicatif*—*Futur*

			Guipuscoan	Biscaïen	Labourdin	Souletin
S.	1	*i.*	—	—	duket	düket
		m.	—	—	zikeat	dikeyat
		f.	—	—	zikenat	dikeñat
		r.	—	—	—	dikezüt
	2	*r.*	—	—	dukezu	dükezü
		m.	—	—	dukek	dükek
		f.	—	—	duken	düken
	3	*i.*	—	—	duke	düke
		m.	—	—	zikek	dikek
		f.	—	—	ziken	diken
		r.	—	—	—	dikezü
P.	1	*i.*	—	—	dukegu	dükegü
		m.	—	—	zikeagu	dikeyagü
		f.	—	—	zikenagu	dikeñagü
		r.	—	—	—	dikezügü
	2	*i.*	—	—	dukezue	dükezie
	3	*i.*	—	—	dukete	dükeye
		m.	—	—	ziketek	dikeye
		f.	—	—	zikene	dikeñe
		r.	—	—	—	dikezie

4. IL L'AURAIT—*Conditionnel*—*Présent*

			Guipuscoan	Biscaïen	Labourdin	Souletin
S.	1	*i.*	nuke	neunke	nuke	nüke
		m.	nikek	najeunkek	nikek	nikek
		f.	niken	najeunken	niken	niken
		r.	—	—	—	nikezü
	2	*r.*	zenduke	zeunke	zinuke	zünüke
		m.	ukek	eunkek	huke	üke
		f.	uken	eunken	huke	üke
	3	*i.*	luke	leuke	luke	lüke
		m.	likek	lajeukek	likek	likek
		f.	liken	lajeuken	liken	liken
		r.	—	—	—	likezü
P.	1	*i.*	genduke	geunke	ginuke	günüke
		m.	ginkek	gajeunkek	ginikek	ginikek
		f.	ginken	gajeunken	giniken	giniken
		r.	—	—	—	ginikezü
	2	*i.*	zendukete	zeunkee	zinukete	zünükeye
	3	*i.*	lukete	leukee	lukete	lükeye
		m.	liketek	lajeukeek	liketek	likeye
		f.	liketen	lajeukene	likene	likeñe
		r.	—	—	—	likezie

VOIX TRANSITIVE.

5. IL L'AURAIT EU—*Conditionnel—Passé*

			Guipuscoan	Biscaïen	Labourdin	Souletin
S.	1	*i.*	nukean	neunkian	nuken	nükian
		m.	nikekan	najeunkiaan	nikeyan	nikeya
		f.	nikenan	najeunkenan	nikenan	nikeña
		r.	—	—	—	nikezün
	2	*r.*	zendukean	zeunkian	zinuken	zünükian
		m.	ukekan	eunkian	huken	ükian
		f.	ukenan	eunkenan	huken	ükian
	3	*i.*	zukean	leukian	zuken	zükian
		m.	zikekan	lajeukiaan	zikeyan	zikeya
		f.	zikenan	lajeukenan	zikenan	zikeña
		r.	—	—	—	zikezün
P.	1	*i.*	gendukean	geunkian	ginuken	gunükian
		m.	ginkekan	gajeunkiaun	ginekeyan	ginikeya
		f.	ginkenan	gajeunkenan	ginekenan	ginikeña
		r.	—	—	—	ginikezün
	2	*i.*	zenduketean	zeunkeen	zinuketen	zünükeyen
	3	*i.*	zuketean	leukeen	zuketen	zükien
		m.	ziketekan	lajeukeeen	ziketekan	zikieya
		f.	ziketenan	lajeukenen	ziketenan	zikieña
		r.	—	—	—	zikezien

6. QU'IL L'AIT—*Impératif—Présent*

			Guipuscoan	Biscaïen	Labourdin	Souletin
S.	2	*r.*	ezazu	egizu	zazu	ezazü
		m.	ezak	egik	zak	ezak
		f.	ezan	egin	zan	ezan
	3	*i.*	beza	begi	beza	beza
		m.	—	bejegik	—	—
		f.	—	bejegin	—	—
P.	2	*i.*	ezazute	egizube	zazue	ezazie
	3	*i.*	bezate	begije	bezate	beze
		m.	—	bejegijek	—	—
		f.	—	bejegiue	—	—

VOIX TRANSITIVE.

8. QU' IL L' AIT—*Subjonctif—Présent*

			Guipuscoan	Biscaïen	Labourdin	Souletin
S.	1	*i.*	dezadan	dagidan	dezadan	dezadan
		m.	dezakadan	jagijadan	dezakadan	—
		f.	dezanadan	jaginadan	dezanadan	—
	2	*r.*	dezazun	dagizun	dezazun	dezazün
		m.	ezakan	dagijan	dezakan	dezaya
		f.	ezanan	daginan	dezanan	dezaña
	3	*i.*	dezan	dagijan	dezan	dezan
		m.	dezakan	jagijan	dezakan	—
		f.	dezanan	jaginan	dezanan	—
P.	1	*i.*	dezagun	dagigun	dezagun	dezagün
		m.	dezakagun	jagijagun	dezakagun	—
		f.	dezanagun	jaginagun	dezanagun	—
	2	*i.*	dezazuten	dagizuben	dezazuen	dezazien
	3	*i.*	dezaten	dagijen	dezaten	dezen
		m.	dezakaten	jagijeen	dezatekan	—
		f.	dezanaten	jaginen	dezatenan	—

10. QU' IL L' EÛT—*Subjonctif—Passé*

			Guipuscoan	Biscaïen	Labourdin	Souletin
S.	1	*i.*	nezan	nengijan	nezan	nezan
		m.	nezakan	najengijan	nezakan	—
		f.	nezanan	najenginan	nezanan	—
	2	*r.*	zenezan	zengijan	zinezan	zenezan
		m.	enzakan	engijan	hezan	ezan
		f.	enzanan	enginan	hezan	ezan
	3	*i.*	zezan	legijan	zezan	lezan
		m.	zezakan	jegijan	zezakan	—
		f.	zezanan	jeginan	zezanan	—
P.	1	*i.*	genezan	gengijan	ginezan	genezan
		m.	genzakan	gajengijan	ginezakan	—
		f.	genzanan	gajenginan	ginezanan	—
	2	*i.*	zenezaten	zengijen	zinezaten	zenezen
	3	*i.*	zezaten	legijen	zezaten	lezen
		m.	zezakaten	jegijeen	zezatekan	—
		f.	zezanaten	jeginen	zezatenan	—

VOIX TRANSITIVE.

12. IL LE PEUT—*Potentiel—Présent*

			Guipuscoan	Biscaïen	Labourdin	Souletin
S.	1	*i.*	dezaket	dait	dezaket	dezaket
		m.	dezakeat	jaijat	zezakeat	dezakeyat
		f.	dezakenat	jainat	zezakenat	dezakeñat
		r.	—	—	—	dezakezüt
	2	*r.*	dezakezu	daizu	dezakezu	dezakezü
		m.	ezakek	daik	dezakek	dezakek
		f.	ezaken	dain	dezaken	dezaken
	3	*i.*	dezake	dai	dezake	dezake
		m.	dezakek	jaik	zezakek	dizakek
		f.	dezaken	jain	zezaken	dizaken
		r.	—	—	—	dizakezü
P.	1	*i.*	dezakegu	daigu	dezakegu	dezakegü
		m.	dezakeagu	jaijagu	zezakeagu	dezakeyagü
		f.	dezakenagu	jainagu	zezakenagu	dezakeñagü
		r.	—	—	—	dezakezügü
	2	*i.*	dezakezute	daizube	dezukezue	dezakezie
	3	*i.*	dezakete	daije	dezakete	dezakeye
		m.	dezaketek	jaijek	zezaketek	dizakeye
		f.	dezaketen	jaine	zezakene	dizakeñe
		r.	—	—	—	dizakezie

14. IL LE POURRAIT—*Potentiel conditionnel—Présent*

			Guipuscoan	Biscaïen	Labourdin	Souletin
S.	1	*i.*	nezake	nei	nezake	nezake
		m.	nezakek	najeik	nezakek	nezakek
		f.	nezaken	najein	nezaken	nezaken
		r.	—	—	—	nezakezü
	2	*r.*	zenezake	zinei	zinezake	zenezake
		m.	enzakek	ineik	hezake	ezake
		f.	enzaken	inein	hezake	ezake
	3	*i.*	lezake	lei	lezake	lezake
		m.	lezakek	lajeik	lezakek	lezakek
		f.	lezaken	lajein	lezaken	lezaken
		r.	—	—	—	lezakezü
P.	1	*i.*	genezake	ginei	ginezake	genezake
		m.	genzakek	gaincik	ginezakek	genezakek
		f.	genzaken	gainein	ginezaken	genezaken
		r.	—	—	—	genezakezü
	2	*i.*	zenezakete	zincije	zinezakete	zenezakeye
	3	*i.*	lezakete	leije	lezakete	lezakeye
		m.	lezaketek	lajeijek	lezaketek	lezakeye
		f.	lezaketen	lajeine	lezakene	lezakeñe
		r.	—	—	—	lezakezie

VOIX TRANSITIVE.

16. IL LE POUVAIT—*Potentiel conditionnel—Passé*

			Guipuscoan	Biscaïen	Labourdin	Souletin
S.	1	*i.*	nezakean	neijan	nezaken	nezakian
		m.	nezakekan	najeijan	nezakeyan	nezakeya
		f.	nezakenan	najeinan	nezakenan	nezakeña
		r.	—			nezakezün
	2	*r.*	zenezakean	zineijan	zinezaken	zenezakian
		m.	enzakekan	ineijan	hezaken	ezakian
		f.	enzakenan	ineinan	hezaken	ezakian
	3	*i.*	zezakean	leijan	zezaken	zezakian
		m.	zezakekan	lajeijan	zezakeyan	zezakeya
		f.	zezakenan	lajeinan	zezakenan	zezakeña
		r.	—			zezakezün
P.	1	*i.*	genezakean	gineijan	ginezaken	genezakian
		m.	genzakekan	gaineijan	ginezakeyan	genezakeya
		f.	genzakenan	gaineinan	ginezakenan	genezakeña
		r.	—			genezakezün
	2	*i.*	zenezaketean	zineijen	zinezaketen	zenezakeyen
	3	*i.*	zezaketean	leijen	zezaketen	zezakeyen
		m.	zezaketekan	lajeijen	zezaketekan	zezakieya
		f.	zezaketenan	lajeinen	zezaketenan	zezakieña
		r.	—			zezakezien

18. S'IL L'AVAIT—*Suppositif du conditionnel—Présent*

			Guipuscoan	Biscaïen	Labourdin	Souletin
S.	1	*i.*	banu	baneu	banu	banü
		m.	banik	banajeuk	banik	—
		f.	banin	banajeun	banin	—
	2	*r.*	bazendu	bazendu	bazinu	bazünü
		m.	bauk	beeu	bahu	bahü
		f.	baun	beeun	bahu	bahü
	3	*i.*	balu	baleu	balu	balü
		m.	balik	balajeuk	balik	—
		f.	balin	balajeun	balin	—
P.	1	*i.*	bagendu	bagendu	baginu	bagünü
		m.	bagiñik	bagajenduk	baginik	—
		f.	bagiñin	bagajendun	baginin	—
	2	*i.*	bazendute	bazendube	bazinute	bazünie
	3	*i.*	balute	balebe	balute	balie
		m.	balitek	balaje bek	balitek	—
		f.	baliten	balajeune	baline	—

VOIX TRANSITIVE.

19. s' il l' a—*Suppositif du potentiel—Présent*

			Guipuscoan	Biscaïen	Labourdin	Souletin
S.	1	i.	badezat	badagit	badezat	—
		m.	badezakat	bajagijat	badezakat	—
		f.	badezanat	bajaginat	badezanat	—
	2	r.	badezazu	badagizu	badezazu	—
		m.	baezak	badagik	badezak	—
		f.	baezan	badagin	badezan	—
	3	i.	badeza	badagi	badeza	—
		m.	badezak	bajagik	badezak	—
		f.	badezan	bajagin	badezan	—
P.	1	i.	badezagu	badagigu	badezagu	—
		m.	badezakagu	bajagijagu	badezakagu	—
		f.	badezanagu	bajaginagu	badezanagu	—
	2	i.	badezazute	badagizube	badezazue	—
	3	i.	badezate	badagije	badezate	—
		m.	badezatek	bajagijek	badezatek	—
		f.	badezaten	bajagine	badezane	—

21. s' il l' avait—*Suppositif du potentiel conditionnel—Futur présent*

			Guipuscoan	Biscaïen	Labourdin	Souletin
S.	1	i.	baneza	banengi	baneza	baneza
		m.	banezak	banajengik	banezak	—
		f.	banezan	banajengin	banezan	—
	2	r.	bazeneza	bazengi	bazineza	bazoneza
		m.	baenzak	baengik	baheza	baheza
		f.	baenzan	baengin	baheza	baheza
	3	i.	baleza	balegi	baleza	baleza
		m.	balezak	bajegik	balezak	—
		f.	balezan	bajegin	balezan	—
P.	1	i.	bageneza	bagengi	bagineza	bageneza
		m.	bagenzak	bagajengik	baginezak	—
		f.	bagenzan	bagajengin	baginezan	—
	2	i.	bazenezate	bazengije	bazinezate	bazeneze
	3	i.	balezate	balegije	balezate	baleze
		m.	balezatek	bajegijek	balezatek	—
		f.	balezaten	bajegine	balezane	—

VOIX TRANSITIVE.

Temps n' appartenant qu' au dialecte biscaïen.

			7. IL L' AURA *Impératif* *Futur*	9. QU' IL L' AIT *Subjonctif* *Futur présent*	11. QU' IL L' EÛT *Subjonctif* *Futur passé*	13. IL LE POURRA *Potentiel* *Futur*
S.	1	*i.*	—	dagikedan	nengikian	daiket
		m.	—	jagikiadan	najengikian	juikiat
		f.	—	jagikenadan	najengikenan	jaikenat
	2	*r.*	egikezu	dagikezun	zengikian	daikezu
		m.	egikek	dagikian	engikian	daikek
		f.	egiken	dagikenan	engikenan	daiken
	3	*i.*	begike	dagikian	legikian	daike
		m.	bejegikek	jagikian	jegikian	jaikek
		f.	bejegiken	jagikenan	jegikenan	jaiken
P.	1	*i.*	—	dagikegun	gengikian	daikegu
		m.	—	jagikiagun	gajengikian	jaikiagu
		f.	—	jagikenagun	gajengikenan	jaikenagu
	2	*i.*	egikezube	dagikezuben	zengikeen	daikezube
	3	*i.*	begikee	dagikeen	legikeen	daikee
		m.	bejegikeek	jagikeeen	jegikeeen	jaikeek
		f.	bejegikene	jagikenen	jegikenen	jaikene
			15. IL LE POURRAIT *Potentiel condit.* *Futur présent*	17. IL LE POUVAIT *Potentiel condit.* *Futur passé*	20. S' IL L' A *Suppos. du potent.* *Futur*	22. S' IL L' AVAIT *Supp. du pot. condit.* *Futur*
S.	1	*i.*	neike	neikian	badagiket	banengike
		m.	najeikek	najeikian	bajagikiat	banajengikek
		f.	najeiken	najeikenan	bajagikenat	banajengiken
	2	*r.*	zineike	zineikian	badagikezu	bazengike
		m.	ineikek	ineikian	badagikek	baengikek
		f.	ineiken	ineikenan	badagiken	baengiken
	3	*i.*	leike	leikian	badagike	balegike
		m.	lajeikek	lajeikian	bajagikek	bajegikek
		f.	lajeiken	lajeikenan	bajagiken	bajegiken
P.	1	*i.*	gineike	gineikian	badagikegu	bagengike
		m.	gaineikek	gaineikian	bajagikiagu	bagajengikek
		f.	gaineiken	gaineikenan	bajagikenagu	bagajengiken
	2	*i.*	zineikee	zineikeen	badagikezube	bazengikee
	3	*i.*	leikee	leikeen	badagikee	balegikee
		m.	lajeikeek	lajeikeen	bajagikeek	bajegikeek
		f.	lajeikene	lajeikenen	bajagikene	bajegikene

Temps n' appartenant qu' au dialecte souletin.

			23. L' EÛT-IL !—*Optatif—Présent*	24. L' EÛT-IL !—*Optatif—Futur*
S.	1	*r.*	ainü	aineza
	2	*r.*	aitzünü	aitzeneza
		m.	ahü	aheza
		f.	ahü	aheza
	3	*i.*	ailü	aileza
P.	1	*i.*	aikünü	aikeneza
	2	*i.*	aitzünie	aitzeneze
	3	*i.*	ailie	aileze

VOIX TRANSITIVE.

1. IL NOUS A—*Indicatif—Présent*

			Guipuscoan	Biscaïen	Labourdin	Souletin
S.	2	r.	gaituzu	gaituzuz	gaitutzu	gütüzü
		m.	gaituk	gaituzak	gaituk	gütük
		f.	gaitun	gaituzan	gaitun	gütün
	3	i.	gaitu	gaituz	gaitu	gütü
		m.	gachetik	gajaituzak	giaitik	gitik
		f.	gachetin	gajaituzan	giaitin	gitin
		r.	—	—	—	gitizü
P.	2	i.	gaituzute	gaituzubez	gaitutzue	gütüzie
	3	i.	gaituzte	gaitubez	gaituzte	gütie
		m.	gachetitek	gajaitubezak	giaitiztek	gitie
		f.	gachetiten	gajaitubezan	giaitine	gitiñe
		r.	—	—	—	gitizie

2. IL NOUS AVAIT—*Indicatif—Passé*

			Guipuscoan	Biscaïen	Labourdin	Souletin
S.	2	r.	ginduzun	ginduzuzan	gintutzun	güntüzün
		m.	ginduzakan	gindubazan	gintukan	güntia
		f.	ginduzanan	gindunazan	gintunan	güntüña
	3	i.	ginduen	ginduzan	gintuen	güntian
		m.	ginchiokan	gaindubazan	gintikan	gintia
		f.	ginchionan	gaindunazan	gintinan	gintiña
		r.	—	—	—	gintizün
P.	2	i.	ginduzuten	ginduzubezan	gintutzuen	güntüzien
	3	i.	ginduzten	gindubezan	gintuzten	güntien
		m.	ginchiokaten	gaindubeezan	gintiztekan	gintieya
		f.	ginchionaten	gaindunezan	gintiztenan	gintieña
		r.	—	—	—	gintizien

3. IL NOUS AURA—*Indicatif—Futur*

			Guipuscoan	Biscaïen	Labourdin	Souletin
S.	2	r.	—	—	gaitutzuke	gütükezü
		m.	—	—	gituzkek	gütükek
		f.	—	—	gituzken	gütüken
	3	i.	—	—	gaituzke	gütüke
		m.	—	—	giaitizkek	gitikek
		f.	—	—	giaitizken	gitiken
		r.	—	—	—	gitikezü
P.	2	i.	—	—	gaitutzueke	gütükezie
	3	i.	—	—	gaituzkete	gütükeye
		m.	—	—	giaitizketek	gitikeye
		f.	—	—	giaitizkene	gitikeñe
		r.	—	—	—	gitikezie

VOIX TRANSITIVE.

4. IL NOUS AURAIT—*Conditionnel—Présent*

			Guipuscoan	Biscaïen	Labourdin	Souletin
S.	2	r.	ginduzuke	gindukezuz	gintutzuke	güntükezü
		m.	ginduzkek	gindukezak	gintuzkek	güntükek
		f.	ginduzken	gindukezan	gintuzken	güntüken
	3	i.	ginduke	gindukez	gintuzke	güntüke
		m.	ginchendukek	gaindukezak	gintizkek	gintikek
		f.	ginchenduken	gaindukezan	gintizken	gintiken
		r.	—	—	—	gintikezü
P.	2	i.	ginduzuteke	gindukezuboz	gintutzueke	güntükezie
	3	i.	ginduteke	gindukeez	gintuzkete	güntükeye
		m.	ginchenduketek	gaindukeezak	gintizketek	gintikeye
		f.	ginchenduketen	gaindukeezan	gintizkene	gintikeñe
		r.	—	—	—	gintikezie

5. IL NOUS AURAIT EUS—*Conditionnel—Passé*

			Guipuscoan	Biscaïen	Labourdin	Souletin
S.	2	r.	ginduzukean	gindukezuzan	gintutzuken	güntükezün
		m.	ginduzkekan	gindukiazan	gintuzkeyan	güntükeya
		f.	ginduzkenan	gindukenazan	gintuzkenau	güntükeña
	3	i.	gindukean	gindukezan	gintuzken	güntükian
		m.	ginchendukekan	gaindukiazan	gintizkeyan	gintikeyá
		f.	ginchendukenan	gaindukenazan	gintizkenan	gintikeña
		r.	—	—	—	gintikezün
P.	2	i.	ginduzutekean	gindukezubezan	gintutzueken	güntükezien
	3	i.	gindutekean	gindukeezan	gintuzketen	güntükien
		m.	ginchenduketekan	gaindukecezan	gintizketekan	gintikicya
		f.	ginchenduketenan	gaindukenezan	gintizketenan	gintikieña
		r.	—	—	—	gintikezien

6. QU' IL NOUS AIT—*Impératif—Présent*

			Guipuscoan	Biscaïen	Labourdin	Souletin
S.	2	r.	gaitzazu	gagizuz	gaitzatzu	gitzatzü
		m.	gaitzak	gagizak	gaitzak	gitzak
		f.	gaitzan	gagizan	gaitzan	gitzan
	3	i.	gaitza	gagiz	begaitza	—
		m.	—	gajegizak	—	—
		f.	—	gajegizan	—	—
P.	2	i.	gaitzazute	gagizubez	gaitzatzue	gitzatzie
	3	i.	gaitzate	gagijez	begaitzate	—
		m.	—	gajegijezak	—	—
		f.	—	gajegijezan	—	—

VOIX TRANSITIVE.

8. QU' IL NOUS AIT—*Subjonctif—Présent*

			Guipuscoan	Biscaïen	Labourdin	Souletin
S.	2	r.	gaitzazun	gagizuzan	gaitzatzun	gitzatzün
		m.	gaitzakaan	gagijazan	gaitzakan	gitzaya
		f.	gaitzanaan	gaginazan	gaitzanan	gitzaña
	3	i.	gaitzan	gagizan	gaitzan	gitzan
		m.	gaitzakan	gajagijazan	gieitzakan	—
		f.	gaitzanan	gajaginazan	gieitzanan	—
P.	2	i.	gaitzazuten	gagizubezan	gaitzatzuen	gitzatzien
	3	i.	gaitzaten	gagijezan	gaitzaten	gitzen
		m.	gaitzakaten	gajagijeezan	gieitzatokan	—
		f.	gaitzanaten	gajaginezan	gieitzatenan	—

10. QU' IL NOUS EÛT—*Subjonctif—Passé*

			Guipuscoan	Biscaïen	Labourdin	Souletin
S.	2	r.	ginzazun	gengizuzan	gintzatzun	gintzatzün
		m.	ginzakaan	gengijazan	gintzakan	gintzaya
		f.	ginzanaan	genginazan	gintzanan	gintzaña
	3	i.	ginzan	gengizan	gintzan	gintzan
		m.	ginzakan	gajengijazan	gientzakan	—
		f.	ginzanan	gajenginazan	gientzanan	—
P.	2	i.	ginzazuten	gengizubezan	gintzatzuen	gintzatzien
	3	i.	ginzaten	gengijezan	gintzaten	gintzen
		m.	ginzakaten	gajengijeezan	gientzatokan	—
		f.	ginzanaten	gajenginezan	gientzatenan	—

12. IL NOUS PEUT—*Potentiel—Présent*

			Guipuscoan	Biscaïen	Labourdin	Souletin
S.	2	r.	gaitzakezu	gaizuz	gaitzazketzu	gezakezü
		m.	gaitzaakek	gaizak	gaitzazkek	gezakek
		f.	gaitzaaken	gaizan	gaitzazken	gezaken
	3	i.	gaitzake	gaiz	gaitzazke	gitzake
		m.	gaitzakek	gajaizak	gieitzazkek	gitzakek
		f.	gaitzaken	gajaizan	gieitzazken	gitzaken
		r.	—	—	—	gitzakezü
P.	2	i.	gaitzakezute	guizubez	gaitzazketzue	gitzaketzie
	3	i.	gaitzakete	gaijez	gaitzazkete	gitzakeye
		m.	gaitzaketek	gajaijezak	gieitzazketek	gitzakeye
		f.	gaitzaketen	gajaijezan	gieitzazkene	gitzakeñe
		r.	—	—	—	gitzakezie

VOIX TRANSITIVE.

14. IL NOUS POURRAIT—*Potentiel conditionnel—Présent*

			Guipuscoan	Biscaïen	Labourdin	Souletin
S.	2	r.	gintzakezu	gineizuz	gintzazketzu	gentzakezü
		m.	gintzaakek	gineizak	gintzazkek	gentzakek
		f.	gintzaaken	gineizan	gintzazken	gentzaken
	3	i.	gintzake	gineiz	gintzazke	gentzake
		m.	gintzakek	gajeizak	gientzazkek	gintzakek
		f.	gintzaken	gajeizan	gientzazken	gintzaken
		r.	—	—	—	gintzakezü
P.	2	i.	gintzakezute	gineizubez	gintzazketzue	gentzakezie
	3	i.	gintzakete	gineijez	gintzazkete	gentzakeye
		m.	gintzaketek	gajeijezak	gientzuzketek	gintzakeye
		f.	gintzaketen	gajeijezan	gientzazkene	gintzakeñe
		r.	—	—	—	gintzakezie

16. IL NOUS POUVAIT—*Potentiel conditionnel—Passé*

			Guipuscoan	Biscaïen	Labourdin	Souletin
S.	2	r.	gintzakezuan	gineizuzan	gintzazketzun	gentzakezün
		m.	gintzaakekan	gineijazan	gintzazkeyan	gentzakeya
		f.	gintzaakenan	gineinazan	gintzazkenan	gentzakeña
	3	i.	gintzakean	gineizan	gintzazken	gentzakian
		m.	gintzakekan	gajeijazan	gientzazkeyan	gintzakia
		f.	gintzakenan	gajeinazan	gientzazkenan	gintzakeña
		r.	—	—	—	gintzakezün
P.	2	i.	gintzakezutean	gineizubezan	gintzazketzuen	gentzakezien
	3	i.	gintzaketean	gineijezan	gintzazketen	gentzakeyen
		m.	gintzaketekan	gajeijeezan	gientzazketekan	gentzakieya
		f.	gintzaketenan	gajeinezan	gientzazketenan	gentzakieña
		r.	—	—	—	gentzakezien

18. S'IL NOUS AVAIT—*Suppositif du conditionnel—Présent*

			Guipuscoan	Biscaïen	Labourdin	Souletin
S.	2	r.	baginduzu	baginduzu	bagintutzu	bagüntüzü
		m.	baginduzkuk	baginduk	bagintuk	bagüntük
		f.	baginduzkun	bagindun	bagintun	bagüntün
	3	i.	bagindu	bagindu	bagintu	bagüntü
		m.	baginchenduk	bagainduk	bagintik	—
		f.	baginchendun	bagaindun	bagintin	—
P.	2	i.	baginduzute	baginduzube	bagintutzue	bagüntüzie
	3	i.	baginduto	bagindube	bagintuzte	bagüntie
		m.	baginchendutek	bagaindubek	bagintiztek	—
		f.	baginchenduten	bagainduben	bagintine	—

VOIX TRANSITIVE.

19. s' il nous a—*Suppositif du potentiel—Présent*

			Guipuscoan	Biscaïen	Labourdin	Souletin
S.	2	r.	bagaitzazu	bagagizuz	bagaitzatzu	—
		m.	bagaitzaak	bagagizak	bagaitzak	—
		f.	bagaitzaan	bagagizan	bagaitzan	—
	3	i.	bagaitza	bagagiz	bagaitza	—
		m.	bagaitzak	bagajagizak	bagieitzak	—
		f.	bagaitzan	bagajagizan	bagieitzan	—
P.	2	i.	bagaitzazute	bagagizubez	bagaitzatzue	—
	3	i.	bagaitzate	bagagijez	bagaitzate	—
		m.	bagaitzatek	bagajagijezak	bagieitzatek	—
		f.	bagaitzaten	bagajagijezan	bagieitzane	—

21. s' il nous avait—*Suppositif du potentiel conditionnel—Futur présent*

			Guipuscoan	Biscaïen	Labourdin	Souletin
S.	2	r.	baginzazu	bagengizuz	bagintzatzu	bagintzazü
		m.	baginzaak	bagengizak	bagintzak	bagintzak
		f.	baginzaan	bagengizan	bagintzan	bagintzan
	3	i.	baginza	bagengiz	bagintza	bagintza
		m.	baginzak	bagajengizak	bagientzak	—
		f.	baginzan	bagujengizan	bagientzan	—
P.	2	i.	baginzazute	bagengizubez	bagintzatzue	bagintzazie
	3	i.	baginzate	bagengijez	bagintzate	bagintze
		m.	baginzatek	bagajengijezak	bagientzatek	—
		f.	baginzaten	bagujengijezan	bagientzane	—

VOIX TRANSITIVE.

Temps n'appartenant qu'au dialecte biscaïen.

			7. IL NOUS AURA *Impératif* *Futur*	9. QU'IL NOUS AIT *Subjonctif* *Futur présent*	11. QU'IL NOUS EÛT *Subjonctif* *Futur passé*	13. IL NOUS POURRA *Potentiel* *Futur*
S.	2	*r.*	gagikezuz	gagikezuzan	gengikezuzan	gaikezuz
		m.	gagikezak	gagikiazan	gengikiazan	gaikezak
		f.	gagikezan	gagikenazan	gengikenazan	gaikezan
	3	*i.*	gagikez	gagikezan	gengikezan	gaikez
		m.	gajegikezak	gajagikiazan	gajengikiazan	gajaikezak
		f.	gajegikezan	gajagikenazan	gajengikenazan	gajaikezan
P.	2	*i.*	gagikezubez	gagikezubezan	gengikezubezan	gaikezubez
	3	*i.*	gagikeez	gagikeezan	gengikeezan	gaikeez
		m.	gajegikeezak	gajagikeeezan	gajengikeeezan	gajaikeezak
		f.	gajegikeezan	gajagikenezan	gajengikenezan	gajaikeezan

			15. IL NOUS POURRAIT *Potentiel condit.* *Futur présent*	17. IL NOUS POUVAIT *Potentiel condit.* *Futur passé*	20. S'IL NOUS A *Suppos. du potentiel* *Futur*	22. S'IL NOUS AVAIT *Supp. du pot. condit.* *Futur*
S.	2	*r.*	gineikezuz	gineikezuzan	bagagikezuz	bagengikezuz
		m.	gineikezak	gineikiazan	bagagikezak	bagengikezak
		f.	gineikezan	gineikenazan	bagagikezan	bagengikezan
	3	*i.*	gineikez	gineikezan	bagagikez	bagengikez
		m.	gajeikezak	gajeikiazan	bagajagikezak	bagajengikezak
		f.	gajeikezan	gajeikenazan	bagajagikezan	bagajengikezan
P.	2	*i.*	gineikezubez	gineikezubezan	bagagikezubez	bagengikezubez
	3	*i.*	gineikeez	gineikeezan	bagagikeez	bagengikeez
		m.	gajeikeezak	gajeikeeezan	bagajagikeezak	bagajengikeezak
		f.	gajeikeezan	gajeikenezan	bagajagikeezan	bagajengikeezan

Temps n'appartenant qu'au dialecte souletin.

			23. NOUS EÛT-IL !—*Optatif—Présent*	24. NOUS EÛT-IL !—*Optatif—Futur*
S.	2	*r.*	aiküntüzü	aikintzazü
		m.	aiküntük	aikintzak
		f.	aiküntün	aikintzan
	3	*i.*	aiküntü	aikintza
P.	2	*i.*	aiküntüzie	aikintzazie
	3	*i.*	aiküntie	aikintze

VOIX TRANSITIVE.

1. IL VOUS A—*Indicatif—Présent*

		Guipuscoan	Biscaïen	Labourdin	Souletin
S.	1	zaituztet	zaitubedaz	zaituztet	zütiet
	3	zaituzte	zaitubez	zaituzte	zütie
P.	1	zaituztegu	zaitubeguz	zaituztegu	zütiegü
	3	zaituzte	zaitubeez	zaituzte	zütie

2. IL VOUS AVAIT—*Indicatif—Passé*

		Guipuscoan	Biscaïen	Labourdin	Souletin
S.	1	zinduztedan	zindubedazan	zintuztedan	züntiedan
	3	zinduzten	zindubezan	zintuzten	züntien
P.	1	zinduztegun	zindubeguzan	zintuztegun	züntiegün
	3	zinduzten	zindubeezan	zintuzten	züntien

3. IL VOUS AURA—*Indicatif—Futur*

		Guipuscoan	Biscaïen	Labourdin	Souletin
S.	1	—	—	zaituzketet	zütükiet
	3	—	—	zaituzkete	zütükie
P.	1	—	—	zaituzketegu	zütükiegü
	3	—	—	zaituzkete	zütükieye

4. IL VOUS AURAIT—*Conditionnel—Présent*

		Guipuscoan	Biscaïen	Labourdin	Souletin
S.	1	zinduteket	zindukeedaz	zintuzketet	züntükeyet
	3	zinduteke	zindukeez	zintuzkète	züntükie
P.	1	zindutekegu	zindukeeguz	zintuzketegu	züntükiegü
	3	zinduteke	zindukeeez	zintuzkete	züntükeye

5. IL VOUS AURAIT EUS—*Conditionnel—Passé*

		Guipuscoan	Biscaïen	Labourdin	Souletin
S.	1	zindutekedan	zindukeedazan	zintuzketedan	züntükiedan
	3	zindutekean	zindukeezan	zintuzketen	züntüken
P.	1	zindutekegun	zindukeeguzan	zintuzketegun	züntükiegün
	3	zindutekean	zindukeeezan	zintuzketen	züntükeyen

6. QU' IL VOUS AIT—*Impératif—Présent*

		Guipuscoan	Biscaïen	Labourdin	Souletin
S.	3	bizaitzate	zagijez	bezaitzazte	—
P.	3	bizaitzate	zagijeez	bezaitzazte	—

8. QU' IL VOUS AIT—*Subjonctif—Présent*

		Guipuscoan	Biscaïen	Labourdin	Souletin
S.	1	zaitzatedan	zagijedazan	zaitzaztedan	zitzedan
	3	zaitzaten	zagijezan	zaitzazten	zitzen
P.	1	zaitzategun	zagijeguzan	zaitzaztegun	zitzegün
	3	zaitzaten	zagijeezan	zaitzazten	zitzeyen

VOIX TRANSITIVE.

10. QU' IL VOUS EÛT—*Subjonctif—Passé*

		Guipuscoan	Biscaïen	Labourdin	Souletin
S.	1	zinzatedan	zengijedazan	zintzaztedan	zintzedan
	3	zinzaten	zengijezan	zintzazten	zintzen
P.	1	zinzategun	zengijeguzan	zintzaztegun	zintzegün
	3	zinzaten	zengijeezan	zintzazten	zintzayen

12. IL VOUS PEUT—*Potentiel—Présent*

		Guipuscoan	Biscaïen	Labourdin	Souletin
S.	1	zaitzaketet	zaijedaz	zaitzazketet	zitzakiet
	3	zaitzakete	zaijez	zaitzazkete	zitzakie
P.	1	zaitzaketegu	zaijeguz	zaitzazketegu	zitzakiegü
	3	zaitzakete	zaijeez	zaitzazkete	zitzakeye

14. IL VOUS POURRAIT—*Potentiel conditionnel—Présent*

		Guipuscoan	Biscaïen	Labourdin	Souletin
S.	1	zintzaizteket	zineijedaz	zintzazketet	zentzakeyet
	3	zintzaizteke	zineijez	zintzazketo	zentzake
P.	1	zintzaiztekegu	zineijeguz	zintzazketegu	zentzakiegü
	3	zintzaizteke	zineijeez	zintzazkete	zintzakeye

16. IL VOUS POUVAIT—*Potentiel conditionnel—Passé*

		Guipuscoan	Biscaïen	Labourdin	Souletin
S.	1	zintzaiztekedan	zineijedazan	zintzazketedan	zentzakiedan
	3	zintzaiztokean	zineijezan	zintzazketen	zintzakon
P.	1	zintzaiztekeguan	zineijeguzan	zintzazketegun	zentzakiegün
	3	zintzaiztekean	zineijeezan	zintzazketen	zentzakoyen

18. S' IL VOUS AVAIT—*Suppositif du conditionnel—Présent*

		Guipuscoan	Biscaïen	Labourdin	Souletin
S.	1	bazindutet	bazindubedaz	bazintuztet	baziüntiet
	3	bazindute	bazindubez	bazintuzte	baziüntie
P.	1	bazindutegu	bazindubeguz	bazintuztegu	baziüntiegü
	3	bazindute	bazindubeez	bazintuzte	baziüntie

19. S' IL VOUS A—*Suppositif du potentiel—Présent*

		Guipuscoan	Biscaïen	Labourdin	Souletin
S.	1	bazaitzatet	bazagijedaz	bazaitaztet	—
	3	bazaitzate	bazagijez	bazaitazte	—
P.	1	bazaitzategu	bazagijeguz	bazaitaztegu	—
	3	bazaitzate	bazagijeez	bazaitazte	—

21. S' IL VOUS AVAIT—*Suppositif du potentiel conditionnel—Futur présent*

		Guipuscoan	Biscaïen	Labourdin	Souletin
S.	1	bazinzatet	bazengijedaz	bazintaztet	bazintzet
	3	bazinzate	bazengijez	bazintazte	baaintze
P.	1	bazinzategu	bazengijeguz	bazintaztegu	bazintzegü
	3	bazinzate	bazengijeez	bazintazte	bazintzaye

VOIX TRANSITIVE.

Temps n'appartenant qu'au dialecte biscaïen.

		7. IL VOUS AURA *Impératif* *Futur*	9. QU' IL VOUS AIT *Subjonctif* *Futur présent*	11. QU' IL VOUS EÛT *Subjonctif* *Futur passé*	13. IL VOUS POURRA *Potentiel* *Futur*
S.	1	—	zagikeedazan	zengikeedazan	zaikeedaz
	3	zagikeez	zagikeezan	zengikeezan	zaikeez
P.	1	—	zagikeeguzan	zengikeeguzan	zaikeeguz
	3	zagikeeez	zagikeeezan	zengikeeezan	zaikeeez

		15. IL VOUS POURRAIT *Potentiel condit.* *Futur présent*	17. IL VOUS POUVAIT *Potentiel condit.* *Futur passé*	20. S' IL VOUS A *Suppos. du potentiel* *Futur*	22 S' IL VOUS AVAIT *Supp. du pot. condit.* *Futur*
S.	1	zineikeedaz	zineikeedazan	bazagikeedaz	bazengikeedaz
	3	zineikeez	zineikeezan	bazagikeez	bazengikeez
P.	1	zineikeeguz	zineikeeguzan	bazagikeeguz	bazengikeeguz
	3	zineikeeez	zineikeeeezan	bazagikeeez	bazengikeeez

Temps n'appartenant qu'au dialecte souletin.

		23. VOUS EÛT-IL !—*Optatif—Présent*	24. VOUS EÛT-IL !—*Optatif—Futur*
S.	1	aitzüntiet	aitzintzet
	3	aitzüntie	aitzintze
P.	1	aitzüntiegü	aitzintzegü
	3	aitzüntie	aitzintzaye

VOIX TRANSITIVE.

1. IL LES A—*Indicatif*—*Présent*

			Guipuscoan	*Biscaïen*	*Labourdin*	*Souletin*
S.	1	*i.*	ditut.	ditudaz	ditut	dütüt
		m.	zetikat	jitubadaz	ditiat	ditiat
		f.	zetiñat	jitunadaz	ditinat	ditiñat
		r.	—	—	—	ditizüt
	2	*r.*	dituzu	dituzuz	ditutzu	dütüzü
		m.	dituk	dituzak	dituk	dütük
		f.	ditun	dituzan	ditun	dütün
	3	*i.*	ditu	dituz	ditu	dütü
		m.	zetik	jituzak	ditik	ditik
		f.	zetiñ	jituzan	ditin	ditin
		r.	—	—	—	ditizü
P.	1	*i.*	ditugu	dituguz	ditugu	dütügü
		m.	zetikagu	jitubaguz	ditiagu	ditiagü
		f.	zetiñagu	jitunaguz	ditinagu	ditiñagü
		r.	—	—	—	ditizügü
	2	*i.*	dituzute	dituzubez	ditutzue	dütüzie
	3	*i.*	dituzte	ditubez	dituzte	dütie
		m.	zetitek	jitubezak	ditiztek	ditie
		f.	zetiten	jitubezan	ditine	ditiñe
		r.	—	—	—	ditizie

2. IL LES AVAIT—*Indicatif*—*Passé*

			Guipuscoan	*Biscaïen*	*Labourdin*	*Souletin*
S.	1	*i.*	nituen	nituzan	nituen	nütian
		m.	nitukan	nitubazan	nitikan	nitia
		f.	nitunan	nitunazan	nitinan	nitiña
		r.	—	—	—	nitizün
	2	*r.*	ziñituen	zenduzan	zinituen	züntian
		m.	itukan	ituzan	hituen	ütian
		f.	itunan	itunazan	hituen	ütian
	3	*i.*	zituen	zituzan	zituen	zütian
		m.	zitukan	jitubazan	zitikan	zitia
		f.	zitunan	jitunazan	zitinan	zitiña
		r.	—	—	—	zitizün
P.	1	*i.*	giñituen	genduzan	ginituen	güntian
		m.	gindukan	gendubazan	ginitikan	gintia
		f.	gindunan	gendunazan	ginitinan	gintiña
		r.	—	—	—	gintizün
	2	*i.*	ziñituzten	zendubezan	zinituzten	züntien
	3	*i.*	zituzten	zitubezan	zituzten	zütien
		m.	zituokan	jitubezan	zitiztekan	zitieya
		f.	zituenan	jitunezan	zitiztenan	zitieña
		r.	—	—	—	zitizien

VOIX TRANSITIVE.

3. IL LES AURA—*Indicatif—Futur*

			Guipuscoan	Biscaïen	Labourdin	Souletin
S.	1	*i.*	—	—	dituzket	dütüket
		m.	—	—	zitizkeat	ditikeyat
		f.	—	—	zitizkenat	ditikeñat
		r.	—	—	—	ditikezüt
	2	*r.*	—	—	· dituzketzu	dütükezü
		m.	—	—	dituzkek	dütükek
		f.	—	—	dituzken	dütüken
	3	*i.*	—	—	dituzke	dütüke
		m.	—	—	zitizkek	ditikek
		f.	—	—	zitizken	ditiken
		r.	—	—	—	ditikezü
P.	1	*i.*	—	—	dituzkegu	dütükegü
		m.	—	—	zitizkeagu	ditikeyagü
		f.	—	—	zitizkenagu	ditikeñagü
		r.	—	—	—	ditikezügü
	2	*i.*	—	—	dituzketzue	dütükezie
	3	*i.*	—	—	dituzkete	dütükeye
		m.	—	—	zitizketek	ditikeye
		f.	—	—	zitizkene	ditikeñe
		r.	—	—	—	ditikezie

4. IL LES AURAIT—*Conditionnel—Présent*

			Guipuscoan	Biscaïen	Labourdin	Souletin
S.	1	*i.*	nituke	neunkez	nituzke	nütüke
		m.	nituzkek	najeunkezak	nitizkek	nitikek
		f.	nituzken	najeunkezan	nitizken	nitiken
		r.	—	—	—	nitikezü
	2	*r.*	ziñituke	zeunkez	zinituzke	züntüke
		m.	ituzkek	eunkezak	hituzke	ütüke
		f.	ituzken	eunkezan	hituzke	ütüke
	3	*i.*	lituke	leukez	lituzke	lütüke
		m.	lituzkek	lajeukezak	litizkek	litikek
		f.	lituzken	lajeukezan	litizken	litiken
		r.	—	—	—	litikezü
P.	1	*i.*	giñituke	geunkez	ginituzke	güntüke
		m.	ginduzkek	gajeunkezak	ginitizkek	gintikek
		f.	ginduzken	gajeunkezan	ginitizken	gintiken
		r.	—	—	—	gintikezü
	2	*i.*	ziñitukete	zeunkeez	zinituzkete	züntukeye
	3	*i.*	litukete	leukeez	lituzkete	lütükeye
		m.	lituzketek	lajeukeezak	litizketek	litikeye
		f.	lituzketen	lajeukeezan	litizkene	litikeñe
		r.	—	—	—	litikezie

VOIX TRANSITIVE.

5. IL LES AURAIT EUS—*Conditionnel—Passé*

			Guipuscoan	Biscaïen	Labourdin	'Souletin
S.	1	*i.*	nitukean	neunkezan	nituzken	nütükian
		m.	nituzkekan	najeunkiazan	nitizkeyan	nitikeya
		f.	nituzkenan	najeunkenazan	nitizkenan	nitikeña
		r.	—	—	—	nitikezün
	2	*r.*	ziñitukean	zeunkezan	zinituzken	züntükian
		m.	ituzkekan	eunkiazan	hituzken	ütükian
		f.	ituzkenan	eunkenazan	hituzken	ütükian
	3	*i.*	zitukean	leukezan	zituzken	zütükian
		m.	zituzkekan	lajeukiazan	zitizkeyan	zitikeya
		f.	zituzkenan	lajeukenazan	zitizkenan	zitikeña
		r.	—	—	—	zitikezün
P.	1	*i.*	giñitukean	geunkezan	ginituzken	güntükian
		m.	ginduzkekan	gajeunkiazan	ginitizkeyan	gintikeya
		f.	ginduzkenan	gajeunkenazan	ginitizkenan	gintikeña
		r.	—	—	—	gintikezün
	2	*i.*	ziñituketean	zeunkeezan	zinituzketen	züntükeyen
	3	*i.*	zituketean	leukeezan	zituzketen	zütükien
		m.	zituzketekan	lajeukeezan	zitizketekan	zitikieya
		f.	zituzketenan	lajeukeuezan	zitizketenan	zitikieña
		r.	—	—	—	zitikezien

6. QU' IL LES AIT—*Impératif—Présent*

			Guipuscoan	Biscaïen	Labourdin	'Souletin
S.	2	*r.*	itzatzu	egizuz	zatzu	etzatzü
		m.	itzak	egizak	etzak	etzak
		f.	itzan	egizan	etzan	etzan
	3	*i.*	bitza	begiz	betza	bitza
		m.	—	bejegizak	—	—
		f.	—	bejegizan	—	—
P.	2	*i.*	itzatzute	egizubez	zatzue	etzatzie
	3	*i.*	bitzate	begijez	betzate	bitze
		m.	—	bejegijezak	—	—
		f.	—	bejegijezan	—	—

VOIX TRANSITIVE.

8. QU' IL LES AIT—*Subjonctif*—*Présent*

			Guipuscoan	Biscaïen	Labourdin	Souletin
S.	1	*i.*	ditzadan	dagidazan	detzadan	detzadan
		m.	ditzakadan	jagijadazan	detzakadan	—
		f.	ditzanadan	jaginadazan	detzanadan	—
	2	*r.*	ditzazun	dagizuzan	detzatzun	detzatzün
		m.	itzakan	dagijazan	detzakan	detzaya
		f.	itzanan	daginazan	detzanan	detzaña
	3	*i.*	ditzan	dagizan	detzan	ditzan
		m.	ditzakan	jagijazan	detzakan	—
		f.	ditzanan	jaginazan	detzanan	—
P.	1	*i.*	ditzagun	dagiguzan	detzagun	detzagün
		m.	ditzakagun	jagijaguzan	detzakagun	—
		f.	ditzanagun	jaginaguzan	detzanagun	—
	2	*i.*	ditzazuten	dagizubezan	detzatzuen	detzatzien
	3	*i.*	ditzaten	dagijezan	detzaten	ditzen
		m.	ditzakaten	jagijeezak	detzatekan	—
		f.	ditzanaten	jaginezan	detzatenan	—

10. QU' IL LES EÛT—*Subjonctif*—*Passé*

			Guipuscoan	Biscaïen	Labourdin	Souletin
S.	1	*i.*	nitzan	nengizan	netzan	netzan
		m.	nitzakan	najengijazan	netzakan	—
		f.	nitzanan	najenginazan	netzanan	—
	2	*r.*	ziñitzan	zengizan	zinetzan	zenetzan
		m.	itzakan	engijazan	hetzan	etzan
		f.	itzanan	enginazan	hetzan	etzan
	3	*i.*	zitzan	legizan	zetzan	letzan
		m.	zitzakan	jegijazan	zetzakan	—
		f.	zitzanan	jeginazan	zetzanan	—
P.	1	*i.*	giñitzan	gengizan	ginetzan	genetzan
		m.	gintzakan	gajengijazan	ginetzakan	—
		f.	gintzanan	gajenginazan	ginetzanan	—
	2	*i.*	ziñitzaten	zengijezan	zinetzaten	zenetzen
	3	*i.*	zitzaten	legijezan	zetzaten	litzen
		m.	zitzakaten	jegijeezan	zetzatekan	—
		f.	zitzanaten	jeginezan	zetzatenan	—

VOIX TRANSITIVE.

12. IL LES PEUT—*Potentiel—Présent*

			Guipuscoan	Biscaïen	Labourdin	Souletin
S.	1	*i.*	ditzaket	daidaz	detzaket	detzaket
		m.	ditzakeat	jaijadaz	zetzakeat	detzakeyat
		f.	ditzakenat	jainadaz	zetzakenat	detzakeñat
		r.	—	—	—	detzakezüt
	2	*r.*	ditzakezu	daizuz	detzaketzu	detzakezü
		m.	itzakek	daizak	detzakek	detzakek
		f.	itzaken	daizan	detzaken	detzaken
	3	*i.*	ditzake	daiz	detzake	detzake
		m.	ditzakek	jaizak	zetzakek	ditzakek
		f.	ditzaken	jaizan	zetzaken	ditzaken
		r.	—	—	—	diteakezü
P.	1	*i.*	ditzakegu	daiguz	detzakegu	detzakegü
		m.	ditzakeagu	jaijaguz	zetzakeagu	detzakeyagü
		f.	ditzakenagu	jainaguz	zetzakenagu	detzakeñagü
		r.	—	—	—	detzakezügü
	2	*i.*	ditzakezute	daizubez	detzaketzue	detzakezie
	3	*i.*	ditzakete	daijez	detzakete	detzakeye
		m.	ditzaketek	jaijezak	zetzaketek	ditzakeye
		f.	ditzaketen	jaijezan	zetzakene	ditzakeñe
		r.	—	—	—	ditzakezie

14. IL LES POURRAIT—*Potentiel conditionnel—Présent*

			Guipuscoan	Biscaïen	Labourdin	Souletin
S.	1	*i.*	nitzake	neiz	netzake	netzake
		m.	nitzakek	najeizak	netzakek	netzakek
		f.	nitzaken	najeizan	netzaken	netzaken
		r.	—	—	—	netzaketzü
	2	*r.*	ziñitzake	zineiz	zinetzake	zenetzake
		m.	itzakek	ineizak	hetzake	etzake
		f.	itzaken	ineizan	hetzake	etzake
	3	*i.*	litzake	leiz	letzake	letzake
		m.	litzakek	lajeizak	letzakek	letzakek
		f.	litzaken	lajeizan	letzaken	letzaken
		r.	—	—	—	letzaketzü
P.	1	*i.*	giñitzake	ginciz	ginetzake	genetzake
		m.	gintzakek	gaineizak	ginetzakek	genetzakek
		f.	gintzaken	gaineizan	ginetzaken	genetzaken
		r.	—	—	—	genetzaketzü
	2	*i.*	ziñitzakete	zincijez	zinetzakete	zenetzakeye
	3	*i.*	litzakete	leijez	letzakete	letzakeye
		m.	litzaketek	lajeijezak	letzaketek	letzakeye
		f.	litzaketen	lajeijezan	letzakene	letzakeñe
		r.	—	—	—	letzaketzie

VOIX TRANSITIVE.

16. IL LES POUVAIT—*Potentiel conditionnel—Passé*

			Guipuscoan	*Biscaïen*	*Labourdin*	*Souletin*
S.	1	*i.*	nitzakean	neizan	netzaken	netzakian
		m.	nitzakekan	najeijazan	netzakeyan	netzakeya
		f.	nitzakenan	najeinazan	netzakenan	netzakeña
		r.	—	—	—	netzaketzün
	2	*r.*	ziñitzakean	zineizan	zinetzaken	zenetzakian
		m.	itzakekan	ineizan	hetzaken	etzakian
		f.	itzakenan	ineinazan	hetzaken	etzakian
	3	*i.*	zitzakean	leizan	zetzaken	zetzakian
		m.	zitzakekan	lajeijazan	zetzakeyan	zetzakeya
		f.	zitzakenan	lajeinazan	zetzakenan	zetzakeña
		r.	—	—	—	zetzaketzün
P.	1	*i.*	giñitzakean	gineizan	ginetzaken	genetzakian
		m.	giñitzakekan	guineijazan	ginetzakeyan	genetzakeya
		f.	giñitzakenan	gaineinazan	ginetzakenan	genetzakeña
		r.	—	—	—	genetzaketzün
	2	*i.*	ziñitzaketean	zineijezan	zinetzaketen	zenetzakeyen
	3	*i.*	zitzaketean	leijezan	zetzaketen	zetzakeyen
		m.	zitzaketekan	lajeijezan	zetzaketeyan	zetzakieya
		f.	zitzaketenan	lajeinezan	zetzaketenan	zetzakieña
		r.	—	—	—	zetzakezien

18. S'IL LES AVAIT—*Suppositif du conditionnel—Présent*

			Guipuscoan	*Biscaïen*	*Labourdin*	*Souletin*
S.	1	*i.*	banitu	banituz	banitu	banütü
		m.	banituzak	banajituk	banitik	—
		f.	banituzan	banijitun	banitin	—
	2	*r.*	baziñitu	bazenduz	bazinitu	bazüntü
		m.	baituzak	baituk	bahitu	bahütü
		f.	baituzan	baitun	bahitu	bahütü
	3	*i.*	balitu	balituz	balitu	balütü
		m.	balituzak	balajituk	balitik	—
		f.	balituzan	balajitun	balitin	—
P.	1	*i.*	bagiñitu	bagenduz	baginitu	bagüntü
		m.	baginduzak	bagajenduzak	baginitik	—
		f.	baginduzan	bagajenduzan	baginitin	—
	2	*i.*	baziñituzte	bazendubez	bazinituzte	bazüntie
	3	*i.*	balituzte	balitubez	balituzte	balütie
		m.	balituzak	balajitubezak	balitiztek	—
		f.	balituzan	balajitubezan	balitine	—

VOIX TRANSITIVE.

19. S'IL LES A—*Suppositif du potentiel—Présent*

			Guipuscoan	Biscaïen	Labourdin	Souletin
S.	1	i.	baditzat	badagidaz	badetzat	—
		m.	baditzakat	bajagijadaz	badetzakat	—
		f.	baditzanat	bajaginadaz	badetzanat	—
	2	r.	baditzazu	badagizuz	badetzatzu	—
		m.	baitzak	badagizak	badetzak	—
		f.	baitzan	badagizan	badetzan	—
	3	i.	baditza	badagiz	badetza	—
		m.	baditzak	bajagizak	badetzak	—
		f.	baditzan	bajagizan	badetzan	—
P.	1	i.	baditzagu	badagiguz	badetzagu	—
		m.	baditzakagu	bajagijaguz	badetzakagu	—
		f.	baditzanagu	bajaginaguz	badetzanagu	—
	2	i.	baditzazute	badagizubez	badetzatzue	—
	3	i.	baditzate	badagijez	badetzate	—
		m.	baditzatek	bajagijezak	badetzatek	—
		f.	baditzaten	bajagijezan	badetzane	—

21. S'IL LES AVAIT—*Suppositif du potentiel conditionnel—Futur présent*

			Guipuscoan	Biscaïen	Labourdin	Souletin
S.	1	i.	banitza	banengiz	banetza	banitza
		m.	banitzak	banajengizak	banetzak	—
		f.	banitzan	banajengizan	banetzan	—
	2	r.	baziñitza	bazengiz	bazinetza	bazintza
		m.	baitzak	baengizak	bahetza	bahitza
		f.	baitzan	baengizan	bahetza	bahitza
	3	i.	balitza	balegiz	baletza	balitza
		m.	balitzak	bajegizak	baletzak	—
		f.	balitzan	bajegizan	baletzan	—
P.	1	i.	bagiñitza	bagengiz	baginetza	bagintza
		m.	bagintzak	bagajengizak	baginetzak	—
		f.	bagintzan	bagajengizan	baginetzan	—
	2	i.	baziñitzate	bazengijez	bazinetzate	bazintze
	3	i.	balitzate	balegijez	baletzate	balitze
		m.	balitzatek	bajegijezak	baletzatek	—
		f.	balitzaten	bajegijezan	buletzane	—

VOIX TRANSITIVE.

Temps n'appartenant qu'au dialecte biscaïen.

			7. IL LES AURA *Impératif* *Futur*	9. QU'IL LES AIT *Subjonctif* *Futur présent*	11. QU'IL LES EÛT *Subjonctif* *Futur passé*	13. IL LES POURRA *Potentiel* *Futur*
S.	1	*i.*	—	dagikedazan	nengikezan	daikedaz
		m.	—	jagikiadazan	najengikiazan	jaikiadaz
		f.	—	jagikenadazan	najengikenazan	jaikenadaz
	2	*r.*	egikezuz	dagikezuzan	zengikezan	daikezuz
		m.	egikezak	dagikiazan	engikiazan	daikezak
		f.	egikezan	dagikenazan	engikenazan	daikezan
	3	*i.*	begikez	dagikezan	logikezan	daikez
		m.	bejegikezak	jagikiazan	jegikiazan	jaikezak
		f.	bejegikezan	jagikenazan	jegikenazan	jaikezan
P.	1	*i.*	—	dagikeguzan	gengikezan	daikeguz
		m.	—	jagikiaguzan	gajengikiazan	jaikiaguz
		f.	—	jagikenaguzan	gajengikenazan	jaikenaguz
	2	*i.*	egikezubez	dagikezubezan	zengikeezan	daikezubez
	3	*i.*	begikeez	dagikeezan	legikeezan	daikeez
		m.	bejegikeezak	jagikeeezan	jegikeeezan	jaikeezak
		f.	bejegikeezan	jagikenezan	jegikenezan	jaikeezan

			15. IL LES POURRAIT *Potentiel condit.* *Futur présent*	17. IL LES POUVAIT *Potentiel condit.* *Futur passé*	20. S'IL LES A *Suppos. du potent.* *Futur*	22. S'IL LES AVAIT *Supp. du pot. condit.* *Futur*
S.	1	*i.*	neikez	neikezan	badagikedaz	banengikez
		m.	najeikezak	najeikiazan	bajagikiadaz	banajengikezak
		f.	najeikezan	najeikenazan	bajagikenadaz	banajengikezan
	2	*r.*	zineikez	zineikezan	badagikezuz	bazengikez
		m.	ineikezak	ineikiazan	badagikezak	baengikezak
		f.	ineikezan	ineikenazan	badagikezan	baengikezan
	3	*i.*	leikez	leikezan	badagikez	balegikez
		m.	lajeikezak	lajeikiazan	bajagikezak	bajegikezak
		f.	lajeikezan	lajeikenazan	bajagikezan	bajegikezan
P.	1	*i.*	gineikez	gineikezan	badagikeguz	bagengikez
		m.	gaineikezak	gaineikiazan	bajagikiaguz	bagajengikezak
		f.	gaineikezan	gaineikenazan	bajagikenaguz	bagajengikezan
	2	*i.*	zineikeez	zineikeezan	badagikezubez	bazengikeez
	3	*i.*	leikeez	leikeezan	badagikeez	balegikeez
		m.	lajeikeezak	lajeikeeezan	bajagikeezak	bajegikeezak
		f.	lajeikeezan	lajeikenezan	bajagikeezan	bajegikeezan

Temps n'appartenant qu'au dialecte souletin.

			23. LES EÛT-IL !—*Optatif*—*Présent*	24. LES EÛT-IL !—*Optatif*—*Futur*
S.	1	*i.*	ainütü	ainitza
	2	*r.*	aitzüntü	aitzintza
		m.	ahütü	ahitza
		f.	ahütü	ahitza
	3	*i.*	ailütü	ailitza
P.	1	*i.*	aiküntü	aikintza
	2	*i.*	aitzüntie	aitzintze
	3	*i.*	ailütie	ailitze

VOIX TRANSITIVE À DEUX RÉGIMES.

OBSERVATIONS IMPORTANTES.

1. Les terminatifs masculins et féminins des tableaux qui précèdent et de ceux qui vont suivre, lorsqu'ils manquent au souletin, ne sont employés que rarement dans les trois autres dialectes. C'est même avec assez de peine que nous avons pu en constater l'existence en labourdin. Les terminatifs correspondants du guipuscoan et surtout ceux du biscaïen sont moins difficiles à vérifier.

2. Les terminatifs à régime direct et à régime indirect à la fois ne peuvent présenter le régime direct qu'à la troisième personne, tandis que le régime indirect peut se rapporter à la troisième tout aussi bien qu'à la première et à la seconde. Il n'y a donc pas de terminatifs pour *tu m' as à lui, tu m' as à eux, il m' a à toi, il m' a à lui, il m' a à vous, il m' a à eux, vous m' avez à lui, vous m' avez à eux, ils m' ont à toi, ils m' ont à lui, ils m' ont à vous, ils m' ont à eux,* ni pour *je t' ai à lui, il t' a à moi, il t' a à lui, nous t' avons à lui, ils t' ont à lui* etc., ni pour *il nous a à lui, vous nous avez à eux* etc., ni enfin pour *il vous a à lui, il vous a à nous* etc., quoique les terminatifs *il l' a à moi, je l' ai à toi, tu l' as à lui, nous l' avons à vous, vous l' avez à nous, ils l' ont à moi, à toi, à lui, à nous, à vous, à eux* etc. soient d'un usage continuel. Il n'en a pas été toujours ainsi, et nous sommes heureux d'être à même de le prouver, en appelant pour la première fois l'attention des linguistes sur les terminatifs suivants extraits du Nouveau Testament traduit en basque par Jean de Liçarrague de Briscous et imprimé à La Rochelle en 1571. Nous mettons en regard la traduction en vieux français par les Pasteurs et Docteurs de l'Eglise de Genève sur laquelle a été calquée celle du traducteur labourdin. On verra par les exemples qui suivent que la conjugaison basque, quoique encore merveilleusement riche, n'en a pas moins perdu le tiers environ de ses terminatifs.

Edition de La Rochelle 1571.

Matth. 5. 25. Aicén adisquide eure partida contrastarequin fitetz, harequin bidean aiceno, **ezemón** eure partida contrastac iugeari, eta iugeac **ezemón** sargeantari, eta presoinean eçar ezadin.

Luc. 12. 58. Bada ioaiten aicencan eure partida contrastarequin magistratuagana, enseya adi bidean haren menetic ilkiten : tira ezeçançat iugengana, eta iugeac eman **ieçon** sargeantari, eta sargeantac eçar ezeçan presoindeguian.

Joan. 18. 35. Ihardets ceçan Pilatec, Ala ni Iudu naiz? eure nationeac eta Sacrificadore principalée liuratu **arauté** : cer eguin duc ?

Joan. 10-11. Ihardets ceçan Iesusec, Ezuque bothererie batre ene contra, baldin eman ezpalitzaic gainetic : halacotz, ni hiri liuratu **narauanac**, bekatu handiagoa die.

Act. 20. 32. Eta orain-ere, anayeác, gommendatzen **cerauzquiotet** Iaincoari eta haren gratiaren hitzari, cein baita botheretsu çuen edificatzen acabatzeco, eta çuey saindu guciequin heretagearen emaiteco.

Act. 25. 11. Ecen baldin gaixquiric eguin badut, eta deus herio merexi ducnic accommettitu badut, eztiát biltzera refusatzen : baina baldin horiéc accusatzen nautenetaric deus ezpada, nehorc horiéy ecin eman **nieçaqueec** : Cesargana appellatzen naue.

Rom. 7. 23. Baina badacussat berce leguebat neure membroetan, ene adimenduco leguearen contra bataillatzen denic, eta ene membroetan den bekatuaren legueari gathibatzen **nerauconic**.

2 Cor. 11. 2. Ecen ielossi naiz çueçaz Iaincorren ielosgoaz : ecen preparatu **cerauzquiotet** senhar bati (virgina castabat *beçala*) Christi, presenta çaizatedançat.

Apoc. 1. 6. Ceinec onhetsi baiguaitu eta ikuci gure bekatuetaric bere odolaz : eta eguin **baicrauzquió**[1] Regue eta Sacrificadore Iainco bere Aitari : hari *bada* dela gloria eta indar secula seculacotz. Amen.

Apoc. 5. 9. Eta cantatzen çutén cantu berribat, cioitela, Digne aiz Liburuären hartzeco, eta haren cigulnén iroquiteco : ecen sacrificatu içan aiz, eta redimitu **garauzcac**[1] Iaincoari eure odolaz, leinu, eta milti, eta populu, eta natione orotaric.

Apoc. 5. 10. Eta eguin **guerauzcac**[1] gure Iaincoari regue eta sacrificadore : eta regnaturen diagu lurraren gainean.

Edition de La Rochelle 1616.

Sois bien tost d'accord avec ton adverse partie, tandis que tu es en chemin avec lui : de peur que ton adverse partie ne **te livre au** juge, et que le juge ne **te livre au** sergent, et que tu sois mis en prison.

Or quand tu vas au Magistrat avec ton adverse partie, mets peine en chemin d'estre delivré de lui : afin qu'il ne te tire devant le juge, et que le juge **te** livre à l'executeur, et que l'executeur ne te mette en prison.

Pilate respondit, Suis-ie Iuif? ta nation et les principaux Sacrificateurs **t' ont livré à moi** : qu' as tu fait?

Iesus respondit, Tu n'aurois puissance quelconque sur moi, s'il ne t'estoit donné d'enhaut : pour ceste cause **celui qui m' a livré à toi,** a plus grand peché.

Et maintenant, freres, **ie vous** recommande à Dieu, et à la parole de sa grace : lequel est puissant de parachever de vous edifier, et de vous donner heritage avec tous les Saincts.

Que si j' ai forfait, ou commis quelque chose digne de mort, ie ne refuse point de mourir : mais s'il n'est rien de cela dequoi ils m' accusent, nul ne **me peut** donner **à eux** : j'en appele à Cesar.

Mais ie voi une autre Loy en mes membres, bataillant contre la Loy de mon entendement, et me **rendant** prisonnier à la Loy de peché, qui est en mes membres.

Car ie suis jaloux de vous d'une jalousie de Dieu : car ie vous ai approprié à un seul mari, pour vous presenter *comme* une vierge chaste à Christ.

A celui qui nous a aimés et nous a lavés de nos pechés par son sang, et **nous a faits** Rois et Sacrificateurs à Dieu son pere : *voire* à lui *soit* gloire et force ès siecles des siecles, Amen.

Et chantoyent une chanson nouvelle, disans, Tu es digne de prendre le livre, et d'ouvrir les sceaux d'icelui : car tu as esté occis, et **nous as** rachetés à Dieu par ton sang, de toute tribu, et langue, et peuple, et nation :

Et **nous as faits** Rois et Sacrificateurs à nostre Dieu : et nous regnerons sur la terre.

[1] Faut-il admettre que *garauzcac* et *guerauzcac* soient synonymes, ou bien doit on voir dans le dernier un terminatif à régime indirect de troisième personne et à deux régimes directs, dont le premier serait le *g* initial signifiant *nous*, et le second, se rapportant à plus d'une chose *regue* ou *sacrificadore*, serait représenté comme pluriel par le changement du premier *a* de *parauzcac* en *e*? Dans cette supposition qui reculerait de plus en plus les limites de la conjugaison basque jadis en usage on aurait comme équivalent français de *guerauzcac* "tu nous as à lui (plusieurs choses)", de *parauzcac* "tu nous as à lui" ou "tu nous as à lui (une seule chose)" et de *baicrauzquio*, forme causative de *grauzquio*, "il nous à lui (plusieurs choses)".

VOIX TRANSITIVE

1. IL ME L' A—*Indicatif*—*Présent*

			Guipuscoan	Biscaïen	Labourdin	Souletin
S.	2	*r.*	didazu	deustazu	dautazu	deitazü
		m.	didak	deustak	dautak	deitak
		f.	didan	deustan	dautan	deitan
	3	*i.*	dit	deust	daut	deit
		m.	zidak	jeustak	ziautak	ditak
		f.	zidan	jeustan	ziautan	ditan
		r.	—	—	—	ditazü
P.	2	*i.*	didazute	deustazube	dautazue	deitazie
	3	*i.*	didate	deuste	dautet	deitaye
		m.	zidatek	jeustek	ziautatek	ditaye
		f.	zidaten	jeustane	ziautane	ditañe
		r.	—	—	—	ditazie

2. IL ME L' AVAIT—*Indicatif*—*Passé*

			Guipuscoan	Biscaïen	Labourdin	Souletin
S.	2	*r.*	ziñidan	zeustan	zinautazun	zeneitan
		m.	idakan	eustaan	hautakan	eitan
		f.	idanan	eustanan	hautanan	eitan
	3	*i.*	zidan	eustan	zautan	zeitan
		m.	zidakan	jeustan	ziautakan	zitaya
		f.	zidanan	jeustanan	ziautanan	zitaña
		r.	—	—	—	zitazün
P.	2	*i.*	ziñidaten	zeusten	zinautazuen	zeneitayen
	3	*i.*	zidaten	eusten	zautaten	zeitayen
		m.	zidakaten	jeusteen	ziautatekan	zitadieya
		f.	zidanaten	jeustanen	ziautatenan	zitadieña
		r.	—	—	—	zitadazien

3. IL ME L' AURA—*Indicatif*—*Futur*

			Guipuscoan	Biscaïen	Labourdin	Souletin
S.	2	*r.*	—	—	dautazuke	deikedazü
		m.	—	—	dautakek	deikedak
		f.	—	—	dautaken	deikedan
	3	*i.*	—	—	dauket	deiket
		m.	—	—	ziaukeat	dikedak
		f.	—	—	ziaukenat	dikedan
		r.	—	—	—	dikedazü
P.	2	*i.*	—	—	dautazueke	deikedazie
	3	*i.*	—	—	dauketet	deikede
		m.	—	—	ziauketeat	dikedie
		f.	—	—	ziauketenat	dikedañe
		r.	—	—	—	dikedazie

À DEUX RÉGIMES.

1. IL ME LES A—*Indicatif—Présent*

			Guipuscoan	Biscaïen	Labourdin	Souletin
S.	2	r.	dizkidazu	deustasuz	dauzkidatzu	deiztatzü
		m.	dizkidak	deustazak	dauzkidak	deiztak
		f.	dizkidan	deustazan	dauzkidan	deiztan
	3	i.	dizkit	deustaz	dauzkit	deizt
		m.	zizkidak	jeustazak	ziauzkidak	diztak
		f.	zizkidan	jeustazan	ziauzkidan	diztan
		r.	—	—	—	diztatzü
P.	2	i.	dizkidazute	deustazubez	dauzkidatzue	deiztatzie
	3	i.	dizkidate	deustez	dauzkitet	deiztayc
		m.	zizkidatek	jeustezak	ziauzkidatek	diztaye
		f.	zizkidaten	jeustezan	ziauzkidane	diztañe
		r.	—	—	—	diztatzie

2. IL ME LES AVAIT—*Indicatif—Passé*

			Guipuscoan	Biscaïen	Labourdin	Souletin
S.	2	r.	ziñizkidan	zeustazan	ziuauzkidatzun	zeneiztan
		m.	izkidakan	eustazan	hauzkidakan	eiztan
		f.	izkidanan	eustanazan	hauzkidanan	eiztan
	3	i.	zizkidan	eustazan	zauzkidan	zeiztan
		m.	zizkidakan	jeustazan	ziauzkidakan	ziztaya
		f.	zizkidanan	jeustanazan	ziauzkidanan	ziztaña
		r.	—	—	—	ziztatzün
P.	2	i.	ziñizkidaten	zeustezan	zinauzkidatzuen	zeneiztayen
	3	i.	zizkidaten	eustezan	zauzkidaten	zeiztayen
		m.	zizkidakaten	jeusteezan	ziauzkidatekan	ziztadieya
		f.	zizkidanaten	jeustanezan	ziauzkidatenan	ziztadieña
		r.	—	—	—	ziztatzien

3. IL ME LES AURA—*Indicatif—Futur*

			Guipuscoan	Biscaïen	Labourdin	Souletin
S.	2	r.	—	—	dauzkidatzuke	deizkedatzü
		m.	—	—	dauzkidakek	deizkedak
		f.	—	—	dauzkidaken	deizkedan
	3	i.	—	—	dauzkiket	deizket
		m.	—	—	ziauzkikeat	dizkedak
		f.	—	—	ziauzkikenat	dizkedan
		r.	—	—	—	dizkedatzü
P.	2	i.	—	—	dauzkidatzueke	deizkedatzie
	3	i.	—	—	dauzkiketet	deizkede
		m.	—	—	ziauzkitekeat	dizkedie
		f.	—	—	ziauzkitekenat	dizkedañe
		r.	—	—	—	dizkedatzie

VOIX TRANSITIVE

4. IL ME L' AURAIT—*Conditionnel—Présent*

			Guipuscoan	Biscaïen	Labourdin	Souletin
S.	2	r.	ziñidake	zeusket	zinautazuke	zeneiket
		m.	idakek	euskedak	hautakek	eiket
		f.	idaken	euskedan	hautaken	eiket
	3	i.	lidake	leusket	lauket	leiket
		m.	lidakek	lajeuskedak	laukeat	likedak
		f.	lidaken	lajeuskedan	laukenat	likedan
		r.	—	—	—	likedazü
P.	2	i.	ziñidakete	zeuskede	zinautazueke	zeneikede
	3	i.	lidakete	leuskede	lauketet	leikede
		m.	lidaketek	lajeuskedek	lauketeat	likedaye
		f.	lidaketen	lajeuskedane	luuketenat	likedañe
		r.	—	—	—	likedazie

5. IL ME L' AURAIT EU—*Conditionnel—Passé*

			Guipuscoan	Biscaïen	Labourdin	Souletin
S.	2	r.	ziñidakean	zeuskedan	zinautazuken	zeneikedan
		m.	idakekan	euskedaan	hautakeyan	eikedan
		f.	idakenan	euskedanan	hautakenan	eikedan
	3	i.	zidakean	leuskedan	zautaken	zeikedan
		m.	zidakekan	lajeuskedaan	zautakeyan	zikeda
		f.	zidakenan	lajeuskedanan	zautakenan	zikedaña
		r.	—	—	—	zikedazün
P.	2	i.	ziñidaketean	zeuskeden	zinautazueken	zeneikeden
	3	i.	zidaketean	leuskeden	zautateken	zeikeden
		m.	zidaketekan	lajeuskedeen	zautatekeyan	zikedieya
		f.	zidaketenan	lajeuskedanen	zautatekenan	zikedieña
		r.	—	—	—	zikedazien

6. QU' IL ME L' AIT—*Impératif—Présent*

			Guipuscoan	Biscaïen	Labourdin	Souletin
S.	2	r.	zadazu	egidazu	ezadazu	izadazü
		m.	zadak	egidak	ezadak	izadak
		f.	zadan	egidan	ezadan	izadan
	3	i.	bizat	begit	biezat	bizat
		m.	—	bejegidak	—	—
		f.	—	bejegidan	—	—
P.	2	i.	zadazute	egidazube	ezadazue	izadazie
	3	i.	bizatet	begide	biezatet	bizade
		m.	—	bejegidek	—	—
		f.	—	bejegidane	—	—

À DEUX RÉGIMES.

4. IL ME LES AURAIT—*Conditionnel—Présent*

			Guipuscoan	Biscaïen	Labourdin	Souletin
S.	2	r.	ziñizkidake	zeuskedaz	zinauzkidatzuke	zeneizket
		m.	izkidakek	euskedazak	hauzkidakek	eizket
		f.	izkidaken	euskedazan	hauzkidaken	eizket
	3	i.	lizkidake	leuskedaz	lauzkiket	leizket
		m.	lizkidakek	lajeuskedazak	lauzkikeat	lizkedak
		f.	lizkidaken	lajeuskedazan	lauzkikenat	lizkedan
		r.	—	—	—	lizkedatzü
P.	2	i.	ziñizkidakete	zeuskedez	zinauzkidatzueke	zeneikede
	3	i.	lizkidakote	leuskedez	lauzkiketet	leizkede
		m.	lizkidaketek	lajeuskedezak	lauzkiketeat	lizkedaye
		f.	lizkidaketen	lajeuskedezan	lauzkiketenat	lizkedañe
		r.	—	—	—	lizkedatzie

5. IL ME LES AURAIT EUS—*Conditionnel—Passé*

			Guipuscoan	Biscaïen	Labourdin	Souletin
S.	2	r.	ziñizkidakean	zeuskedazan	zinauzkidatzuken	zeneizkedan
		m.	izkidakekan	euskedazan	hauzkidakeyan	eizkedan
		f.	izkidakenan	euskedanazan	hauzkidakenan	eizkedan
	3	i.	zizkidakean	leuskedazan	zauzkidaken	zeizkedan
		m.	zizkidakekan	lajeuskedazan	zauzkidakeyan	zitikeda
		f.	zizkidakenan	lajeuskedanazan	zauzkidakenan	zitikedaña
		r.	—	—	—	zitikedazün
P.	2	i.	ziñizkidaketean	zeuskedezan	zinauzkidatzueken	zeneizkeden
	3	i.	zizkidaketean	leuskedezan	zauzkidateken	zeizkeden
		m.	zizkidaketekan	lajeuzkedeezan	zauzkidatekeyan	zitikedieya
		f.	zizkidaketenan	lajeuskedanezan	zauzkidatekenan	zitikedieña
		r.	—	—	—	zitikedazien

6. QU'IL ME LES AIT—*Impératif—Présent*

			Guipuscoan	Biscaïen	Labourdin	Souletin
S.	2	r.	zazkidazu	egidazuz	etzadatzu	itzadatzü
		m.	zazkidak	egidazak	etzadak	itzadak
		f.	zazkidan	egidazan	etzadan	itzadan
	3	i.	bizazkit	begidaz	bietzat	bitzat
		m.	—	bejegidazak	—	—
		f.	—	bejegidazan	—	—
P.	2	i.	zazkidazute	egidazubez	etzadatzue	itzadatzie
	3	i.	bizazkitet	begidez	bietzatet	bitzade
		m.	—	bejegidezak	—	—
		f.	—	bejegidezan	—	—

VOIX TRANSITIVE

8. QU' IL ME L' AIT—*Subjonctif—Présent*

			Guipuscoan	Biscaïen	Labourdin	Souletin
S.	2	r.	dizadazun	dagidazun	diezadazun	dizadazün
		m.	ezadakan	dagidan	diezadakan	dizadaya
		f.	ezadanan	dagidanan	diezadanan	dizadaña
	3	i.	dizadan	dagidan	diezadan	dizadan
		m.	dizadakan	jagidan	diezadakán	—
		f.	dizadauan	jagidanan	diezadanan	—
P.	2	i.	dizadazuten	dagidazuben	diezadazuen	dizadazien
	3	i.	dizadaten	dagiden	diezadaten	dizaden
		m.	dizadakaten	jagideen	diezadatekan	—
		f.	dizadanaten	jagidanen	diezadatenan	—

10. QU' IL ME L' EÛT—*Subjonctif—Passé*

			Guipuscoan	Biscaïen	Labourdin	Souletin
S.	2	r.	ziñizadan	zengidan	ziniezadazun	zinizadan
		m.	enzadakan	engidan	hiezadakan	izadan
		f.	enzadanan	engidanan	hiezadanan	izadan
	3	i.	zizadan	legidan	ziezadan	lizadan
		m.	zizadakan	jegidan	ziezadakan	—
		f.	zizadanan	jegidanan	ziezadanan	—
P.	2	i.	ziñizadaten	zengiden	ziniezadazuen	zinizaden
	3	i.	zizadaten	legiden	ziezadaten	lizaden
		m.	zizadakaten	jegideen	ziezadatekan	—
		f.	zizadanaten	jegidanen	ziezadatenan	—

12. IL ME LE PEUT—*Potentiel—Présent*

			Guipuscoan	Biscaïen	Labourdin	Souletin
S.	2	r.	dizadakezu	daidazu	diezadazuke	dizakedazü
		m.	ezadakek	daidak	diezadakek	dizakedak
		f.	ezadaken	daidan	diezadanen	dizakedan
	3	i.	dizadake	dait	diezadake	dizakedat
		m.	dizadakek	jaidak	ziezadakek	dizakedak
		f.	dizadaken	jaidan	ziezadaken	dizakedan
		r.	—	—	—	dizakedazü
P.	2	i.	dizadakezute	daidazube	diezadazueke	dizakedazie
	3	i.	dizadakete	daide	diezadakete	dizakede
		m.	dizadaketek	jaidek	ziezadaketek	dizakedaye
		f.	dizadaketen	jaidane	ziezadakene	dizakedañe
		r.	—	—	—	dizakedazie

À DEUX RÉGIMES.

8. QU' IL ME LES AIT—*Subjonctif—Présent*

			Guipuscoan	Biscaïen	Labourdin	Souletin
S.	2	r.	dizazkidazun	dagidazuzan	dietzadatzun	ditzadatzün
		m.	zazkidakan	dagidaazan	dietzadakan	ditzadaya
		f.	zazkidanan	dagidanazan	dietzadanan	ditzadaña
	3	i.	dizazkidan	dagidazan	dietzadan	ditzadan
		m.	dizazkidakan	jagidaazan	dietzadakan	—
		f.	dizazkidanan	jagidanazan	dietzadanan	—
P.	2	i.	dizazkidazuten	dagidazubezan	dietzadatzuen	ditzadatzien
	3	i.	dizazkidaten	dagidezan	dietzadaten	ditzaden
		m.	dizazkidakaten	jagideezan	dietzadatekan	—
		f.	dizazkidanaten	jagidanezan	dietzadatenan	—

10. QU' IL ME LES EÛT—*Subjonctif—Passé*

			Guipuscoan	Biscaïen	Labourdin	Souletin
S.	2	r.	ziñizazkidan	zengidazan	zinietzadatzun	zinitzadan
		m.	izazkidakan	engidazan	hietzadakan	itzadan
		f.	izazkidanan	engidanazan	hietzadanan	itzadan
	3	i.	zizazkidan	legidazan	zietzadan	litzadan
		m.	zizazkidakan	jegidazan	zietzadakan	—
		f.	zizazkidanan	jegidanazan	zietzadanan	—
P.	2	i.	ziñizazkidaten	zengidezan	zinietzadatzuen	zinitzaden
	3	i.	zizazkidaten	legidezan	zietzadaten	litzaden
		m,	zizazkidakaten	jegideezan	zietzadatekan	—
		f.	zizazkidanaten	jegidanezan	zietzadatenan	—

12. IL ME LES PEUT—*Potentiel—Présent*

			Guipuscoan	Biscaïen	Labourdin	Souletin
S.	2	r.	ditzazkidakezu	daidazuz	dietzadatzuke	ditzakedatzü
		m.	zazkidakek	daidazak	dietzadakok	ditzakedak
		f.	zazkidaken	daidazan	dietzadaken	ditzakedan
	3	i.	ditzazkidake	daidaz	dietzadake	ditzakedat
		m.	ditzazkidakek	jaidazak	zietzadakok	ditzakedak
		f.	ditzazkidaken	jaidazan	zietzadaken	ditzakedan
		r.	—	—	—	ditzakedatzü
P.	2	i.	ditzazkidakezute	daidazubez	dietzadatzueke	ditzakedatzie
	3	i.	ditzazkidakete	daidez	dietzadakete	ditzakede
		m.	ditzazkidaketek	jaidezak	zietzadaketek	ditzakedaye
		f.	ditzazkidaketen	jaidezan	zietzadakene	ditzakedañe
		r.	—	—	—	ditzakedatzie

VOIX TRANSITIVE

14. IL ME LE POURRAIT—*Potentiel conditionnel—Présent*

			Guipuscoan	Biscaïen	Labourdin	Souletin
S.	2	*r.*	ziñizadake	zineit	ziniezadazuke	zinizakedat
		m.	enzadakek	ineidak	hiezadakek	izakedat
		f.	enzadaken	ineidan	hiezadaken	izakedat
	3	*i.*	lizadake	leit	liezaket	lizakedat
		m.	lizadakek	lajeidak	liezakeat	lizakedak
		f.	lizadaken	lajeidan	liezakenat	lizakedan
		r.	—	—	—	lizakedazü
P.	2	*i.*	ziñizadakete	zineide	ziniezadazueke	zinizakede
	3	*i.*	lizadakete	leide	liezaketet	lizakedaye
		m.	lizadaketek	lajeidek	liezaketeat	lizakedaye
		f.	lizadaketen	lajeidane	liezaketenat	lizakedañe
		r.	—	—	—	lizakedazie

16. IL ME LE POUVAIT—*Potentiel conditionnel—Passé*

			Guipuscoan	Biscaïen	Labourdin	Souletin
S.	2	*r.*	ziñizadakean	zineidan	ziniezadazuken	zinizakedan
		m.	enzadakekan	ineidan	hiezadakeyan	izakedan
		f.	enzadakenan	ineidanan	hiezadakenan	izakedau
	3	*i.*	zizadakean	leidan	ziezadaken	zizakedan
		m.	zizadakekan	lajeidan	ziezadakeyan	zizakeda
		f.	zizadakenan	lajeidanan	ziezadakenan	zizakedaña
		r.	—	—	—	zizakedazün
P.	2	*i.*	ziñizadaketean	zineiden	ziniezadazueken	zinizakeden
	3	*i.*	zizadaketean	leiden	ziezadaketen	zezakeden
		m.	zizadaketekan	lajeiden	ziezadaketekan	zizakedeya
		f.	zizadaketenan	lajeidanen	ziezadaketenan	zizakedeña
		r.	—	—	—	zizakedezien

18. S' IL ME L' AVAIT—*Suppositif du conditionnel—Présent*

			Guipuscoan	Biscaïen	Labourdin	Souletin
S.	2	*r.*	baziñit	bazeust	bazinautazu	bazeneit
		m.	baidak	beeustak	bahautak	baheit
		f.	baidan	beeustan	bahautan	baheit
	3	*i.*	balit	baleust	balaut	baleit
		m.	balidak	balajeustak	balautak	—
		f.	balidan	balajeustan	balautan	—
P.	2	*i.*	baziñidate	bazeuste	bazinautazue	bazeneitade
	3	*i.*	balidate	baleuste	balautet	baleitade
		m.	balidatek	balajeustek	balauteat	—
		f.	balidaten	balajeustane	balautenat	—

À DEUX RÉGIMES.

14. IL ME LES POURRAIT—*Potentiel conditionnel—Présent*

			Guipuscoan	Biscaïen	Labourdin	Souletin
S.	2	r.	ziñitzazkidake	zineidaz	zinietzadatzuke	zinitzakedat
		m.	itzazkidakek	ineidazak	hietzadakek	itzakedat
		f.	itzazkidaken	ineidazan	hietzadaken	itzakedat
	3	i.	litzazkidake	leidaz	lietzaket	litzakedat
		m.	litzazkidakek	lajeidazak	lietzakeat	litzakedak
		f.	litzazkidaken	lajeidazan	lietzakenat	litzakedan
		r.	—	—	—	litzakedatzü
P.	2	i.	ziñitzazkidakete	zineidez	zinietzadatzueke	zinitzakede
	3	i.	litzazkidakete	leidez	lietzaketet	litzakedaye
		m.	litzazkidaketek	lajeidezak	lietzaketeat	litzakedaye
		f.	litzazkidaketen	lajeidezan	lietzaketenat	litzakedañe
		r.	—	—	—	litzakedatzie

16. IL ME LES POUVAIT—*Potentiel conditionnel—Passé*

			Guipuscoan	Biscaïen	Labourdin	Souletin
S.	2	r.	ziñitzazkidakean	zineidazan	zinietzadatzuken	zinitzakedan
		m.	itzazkidakekan	ineidazan	hietzadakeyan	itzakedan
		f.	itzazkidakenan	ineidanazan	hietzadakenan	itzakedan
	3	i.	zitzazkidakean	leidazan	zietzadaken	zitzakedan
		m.	zitzazkidakekan	lajeidazan	zietzadakeyan	zitzakeda
		f.	zitzazkidakenan	lajeidanazan	zietzadakenan	zitzakedaña
		r.	—	—	—	zitzakedazün
P.	2	i.	ziñitzazkidaketean	zineidezan	zinietzadatzueken	zinitzakeden
	3	i.	zitzazkidaketean	leidezan	zietzadaketen	zitzakeden
		m.	ziñitzazkidaketekan	lajeideezan	zietzadaketekan	zitzakedeya
		f.	ziñitzazkidaketenan	lajeidanezan	zietzadaketenan	zitzakedeña
		r.	—	—	—	zitzakedetzien

18. S'IL ME LES AVAIT—*Suppositif du conditionnel—Présent*

			Guipuscoan	Biscaïen	Labourdin	Souletin
S.	2	r.	baziñizkit	bazeustaz	bazinauzkidatzu	bazeneitzat
		m.	baizkidak	beeustazak	bahauzkidak	baheizt
		f.	baizkidan	beeustazan	bahauzkidan	baheizt
	3	i.	balizkit	baleustaz	balauzkit	baleitzat
		m.	balizkidak	balajeustazak	balauzkidak	—
		f.	balizkidan	balajeustazan	balauzkidan	—
P.	2	i.	baziñizkidate	bazeustez	bazinauzkidatzue	bazeneiztade
	3	i.	balizkidate	baleustez	balauzkitet	baleiztade
		m.	balizkidatek	balajeustezak	balauzkiteat	—
		f.	balizkidaten	balajeustezan	balauzkitenat	—

VOIX TRANSITIVE

19. s'il me l'a—*Suppositif du potentiel—Présent*

			Guipuscoan	Biscaïen	Labourdin	Souletin
S.	2	*r.*	badizadazu	badagidazu	badiezadazu	—
		m.	baezadak	badagidak	badiezadak	—
		f.	baezadan	badagidan	badiezadan	—
	3	*i.*	badizat	badagit	badiezat	—
		m.	badizadak	bajagidak	badiezadak	—
		f.	badizadan	bajagidan	badiezadan	—
P.	2	*i.*	badizadazute	badagidazube	badiezadazue	—
	3	*i.*	badizadate	badagide	badiezatet	—
		m.	badizadatek	bajagidek	badiezatcat	—
		f.	badizadaten	bajagidane	badiezatenat	—

21. s'il me l'avait—*Suppositif du potentiel conditionnel—Futur présent*

			Guipuscoan	Biscaïen	Labourdin	Souletin
S.	2	*r.*	baziñizat	bazengit	baziniezadazu	bazinizat
		m.	baenzadak	baengidak	bahiezadak	bahizat
		f.	baenzadan	baengidan	bahiezadan	bahizat
	3	*i.*	balizat	balegit	baliezat	balizat
		m.	balizadak	bajegidak	baliezadak	—
		f.	balizadan	bajegidan	baliezadan	—
P.	2	*i.*	baziñizadate	bazengide	baziniezadazue	bazinizade
	3	*i.*	balizadate	balegide	baliezatet	balizade
		m.	balizadatek	bajegidek	baliezatcat	—
		f.	balizadaten	bajegidane	baliezatenat	—

À DEUX RÉGIMES.

19. S'IL ME LES A—*Suppositif du potentiel—Présent*

			Guipuscoan	*Biscaïen*	*Labourdin*	*Souletin*
S.	2	r.	badizazkidazu	badagidazuz	badietzadatzu	—
		m.	bazazkidak	badagidazak	badietzadak	—
		f.	bazazkidan	badagidazan	badietzadan	—
	3	i.	badizazkit	badagidaz	badietzat	—
		m.	badizazkidak	bajagidazak	badietzadak	—
		f.	badizazkidan	bajagidazan	badietzadan	—
P.	2	i.	badizazkidazute	badagidazubez	badietzadatzue	—
	3	i.	badizazkidate	badagidez	badietzatet	—
		m.	badizazkidatek	bajagidezak	badietzateat	—
		f.	badizazkidaten	bajagidezan	badietzatenat	—

21. S'IL ME LES AVAIT—*Suppositif du potentiel conditionnel—Futur présent*

			Guipuscoan	*Biscaïen*	*Labourdin*	*Souletin*
S.	2	r.	baziñizazkit	bazengidaz	banietzadatzu	bazinitzat
		m.	baizazkidak	baengidazak	bahietzadak	bahitzat
		f.	baizazkidan	baengidazan	bahietzadan	bahitzat
	3	i.	balizazkit	balegidaz	balietzat	balitzat
		m.	balizazkidak	bajegidazak	balietzadak	—
		f.	balizazkidan	bajegidazan	balietzadan	—
P.	2	i.	baziñizazkidate	bazengidez	bazinietzadatzue	bazinitzade
	3	i.	balizazkidate	balegidez	balietzatet	balitzade
		m.	balizazkidatek	bajegidezak	balietzateat	—
		f.	balizazkidaten	bajegidezan	balietzatenat	—

VOIX TRANSITIVE

Temps n' appartenant qu' au dialecte biscaïen.

S./P.			7. IL ME L' AURA *Impératif* *Futur*	9. QU' IL ME L' AIT *Subjonctif* *Futur présent*	11. QU' IL ME L' EÛT *Subjonctif* *Futur passé*	13. IL ME LE POURRA *Potentiel* *Futur*
S.	2	r.	egikedazu	dagikedazun	zengikedan	daikedazu
		m.	egikedak	dagikedan	engikedan	daikedak
		f.	egikedan	dagikedanan	engikedanan	daikedan
	3	i.	begiket	dagikedan	legikedan	daiket
		m.	bejegikedak	jagikedan	jegikedan	jaikedak
		f.	bejegikedan	jagikedanan	jegikedanan	jaikedan
P.	2	i.	egikedazube	dagikedazuben	zengikeden	daikedazube
	3	i.	begikede	dagikeden	legikeden	daikede
		m.	bejegikedek	jagikedeen	jegikedeen	jaikedek
		f.	bejegikedane	jagikedanen	jegikedanen	jaikedane

S./P.			15. IL ME LE POURRAIT *Potentiel condit.* *Futur présent*	17. IL ME LE POUVAIT *Potentiel condit.* *Futur passé*	20. S' IL ME L' A *Suppos. du potent.* *Futur*	22. S' IL ME L' AVAIT *Supp. du pot. condit.* *Futur*
S.	2	r.	zineiket	zineikedan	badagikedazu	bazengiket
		m.	ineikedak	ineikedan	badagikedak.	baengikedak
		f.	ineikedan	ineikedanan	badagikedan	baengikedan
	3	i.	leiket	leikedan	badagiket	balegiket
		m.	lajeikedak	lajeikedan	bajagikedak	bajegikedak
		f.	lajeikedan	lajeikedanan	bajagikedan	bajegikedan
P.	2	i.	zineikede	zineikeden	badagikedazube	bazengikede
	3	i.	leikede	leikeden	badagikede	balegikede
		m.	lajeikedek	lajeikedeen	bajagikedek	bajegikedek
		f.	lajeikedane	lajeikedanen	bajagikedane	bajegikedane

Temps n' appartenant qu' au dialecte souletin.

S./P.			23. ME L' EÛT-IL ! — *Optatif — Présent*	24. ME L' EÛT-IL ! — *Optatif — Futur*
S.	2	r.	aitzeneit	aitzinizat
		m.	aheit	ahizat
		f.	aheit	ahizat
	3	i.	aileit	ailizat
P.	2	i.	aitzeneitade	aitzinizade
	3	i.	aileitade	ailizade

À DEUX RÉGIMES.

Temps n' appartenant qu' au dialecte biscaïen.

			7. IL ME LES AURA *Impératif Futur*	9. QU' IL ME LES AIT *Subjonctif Futur présent*	11. QU' IL ME LES EÛT *Subjonctif Futur passé*	13. IL ME LES POURRA *Potentiel Futur*
S.	2	*r.*	egikedazuz	dagikedazuzan	zengikedazan	daikedazuz
		m.	egikedazak	dagikedazan	engikedazan	daikedazak
		f.	egikedazan	dàgikedanazan	engikedanazan	daikedazan
	3	*i.*	begikedaz	dagikedazan	legikedazan	daikedaz
		m.	bejegikedazak	jagikedazan	jegikedazan	jaikedazak
		f.	bejegikedazan	jagikedanazan	jegikedanazan	jaikedazan
P.	2	*i.*	egikedazubez	dagikedazubezan	zengikedezan	daikedazubez
	3	*i.*	begikedez	dagikedezan	legikedezan	daikedez
		m.	bejegikedezak	jagikedeezan	jegikedezan	jaikedezak
		f.	bejegikedezan	jagikedanezan	jegikedanezan	jaikedezan

			15. IL ME LES POURRAIT *Potentiel condit. Futur présent*	17. IL ME LES POUVAIT *Potentiel condit. Futur passé*	20. S' IL ME LES A *Suppos. du potent. Futur*	22. S' IL ME LES AVAIT *Supp. du pot. condit. Futur*
S.	2	*r.*	zineikedaz	zineikedazan	badagikedazuz	bazengikedaz
		m.	ineikedazak	ineikedazan	badagikedazak	baengikedazak
		f.	ineikedazan	ineikedanazan	badagikedazan	baengikedazan
	3	*i.*	leikedaz	leikedazan	badagikedaz	balegikedaz
		m.	lajeikedazak	lajeikedazan	bajagikedazak	bajegikedazak
		f.	lajeikedazan	lajeikedanazan	bajagikedazan	bajegikedazan
P.	2	*i.*	zineikedez	zineikedezan	badagikedazubez	buzengikedez
	3	*i.*	leikedez	leikedezan	badagikedez	balegikedez
		m.	lajeikedezak	lajeikedeezan	bajagikedezak	bajegikedezak
		f.	lajeikedezan	lajeikedanezan	bajagikedezan	bajegikedezan

Temps n' appartenant qu' au dialecte souletin.

			23. ME LES EÛT-IL !—*Optatif—Présent*	24. ME LES EÛT-IL !—*Optatif—Futur*
S.	2	*r.*	aitzeneitzat	aitzinitzat
		f.	aheizt	ahitzat
		m.	aheizt	ahitzat
	3	*i.*	aileitzat	ailitzat
P.	2	*i.*	aitzeneiztade	aitzinitzade
	3	*i.*	aileiztade	ailitzade

VOIX TRANSITIVE

1. IL TE L' A—*Indicatif—Présent*

			Guipuscoan	Biscaïen	Labourdin	Souletin
S.	1	*r.*	dizut	deutsut	dautzut	deizüt
		m.	dikikat	deubat	dauat	deyat
		f.	dikiñat	deunat	daunat	deñat
	3	*r.*	dizu	deutsu	dautzu	deizü
		m.	dikik	deuba	dauk	deik
		f.	dikiñ	deuna	daun	deiñ
P.	1	*r.*	dizugu	deutsugu	dautzugu	deizügü
		m.	dikikagu	deubagu	dauagu	deyagü
		f.	dikiñagu	deunagu	dauuagu	deñagü
	3	*r.*	dizute	deutsube	dautzute	deizie
		m.	dikitek	deubee	dautek	deye
		f.	dikiten	deunee	daune	deñe

2. IL TE L' AVAIT—*Indicatif—Passé*

			Guipuscoan	Biscaïen	Labourdin	Souletin
S.	1	*r.*	nizun	neutsun	nautzun	neizün
		m.	nikikan	neuban	naukan	neya
		f.	nikiñan	neunan	naunan	neña
	3	*r.*	zizun	eutsun	zautzun	zeizün
		m.	zikikan	euban	zaukan	zeya
		f.	zikiñan	eunan	zaunan	zeña
P.	1	*r.*	giñizun	geuntsun	ginautzun	geneizün
		m.	ginkikan	geuban	ginaukan	geneya
		f.	ginkiñan	geunan	ginaunan	geneña
	3	*r.*	zizuten	eutsuben	zautzuten	zeizien
		m.	zikikaten	eubeen	zautekan	zeyea
		f.	zikiñaten	euneen	zautenan	zeyeña

3. IL TE L' AURA—*Indicatif—Futur*

			Guipuscoan	Biscaïen	Labourdin	Souletin
S.	1	*r.*	—	—	dautzuket	deikezüt
		m.	—	—	daukeat	deikeyat
		f.	—	—	daukenat	deikeñat
	3	*r.*	—	—	dautzuke	deikezü
		m.	—	—	daukek	deikek
		f.	—	—	dauken	deiken
P.	1	*r.*	—	—	dautzukegu	deikezügü
		m.	—	—	daukeagu	deikeyagü
		f.	—	—	daukenagu	deikeñagü
	3	*r.*	—	—	dautzukete	deikezie
		m.	—	—	dauketek	deikeye
		f.	—	—	daukene	deikeñe

À DEUX RÉGIMES.

1. IL TE LES A—*Indicatif*—*Présent*

			Guipuscoan	Biscaïen	Labourdin	Souletin
S.	1	r.	dizkizut	deutsudaz	dauzkitzut	deitzüt
		m.	dizkikat	deubadaz	dauzkiat	deitzat
		f.	dizkiñat	deunadaz	dauzkinat	deitzañat
	3	r.	dizkizu	deutsuz	dauzkitzu	deitzü
		m.	dizkik	deubaz	dauzkik	deitzak
		f.	dizkiñ	deunaz	dauzkin	deitzan
P.	1	r.	dizkizugu	deutsuguz	dauzkitzugu	deitzügü
		m.	dizkikagu	deubaguz	dauzkiagu	deitzagü
		f.	dizkiñagu	deunaguz	dauzkinagu	deitzañagü
	3	r.	dizkizute	deutsubez	dauzkitzute	deitzie
		m.	dizkitek	deubeez	dauzkitek	deitzaye
		f.	dizkiten	deuneez	dauzkine	deitzañe

2. IL TE LES AVAIT—*Indicatif*—*Passé*

			Guipuscoan	Biscaïen	Labourdin	Souletin
S.	1	r.	nizkizun	neutsuzan	nauzkitzun	neitzün
		m.	nizkikan	neubazan	nauzkikan	neitzaya
		f.	nizkiñan	neunazan	nauzkinan	neitzaña
	3	r.	zizkizun	eutsuzan	zauzkitzun	zeitzün
		m.	zizkikan	eubazan	zauzkikan	zeitzaya
		f.	zizkiñan	eunazan	zauzkinan	zeitzaña
P.	1	r.	giñizkizun	geuntsuzan	ginauzkitzun	geneitzün
		m.	ginzkikan	geubazan	ginauzkikan	geneitzaya
		f.	ginzkiñan	geunazan	ginauzkinan	geneitzaña
	3	r.	zizkizuten	eutsubezan	zauzkitzuten	zeitzien
		m.	zizkikaten	eubeezan	zauzkitekan	zeitzeya
		f.	zizkiñaten	euneezan	zauzkitenan	zeitzeña

3. IL TE LES AURA—*Indicatif*—*Futur*

			Guipuscoan	Biscaïen	Labourdin	Souletin
S.	1	r.	—	—	dauzkitzuket	deizketzüt
		m.	—	—	dauzkikeat	deizkeyat
		f.	—	—	dauzkikenat	deizkeñat
	3	r.	—	—	dauzkitzuke	deizketzü
		m.	—	—	dauzkikek	deizkek
		f.	—	—	dauzkiken	deizken
P.	1	r.	—	—	dauzkitzukegu	deizketzügü
		m.	—	—	dauzkikeagu	deizkeyagü
		f.	—	—	dauzkikenagu	deizkeñagü
	3	r.	—	—	dauzkitzukete	deizketzie
		m.	—	—	dauzkiketek	deizkeye
		f.	—	—	dauzkikene	deizkeñe

VOIX TRANSITIVE

4. IL TE L' AURAIT—*Conditionnel*—*Présent*

			Guipuscoan	*Biscaïen*	*Labourdin*	*Souletin*
S.	1	*r.*	nizuke	neuskezu	nautzuke	neikezü
		m.	nikikek	neuskek	naukek	neikek
		f.	nikiken	neuskeu	nauken	neiken
	3	*r.*	lizuke	leuskezu	lautzuke	leikezü
		m.	likikek	euskek	laukek	leikek
		f.	likiken	eusken	lauken	leiken
P.	1	*r.*	giñizuke	geuskezu	ginautzuke	geneikezü
		m.	ginkikek	geuskek	ginaukek	geneikek
		f.	ginkiken	geusken	ginauken	geneiken
	3	*r.*	lizukete	leuskezube	lautzukete	leikezie
		m.	likiketek	euskeek	lauketek	leikeye
		f.	likiketen	euskene	laukene	leikeñe

5. IL TE L' AURAIT EU—*Conditionnel Passé*

S.	1	*r.*	nizukean	neuskezun	nautzuken	neikezün
		m.	nikikekan	neuskian	naukeyan	neikeya
		f.	nikikenan	neuskenan	naukenan	neikeña
	3	*r.*	zizukean	leuskezun	zautzuken	zeikezün
		m.	zikikekan	euskian	zaukeyan	zeikeya
		f.	zikikenan	euskenan	zaukenan	zeikeña
P.	1	*r.*	giñizukean	geuskezun	ginautzuken	geneikezün
		m.	ginkikekan	geuskian	ginaukeyan	geneikeya
		f.	ginkikenan	geuskenan	ginaukenan	geneikeña
	3	*r.*	zizuketean	leuskezuben	zautzuteken	zeikezien
		m.	zikikekaten	euskeen	zautekeyan	zeikieya
		f.	zikikenaten	euskenen	zautekenan	zeikieña

6. QU' IL TE L' AIT—*Impératif*—*Présent*

S.	3	*r.*	bizazu	begizu	biezazu	bizazü
		m.	—	begik	biezak	bizak
		f.	—	begin	biezan	bizan
P.	3	*r.*	bizazute	begizube	biezazute	bizazie
		m.	—	begijek	biezatek	bizaye
		f.	—	begine	biezane	bizañe

À DEUX RÉGIMES.

4. IL TE LES AURAIT—*Conditionnel—Présent*

			Guipuscoan	Biscaïen	Labourdin	Souletin
S.	1	r.	nizkizuke	neuskezuz	nauzkitzuke	neizketzü
		m.	nizkikek	neuskezak	nauzkikek	neizkek
		f.	nizkiken	neuskezan	nauzkiken	neizken
	3	r.	lizkizuke	leuskezuz	lauzkitzuke	leizketzü
		m.	lizkikek	euskezak	lauzkikek	leizkek
		f.	lizkiken	euskezan	lauzkiken	leizken
P.	1	r.	giñizkizuke	geuskezuz	ginauzkitzuke	geneizketzü
		m.	ginzkikek	geuskezak	ginauzkikek	geneizkek
		f.	ginzkiken	geuskezan	ginauzkiken	geneizken
	3	r.	lizkizukete	leuskezubez	lauzkitzukete	leizketzie
		m.	lizkiketek	euskeczak	lauzkiketek	leizkeye
		f.	lizkiketen	euskeczan	lauzkikene	leizkeñe

5. IL TE LES AURAIT EUS—*Conditionnel—Passé*

			Guipuscoan	Biscaïen	Labourdin	Souletin
S.	1	r.	nizkizukean	neuskezuzan	nauzkitzuken	neizketzün
		m.	nizkikekan	neuskiazan	nauzkikeyan	neizkeya
		f.	nizkikenan	neuskenazan	nauzkikenan	neizkeña
	3	r.	zizkizukean	leuskezuzan	zauzkitzuken	zeizketzün
		m.	zizkikekan	euskiazan	zauzkikeyan	zeizkeya
		f.	zizkikenan	euskenazan	zauzkikenan	zeizkeña
P.	1	r.	giñizkizukean	geuskezuzan	ginauzkitzuken	geneizketzün
		m.	ginkizkekan	geuskiazan	ginauzkikeyan	geneizkeya
		f.	ginkizkenan	geuskenazan	ginauzkikenan	geneizkeña
	3	r.	zizkizuketean	leuskezubezan	zauzkitzuteken	zeizketzien
		m.	zizkikekaten	euskeczan	zauzkitekeyan	zeizkieya
		f.	zizkikenaten	euskenezan	zauzkitekenan	zeizkieña

6. QU' IL TE LES AIT—*Impératif—Présent*

			Guipuscoan	Biscaïen	Labourdin	Souletin
S.	3	r.	bizazkizu	begizuz	bietzatzu	bitzatzü
		m.	—	begizak	bietzak	bitzak
		f.	—	begizan	bietzan	bitzan
P.	3	r.	bizazkizute	begizubez	bietzatzute	bitzatzie
		m.	—	begijezak	bietzatek	bitzaye
		f.	—	begijezan	bietzane	bitzañe

VOIX TRANSITIVE

8. QU' IL TE L' AIT—*Subjonctif—Présent*

			Guipuscoan	*Biscaïen*	*Labourdin*	*Souletin*
S.	1	r.	dizazudan	dagizudan	diezazudan	dizazüdan
		m.	dizakadan	dagijadan	diezakadan	dizayada
		f.	dizanadan	daginadan	diezanadan	dizañada
	3	r.	dizazun	dagizun	diezazun	dizazün
		m.	dizakan	dagijan	diezakan	dizaya
		f.	dizanan	daginan	diezanan	dizaña
P.	1	r.	dizazugun	dagizugun	diezazugun	dizazügün
		m.	dizakagun	dagijagun	diezakagun	dizayagün
		f.	dizanagun	daginagun	diezanagun	dizañagün
	3	r.	dizazuten	dagizuben	diezazuten	dizazien
		m.	dizakaten	dagijeen	diezatekan	dizayen
		f.	dizanaten	daginen	diezatenan	dizañen

10. QU' IL TE L' EÛT—*Subjonctif—Passé*

			Guipuscoan	*Biscaïen*	*Labourdin*	*Souletin*
S.	1	r.	nizazun	nengizun	niezazun	nizazün
		m.	nizakan	nengijan	niezakan	nizaya
		f.	nizanan	nenginan	niezanan	nizaña
	3	r.	zizazun	legizun	ziezazun	lizazün
		m.	zizakan	engijan	ziezakan	lizaya
		f.	zizanan	enginan	ziezanan	lizaña
P.	1	r.	giñizazun	gengizun	giniezazun	ginizazün
		m.	ginzakan	gengijan	giniezakan	ginizaya
		f.	ginzanan	genginan	giniezanan	ginizaña
	3	r.	zizazuten	legizuben	ziezazuten	lizazien
		m.	zizakaten	engijen	ziezatekan	lizayen
		f.	zizanaten	enginen	ziezatenan	lizañen

12. IL TE LE PEUT—*Potentiel—Présent*

			Guipuscoan	*Biscaïen*	*Labourdin*	*Souletin*
S.	1	r.	dizazuket	daizut	diezazuket	dizakezüt
		m.	dizakeat	daijat	diezakeat	dizakeyat
		f.	dizakenat	dainat	diezakenat	dizakeñat
	3	r.	dizazuke	daizu	diezazuke	dizakezü
		m.	dizakek	daik	diezakek	dizakek
		f.	dizaken	dain	diezaken	dizaken
P.	1	r.	dizazukegu	daizugu	diezazukegu	dizakezügü
		m.	dizakeagu	daijagu	diezakeagu	dizakeyagü
		f.	dizakenagu	dainagu	diezakenagu	dizakeñagü
	3	r.	dizazukete	daizube	diezazukete	dizakezie
		m.	dizaketek	daijek	diezaketek	dizakeye
		f.	dizaketen	daine	diezakene	dizakeñe

À DEUX RÉGIMES.

8. QU' IL TE LES AIT—*Subjonctif—Présent*

			Guipuscoan	Biscaïen	Labourdin	Souletin
S.	1	r.	dizazkizudan	dagizudazan	dietzatzudan	ditzatzüdan
		m.	dizazkikadan	dagijadazan	dietzakadan	ditzayada
		f.	dizazkiñadan	daginadazan	dietzudanan	ditzañada
	3	r.	dizazkizun	dagizuzan	dietzatzun	ditzatzün
		m.	dizazkikan	dagijazan	dietzakan	ditzaya
		f.	dizazkiñan	daginazan	dietzanan	ditzaña
P.	1	r.	dizazkizugun	dagizuguzan	dietzatzugun	ditzatzügün
		m.	dizazkikagun	dagijaguzan	dietzakagun	ditzayagün
		f.	dizazkiñagun	daginaguzan	dietzanagun	ditzañagün
	3	r.	dizazkizuten	dagizubezan	dietzatzuten	ditzatzien
		m.	dizazkikaten	dagijeezan	dietzatekan	ditzayen
		f.	dizazkiñaten	daginezan	dietzatenan	ditzañen

10. QU' IL TE LES EÛT—*Subjonctif—Passé*

			Guipuscoan	Biscaïen	Labourdin	Souletin
S.	1	r.	nizazkizun	nengizuzan	nietzatzun	nitzatzün
		m.	nizazkikan	nengijazan	nietzakan	nitzaya
		f.	nizazkiñan	nenginazan	nietzanan	nitzaña
	3	r.	zizazkizun	legizuzan	zietzan	litzatzün
		m.	zizazkikan	engijazan	zietzakan	litzaya
		f.	zizazkiñan	enginazan	zietzanan	litzaña
P.	1	r.	giñizazkizun	gengizuzan	ginietzatzun	ginitzatzün
		m.	ginzazkikan	gengijazan	ginietzakan	ginitzaya
		f.	ginzazkiñan	genginazan	ginietzanan	ginitzaña
	3	r.	zizazkizuten	legizubezan	zietzatzuten	litzatzien
		m.	zizazkikaten	engijeezan	zietzatekan	litzayen
		f.	zizazkiñaten	enginezan	zietzatenan	litzañen

12. IL TE LES PEUT—*Potentiel—Présent*

			Guipuscoan	Biscaïen	Labourdin	Souletin
S.	1	r.	ditzazkizuket	daizudaz	dietzatzuket	ditzaketzüt
		m.	ditzazkikeat	daijadaz	dietzakeat	ditzakeyat
		f.	ditzazkikenat	dainadaz	dietzakenat	ditzakeñat
	3	r.	ditzazkizuke	daizuz	dietzatzuke	ditzaketzü
		m.	ditzazkikek	daizak	dietzakek	ditzakok
		f.	ditzazkiken	daizan	dietzaken	ditzaken
P.	1	r.	ditzazkizukegu	daizuguz	dietzatzukegu	ditzaketzügü
		m.	ditzazkikeagu	daijaguz	dietzakeagu	ditzakeyagü
		f.	ditzazkikenagu	dainaguz	dietzakenagu	ditzakeñagü
	3	r.	ditzazkizukete	daizubez	dietzatzukete	ditzaketzie
		m.	ditzazkiketek	daijezak	dietzaketek	ditzakeye
		f.	ditzazkiketen	daijezan	dietzakene	ditzakeñe

VOIX TRANSITIVE

14. IL TE LE POURRAIT—*Potentiel conditionnel—Présent*

			Guipuscoan	Biscaïen	Labourdin	Souletin
S.	1	r.	nizazuke	neizu	niezazuke	nizakezü
		m.	nizakek	neijak	niezakek	nizakek
		f.	nizaken	neijan	niezaken	nizaken
	3	r.	lizazuke	leizu	liezazuke	lizakezü
		m.	lizakek	eijak	liezakek	lizakek
		f.	lizaken	eijan	liezaken	lizaken
P.	1	r.	giñizazuke	gineizu	giniezazuke	ginizakezü
		m.	ginzakek	gineijak	giniezakek	ginizakek
		f.	ginzaken	gineijan	giniezaken	ginizaken
	3	r.	lizazukete	leizube	liezazukete	lizakezie
		m.	lizaketek	eijek	liezaketek	lizakeye
		f.	lizaketen	eine	liezakene	lizakeñe

16. IL TE LE POUVAIT—*Potentiel conditionnel—Passé*

			Guipuscoan	Biscaïen	Labourdin	Souletin
S.	1	r.	nizazukean	neizun	niezazuken	nezakeizün
		m.	nizakekan	neijan	niezakeyan	nezakeiya
		f.	nizakenan	neinan	niezakenan	nezakeiña
	3	r.	zizazukean	leizun	ziezazuken	zezakeizün
		m.	zizakekan	eijan	ziezakeyan	zezakeiya
		f.	zizakenan	einan	ziezakenan	zezakeiña
P.	1	r.	giñizazukean	gineizun	giniezazuken	genezakeizün
		m.	ginzakekan	gineijan	giniezakeyan	genezakeiya
		f.	ginzakenan	gineinan	giniezakenan	genezakeiña
	3	r.	zizazuketean	leizuben	ziezazuketen	zizakiezien
		m.	zizakekaten	eijeen	ziezaketekan	zizakieya
		f.	zizakenaten	einen	ziezaketenan	zizakieña

18. S'IL TE L'AVAIT—*Suppositif du conditionnel—Présent*

			Guipuscoan	Biscaïen	Labourdin	Souletin
S.	1	r.	banizu	baneutsu	banautzu	baneizü
		m.	banikik	baneusk	banauk	baneik
		f.	banikin	baneun	banaun	baneiñ
	3	r.	balizu	baleutsu	balautzu	baleizü
		m.	balikik	baleusk	balauk	baleik
		f.	balikin	baleun	balaun	baleiñ
P.	1	r.	bagiñizu	begeuntsu	baginautzu	bageneizü
		m.	baginkik	bageusk	baginauk	bageneik
		f.	baginkin	bageun	baginauk	bageneiñ
	3	r.	balizute	baleutsube	balautzute	baleizie
		m.	balikitek	baleuskek	balautek	baleiye
		f.	balikiten	baleune	balaune	baleiñe

À DEUX RÉGIMES.

14. IL TE LES POURRAIT—*Potentiel conditionnel—Présent*

			Guipuscoan	Biscaïen	Labourdin	Souletin
S.	1	r.	nitzazkizuke	neizuz	nietzatzuke	nitzaketzü
		m.	nitzazkikek	neizak	nietzakek	nitzakek
		f.	nitzazkiken	neizan	nietzaken	nitzaken
	3	r.	litzazkizuke	leizuz	lietzatzuke	litzaketzü
		m.	litzazkikek	eizak	lietzakek	litzakek
		f.	litzazkiken	eizan	lietzaken	litzaken
P.	1	r.	giñitzazkizuke	gineizuz	ginietzatzuke	ginitzaketzü
		m.	gintzazkikek	gineizak	ginietzakek	ginitzakek
		f.	gintzazkiken	gineizan	ginietzaken	ginitzaken
	3	r.	litzazkizukete	leizubez	lietzatzukete	litzaketzie
		m.	litzazkiketek	eijezak	lietzaketek	litzakeye
		f.	litzazkiketen	eijezan	lietzakene	litzakeño

16. IL TE LES POUVAIT—*Potentiel conditionnel—Passé*

			Guipuscoan	Biscaïen	Labourdin	Souletin
S.	1	r.	nitzazkizukean	neizuzan	nietzatzuken	netzakeitzün
		m.	nitzazkikekan	neijazan	nietzakeyan	netzakeiya
		f.	nitzazkikenan	neinazan	nietzakenan	netzakeiña
	3	r.	zitzazkizukean	leizuzan	zietzatzuken	zetzakeitzün
		m.	zitzazkikekan	eijazan	zietzakeyan	zetzakeiya
		f.	zitzazkikenan	einazan	zietzakenan	zetzakeiña
P.	1	r.	giñitzazkizukean	gineizuzan	ginietzatzuken	genetzakeitzün
		m.	gintzazkikekan	gineijazan	ginietzakeyan	genetzakeiya
		f.	gintzazkikenan	gineinazan	ginietzakenan	genetzakeiña
	3	r.	zitzazkizuketean	leizubezan	zietzatzuketen	zitzakietzien
		m.	zitzazkikekaten	eijeezan	zietzaketekan	zitzakieya
		f.	zitzazkikenaten	einezan	zietzaketenan	zitzakieña

18. S'IL TE LES AVAIT—*Suppositif du conditionnel—Présent*

			Guipuscoan	Biscaïen	Labourdin	Souletin
S.	1	r.	banizkizu	baneutsuz	banauzkitzu	baneitzü
		m.	banizkik	baneubaz	banauzkik	baneitzak
		f.	banizkin	baneunaz	banauzkin	baneitzan
	3	r.	balizkizu	baleutsuz	balauzkitzu	baleitzü
		m.	balizkik	baleubaz	balauzkik	baleitzak
		f.	balizkin	baleunaz	balauzkin	baleitzan
P.	1	r.	bagiñizkizu	bageuntsuz	baginauzkitzu	bageneitzu
		m.	baginzkik	bageubaz	baginauzkik	bageneitzak
		f.	baginzkin	bageunaz	baginauzkin	bageneitzan
	3	r.	balizkizute	baleutsubez	balauzkitzute	baleitzie
		m.	balizkitek	baleubeez	balauzkitek	baleitzaye
		f.	balizkiten	baleuneez	balauzkine	baleitzañe

VOIX TRANSITIVE

19. S' IL TE L' A—*Suppositif du potentiel—Présent*

			Guipuscoan	Biscaïen	Labourdin	Souletin
S.	1	*r.*	badizazut	badagizut	badiezazut	—
		m.	badizakat	badagijat	badiezakat	—
		f.	badizanat	badaginat	badiezanat	—
	3	*r.*	badizazu	badagizu	badiezazu	—
		m.	badizak	badagik	badiezak	—
		f.	badizan	badagin	badiezan	—
P.	1	*r.*	badizazugu	badagizugu	badiezazugu	—
		m.	badizakagu	badagijagu	badiezakagu	—
		f.	badizanagu	badaginagu	badiezanagu	—
	3	*r.*	badizazute	badagizube	badiezazute	—
		m.	badizatek	badagijek	badiezatek	—
		f.	badizaten	badagine	badiezane	—

21. S' IL TE L' AVAIT—*Suppositif du potentiel conditionnel—Futur présent*

			Guipuscoan	Biscaïen	Labourdin	Souletin
S.	1	*r.*	banizazu	banengizu	baniezazu	banizazü
		m.	banizak	banengik	baniezak	banizak
		f.	banizan	banengin	baniezan	banizan
	3	*r.*	balizazu	balegizu	baliezazu	balizazü
		m.	balizak	baengik	baliezak	balizak
		f.	balizan	baengin	baliezan	balizan
P.	1	*r.*	bagiñizazu	bagengizu	baginiezazu	baginizazü
		m.	baginzak	bagengik	baginiezak	baginizak
		f.	baginzan	bagengin	baginiezan	baginizak
	3	*r.*	balizazute	balegizube	baliezazute	balizazie
		m.	balizatek	baengijek	baliezatek	balizaye
		f.	balizaten	baengine	baliezane	balizañe

À DEUX RÉGIMES.

19. s' il te les a—*Suppositif du potentiel— Présent*

			Guipuscoan	Biscaïen	Labourdin	Souletin
S.	1	r.	badizazkizut	badagizudaz	badietzatzut	—
		m.	badizazkikat	badagijadaz	badietzakat	—
		f.	badizazkinat	badaginadaz	badietzanat	—
	3	r.	badizazkizu	badagizuz	badietzatzu	—
		m.	badizazkik	badagizak	budietzak	—
		f.	badizazkin	badagizan	badietzan	—
P.	1	r.	badizazkizugu	badagizuguz	badietzatzugu	—
		m.	badizazkikagu	badagijaguz	badietzakagu	—
		f.	badizazkinagu	badaginaguz	badietzanagu	—
	3	r.	badizazkizute	badagizubez	badietzatzute	—
		m.	badizazkitek	badagijezak	badietzatek	—
		f.	badizazkiten	badagijezan	badietzane	—

21. s' il te les avait—*Suppositif du potentiel conditionnel—Futur présent*

			Guipuscoan	Biscaïen	Labourdin	Souletin
S.	1	r.	banizazkizu	banengizuz	banietzatzu	banitzatzü
		m.	banizazkik	banengizak	banietzak	banitzak
		f.	banizazkin	banengizan	banietzan	banitzan
	3	r.	balizazkizu	balegizuz	balietzatzu	balitzatzü
		m.	balizazkik	baengizak	balietzak	balitzak
		f.	balizazkin	baengizan	balietzan	balitzan
P.	1	r.	bagiñizazkizu	bagengizuz	baginietzatzu	baginitzatzü
		m.	baginzazkik	bagengizak	baginietzak	baginitzak
		f.	baginzazkin	bagengizan	baginietzan	baginitzan
	3	r.	balizazkizute	balegizubez	balietzatzute	balitzatzie
		m.	balizazkitek	baengijezak	balietzatek	balitzaye
		f.	balizazkiten	baengijezan	balietzane	balitzañe

VOIX TRANSITIVE

Temps n' appartenant qu' au dialecte biscaïen.

			7. IL TE L'AURA *Impératif* *Futur*	9. QU'IL TE L'AIT *Subjonctif* *Futur présent*	11. QU'IL TE L'EÛT *Subjonctif* *Futur passé*	13. IL TE LE POURRA *Potentiel* *Futur*
S.	1	r.	—	dagikezudan	nengikezun	daikezut
		m.	—	dagikiadan	nengikian	daikiat
		f.	—	dagikenadan	nengikenan	daikenat
	3	r.	begikezu	dagikezun	legikezun	daikezu
		m.	begikek	dagikian	engikian	daikek
		f.	begiken	dagikenan	engikenan	daiken
P.	1	r.	—	dagikezugun	gengikezun	daikezugu
		m.	—	dagikiagun	gengikian	daikiagu
		f.	—	dagikenagun	gengikenan	daikenagu
	3	r.	begikezube	dagikezuben	legikezuben	daikezube
		m.	begikeek	dagikeeen	engikeeen	daikeek
		f.	begikene	dagikenen	engikenen	daikene

			15. IL TE LE POURRAIT *Potentiel condit.* *Futur présent*	17. IL TE LE POUVAIT *Potentiel condit.* *Futur passé*	20. S'IL TE L'A *Suppos. du potent.* *Futur*	22. S'IL TE L'AVAIT *Supp. du pot. condit.* *Futur*
S.	1	r.	neikezu	neikezun	badagikezut	banengikezu
		m.	neikek	neikian	badagikiat	banengikek
		f.	neiken	neikenan	badagikenat	banengiken
	3	r.	leikezu	leikezun	badagikezu	balegikezu
		m.	eikek	eikian	badagikek	baengikek
		f.	eiken	eikenan	badagiken	baengiken
P.	1	r.	gineikezu	gineikezun	badagikezugu	bagengikezu
		m.	gineikek	gineikian	badagikiagu	bagengikek
		f.	gineiken	gineikenan	badagikenagu	bagengiken
	3	r.	leikezube	leikezuben	badagikezube	balegikezube
		m.	eikeek	eikeeen	badagikeek	baengikeek
		f.	eikene	eikenen	badagikene	baengikene

Temps n' appartenant qu' au dialecte souletin.

			23. TE L'EÛT-IL !—*Optatif—Présent*	24. TE L'EÛT-IL !—*Optatif—Futur*
S.	1	r.	aineizü	ainizazü
		m.	aineik	ainizak
		f.	ainein	ainizan
	3	r.	aileizü	ailizazü
		m.	aileik	ailizak
		f.	ailein	ailizan
P.	1	r.	aikeneizü	aikinizazü
		m.	aikeneik	aikinizak
		f.	aikenein	aikinizan
	3	r.	ailezie	ailizazie
		m.	uileye	ailizaye
		f.	aileñe	ailizañe

À DEUX RÉGIMES.

Temps n' appartenant qu' au dialecte biscaïen.

			7. IL TE LES AURA *Impératif* *Futur*	9. QU' IL TE LES AIT *Subjonctif* *Futur présent*	11. QU' IL TE LES EÛT *Subjonctif* *Futur passé*	13. IL TE LES POURRA *Potentiel* *Futur*
S.	1	r.	—	dagikezudazan	nengikezuzan	daikezudaz
		m.	—	dagikiadazan	nengikiazan	daikiadaz
		f.	—	dagikenadazan	nengikenazan	daikenadaz
	3	r.	begikezuz	dagikezuzan	legikezuzan	daikezuz
		m.	begikezak	dagikiazan	engikiazan	daikezak
		f.	begikezan	dagikenazan	engikenazan	daikezan
P.	1	r.	—	dagikezuguzan	gengikezuzan	daikezuguz
		m.	—	dagikiaguzan	gengikiazan	daikiaguz
		f.	—	dagikenaguzan	gengikenazan	daikenaguz
	3	r.	begikezubez	dagikezubezan	legikezubezan	daikezubez
		m.	begikeezak	dagikeeezan	engikeeezan	daikeezak
		f.	begikeezan	dagikenezan	engikenezan	daikeezan

			15. IL TE LES POURRAIT *Potentiel condit.* *Futur présent*	17. IL TE LES POUVAIT *Potentiel condit.* *Futur passé*	20. S' IL TE LES A *Suppos. du potentiel* *Futur*	22. S' IL TE LES AVAIT *Supp. du pot. condit.* *Futur*
S.	1	r.	neikezuz	neikezuzan	badagikezudaz	banengikezuz
		m.	neikezak	neikiazan	badagikiadaz	banengikezak
		f.	neikezan	neikenazan	badagikenadaz	banengikezan
	3	r.	leikezuz	leikezuzan	badagikezuz	balegikezuz
		m.	eikezak	eikiazan	badagikezak	baengikezak
		f.	eikezan	eikenazan	badagikezan	baengikezan
P.	1	r.	gineikezuz	gineikezuzan	badagikezuguz	bagengikezuz
		m.	gineikezak	gineikiazan	badagikiaguz	bagengikezak
		f.	gineikezan	gineikenazan	badagikenaguz	bagengikezan
	3	r.	leikezubez	leikezubezan	badagikezubez	balegikezubez
		m.	eikeezak	eikeeezan	badagikeezak	baengikeezak
		f.	eikeezan	eikenezan	badagikeezan	baengikeezan

Temps n' appartenant qu' au dialecte souletin.

			23. TE LES EÛT-IL ! —*Optatif—Présent*	24. TE LES EÛT-IL ! —*Optatif—Futur*
S.	1	r.	aineitzü	ainitzatzü
		m.	aineitzak	ainitzak
		f.	aineitzan	ainitzan
	3	r.	aileitzü	ailitzatzü
		m.	aileitzak	ailitzak
		f.	aileitzan	ailitzan
P.	1	r.	aikeneitzü	aikinitzatzü
		m.	aikeneitzak	aikinitzak
		f.	aikeneitzan	aikinitzan
	3	r.	ailetzie	ailitzatzie
		m.	aileitzaye	ailitzaye
		f.	aileitzañe	ailitzañe

VOIX TRANSITIVE

1. IL LE LUI A—*Indicatif*—*Présent*

			Guipuscoan	Biscaïen	Labourdin	Souletin
S.	1	i.	diot	deutsat	diot	deyot
		m.	ziokat	jeutsaat	zioat	dioyat
		f.	zioñat	jeutsanat	zionat	dioñat
		r.	—	—	—	diozüt
	2	r.	diozu	deutsazu	diozu	deyozü
		m.	diok	deutsak	diok	deyok
		f.	dion	deutsan	dion	deyon
	3	i.	dio	deutsa	dio	deyo
		m.	ziok	jeutsak	ziok	diok
		f.	zion	jeutsan	zion	dion
		r.	—	—	—	diozü
P.	1	i.	diogu	deutsagu	diogu	deyogü
		m.	ziokagu	jeutsaagu	zioagu	dioyagü
		f.	zionagu	jeutsanagu	zionagu	dioñagü
		r.	—	—	—	diozügü
	2	i.	diozute	deutsazube	diozue	deyozie
	3	i.	diote	deutsee	diote	deyue
		m.	ziotek	jeutseek	ziotek	dioye
		f.	zioten	jeutsane	zione	dioñe
		r.	—	—	—	diozie

2. IL LE LUI AVAIT—*Indicatif*—*Passé*

			Guipuscoan	Biscaïen	Labourdin	Souletin
S.	1	i.	nion	neutsan	nioen	neyon
		m.	niokan	najeutsaan	niokan	nioya
		f.	nionan	najeutsanan	nionan	nioña
		r.	—	—	—	niozün
	2	r.	ziñion	zeuntsan	zinioen	zeneyon
		m.	iokan	euntsaan	hioen	eyon
		f.	ionan	euntsanan	hioen	eyon
	3	i.	zion	eutsan	zioen	zeyon
		m.	ziokan	jeutsaan	ziokan	zioya
		f.	zionan	jeutsanan	zionan	zioña
		r.	—	—	—	ziozün
P.	1	i.	giñion	geuntsan	ginioen	geneyon
		m.	giñiokan	gajeutsaan /n	giniokan	ginioya
		f.	giñionan	gajeutsanan /n	ginionan	ginioña
		r.	—	—	—	giniozün
	2	i.	ziñioten	zeuntseen	zinioten	zeneyuen
	3	i.	zioten	eutseen	zioten	zeyuen
		m.	ziokaten	jeutseen	ziotekan	ziueya
		f.	zionaten	jeutsanen	ziotenan	ziueña
		r.	—	—	—	ziozien

À DEUX RÉGIMES.

1. IL LES LUI A—*Indicatif*—*Présént*

			Guipuscoan	Biscaïen	Labourdin	Souletin
S.	1	i.	dizkiot	deutsadaz	diotzat	deitzot
		m.	zizkiokat	jeutsaadaz	ziotzaat	diotzat
		f.	zizkionat	jeutsanadaz	ziotzanat	diotzañat
		r.	—	—	—	diotzüt
	2	r.	dizkiozu	deutsazuz	diotzatzu	deitzozü
		m.	dizkiok	deutsazak	diotzak	deitzok
		f.	dizkion	deutsazan	diotzan	deitzon
	3	i.	dizkio	deutsaz	diotza	deitzo
		m.	zizkiok	jeutsazak	ziotzak	ditzok
		f.	zizkion	jeutsazan	ziotzan	ditzon
		r.	—	—	—	ditzozü
P.	1	i.	dizkiogu	deutsaguz	diotzagu	deitzogü
		m.	zizkiokagu	jeutsaaguz	ziotzaagu	ditzoyagü
		f.	zizkionagu	jeutsanaguz	ziotzanagu	ditzonagü
		r.	—	—	—	ditzozügü
	2	i.	dizkiozute	deutsazubez	diotzatzue	deitzozie
	3	i.	dizkiote	deutseez	diotzate	deitzue
		m.	zizkiotek	jeutseezak	ziotzatek	ditzoye
		f.	zizkioten	jeutseezan	ziotzane	ditzoñe
		r.	—	—	—	ditzozie

2. IL LES LUI AVAIT—*Indicatif*—*Passé*

			Guipuscoan	Biscaïen	Labourdin	Souletin
S.	1	i.	nizkion	neutsazan	niotzan	neitzon
		m.	nizkiokan	najeutsaazan	niotzakan	nitzoya
		f.	nizkionan	najeutsanazan	niotzanan	nitzoña
		r.	—	—	—	nitzozün
	2	r.	ziñizkion	zeuntsazan	ziniotzan	zeneitzon
		m.	izkiokan	euutsaazan	hiotzan	eitzon
		f.	izkionan	euutsanazan	hiotzan	eitzon
	3	i.	zizkion	eutsazan	ziotzan	zeitzon
		m.	zizkiokan	jeutsaazan	ziotzakan	zitzoya
		f.	zizkionan	jeutsanazan	ziotzanan	zitzoña
		r.	—	—	—	zitzozün
P.	1	i.	giñizkion	geuntsazan	giniotzan	geneitzon
		m.	giñizkiokan	gajeuntsaazan	giniotzakan	gintzoya
		f.	giñizkionan	gajeuntsanazan	giniotzanan	gintzoña
		r.	—	—	—	gintzozün
	2	i.	ziñizkioten	zeuntseezan	ziniotzaten	zeneitzuen
	3	i.	zizkioten	eutseezan	ziotzaten	zeitzuen
		m.	zizkiokaten	jeutseezan	ziotzatekan	zitzueya
		f.	zizkionaten	jeutsanezan	ziotzatenan	zitzueña
		r.	—	—	—	zitzozien

VOIX TRANSITIVE

3. IL LE LUI AURA—*Indicatif—Futur*

			Guipuscoan	Biscaïen	Labourdin	Souletin
S.	1	i.	—	—	dioket	deikot
		m.	—	—	ziokeat	dikioyat
		f.	—	—	ziokenat	dikioñat
		r.	—	—	—	dikiozüt
	2	r.	—	—	diokezu	deikozü
		m.	—	—	diokek	deikok
		f.	—	—	dioken	deikon
	3	i.	—	—	dioke	deiko
		m.	—	—	ziokek	dikiok
		f.	—	—	zioken	dikion
		r.	—	—	—	dikiozü
P.	1	i.	—	—	diokegu	deikogü
		m.	—	—	ziokeagu	dikioyagü
		f.	—	—	ziokenagu	dikioñagü
		r.	—	—	—	dikiozügü
	2	i.	—	—	diokezue	deikozie
	3	i.	—	—	diokete	deikoye
		m.	—	—	zioketek	dikioye
		f.	—	—	ziokene	dikioñe
		r.	—	—	—	dikiozie

4. IL LE LUI AURAIT—*Conditionnel—Présent*

			Guipuscoan	Biscaïen	Labourdin	Souletin
S.	1	i.	nioke	neuskijo	nioke	neiko
		m.	niokek	najeuskijok	niokek	nikok
		f.	nioken	najeuskijon	nioken	nikon
		r.	—	—	—	nikozü
	2	r.	ziñioke	zeuskijo	zinioke	zeneiko
		m.	iokek	euskijok	hioke	eiko
		f.	ioken	euskijon	hioke	eiko
	3	i.	lioke	leuskijo	lioke	leiko
		m.	liokek	lajeuskijok	liokek	likok
		f.	lioken	lajeuskijon	lioken	likon
		r.	—	—	—	likozü
P.	1	i.	giñioke	geuskijo	ginioke	geneiko
		m.	giñiokek	gajeuskijok	giniokek	ginikok
		f.	giñioken	gajeuskijon	ginioken	ginikon
		r.	—	—	—	ginikozü
	2	i.	ziñiokete	zeuskijue	ziniokete	zeneikoye
	3	i.	liokete	leuskijue	liokete	leikoye
		m.	lioketek	lajeuskijuek	lioketek	likoye
		f.	lioketen	lajeuskijone	liokene	likoñe
		r.	—	—	—	likozie

À DEUX RÉGIMES.

3. IL LES LUI AURA—*Indicatif—Futur*

			Guipuscoan	Biscaïen	Labourdin	Souletin
S.	1	*i.*	—	—	diotzaket	deizkot
		m.	—	—	ziotzakeat	ditikioyat
		f.	—	—	ziotzakenat	ditikioñat
		r.	—	—	—	ditikiozüt
	2	*r.*	—	—	diotzaketzu	deizkotzü
		m.	—	—	diotzakek	deizkok
		f.	—	—	diotzaken	deizkon
	3	*i.*	—	—	diotzake	deizko
		m.	—	—	ziotzakek	dizkiok
		f.	—	—	ziotzaken	dizkion
		r.	—	—	—	dizkiotzü
P.	1	*i.*	—	—	diotzakegu	deizkogü
		m.	—	—	ziotzakeagu	ditikioyagü
		f.	—	—	ziotzakenagu	ditikioñagü
		r.	—	—	—	ditikiozügü
	2	*i.*	—	—	diotzaketzue	deizkotzie
	3	*i.*	—	—	diotzakete	deizkoye
		m.	—	—	ziotzaketek	ditikioye
		f.	—	—	ziotzakene	ditikioñe
		r.	—	—	—	ditikiozie

4. IL LES LUI AURAIT—*Conditionnel—Présent*

			Guipuscoan	Biscaïen	Labourdin	Souletin
S.	1	*i.*	nizkioke	neuskijoz	niotzake	neizko
		m.	nizkiokek	najeuskijozak	niotzakek	nizkok
		f.	nizkioken	najeuskijozan	niotzaken	nizkon
		r.	—	—	—	nizkotzü
	2	*r.*	ziñizkioke	zeuskijoz	ziniotzake	zeneizko
		m.	izkiokek	euskijozak	hiotzake	eizko
		f.	izkioken	euskijozan	hiotzake	eizko
	3	*i.*	lizkioke	leuskijoz	liotzake	leizko
		m.	lizkiokek	lajeuskijozak	liotzakek	litzikok
		f.	lizkioken	lajeuskijozan	liotzaken	litzikon
		r.	—	—	—	litzikotzü
P.	1	*i.*	giñizkioke	geuskijoz	giniotzake	geneizko
		m.	giñizkiokek	gajeuskijozak	giniotzakek	gintzikok
		f.	giñizkioken	gajeuskijozan	giniotzaken	gintzikon
		r.	—	—	—	gintzikotzü
	2	*i.*	ziñizkiokete	zeuskijuez	ziniotzakete	zeneizkoye
	3	*i.*	lizkiokete	leuskijuez	liotzakete	leizkoye
		m.	lizkioketek	lajeuskijuezak	lietzaketek	litzikoye
		f.	lizkioketen	lajeuskijuezan	liotzakene	litzikoñe
		r.	—	—	—	litzikotzie

VOIX TRANSITIVE

5. IL LE LUI AURAIT EU—*Conditionnel*—*Passé*

			Guipuscoan	Biscaïen	Labourdin	Souletin
S.	1	*i.*	niokean	neuskijon	nioken	neikon
		m.	niokekan	najeuskijuan	niokeyan	nikioya
		f.	niokenan	najeuskijonan	niokenan	nikioña
		r.	—	—	—	nikiozün
	2	*r.*	ziñiokean	zeuskijon	zinioken	zeneikon
		m.	iokekan	euskijuan	hioken	eikon
		f.	iokenan	euskijonan	hioken	eikon
	3	*i.*	ziokean	leuskijon	zioken	zeikon
		m.	ziokekan	lajeuskijuan	ziokeyan	zikioya
		f.	ziokenan	lajeuskijonan	ziokenan	zikioña
		r.	—	—	—	zikiozün
P.	1	*i.*	giñiokean	geuskijon	ginioken	geneikon
		m.	giñiokekan	gajeuskijuan	giniokeyan	ginikioya
		f.	giñiokenan	gajeuskijonan	giniokenan	ginikioña
		r.	—	—	—	ginikiozün
	2	*i.*	ziñioketean	zeuskijuen	zinioketen	zeneikuen
	3	*i.*	zioketean	leuskijuen	zioketen	zeikoyen
		m.	ziokekaten	lajeuskijueen	zioketekan	zik ueya
		f.	ziokenaten	lajeuskijonen	zioketenan	zikueña
		r.	—	—	—	zikozien

6. QU' IL LE LUI AIT—*Impératif*—*Présent*

			Guipuscoan	Biscaïen	Labourdin	Souletin
S.	2	*r.*	zayozu	egijozu	zozu	izozü
		m.	zayok	egijok	zok	izok
		f.	zayon	egijon	zon	izon
	3	*i.*	bizayo	begijo	biazo	bizo
		m.	—	bejegijok	—	—
		f.	—	bejegijon	—	—
P.	2	*i.*	zayozute	egijozube	zozue	izozie
	3	*i.*	bizayote	begijue	biazote	bizue
		m.	—	bejegijuek	—	—
		f.	—	bejegijone	—	—

À DEUX RÉGIMES.

5. IL LES LUI AURAIT EUS—*Conditionnel—Passé*

			Guipuscoan	Biscaïen	Labourdin	Souletin
S.	1	*i.*	nizkiokean	neuskijozan	niotzaken	neizkon
		m.	nizkiokekan	najeuskijuazan	niotzakeyan	nitikioya
		f.	nizkiokenan	najeuskijonazan	niotzakenan	nitikioña
		r.	—	—	—	nitikiozün
	2	*r.*	ziñizkiokean	zeuskijozan	ziniotzaken	zeneizkon
		m.	izkiokekan	euskijuazan	hiotzaken	eizkon
		f.	izkiokenan	euskijonazan	hiotzaken	eizkon
	3	*i.*	zizkiokean	leuskijozan	ziotzaken	zeizkon
		m.	zizkiokekan	lajeuskijuazan	ziotzakeyan	zitikioya
		f.	zizkiokenan	lajeuskijonazan	ziotzakenan	zitikioña
		r.	—	—	—	zitikiozün
P.	1	*i.*	giñizkiokean	geuskijozan	giniotzaken	geneizkon
		m.	giñizkiokekan	gajeuskijuazan	giniotzakeyan	gintikioya
		f.	giñizkiokenan	gajeuskijonazan	giniotzakenan	gintikioña
		r.	—	—	—	gintikiozün
	2	*i.*	ziñizkioketean	zeuskijuezan	ziniotzaketen	zeneizkuen
	3	*i.*	zizkioketean	leuskijuezan	ziotzaketen	zeizkoyen
		m.	zizkiokekaten	lajeuskijueezan	ziotzaketekan	zitikueya
		f.	zizkiokenaten	lajeuskijonezan	ziotzaketenan	zitikueña
		r.	—	—	—	zitikozien

6. QU'IL LES LUI AIT—*Indicatif—Présent*

			Guipuscoan	Biscaïen	Labourdin	Souletin
S.	2	*r.*	zazkiozu	egijozuz	zotzu	itzotzü
		m.	zazkiok	egijozak	etzok	itzok
		f.	zazkion	egijozan	etzon	itzon
	3	*i.*	bizazkio	begijoz	biatzo	bitzo
		m.	—	bejegijozak	—	—
		f.	—	bejegijozan	—	—
P.	2	*i.*	zazkiozute	egijozubez	zotzue	itzotzie
	3	*i.*	bizazkiote	begijuez	biatzote	bitzue
		m.	—	bejegijuezak	—	—
		f.	—	bejegijuezan	—	—

VOIX TRANSITIVE

8. QU' IL LE LUI AIT—*Subjonctif*—*Présent*

			Guipuscoan	*Biscaïen*	*Labourdin*	*Souletin*
S.	1	*i.*	dizayodan	dagijodan	diozadan	dizodan
		m.	dizayokadan	jagijuadan	diozakadan	—
		f.	dizayonadan	jagijonadan	diozanadan	—
	2	*r.*	dizayozun	dagijozun	diozazum	dizozün
		m.	izayokan	dagijuan	diozakan	dizoya
		f.	izayonan	dagijonan	diozanan	dizoña
	3	*i.*	dizayon	dagijon	diozan	dizou
		m.	dizayokan	jagijuan	diozakan	—
		f.	dizayonan	jagijonan	diozanan	—
P.	1	*i.*	dizayogun	dagijogun	diozagun	dizogün
		m.	dizayokagun	jagijuagun	diozakagun	—
		f.	dizayonagun	jagijonagun	diozanagun	—
	2	*i.*	dizayozuten	dagijozuben	diozazuen	dizozien
	3	*i.*	dizayoten	dagijuen	diozaten	dizuen
		m.	dizayokaten	jagijueen	diozatekan	—
		f.	dizayonaten	jagijonen	diozatenan	—

10. QU' IL LE LUI EÛT—*Subjonctif*—*Passé*

S.	1	*i.*	nizayon	nengijon	niozan	nizon
		m.	nizayokan	najengijuan	niozakan	—
		f.	nizayonan	najengijonan	niozanan	—
	2	*r.*	ziñizayon	zengijon	ziniozan	zinizon
		m.	izayokan	engijuan	hiozau	izon
		f.	izayonan	engijonan	hiozan	izon
	3	*i.*	zizayon	legijon	ziozan	lizon
		m.	zizayokan	jegijuan	ziozakan	—
		f.	zizayonan	jegijonan	ziozanan	—
P.	1	*i.*	giñizayon	gengijon	giniozan	ginizon
		m.	ginzayokan	gajengijuan	giniozakan	—
		f.	ginzayonan	gajengijonan	giniozanan	—
	2	*i.*	ziñizayoten	zengijuen	ziniozaten	zinizuen
	3	*i.*	zizayoten	legijuen	ziozaten	lizuen
		m.	zizayokaten	jegijueen	ziozatekan	—
		f.	zizayonaten	jegijonen	ziozatenan	—

À DEUX RÉGIMES.

8. QU' IL LES LUI AIT—*Subjonctif—Présent*

			Guipuscoan	*Biscaïen*	*Labourdin*	*Souletin*
S.	1	*i.*	dizazkiodan	dagijodazan	diotzadan	ditzodan
		m.	dizazkiokadan	jagijuadazan	diotzakadan	—
		f.	dizazkionadan	jagijonadazan	diotzanadan	—
	2	*r.*	dizazkiozun	dagijozuzan	diotzatzun	ditzotzün
		m.	izazkiokan	dagijuazan	diotzakan	ditzoya
		f.	izazkionan	dagijonazan	diotzanan	ditzoña
	3	*i.*	dizazkion	dagijozan	diotzan	ditzon
		m.	dizazkiokan	jagijuazan	diotzakan	—
		f.	dizazkionan	jagijonazan	diotzanan	—
P.	1	*i.*	dizazkiogun	dagijoguzan	diotzagun	ditzogün
		m.	dizazkiokagun	jagijuaguzan	diotzakagun	—
		f.	dizazkionagun	jagijonaguzan	diotzanagun	—
	2	*i.*	dizazkiozuten	dagijozubezan	diotzatzuen	ditzotzien
	3	*i.*	dizazkioten	dagijuezan	diotzaten	ditzuen
		m.	dizazkiokaten	jagijueezan	diotzatekan	—
		f.	dizazkionaten	jagijonezan	diotzatenan	—

10. QU' IL LES LUI EÛT—*Subjonctif—Passé*

			Guipuscoan	*Biscaïen*	*Labourdin*	*Souletin*
S.	1	*i.*	nizazkion	nengijozan	niotzan	nitzon
		m.	nizazkiokan	najengijuazan	niotzakan	—
		f.	nizazkionan	najengijonazan	niotzanan	—
	2	*r.*	ziñizazkion	zengijozan	ziniotzan	zinitzon
		m.	izazkiokan	engijuazan	hiotzan	itzon
		f.	izazkionan	engijonazan	hiotzan	itzon
	3	*i.*	zizazkion	legijozan	ziotzan	litzon
		m.	zizazkiokan	jegijuazan	ziotzakan	—
		f.	zizazkionan	jegijonazan	ziotzanan	—
P.	1	*i.*	giñizazkion	gengijozan	giniotzan	ginitzon
		m.	ginzazkiokan	gajengijuazan	giniotzakan	—
		f.	ginzazkionan	gajengijonazan	giniotzanan	—
	2	*i.*	ziñizazkioten	zengijuezan	ziniotzaten	zinitzuen
	3	*i.*	zizazkioten	legijuezan	ziotzaten	litzuen
		m.	zizazkiokaten	jegijueezan	ziotzatekan	—
		f.	zizazkionaten	jegijonezan	ziotzatenan	—

VOIX TRANSITIVE

12. IL LE LUI PEUT—*Potentiel—Présent*

			Guipuscoan	Biscaïen	Labourdin	Soulétin
S.	1	i.	dizayoket	daijot	diozaket	dizakiot
		m.	dizayokeat	jaijuat	ziozakeat	dizakioyat
		f.	dizayokenat	jaijonat	ziozakenat	dizakioñat
		r.	—	—	—	dizakiozüt
	2	r.	dizayokezu	daijozu	diozakezu	dizakozü
		m.	izayokek	daijok	diozakek	dizakok
		f.	izayoken	daijon	diozaken	dizakon
	3	i.	dizayoke	daijo	diozake	dizakio
		m.	dizayokek	jaijok	ziozakek	dizakiok
		f.	dizayoken	jaijon	ziozaken	dizakion
		r.	—	—	—	dizakiozü
P.	1	i.	dizayokegu	daijogu	diozakegu	dizakiogü
		m.	dizayokeagu	jaijuagu	ziozakeagu	dizakioyagü
		f.	dizayokenagu	jaijonagu	ziozakenagu	dizakioñagü
		r.	—	—	—	dizakiozügü
	2	i.	dizayokezute	daijozube	diozakezue	dizakozie
	3	i.	dizayokete	daijue	diozakete	dizakioye
		m.	dizayoketek	jaijuek	ziozaketek	dizakioye
		f.	dizayoketen	jaijone	ziozakene	dizakioñe
		r.	—	—	—	dizakiozie

14. IL LE LUI POURRAIT—*Potentiel conditionnel—Présent*

			Guipuscoan	Biscaïen	Labourdin	Soulétin
S.	1	i.	nizayoke	neijo	niozake	nizakio
		m.	nizayokek	najeijok	niozakek	nizakiok
		f.	nizayoken	najeijon	niozaken	nizakion
		r.	—	—	—	nizakiozü
	2	r.	ziñizayoke	zineijo	ziniozake	zinizakio
		m.	izayokek	ineijok	hiozake	izakio
		f.	izayoken	ineijon	hiozake	izakio
	3	i.	lizayoke	leijo	liozake	lizakio
		m.	lizayokek	lajeijok	liozakek	lizakiok
		f.	lizayoken	lajeijon	liozaken	lizakion
		r.	—	—	—	lizakiozü
P.	1	i.	giñizayoke	gineijo	giniozake	ginizakio
		m.	ginzayokek	gaineijok	giniozakek	ginizakiok
		f.	ginzayoken	gaineijon	giniozaken	ginizakion
		r.	—	—	—	ginizakiozü
	2	i.	ziñizayokete	zincijue	ziniozakete	zinizakioye
	3	i.	lizayokete	leijue	liozakete	lizakioye
		m.	lizayoketek	lajeijuek	liozaketek	lizakioye
		f.	lizayoketen	lajeijone	liozakene	lizakioñe
		r.	—	—	—	lizakiozie

À DEUX RÉGIMES.

12. IL LES LUI PEUT—*Potentiel—Présent*

			Guipuscoan	Biscaïen	Labourdin	Souletin
S.	1	i.	ditzazkioket	daijodaz	diotzaket	ditzakiot
		m.	ditzazkiokeat	jaijuadaz	ziotzakeat	ditzakioyat
		f.	ditzazkiokenat	jaijonadaz	ziotzakenat	ditzakioñat
		r.	—	—	—	ditzakiotzüt
	2	r.	ditzazkiokezu	daijozuz	diotzaketzu	ditzakotzü
		m.	itzazkiokek	daijozak	diotzakek	ditzakok
		f.	itzazkioken	daijozan	diotzaken	ditzakon
	3	i.	ditzazkioke	daijoz	diotzake	ditzakio
		m.	ditzazkiokek	jaijozak	ziotzakek	ditzakiok
		f.	ditzazkioken	jaijozan	ziotzaken	ditzakion
		r.	—	—	—	ditzakiotzü
P.	1	i.	ditzazkiokegu	daijoguz	diotzakegu	ditzakiogü
		m.	ditzazkiokeagu	jaijuaguz	ziotzakeagu	ditzakioyagü
		f.	ditzazkiokenagu	jaijonaguz	ziotzakenagu	ditzakioñagü
		r.	—	—	—	ditzakiotzügü
	2	i.	ditzazkiokezute	daijozubez	diotzaketzue	ditzakotzie
	3	i.	ditzazkiokete	daijuez	diotzakete	ditzakioye
		m.	ditzazkioketek	jaijuezak	ziotzaketek	ditzakioye
		f.	ditzazkioketen	jaijuezan	ziotzakene	ditzakioñe
		r.	—	—	—	ditzakiotzie

14. IL LES LUI POURRAIT—*Potentiel conditionnel—Présent*

			Guipuscoan	Biscaïen	Labourdin	Souletin
S.	1	i.	nitzazkioke	neijoz	niotzake	nitzakio
		m.	nitzazkiokek	najeijozak	niotzakek	nitzakiok
		f.	nitzazkioken	najeijozan	niotzaken	nitzakiou
		r.	—	—	—	nitzakiotzü
	2	r.	ziñitzazkioke	zineijoz	ziniotzake	zinitzakio
		m.	itzazkiokek	ineijozak	hiotzake	itzakio
		f.	itzazkioken	ineijozan	hiotzake	itzakio
	3	i.	litzazkioke	leijoz	liotzake	litzakio
		m.	litzazkiokek	lajeijozak	liotzakek	litzakiok
		f.	litzazkioken	lajeijozan	liotzaken	litzakion
		r.	—	—	—	litzakiotzü
P.	1	i.	giñitzazkioke	gineijoz	giniotzake	ginitzakio
		m.	gintzazkiokek	gaineijozak	giniotzakek	ginitzakiok
		f.	gintzazkioken	gaineijozan	giniotzaken	ginitzakion
		r.	—	—	—	ginitzakiotzü
	2	i.	ziñitzazkiokete	zineijuez	ziniotzakete	zinitzakioye
	3	i.	litzazkiokete	leijuez	liotzakete	litzakioye
		m.	litzazkioketek	lajeijuezak	liotzaketek	litzakioye
		f.	litzazkioketen	lajeijuezan	liotzakene	litzakioñe
		r.	—	—	—	litzakiotzie

VOIX TRANSITIVE

16. IL LE LUI POUVAIT—*Potentiel conditionnel—Passé*

			Guipuscoan	Biscaïen	Labourdin	Souletin
S.	1	*i.*	nizayokean	neijon	niozaken	nezakion
		m.	nizayokekan	najeijuan	niozakeyan	nizakioya
		f.	nizayokenan	najeijonan	niozakenan	nizakioña
		r.	—	—	—	nizakiozün
	2	*r.*	ziñizayokean	zineijon	ziniozaken	zinizakion
		m.	izayokekan	ineijuan	hiozaken	izakion
		f.	izayokenan	ineijonan	hiozaken	izakion
	3	*i.*	zizayokean	leijon	ziozaken	zezakion
		m.	zizayokekan	lajeijuan	ziozakeyan	zezakioya
		f.	zizayokenan	lajeijonan	ziozakenan	zezakioña
		r.	—	—	—	zezakiozün
P.	1	*i.*	giñizayokean	gineijon	giniozaken	genezakion
		m.	ginzayokekan	gaineijuan	giniozakeyan	ginizakioya
		f.	ginzayokenan	gaineijonan	giniozakenan	ginizakioña
		r.	—	—	—	ginizakiozün
	2	*i.*	ziñizayoketean	zineijuen	ziniozaketen	zinizakioyen
	3	*i.*	zizayoketean	leijuen	ziozaketen	zezakioyen
		m.	zizayokekaten	lajeijueen	ziozaketekan	zizakiueya
		f.	zizayokenaten	lajeijonen	ziozakenan	zizakiueña
		r.	—	—	—	zizakiozien

18. S'IL LE LUI AVAIT—*Suppositif du conditionnel—Présent*

			Guipuscoan	Biscaïen	Labourdin	Souletin
S.	1	*i.*	banio	baneutso	banio	baneyo
		m.	baniok	banajeutsok	baniok	—
		f.	banion	banajeutson	banion	—
	2	*r.*	baziñio	bazeuntso	bazinio	bazeneyo
		m.	baiok	beeuntsok	bahio	baheyo
		f.	baion	beeuntson	bahio	baheyo
	3	*i.*	balio	baleutso	balio	baleyo
		m.	baliok	balajeutsok	baliok	—
		f.	baliou	balajeutson	balion	—
P.	1	*i.*	bagiñio	bageuntso	baginio	bageneyo
		m.	bagiñiok	bagajeuntsok	baginiok	—
		f.	bagiñiok	bagajeuntson	baginion	—
	2	*i.*	baziñiote	bazeuntsee	baziniote	bazenozie
	3	*i.*	baliote	baleutsee	baliote	baleyue
		m.	baliotek	balajeutseek	baliotek	—
		f.	balioten	balajeutsene	balione	—

À DEUX RÉGIMES.

16. IL LES LUI POUVAIT—*Potentiel conditionnel—Passé*

			Guipuscoan	Biscaïen	Labourdin	Souletin
S.	1	*i.*	nitzazkiokean	neijozan	niotzaken	netzakion
		m.	nitzazkiokekan	najeijuazan	niotzakeyan	nitzakioya
		f.	nitzazkiokenan	najeijonazan	niotzakenan	nitzakioña
		r.	—	—	—	nitzakiotzün
	2	*r.*	ziñitzazkiokean	zineijozan	ziniotzaken	zinitzakion
		m.	itzazkiokekan	ineijuazan	hiotzaken	itzakion
		f.	itzazkiokenan	ineijonazan	hiotzaken	itzakion
	3	*i.*	zitzazkiokean	leijozan	ziotzaken	zetzakion
		m.	zitzazkiokekan	lajeijuazan	ziotzakeyan	zetzakioya
		f.	zitzazkiokenan	lajeijonazan	ziotzakenan	zetzakioña
		r.	—	—	—	zetzakiotzün
P.	1	*i.*	giñitzazkiokean	gineijozan	giniotzaken	genetzakion
		m.	gintzazkiokekan	gaineijuazan	giniotzakeyan	ginitzakioya
		f.	gintzazkiokenan	gaineijonazan	giniotzakenan	ginitzakioña
		r.	—	—	—	ginitzakiotzün
	2	*i.*	ziñitzazkioketean	zineijuezan	ziniotzaketen	zinitzakioyen
	3	*i.*	zitzazkioketean	leijuezan	ziotzaketen	zetzakioyen
		m.	zitzazkiokekaten	lajeijueezan	ziotzaketekan	zitzakiueya
		f.	zitzazkiokenaten	lajeijouezan	ziotzaketonan	zitzakiueña
		r.	—	—	—	zitzakiotzien

18. S'IL LES LUI AVAIT—*Suppositif du conditionnel—Présent*

			Guipuscoan	Biscaïen	Labourdin	Souletin
S.	1	*i.*	banizkio	baneutsoz	baniotza	baneitzo
		m.	banizkiok	banajeutsozak	baniotzak	—
		f.	banizkion	banajeutsozan	baniotzan	—
	2	*r.*	baziñizkio	bazeuntsoz	baziniotza	bazeneitzo
		m.	baizkiok	beeuntsozak	bahiotza	baheitzo
		f.	baizkion	beeuntsozan	bahiotza	baheitzo
	3	*i.*	balizkio	baleutsoz	baliotza	baleitzo
		m.	balizkiok	balajeutsozak	baliotzak	—
		f.	balizkion	balajeutsozan	baliotzan	—
P.	1	*i.*	bagiñizkio	bageuntsoz	baginiotza	bageneitzo
		m.	bagiñizkiok	bagajeuntsozak	baginiotzak	—
		f.	bagiñizkion	bagájeuntsozan	baginiotzan	—
	2	*i.*	baziñizkiote	bazeuntseez	baziniotzate	bazenotzie
	3	*i.*	balizkiote	baleutseez	baliotzate	baleitzue
		m.	balizkiotek	balajeutseezak	baliotzatek	—
		f.	balizkioten	balajeutseezan	baliotzane	—

VOIX TRANSITIVE

19. S' IL LE LUI A—*Suppositif du potentiel—Présent*

			Guipuscoan	Biscaïen	Labourdin	Souletin
S.	1	i.	badizayot	badagijot	badiozat	—
		m.	badizayokat	bajagijuat	badiozakat	—
		f.	badizayonat	bajagijonat	badiozanat	—
	2	r.	badizayozu	badagijozu	badiozazu	—
		m.	baizayok	badagijok	badiozak	—
		f.	baizayon	badagijon	badiozan	—
	3	i.	badizayo	badagijo	badioza	—
		m.	badizayok	bajagijok	badiozak	—
		f.	badizayon	bajagijon	badiozan	—
P.	1	i.	badizayogu	badagijogu	badiozagu	—
		m.	badizayokagu	bajagijuagu	badiozakagu	—
		f.	badizayonagu	bajagijonagu	badiozanagu	—
	2	i.	badizayozute	badagijozube	badiozazue	—
	3	i.	badizayote	badagijue	badiozate	—
		m.	badizayotek	bajagijuek	badiozatek	—
		f.	badizayoten	bajagijone	badiozane	—

21. S' IL LE LUI AVAIT—*Suppositif du potentiel conditionnel—Futur présent*

			Guipuscoan	Biscaïen	Labourdin	Souletin
S.	1	i.	banizayo	banengijo	banioza	banizo
		m.	banizayok	banajengijok	baniozak	—
		f.	banizayon	banajengijon	baniozan	—
	2	r.	baziñizayo	bazengijo	bazinioza	bazinizo
		m.	baizayok	baengijok	bahioza	bahizo
		f.	baizayon	baengijon	bahioza	bahizo
	3	i.	balizayo	balegijo	balioza	balizo
		m.	balizayok	bajegijok	baliozak	—
		f.	balizayon	bajegijon	baliozan	—
P.	1	i.	bagiñizayo	bagengijo	baginioza	baginizo
		m.	baginzayok	bagajengijok	baginiozak	—
		f.	baginzayon	bagajengijon	baginiozan	—
	2	i.	baziñizayote	bazengijue	baziniozate	bazinizue
	3	i.	balizayote	balegijue	baliozate	balizue
		m.	balizayotek	bajegijuek	baliozatek	—
		f.	balizayoten	bajegijone	baliozane	—

À DEUX RÉGIMES.

19. S' IL LES LUI A—*Suppositif du potentiel—Présent*

			Guipuscoan	Biscaïen	Labourdin	Souletin
S.	1	*i.*	badizazkiot	badagijodaz	badiotzat	—
		m.	badizazkiokat	badagijuadaz	badiotzakat	—
		f.	badizazkionat	badagijonadaz	badiotzanat	—
	2	*r.*	badizazkiozu	badagijozuz	badiotzatzu	—
		m.	baizazkiok	badagijozak	badiotzak	—
		f.	baizazkion	badagijozan	badiotzan	—
	3	*i.*	badizazkio	badagijoz	badiotza	—
		m.	badizazkiok	bajagijozak	badiotzak	—
		f.	badizazkion	bajagijozan	badiotzan	—
P.	1	*i.*	badizazkiogu	badagijoguz	badiotzagu	—
		m.	badizazkiokagu	bajagijuaguz	badiotzakagu	—
		f.	badizazkionagu	bajagijonaguz	badiotzanagu	—
	2	*i.*	badizazkiozute	badagijozubez	badiotzatzue	—
	3	*i.*	badizazkiote	badagijuez	badiotzate	—
		m.	badizazkiotek	bajagijuezak	badiotzatek	—
		f.	badizazkioten	bajagijuezan	badiotzane	—

21. S' IL LES LUI AVAIT—*Suppositif du potentiel conditionnel—Futur présent*

			Guipuscoan	Biscaïen	Labourdin	Souletin
S.	1	*i.*	banizazkio	banengijoz	baniotza	banitzo
		m.	banizazkiok	banajengijozak	baniotzak	—
		f.	banizazkion	banajengijozan	baniotzan	—
	2	*r.*	baziñizazkio	bazengijoz	baziniotza	bazinitzo
		m.	baizazkiok	baengijozak	bahiotza	bahitzo
		f.	baizazkion	baengijozan	bahiotza	bahitzo
	3	*i.*	balizazkio	balegijoz	baliotza	balitzo
		m.	balizazkiok	bajegijozak	baliotzak	—
		f.	balizazkion	bajegijozan	baliotzan	—
P.	1	*i.*	bagiñizazkio	bagengijoz	baginiotza	baginitzo
		m.	baginzazkiok	bagajengijozak	baginiotzak	—
		f.	baginzazkion	bagajengijozan	baginiotzan	—
	2	*i.*	baziñizazkiote	bazengijuez	baziniotzate	bazinitzue
	3	*i.*	balizazkiote	balegijuez	baliotzate	balitzue
		m.	balizazkiotek	bajegijuezak	baliotzatek	—
		f.	balizazkioten	bajegijuezan	baliotzane	—

VOIX TRANSITIVE

Temps n' appartenant qu' au dialecte biscaïen.

			7. IL LE LUI AURA *Impératif* *Futur*	9. QU'IL LE LUI AIT *Subjonctif* *Futur présent*	11. QU'IL LE LUI EÛT *Subjonctif* *Futur passé*	13. IL LE LUI POURRA *Potentiel* *Futur*
S.	1	*i.*	—	dagikijodan	nengikijon	daikijot
		m.	—	jagikijuadan	najengikijuan	jaikijuat
		f.	—	jagikijonadan	najengikijonan	jaikijonat
	2	*r.*	egikijozu	dagikijozun	zengikijon	daikijozu
		m.	egikijok	dagikijuan	engikijuan	daikijok
		f.	egikijon	dagikijonan	engikijonan	daikijon
	3	*i.*	begikijo	dagikijon	legikijon	daikijo
		m.	bejegikijok	jagikijuan	jegikijuan	jaikijok
		f.	bejegikijon	jagikijonan	jegikijonan	jaikijon
P.	1	*i.*	—	dagikijogun	gengikijon	daikijogu
		m.	—	jagikijuagun	gajengikijuan	jaikijuagu
		f.	—	jagikijonagun	gajengikijonan	jaikijonagu
	2	*i.*	egikijozube	dagikijozuben	zengikijuen	daikijozube
	3	*i.*	begikijue	dagikijuen	legikijuen	daikijue
		m.	bejegikijuek	jagikijueen	jegikijueen	jaikijuek
		f.	bejegikijone	jagikijonen	jegikijonen	jaikijone

			15. IL LE LUI POURRAIT *Potentiel condit.* *Futur présent*	17. IL LE LUI POUVAIT *Potentiel condit.* *Futur passé*	20. S'IL LE LUI A *Suppos. du potentiel* *Futur*	22. S'IL LE LUI AVAIT *Supp. du pot. condit.* *Futur*
S.	1	*i.*	neikijo	neikijon	badagikijot	banengikijo
		m.	najeikijok	najeikijuan	bajagikijuat	banajengikijok
		f.	najeikijon	najeikijonan	bajagikijonat	banajengikijon
	2	*r.*	zineikijo	zineikijon	badagikijozu	bazengikijo
		m.	ineikijok	ineikijuan	badagikijok	baengikijok
		f.	ineikijon	ineikijonan	badagikijon	baengikijon
	3	*i.*	leikijo	leikijon	badagikijo	balegikijo
		m.	lajeikijok	lajeikijuan	bajagikijok	bajegikijok
		f.	lajeikijon	lajeikijonan	bajagikijon	bajegikijon
P.	1	*i.*	gineikijo	gineikijon	badagikijogu	bagengikijo
		m.	gaineikijok	gaineikijuan	bajagikijuagu	bagajengikijok
		f.	gaineikijon	gaineikijonan	bajagikijonagu	bagajengikijon
	2	*i.*	zineikijue	zineikijuen	badagikijozube	bazengikijue
	3	*i.*	leikijue	leikijuen	badagikijue	balegikijue
		m.	lajeikijuek	lajeikijueen	bajagikijuek	bajegikijuek
		f.	lajeikijone	lajeikijonen	bajagikijone	bajegikijone

Temps n' appartenant qu' au dialecte souletin.

			23. LE LUI EÛT-IL !—*Optatif—Présent*	24. LE LUI EÛT-IL !—*Optatif—Futur*
S.	1	*i.*	aineyo	ainizo
	2	*r.*	aitzeneyo	aitzinizo
		m.	aheyo	ahizo
		f.	aheyo	ahizo
	3	*i.*	aileyo	ailizo
P.	1	*i.*	aikeneyo	aikinizo
	2	*i.*	aitzenozie	aitzinizue
	3	*i.*	aileyue	ailizue

À DEUX RÉGIMES.

Temps n'appartenant qu'au dialecte biscaïen.

			7. IL LES LUI AURA *Impératif* *Futur*	9. QU'IL LES LUI AIT *Subjonctif* *Futur présent*	11. QU'IL LES LUI EÛT *Subjonctif* *Futur passé*	13. IL LES LUI POURRA *Potentiel* *Futur*
S.	1	*i.*	—	dagikijodazan	nongikijozan	daikijodaz
		m.	—	jagikijuadazan	najengikijuazan	jaikijuadaz
		f.	—	jagikijonadazan	najengikijonazan	jaikijonadaz
	2	*r.*	egikijozuz	dagikijozuzan	zengikijozan	daikijozuz
		m.	egikijozak	dagikijuazan	engikijuazan	daikijozak
		f.	egikijozan	dagikijonazan	engikijonazan	daikijozan
	3	*i.*	begikijoz	dagikijozan	legikijozan	daikijoz
		m.	bejegikijozak	jagikijuazan	jegikijuazan	jaikijozak
		f.	bejegikijozan	jagikijonazan	jegikijonazan	jaikijozan
P.	1	*i.*	—	dagikijoguzan	gengikijozan	daikijoguz
		m.	—	jagikijuaguzan	gajengikijuazan	jaikijuaguz
		f.	—	jagikijonaguzan	gajengikijonazan	jaikijonaguz
	2	*i.*	egikijozubez	dagikijozubezan	zengikijuezan	daikijozubez
	3	*i.*	begikijuez	dagikijuezan	legikijuezan	daikijuez
		m.	bejegikijuezak	jagikijueezan	jegikijueezan	jaikijuezak
		f.	bejegikijuezan	jagikijonezan	jegikijonezan	jaikijuezan

			15. IL LES LUI POURRAIT *Potentiel condit.* *Futur présent*	17. IL LES LUI POUVAIT *Potentiel condit.* *Futur passé*	20. S'IL LES LUI A *Suppos. du potentiel* *Futur*	22. S'IL LES LUI AVAIT *Supp. du pot. condit.* *Futur*
S.	1	*i.*	neikijoz	neikijozan	badagikijodaz	banengikijoz
		m.	najeikijozak	najeikijuazan	bajagikijuadaz	banajengikijozak
		f.	najeikijozan	najeikijonazan	bajagikijonadaz	banajengikijozan
	2	*r.*	zineikijoz	zineikijozan	badagikijozuz	bazengikijoz
		m.	ineikijozak	ineikijuazan	badagikijozak	baengikijozak
		f.	ineikijozan	ineikijonazan	badagikijozan	baengikijozan
	3	*i.*	leikijoz	leikijozan	badagikijoz	balegikijoz
		m.	lajeikijozak	lajeikijuazan	bajagikijozak	bajegikijozak
		f.	lajeikijozan	lajeikijonazan	bajagikijozan	bajegikijozan
P.	1	*i.*	gineikijoz	gineikijozan	badagikijoguz	bagengikijoz
		m.	gaineikijozak	gaineikijuazan	bajagikijuaguz	bagajengikijozak
		f.	gaineikijozan	gaineikijonazan	bajagikijonaguz	bagajengikijozan
	2	*i.*	zineikijuez	zineikijuezan	badagikijozubez	bazengikijuez
	3	*i.*	leikijuez	leikijuezan	badagikijuez	balegikijuez
		m.	lajeikijuezak	lajeikijueezan	bajagikijuezak	bajegikijuezak
		f.	lajeikijuezan	lajeikijonezan	bajagikijuezan	bajegikijuezan

Temps n'appartenant qu'au dialecte souletin.

			23. LES LUI EÛT-IL !—*Optatif—Présent*	24. LES LUI EÛT-IL !—*Optatif—Futur*
S.	1	*i.*	aineitzo	ainitzo
	2	*r.*	aitzeneitzo	aitzinitzo
		m.	aheitzo	ahitzo
		f.	aheitzo	ahitzo
	3	*i.*	aileitzo	ailitzo
P.	1	*i.*	aikeneitzo	aikinitzo
	2	*i.*	aitzenotzie	aitzinitzue
	3	*i.*	aileitzue	ailitzue

VOIX TRANSITIVE

1. IL NOUS L' A—*Indicatif*—*Présent*

			Guipuscoan	*Biscaïen*	*Labourdin*	*Souletin*
S.	2	*r.*	diguzu	deuskuzu	daukuzu	deiküzü
		m.	diguk	deuskuk	daukuk	deikük
		f.	digun	deuskun	daukun	deikün
	3	*i.*	digu	deusku	dauku	deikü
		m.	ziguk	jeuskuk	ziaukuk	dikük
		f.	zigun	jeuskun	ziaukun	dikün
		r.	—	—	—	diküzü
P.	2	*i.*	diguzute	deuskuzube	daukuzue	deiküzie
	3	*i.*	digute	deuskube	daukute	deiküye
		m.	zigutek	jeuskubek	ziaukutek	diküye
		f.	ziguten	jeuskune	ziaukune	diküñe
		r.	—	—	—	diküzie

2. IL NOUS L' AVAIT—*Indicatif*—*Passé*

			Guipuscoan	*Biscaïen*	*Labourdin*	*Souletin*
S.	2	*r.*	ziñigun	zeuskun	zinaukuzun	zeneikün
		m.	igukan	euskuban	haukukan	eikün
		f.	igunan	euskunan	haukunan	eikün
	3	*i.*	zigun	euskun	zaukun	zeikün
		m.	zigukan	jeuskuban	ziaukukan	ziküya
		f.	zigunan	jeuskunan	ziaukunan	ziküña
		r.	—	—	—	ziküzün
P.	2	*i.*	ziñiguten	zeuskuben	zinaukuzuen	zeneiküyen
	3	*i.*	ziguten	euskuben	zaukuten	zeiküyen
		m.	zigukaten	jeuskubeen	ziaukutekan	zikieya
		f.	zigunaten	jeuskunen	ziaukutenan	zikieña
		r.	—	—	—	ziküzien

3. IL NOUS L' AURA—*Indicatif*—*Futur*

			Guipuscoan	*Biscaïen*	*Labourdin*	*Souletin*
S.	2	*r.*	—	—	daukuzuke	deikegüzü
		m.	—	—	daukukek	deikegük
		f.	—	—	daukuken	deikegün
	3	*i.*	—	—	daukuke	deikegü
		m.	—	—	ziaukukek	dikegük
		f.	—	—	ziaukuken	dikegün
		r.	—	—	—	dikegüzü
P.	2	*i.*	—	—	daukuzueke	deikegüzie
	3	*i.*	—	—	daukukete	deikegie
		m.	—	—	ziaukuketek	dikegie
		f.	—	—	ziaukukene	dikegüñe
		r.	—	—	—	dikegüzie

À DEUX RÉGIMES.

1. IL NOUS LES A—*Indicatif*—*Présent*

			Guipuscoan	Biscaïen	Labourdin	Souletin
S.	2	r.	dizkiguzu	deuskuzuz	dauzkigutzu	deizkützü
		m.	dizkiguk	deuskuzak	dauzkiguk	deizkük
		f.	dizkigun	deuskuzan	dauzkigun	deizkün
	3	i.	dizkigu	deuskuz	dauzkigu	deizkü
		m.	zizkiguk	jeuskuzak	ziauzkiguk	dizkük
		f.	zizkigun	jeuskuzan	ziauzkigun	dizkün
		r.	—	—	—	dizkützü
P.	2	i.	dizkiguzute	deuskuzubez	dauzkigutzue	deizkützie
	3	i.	dizkigute	deuskubez	dauzkigute	deizküye
		m.	zizkigutek	jeuskubezak	ziauzkigutek	dizküye
		f.	zizkiguten	jeuskubezan	ziauzkigune	dizküñe
		r.	—	—	—	dizkützie

2. IL NOUS LES AVAIT—*Indicatif*—*Passé*

			Guipuscoan	Biscaïen	Labourdin	Souletin
S.	2	r.	ziñizkigun	zeuskuzan	zinauzkigutzun	zeneizkün
		m.	izkigukan	euskubazan	hauzkigukan	eizkün
		f.	izkigunan	euskunazan	hauzkigunan	eizkün
	3	i.	zizkigun	euskuzan	zauzkigun	zeizkün
		m.	zizkigukan	jeuskubazan	ziauzkigukan	zizküya
		f.	zizkigunan	jeuskunazan	ziauzkigunan	zizküña
		r.	—	—	—	zizkützün
P.	2	i.	ziñizkiguten	zeuskubezan	zinauzkigutzuen	zeneizküyen
	3	i.	zizkiguten	euskubezan	zauzkiguten	zeizküyen
		m.	zizkigukaten	jeuskubeezan	ziauzkigutekan'	zizkieya
		f.	zizkigunaten	jeuskunezan	ziauzkigutenan	zizkieña
		r.	—	—	—	zizkützien

3. IL NOUS LES AURA—*Indicatif*—*Futur*

			Guipuscoan	Biscaïen	Labourdin	Souletin
S.	2	r.	—	—	dauzkigutzuke	deizkegützü
		m.	—	—	dauzkigukek	deizkegük
		f.	—	—	dauzkiguken	deizkegün
	3	i.	—	—	dauzkiguke	deizkegü
		m.	—	—	ziauzkigukek	dizkegük
		f.	—	—	ziauzkiguken	dizkegün
		r.	—	—	—	dizkegützü
P.	2	i.	—	—	dauzkigutzueke	deizkegützie
	3	i.	—	—	dauzkigukete	deizkegie
		m.	—	—	ziauzkiguketek	dizkegie
		f.	—	—	ziauzkigukene	dizkegüñe
		r.	—	—	—	dizkegützie

VOIX TRANSITIVE

4. IL NOUS L'AURAIT—*Conditionnel—Présent*

			Guipuscoan	Biscaïen	Labourdin	Souletin
S.	2	r.	ziñiguke	zeuskegu	zinaukuzuke	zeneikegü
		m.	igukek	euskeguk	haukukek	cikegü
		f.	iguken	euskegun	haukuken	cikegü
	3	i.	liguke	leuskegu	laukuke	leikegü
		m.	ligukek	lajeuskeguk	laukukek	likegük
		f.	liguken	lajeuskegun	laukuken	likegün
		r.	—	—	—	likegüzü
P.	2	i.	ziñigukete	zeuskegube	zinaukuzucke	zeneikegie
	3	i.	ligukete	leuskegube	laukukete	leikegie
		m.	liguketek	lajeuskegubek	laukuketek	likegie
		f.	liguketen	lajeuskegune	laukukene	likegüñe
		r.	—	—	—	likegüzie

5. IL NOUS L'AURAIT EU—*Conditionnel—Passé*

			Guipuscoan	Biscaïen	Labourdin	Souletin
S.	2	r.	ziñigukean	zeuskegun	zinaukuzuken	zeneikegün
		m.	igukekan	euskeguban	haukukeyan	cikegün
		f.	igukenan	euskegunan	haukukenan	cikegün
	3	i.	zigukean	leuskegun	zaukuken	zeikegün
		m.	zigukekan	lajeuskeguban	zaukukeyan	zikegia
		f.	zigukenan	lajeuskegunan	zaukukenan	zikegüña
		r.	—	—	—	zikegüzün
P.	2	i.	ziñiguketean	zeuskeguben	zinaukuzueken	zeneikegien
	3	i.	ziguketean	leuskeguben	zaukuteken	zeikegien
		m.	zigukekaten	lajeuskegubeen	zaukutekeyan	zikegieya
		f.	zigukenaten	lajeuskegunen	zaukutekenan	zikegieña
		r.	—	—	—	zikegüzien

6. QU'IL NOUS L'AIT—*Impératif—Présent*

			Guipuscoan	Biscaïen	Labourdin	Souletin
S.	2	r.	zaguzu	egiguzu	czaguzu	izagüzü
		m.	zaguk	egiguk	czaguk	izagük
		f.	zagun	egigun	ezagun	izagün
	3	i.	begigu	begigu	biezagu	bizagü
		m.	—	bejegiguk	—	—
		f.	—	bejegigun	—	—
P.	2	i.	zaguzute	egiguzube	zaguzue	izagüzie
	3	i.	begigute	begigube	biezagute	bizagie
		m.	—	bejegigubek	—	—
		f.	—	bejegigune	—	—

À DEUX RÉGIMES.

4. IL NOUS LES AURAIT—*Conditionnel—Présent*

			Guipuscoan	Biscaïen	Labourdin	Souletin
S.	2	r.	ziñizkiguke	zeuskeguz	zinauzkigutzuke	zeneizkegü
		m.	izkigukek	euskeguzak	hauzkigukek	eizkegü
		f.	izkiguken	euskeguzan	hauzkiguken	eizkegü
	3	i.	lizkiguke	leuskeguz	lauzkiguke	leizkegü
		m.	lizkigukek	lajeuskeguzak	lauzkigukek	lizkegük
		f.	lizkiguken	lajeuskeguzan	lauzkiguken	lizkegün
		r.	—	—	—	lizkegützü
P.	2	i.	ziñizkigukete	zeuskegubez	zinauzkigutzueke	zeneizkegie
	3	i.	lizkigukete	leuskegubez	lauzkigukete	leizkegie
		m.	lizkiguketek	lajeuskegubezak	lauzkiguketek	lizkegie
		f.	lizkiguketen	lajeuskegubezan	lauzkigukene	lizkegüñe
		r.	—	—	—	lizkegützie

5. IL NOUS LES AURAIT EUS—*Conditionnel—Passé*

			Guipuscoan	Biscaïen	Labourdin	Souletin
S.	2	r.	ziñizkigukean	zeuskeguzan	zinauzkigutzuken	zeneizkegün
		m.	izkigukekan	euskegubazan	hauzkigukeyan	eizkegün
		f.	izkigukenan	euskegunazan	hauzkigukenan	eizkegün
	3	i.	zizkigukean	leuskeguzan	zauzkiguken	zeizkegün
		m.	zizkigukekan	lajeuskegubazan	zauzkigukeyan	zizkegia
		f.	zizkigukenan	lajeuskegunazan	zauzkigukenan	zizkegüña
		r.	—	—	—	zizkegützün
P.	2	i.	ziñizkiguketean	zeuskegubezan	zinauzkigutzueken	zeneizkegien
	3	i.	zizkiguketean	leuskegubezan	zauzkiguteken	zeizkegien
		m.	zizkigukekaten	lajeuskegubeezan	zauzkigutekeyan	zitikegieya
		f.	zizkigukenaten	lajeuskegunezan	zauzkigutekenan	zitikegieña
		r.	—	—	—	zitikegüzien

6. QU' IL NOUS LES AIT—*Impératif—Présent*

			Guipuscoan	Biscaïen	Labourdin	Souletin
S.	2	r.	zazkiguzu	egiguzuz	etzagutzu	itzagützü
		m.	zazkiguk	egiguzak	etzaguk	itzagük
		f.	zazkigun	egiguzan	etzagun	itzagün
	3	i.	begizkigu	begiguz	bietzagu	bitzagü
		m.	—	bejegiguzak	—	—
		f.	—	bejegiguzan	—	—
P.	2	i.	zazkiguzute	egiguzubez	etzagutzue	itzagützie
	3	i.	begizkigute	begigubez	bietzagute	bitzagie
		m.	—	bejegigubezak	—	—
		f.	—	bejegigubezan	—	—

VOIX TRANSITIVE

8. QU' IL NOUS L' AIT—*Subjonctif*—*Présent*

			Guipuscoan	Biscaïen	Labourdin	Souletin
S.	2	r.	dizaguzun	dagiguzun	diezaguzun	dizagüzün
		m.	zagukan	dagiguban	diezagukan	dizagüya
		f.	zagunan	dakigunan	diezgunan	dizagüña
	3	i.	dizagun	dagigun	diezagun	dizagün
		m.	dizagukan	jagiguban	diezagukan	—
		f.	dizakunan	jagigunan	diezagunan	—
P.	2	i.	dizaguzuten	dagiguzuben	diezaguzuen	dizagüzien
	3	i.	dizaguten	dagiguben	diezaguten	dizagien
		m.	dizagukaten	jagiguben	diezagutekan	—
		f.	dizagunaten	jagigunen	diezagutenan	—

10. QU' IL NOUS L' EÛT—*Subjonctif*—*Passé*

			Guipuscoan	Biscaïen	Labourdin	Souletin
S.	2	r.	ziñizagun	zengigun	ziniezaguzun	zinizagün
		m.	enzagukan	engiguban	hiezagukan	izagün
		f.	enzagunan	engigunan	hiezagunan	izagün
	3	i.	zizagun	legigun	ziezagun	lizagün
		m.	zezagukan	jegiguban	ziezagukan	—
		f.	zezagunan	jegigunan	ziezagunan	—
P.	2	i.	ziñizaguten	zengiguben	ziniezaguzuen	zinizagien
	3	i.	zizaguten	legiguben	ziezaguten	lizagien
		m.	zezagukaten	jegigubeen	ziezagutekan	—
		f.	zezakunaten	jegigunen	ziezagutenan	—

12. IL NOUS LE PEUT—*Potentiel*—*Présent*

			Guipuscoan	Biscaïen	Labourdin	Souletin
S.	2	r.	dizagukezu	daiguzu	diezaguzuke	dizakegüzü
		m.	zagukek	daiguk	diezagukek	dizakegük
		f.	zaguken	daigun	diezaguken	dizakegün
	3	i.	dizaguke	daiku	diezaguke	dizakegü
		m.	dizagukek	jaiguk	ziezagukek	dizakegük
		f.	dizaguken	jaigun	ziezaguken	dizakegün
		r.	—	—	—	dizakegüzü
P.	2	i.	dizagukezute	daiguzube	diezaguzueke	dizakegüzie
	3	i.	dizagukete	daikube	diezagukete	dizakegie
		m.	dizaguketek	jaigubek	ziezaguketek	dizakegüye
		f.	dizaguketen	jaigune	ziezagukene	dizakegüñe
		r.	—	—	—	dizakegüzie

À DEUX RÉGIMES.

8. QU'IL NOUS LES AIT—*Subjonctif*—*Présent*

			Guipuscoan	*Biscaïen*	*Labourdin*	*Souletin*
S.	2	*r.*	dizazkiguzun	dagiguzuzan	dietzagutzun	ditzagützün
		m.	zazkigukan	dagigubazan	dietzagukan	ditzagüya
		f.	zazkigunan	dagigunazan	dietzagunan	ditzagüña
	3	*i.*	dizazkigun	dagiguzan	dietzagun	ditzagün
		m.	dizazkigukan	jagigubazan	dietzagukan	—
		f.	dizazkigunan	jagigunazan	dietzakunan	—
P.	2	*i.*	dizazkiguzuten	dagiguzubezan	dietzagutzuen	ditzagützien
	3	*i.*	dizazkiguten	dagigubezan	dietzaguten	ditzagien
		m.	dizazkigukaten	jagigubeezan	dietzagutekan	—
		f.	dizazkigunaten	jagigunezan	dietzagutenan	—

10. QU'IL NOUS LES EÛT—*Subjonctif*—*Passé*

			Guipuscoan	*Biscaïen*	*Labourdin*	*Souletin*
S.	2	*r.*	ziñizazkigun	zengiguzan	zinietzagutzun	zinitzagün
		m.	inzazkigukan	engigubazan	hietzagukan	itzagün
		f.	inzazkigunan	engigunazan	hietzagunan	itzagün
	3	*i.*	zizazkigun	legiguzan	zietzagun	litzagün
		m.	zizazkigukan	jegigubazan	zietzagukan	—
		f.	zizazkigunan	jegigunazan	zietzagunan	—
P.	2	*i.*	ziñizazkiguten	zengigubezan	zinietzagutzuen	zinitzagien
	3	*i.*	zizazkiguten	legigubezan	zietzaguten	litzagien
		m.	zizazkigukaten	jegigubeezan	zietzagutekan	—
		f.	zizazkigunaten	jegigunezan	zietzagutenan	—

12. IL NOUS LES PEUT—*Potenciel*—*Présent*

			Guipuscoan	*Biscaïen*	*Labourdin*	*Souletin*
S.	2	*r.*	ditzazkigukezu	daiguzuz	dietzagutzuke	ditzakegützü
		m.	zazkigukek	daiguzak	dietzagukek	ditzakegük
		f.	zazkiguken	daiguzan	dietzaguken	ditzakegün
	3	*i.*	ditzazkiguke	daiguz	dietzaguke	ditzakegü
		m.	ditzazkigukek	jaiguzak	zietzagukek	ditzakegük
		f.	ditzazkiguken	jaiguzan	zietzaguken	ditzakegün
		r.	—	—	—	ditzakegützü
P.	2	*i.*	ditzazkigukezute	daiguzubez	dietzagutzueke	ditzakegützie
	3	*i.*	ditzazkigukete	daigubez	dietzagukete	ditzakegie
		m.	ditzazkiguketek	jaigubezak	zietzaguketek	ditzakegüye
		f.	ditzazkiguketen	jaigubezan	zietzagukene	ditzakegüñe
		r.	—	—	—	ditzakegützie

VOIX TRANSITIVE

14. IL NOUS LE POURRAIT—*Potentiel conditionnel—Présent*

			Guipuscoan	*Biscaïen*	*Labourdin*	*Souletin*
S.	2	r.	ziñizaguke	zineigu	ziniezaguzuke	zinizakegü
		m.	enzagukek	ineiguk	hiezagukek	izakegü
		f.	enzaguken	ineigun	hiezaguken	izakegü
	3	i.	lizaguke	leigu	liezaguke	lizakegü
		m.	lizagukek	lajeiguk	liezagukek	lizakegük
		f.	lizaguken	lajeigun	liezaguken	lizakegün
		r.	—	—	—	lizakegüzü
P.	2	i.	ziñizagukete	zineigube	ziniezaguzueke	zinizakegie
	3	i.	lizagukete	leigube	liezagukete	lizakegie
		m.	lizaguketek	lajeigubek	liezaguketek	lizakegie
		f.	lizaguketen	lajeigune	liezagukene	lizakegüñe
		r.	—	—	—	lizakegüzie

16. IL NOUS LE POUVAIT—*Potentiel conditionnel—Passé*

			Guipuscoan	*Biscaïen*	*Labourdin*	*Souletin*
S.	2	r.	ziñizagukean	zineigun	ziniezaguzuken	zinizakegün
		m.	enzagukekan	ineiguban	hiezagukeyan	izakegün
		f.	enzagukenan	ineigunan	hiezagukenan	izakegün
	3	i.	zizagukean	leigun	ziezaguken	zizakegün
		m.	zizagukekan	lajeiguban	ziezagukeyan	zizákegia
		f.	zizagukenan	lajeigunan	ziezagukenan	zizakegüña
		r.	—	—	—	zizakegüzün
P.	2	i.	ziñizaguketean	zineiguben	ziniezaguzueken	zinizakegien
	3	i.	zizaguketean	leiguben	ziezaguketen	zizakegien
		m.	zizagukekaten	lajeiguben	ziezaguketekan	zizakegieya
		f.	zizagukenaten	lajeigunen	ziezaguketenan	zizakegieña
		r.	—	—	—	zizakegüzien

18. S'IL NOUS L'AVAIT—*Suppositif du conditionnel—Présent*

			Guipuscoan	*Biscaïen*	*Labourdin*	*Souletin*
S.	2	r.	baziñigu	bazeusku	bazinaukuzu	bazeneikü
		m.	baiguk	beeuskuk	bahaukuk	baheïkü
		f.	baigun	beeuskun	bahaukun	baheikü
	3	i.	baligu	baleusku	balauku	baleikü
		m.	baliguk	balajeuskuk	balaukuk	—
		f.	baligun	balajeuskun	balaukun	—
P.	2	i.	baziñigute	bazeuskube	bazinaukuzue	bazeneiküye
	3	i.	baligute	baleuskube	balaukute	baleiküye
		m.	baligutek	balajeuskubek	balaukutek	—
		f.	baliguten	balajeuskune	balaukune	—

À DEUX RÉGIMES.

14. IL NOUS LES POURRAIT—*Potentiel conditionnel—Présent*

			Guipuscoan	Biscaïen	Labourdin	Souletin
S.	2	r.	ziñitzazkiguke	zineiguz	zinietzagutzuke	zinitzakegü
		m.	intzazkigukek	ineiguzak	hietzagukek	itzakegü
		f.	intzazkiguken	ineiguzan	hietzaguken	itzakegü
	3	i.	litzazkiguke	leiguz	lietzaguke	litzakegü
		m.	litzazkigukek	lajeiguzak	lietzagukek	litzakegük
		f.	litzazkiguken	lajeiguzan	lietzaguken	litzakegün
		r.	—	—	—	litzakegützü
P.	2	i.	ziñitzazkigukete	zineigubez	zinietzagutzueke	zinitzakegie
	3	i.	litzazkigukete	leigubez	lietzagukete	litzakegie
		m.	litzazkiguketek	lajeigubezak	lietzaguketek	litzakegie
		f.	litzazkiguketen	lajeigubezan	lietzagukene	litzakegüñe
		r.	—	—	—	litzakegützie

16. IL NOUS LES POUVAIT—*Potentiel conditionnel—Passé*

			Guipuscoan	Biscaïen	Labourdin	Souletin
S.	2	r.	ziñitzazkigukean	zineiguzan	zinietzagutzuken	zinitzakegün
		m.	intzazkigukekan	ineigubazan	hietzagukeyan	itzakegün
		f.	intzazkigukenan	ineigunazan	hietzagukenan	itzakegün
	3	i.	zitzazkigukean	leiguzan	zietzaguken	zitzakegün
		m.	zitzazkigukekan	lajeigubazan	zietzagukeyan	zitzakegia
		f.	zitzazkigukenan	lajeigunazan	zietzagukenan	zitzakegüña
		r.	—	—	—	zitzakegützün
P.	2	i.	ziñitzazkiguketean	zineigubezan	zinietzagutzueken	zinitzakegien
	3	i.	zitzazkiguketean	leigubezan	zietzaguketen	zitzakegien
		m.	zitzazkigukekaten	lajeigubeezan	zietzaguketekan	zitzakegieya
		f.	zitzazkigukenaten	lajeigunezan	zietzaguketenan	zitzakegieña
		r.	—	—	—	zitzakegützien

18. S'IL NOUS LES AVAIT—*Suppositif du conditionnel—Présent*

			Guipuscoan	Biscaïen	Labourdin	Souletin
S.	2	r.	baziñizkigu	bazeuskuz	bazinauzkigutzu	bazeneizkü
		m.	baizkiguk	beeuskuzak	bahauzkiguk	baheizkü
		f.	baizkigun	beeuskuzan	bahauzkigun	baheizkü
	3	i.	balizkigu	baleuskuz	balauzkigu	baleizkü
		m.	balizkiguk	balajeuskuzak	balauzkiguk	—
		f.	balizkigun	balajeuskuzun	balauzkigun	—
P.	2	i.	baziñizkigute	bazeuskubez	bazinauzkigutzue	bazeneizküye
	3	i.	balizkigute	baleuskubez	balauzkigute	baleizküye
		m.	balizkigutek	balajeuskubezak	balauzkigutek	—
		f.	balizkiguten	balajeuskubezan	balauzkigune	—

VOIX TRANSITIVE

19. S' IL NOUS L' A—*Suppositif du potentiel—Présent*

			Guipuscoan	Biscaïen	Labourdin	Souletin
S.	2	r.	badizaguzu	badagiguzu	badiezaguzu	—
		m.	bazaguk	badagiguk	badiezaguk	—
		f.	bazagun	badagigun	badiezagun	—
	3	i.	badizagu	badagigu	badiezagu	—
		m.	badizaguk	bajagiguk	badiezaguk	—
		f.	badizagun	bajagigun	badiezagun	—
P.	2	i.	badizaguzute	badagiguzube	badiezaguzue	—
	3	i.	badizagute	badagigube	badiezagute	—
		m.	badizagutek	bajagigubek	badiezagutek	—
		f.	badizaguten	bajagigune	badiezagune	—

21. S' IL NOUS L' AVAIT—*Suppositif du potentiel conditionnel—Futur présent*

			Guipuscoan	Biscaïen	Labourdin	Souletin
S.	2	r.	baziñizagu	bazengigu	baziniezaguzu	bazinizagü
		m.	baenzaguk	baengiguk	bahiezaguk	bahizagü
		f.	baenzagun	baengigun	bahiezagun	bahizagü
	3	i.	balizagu	balegigu	baliezagu	balizagü
		m.	balezaguk	bajegiguk	baliezaguk	—
		f.	balezagun	bajegigun	baliezagun	—
P.	2	i.	baziñizagute	bazengigube	baziniezaguzue	bazinizagie
	3	i.	balizagute	balegigube	baliezagute	balizagie
		m.	balezagutek	bajegigubek	baliezagutek	—
		f.	balezaguten	bajegigune	baliezagune	—

À DEUX RÉGIMES.

19. S'IL NOUS LES A—*Suppositif du potentiel—Présent*

			Guipuscoan	Biscaïen	Labourdin	Souletin
S.	2	*r.*	badizazkiguzu	badagiguzuz	badietzagutzu	—
		m.	bazazkiguk	badagiguzak	badietzaguk	—
		f.	bazazkigun	badagiguzan	badietzagun	—
	3	*i.*	badizazkigu	badagiguz	badietzagu	—
		m.	badizazkiguk	bajagiguzak	badietzaguk	—
		f.	badizazkigun	bajagiguzan	badietzagun	—
P.	2	*i.*	badizazkiguzute	badagiguzubez	badietzagutzue	—
	3	*i.*	badizazkigute	badagigubez	badietzagute	—
		m.	badizazkigutek	bajagigubezak	badietzagutek	—
		f.	badizazkiguten	bajagigubezan	badietzagune	—

21. S'IL NOUS LES AVAIT—*Suppositif du potentiel conditionnel—Futur présent*

			Guipuscoan	Biscaïen	Labourdin	Souletin
S.	2	*r.*	baziñizazkigu	bazengiguz	bazinietzagutzu	bazinitzagü
		m.	bainzazkiguk	baengiguzak	bahietzaguk	bahitzagü
		f.	bainzazkigun	baengiguzan	bahietzagun	bahitzagü
	3	*i.*	balizazkigu	balegiguz	balietzagu	balitzagü
		m.	balizazkiguk	bajegiguzak	balietzaguk	—
		f.	balizazkigun	bajegiguzan	balietzagun	—
P.	2	*i.*	baziñizazkigute	bazengigubez	bazinietzagutzue	bazinitzagie
	3	*i.*	balizazkigute	balegigubez	balietzagute	balitzagie
		m.	balizazkigutek	bajegigubezak	balietzagutek	—
		f.	balizazkiguten	bajegigubezan	balietzagune	—

VOIX TRANSITIVE

Temps n' appartenant qu' au dialecte biscaïen.

			7. IL NOUS L' AURA *Impératif* *Futur*	9. QU' IL NOUS L' AIT *Subjonctif* *Futur présent*	11. QU' IL NOUS L' EÛT *Subjonctif* *Futur passé*	13. IL NOUS LE POURRA *Potentiel* *Futur*
S.	2	*r.*	egikeguzu	dagikeguzun	zengikegun	daikeguzu
		m.	egikeguk	dagikeguban	engikeguban	daikeguk
		f.	egikegun	dagikegunan	engikegunan	daikegun
	3	*i.*	begikegu	dagikegun	legikegun	daikegu
		m.	bejegikeguk	jagikeguban	jegikeguban	jaikeguk
		f.	bejegikegun	jagikegunan	jegikegunan	jaikegun
P.	2	*i.*	egikeguzube	dagikezuben	zengikeguben	daikeguzube
	3	*i.*	begikegube	dagikeguben	legikeguben	daikegube
		m.	bejegikegubek	jagikeguben	jegikegubeen	jaikegubek
		f.	bejegikegune	jagikegunen	jegikegunen	jaikegune

			15. IL NOUS LE POURRAIT *Potentiel condit.* *Futur présent*	17. IL NOUS LE POUVAIT *Potentiel condit.* *Futur passé*	20. S' IL NOUS L' A *Suppos. du potent.* *Futur*	22. S' IL NOUS L' AVAIT *Supp. du pot. condit.* *Futur*
S.	2	*r.*	zineikegu	zineikegun	badagikeguzu	bazengikegu
		m.	ineikeguk	ineikeguban	badagikeguk	baengikeguk
		f.	ineikegun	ineikegunan	badagikegun	baengikegun
	3	*i.*	leikegu	leikegun	badagikegu	balegikegu
		m.	lajeikeguk	lajeikeguban	bajagikeguk	bajegikeguk
		f.	lajeikegun	lajeikegunan	bajagikegun	bajegikegun
P.	2	*i.*	zineikegube	zineikeguben	badagikeguzube	bazengikegube
	3	*i.*	leikegube	leikeguben	badagikegube	balegikegube
		m.	lajeikegubek	lajeikegubeen	badagikegubek	bajegikegubek
		f.	lajeikegune	lajeikegunen	badagikegune	bajegikegune

Temps n' appartenant qu' au dialecte souletin.

			23. NOUS L' EÛT-IL !—*Optatif—Présent*	24. NOUS L' EÛT-IL !—*Optatif—Futur*
S.	2	*r.*	aitzeneikü	aitzinizagü
		m.	aheikü	ahizagü
		f.	aheikü	ahizagü
	3	*i.*	aileikü	ailizagü
P.	2	*i.*	aitzeneiküye	aitzinizagie
	3	*i.*	aileiküye	ailizagie

À DEUX RÉGIMES.

Temps n' appartenant qu' au dialecte biscaïen.

			7. IL NOUS LES AURA *Impératif* *Futur*	9. QU' IL NOUS LES AIT *Subjonctif* *Futur présent*	11. QU'IL NOUS LES EÛT *Subjonctif* *Futur passé*	13. IL NOUS LES POURRA *Potentiel* *Futur*
S.	2	r.	egikeguzuz	dagikeguzuzan	zengikeguzan	daikeguzuz
		m.	egikeguzak	dagikegubazan	engikegubazan	daikeguzak
		f.	egikeguzan	dagikegunazan	engikegunazan	daikeguzan
	3	i.	begikeguz	dagikeguzan	legikeguzan	daikeguz
		m.	bejegikeguzak	jagikegubazan	jegikegubazan	jaikeguzak
		f.	bejegikeguzan	jagikegunazan	jegikegunazan	jaikeguzan
P.	2	i.	egikeguzubez	dagikeguzubezan	zengikegubezan	daikeguzubez
	3	i.	begikegubez	dagikegubezan	legikegubezan	daikegubez
		m.	bejegikegubezak	jagikegubeezan	jegikegubeezan	jaikegubezak
		f.	bejegikegubezan	jagikegunezan	jegikegunezan	jaikegubezan

			15. IL NOUS LES POURRAIT *Potentiel condit.* *Futur présent*	17. IL NOUS LES POUVAIT *Potentiel condit.* *Futur passé*	20. S' IL NOUS LES A *Suppos. du potentiel* *Futur*	22 S' IL NOUS LES AVAIT *Supp. du pot. condit.* *Futur*
S.	2	r.	zineikeguz	zineikeguzan	badagikeguzuz	bazengikeguz
		m.	ineikeguzak	ineikegubazan	badagikeguzak	baengikeguzak
		f.	ineikeguzan	ineikegunazan	badagikeguzan	baengikeguzan
	3	i.	leikeguz	leikeguzan	badagikeguz	balegikeguz
		m.	lajeikeguzak	lajeikegubazan	bajagikeguzak	bajegikeguzak
		f.	lajeikeguzan	lajeikegunazan	bajagikeguzan	bajegikeguzan
P.	2	i.	zineikegubez	zineikegubezan	badagikeguzubez	bazengikegubez
	3	i.	leikegubez	leikegubezan	badagikegubez	balegikegubez
		m.	lajeikegubezak	lajeikegubeezan	bajagikegubezak	bajegikegubezak
		f.	lajeikegubezan	lajeikegunezan	bajagikegubezan	bajegikegubezan

Temps n' appartenant qu' au dialecte souletin.

			23. NOUS LES EÛT-IL !—*Optatif—Présent*	24. NOUS LES EÛT-IL !—*Optatif—Futur*
S.	2	r.	aitzeneizkü	aitzinitzagü
		m.	aheizkü	ahitzagü
		f.	aheizkü	ahitzagü
	3	i.	aileizkü	ailitzagü
P.	2	i.	aitzeneizküye	aitzinitzagie
	3	i.	aileizküye	ailitzagie

VOIX TRANSITIVE

1. IL VOUS L'A—*Indicatif—Présent*

		Guipuscoan	Biscaïen	Labourdin	Souletin
S.	1	dizutet	deutsubet	dautzuet	deiziet
	3	dizute	deutsube	dautzue	deizie
P.	1	dizutegu	deutsubegu	dautzuegu	deiziegü
	3	dizute	deutsubec	dautzucte	deizie

2. IL VOUS L'AVAIT—*Indicatif—Passé*

		Guipuscoan	Biscaïen	Labourdin	Souletin
S.	1	nizuten	neutsuben	nautzuen	neizien
	3	zizuten	eutsuben	zautzuen	zeizien
P.	1	giñizuten	geuntsuben	ginautzuen	geneizien
	3	zizuten	eutsubeen	zautzueten	zeizien

3. IL VOUS L'AURA—*Indicatif—Futur*

		Guipuscoan	Biscaïen	Labourdin	Souletin
S.	1	—	—	dautzueket	deikeziet
	3	—	—	dautzueke	deikezie
P.	1	—	—	dautzuekegu	deikeziegü
	3	—	—	dautzuekete	deikezie

4. IL VOUS L'AURAIT—*Conditionnel—Présent*

		Guipuscoan	Biscaïen	Labourdin	Souletin
S.	1	nizuteke	neuskezube	nautzueke	neikezie
	3	lizuteke	leuskezube	lautzueke	leikezie
P.	1	giñizuteke	geuskezube	ginautzueke	geneikezie
	3	lizuteke	leuskezubee	lautzuckete	leikezie

5. IL VOUS L'AURAIT EU—*Conditionnel—Passé.*

		Guipuscoan	Biscaïen	Labourdin	Souletin
S.	1	nizutekean	neuskezuben	nautzueken	neikezien
	3	zizutekean	leuskezuben	zautzueken	zeikezien
P.	1	giñizutekean	geuskezuben	ginautzueken	geneikezien
	3	zizutekean	leuskezubeen	zautzueteken	zeikezien

6. QU'IL VOUS L'AIT—*Impératif—Présent*

		Guipuscoan	Biscaïen	Labourdin	Souletin
S.	3	bizazute	begizube	biezazue	bizazie
P.	3	bizazute	begizubee	biezazucte	bizazie

8. QU'IL VOUS L'AIT—*Subjonctif—Présent*

		Guipuscoan	Biscaïen	Labourdin	Souletin
S.	1	dizazutedan	dagizubedan	diezazuedan	dizaziedan
	3	dizazuten	dagizuben	diezazuen	dizazien
P.	1	dizazutegun	dagizubegun	diezazuegun	dizaziegün
	3	dizazuten	dagizubeen	diezazueten	dizazien

À DEUX RÉGIMES.

1. IL VOUS LES A—*Indicatif—Présent*

		Guipuscoan	Biscaïen	Labourdin	Souletin
S.	1	dizkizutet	deutsubedaz	dauzkitzuet	deitziet
	3	dizkizute	deutsubez	dauzkitzue	deitzie
P.	1	dizkizutegu	deutsubeguz	dauzkitzuegu	deitziegü
	3	dizkizute	deutsubeez	dauzkitzuete	deitzie

2. IL VOUS LES AVAIT—*Indicatif—Passé*

		Guipuscoan	Biscaïen	Labourdin	Souletin
S.	1	nizkizuten	neutsubezan	nauzkitzuen	neitzien
	3	zizkizuten	eutsubezan	zauzkitzuen	zeitzien
P.	1	giñizkizuten	geuntsubezan	ginauzkitzuen	geneitzien
	3	zizkizuten	eutsubeezan	zauzkitzueten	zeitzien

3. IL VOUS LES AURA—*Indicatif—Futur*

		Guipuscoan	Biscaïen	Labourdin	Souletin
S.	1	—	—	dauzkitzueket	deizketziet
	3	—	—	dauzkitzueke	deizketzie
P.	1	—	—	dauzkitzuekegu	deizketziegü
	3	—	—	dauzkitzuekete	deizketzie

4. IL VOUS LES AURAIT—*Conditionnel—Présent*

		Guipuscoan	Biscaïen	Labourdin	Souletin
S.	1	nizkizuteke	neuskezubez	nauzkitzueke	neizketzie
	3	lizkizuteke	leuskezubez	lauzkitzueke	leizketzie
P.	1	giñizkizuteke	geuskezubez	ginauzkitzueke	geneizketzie
	3	lizkizuteke	leuskezubeez	lauzkitzuekete	leizketzie

5. IL VOUS LES AURAIT EUS—*Conditionnel—Passé*

		Guipuscoan	Biscaïen	Labourdin	Souletin
S.	1	nizkizutekean	neuskezubezan	nauzkitzueken	neizketzien
	3	zizkizutekean	leuskezubezan	zauzkitzueken	zeizketzien
P.	1	giñizkizutekean	geuskezubezan	ginauzkitzueken	geneizketzien
	3	zizkizutekean	leuskezubeezan	zauzkitzueteken	zeizketzien

6. QU'IL VOUS LES AIT—*Impératif—Présent*

		Guipuscoan	Biscaïen	Labourdin	Souletin
S.	3	bizazkizute	begizubez	bietzatzue	bitzatzie
P.	3	bizazkizute	begizubeez	bietzatzuete	bitzatzie

8. QU'IL VOUS LES AIT—*Subjonctif—Présent*

		Guipuscoan	Biscaïen	Labourdin	Souletin
S.	1	dizazkizutedan	dagizubedazan	dietzatzuedan	ditzatziedan
	3	dizazkizuten	dagizubezan	dietzatzuen	ditzatzien
P.	1	dizazkizutegun	dagizubeguzan	dietzatzuegun	ditzatziegün
	3	dizazkizuten	dagizubeezan	dietzatzueten	ditzatzien

VOIX TRANSITIVE

10. QU' IL VOUS L' EÛT—*Subjonctif*—*Passé*

		Guipuscoan	Biscaïen	Labourdin	Souletin
S.	1	nizazuten	nengizuben	niezazuen	nizazien
	3	zizazuten	legizuben	ziezazuen	lizazien
P.	1	giñizazuten	gengizuben	giniezazuen	ginizazien
	3	zizazuten	legizubeen	ziezazueten	lizazien

12. IL VOUS LE PEUT—*Potentiel*—*Présent*

S.	1	dizazuteket	daizubet	diezazueket	dizakeziet
	3	dizazuteke	daizube	diezazueke	dizakezie
P.	1	dizazutekegu	daizubegu	diezazuekegu	dizakeziegü
	3	dizazuteke	daizubee	diezazuekete	dizakezie

14. IL VOUS LE POURRAIT—*Potentiel conditionnel*—*Présent*

S.	1	nizazuteke	neizube	niezazueke	nizakezie
	3	lizazuteke	leizube	liezazueke	lizakezie
P.	1	giñizazuteke	gineizube	giniezazueke	ginizakezie
	3	lizazuteke	leizubee	liezazuekete	lizakezie

16. IL VOUS LE POUVAIT—*Potentiel conditionnel*—*Passé*

S.	1	nizazutekean	neizuben	niezazueken	nezakeizien
	3	zizazutekean	leizuben	ziezazueken	zizakeizien
P.	1	giñizazutekean	gineizuben	giniezazueken	ginizakezien
	3	zizazutekean	leizubeen	ziezazueketen	zizakeezien

18. S' IL VOUS L' AVAIT—*Suppositif du conditionnel*—*Présent*

S.	1	banizute	baneutsube	banautzue	baneizie
	3	balizute	baleutsube	balautzue	baleizie
P.	1	bagiñizute	bageuntsube	baginautzue	bageneizie
	3	balizute	baleutsubee	balautzuete	baleizie

19. S' IL VOUS L' A—*Suppositif du potentiel*—*Présent*

S.	1	badizazutet	badagizubet	badiezazuet	—
	3	badizazute	badagizube	badiezazue	—
P.	1	badizazutegu	badagizubegu	badiezazuegu	—
	3	badizazute	badagizubee	badiezazuete	—

21. S' IL VOUS L' AVAIT—*Suppositif du potentiel conditionnel*—*Futur présent*

S.	1	banizazute	banengizube	baniezazue	bunizazie
	3	balizazute	balegizube	baliezazue	balizazie
P.	1	bagiñizazute	bagengizube	baginiezazue	baginizazie
	3	balizazute	balegizubee	baliezazue	balizazie

À DEUX RÉGIMES.

10. QU'IL VOUS LES EÛT—*Subjonctif—Passé*

		Guipuscoan	Biscaïen	Labourdin	Souletin
S.	1	nizazkizuten	nengizubezan	nietzatzuen	nitzatzien
	3	zizazkizuten	legizubezan	zietzatzuen	litzatzien
P.	1	giñizazkizuten	gengizubezan	ginietzatzuen	ginitzatzien
	3	zizazkizuten	legizubeezan	zietzatzueten	litzatzien

12. IL VOUS LES PEUT—*Potentiel—Présent*

S.	1	ditzazkizuteket	daizubedaz	dietzatzueket	ditzaketziet
	3	ditzazkizuteke	daizubez	dietzatzueke	ditzaketzie
P.	1	ditzazkizutekegu	daizubeguz	dietzatzuekegu	ditzaketziegü
	3	ditzazkizuteke	daizubeez	dietzatzuekete	ditzaketzie

14. IL VOUS LES POURRAIT—*Potentiel conditionnel—Présent*

S.	1	nitzazkizuteke	neizubez	nietzatzueke	nitzaketzie
	3	litzazkizuteke	leizubez	lietzatzueke	litzaketzie
P.	1	giñitzazkizuteke	gineizubez	ginietzatzueke	ginitzaketzie
	3	litzazkizuteke	leizubeez	lietzatzuekete	litzaketzie

16. IL VOUS LES POUVAIT—*Potentiel conditionnel—Passé*

S.	1	nitzazkizutekean	neizubezan	nietzatzueken	netzakeitzien
	3	zitzazkizutekean	leizubezan	zietzatzueken	zetzakeitzien
P.	1	giñitzazkizutekean	gineizubezan	ginietzatzueken	ginitzaketzien
	3	zitzazkizutekean	leizubeezan	zietzatzueketen	zitzakeetzien

18. S'IL VOUS LES AVAIT—*Suppositif du conditionnel—Présent*

S.	1	banizkizute	baneutsubez	banauzkitzue	baneitzie
	3	balizkizute	baleutsubez	balauzkitzue	baleitzie
P.	1	bagiñizkizute	bageuntsubez	baginauzkitzue	bageneitzie
	3	balizkizute	baleutsubeez	balauzkitzuete	baleitzie

19. S'IL VOUS LES A—*Suppositif du potentiel—Présent*

S.	1	badizazkizutet	badagizubedaz	badietzatzuet	—
	3	badizazkizute	badagizubez	badietzatzue	—
P.	1	badizazkizutegu	badagizubeguz	badietzatzuegu	—
	3	badizazkizute	badagizubeez	badietzatzuete	—

21. S'IL VOUS LES AVAIT—*Suppositif du potentiel conditionnel—Futur présent*

S.	1	banizazkizute	banengizubez	banietzatzue	banitzatzie
	3	balizazkizute	balegizubez	balietzatzue	balitzatzie
P.	1	bagiñizazkizute	bagengizubez	baginietzatzue	baginitzatzie
	3	balizazkizute	balegizubeez	balietzatzuete	balitzatzie

VOIX TRANSITIVE

Temps n' appartenant qu' au dialecte biscaïen.

		7. IL VOUS L' AURA *Impératif* *Futur*	9. QU' IL VOUS L' AIT *Subjonctif* *Futur présent*	11. QU' IL VOUS L' EÛT *Subjonctif* *Futur passé*	13. IL VOUS LE POURRA *Potentiel* *Futur*
S.	1	—	dagikezubedan	nengikezuben	daikezubet
	3	begikezube	dagikezuben	legikezuben	daikezube
P.	1	—	dagikezubegun	gengikezuben	daikezubegu
	3	begikezubee	dagikezubeen	legikezubeen	daikezubee

		15. IL VOUS LE POURRAIT *Potentiel condit.* *Futur présent*	17. IL VOUS LE POUVAIT *Potentiel condit.* *Futur passé*	20. S' IL VOUS L' A *Suppos. du potent.* *Futur*	22. S' IL VOUS L' AVAIT *Supp. du pot. condit.* *Futur*
S.	1	neikezube	neikezuben	badagikezubet	banengikezube
	3	leikezube	leikezuben	badagikezube	balegikezube
P.	1	gineikezube	gineikezuben	badagikezubegu	bagengikezube
	3	leikezubee	leikezubeen	badagikezubee	balegikezubee

Temps n' appartenant qu' au dialecte souletin.

		23. VOUS L' EÛT-IL !—*Optatif—Présent*	24. VOUS L' EÛT-IL !—*Optatif—Futur*
S.	1	aineizie	ainizazie
	3	aileizie	ailizazie
P.	1	aikeneizie	aikinizazie
	3	aileizie	ailizazie

À DEUX RÉGIMES.

Temps n'appartenant qu'au dialecte biscaïen.

		7. IL VOUS LES AURA *Impératif* *Futur*	9. QU'IL VOUS LES AIT *Subjonctif* *Futur présent*	11. QU'IL VOUS LES EÛT *Subjonctif* *Futur passé*	13. IL VOUS LES POURRA *Potentiel* *Futur*
S.	1	—	dagikezubedazan	nengikezubezan	daikezubedaz
	3	begikezubez	dagikezubezan	legikezubezan	daikezubez
P.	1	—	dagikezubeguzan	gengikezubezan	daikezubeguz
	3	begikezubeez	dagikezubeezan	legikezubeezan	daikezubeez

		15. IL VOUS LES POURRAIT *Potentiel condit.* *Futur présent*	17. IL VOUS LES POUVAIT *Potentiel condit.* *Futur passé*	20. S'IL VOUS LES A *Suppos. du potent.* *Futur*	22. S'IL VOUS LES AVAIT *Supp. du pot. condit.* *Futur*
S.	1	neikezubez	neikezubezan	badagikezubedaz	banengikezubez
	3	leikezubez	leikezubezan	badagikezubez	balegikezubez
P.	1	gineikezubez	gineikezubezan	badagikezubeguz	bagengikezubez
	3	leikezubeez	leikezubeezan	badagikezubeez	balegikezubeez

Temps n'appartenant qu'au dialecte souletin.

		23. VOUS LES EÛT-IL ! — *Optatif — Présent*	24. VOUS LES EÛT-IL ! — *Optatif — Futur*
S.	1	aineitzie	ainitzatzie
	3	aileitzie	ailitzatzie
P.	1	aikeneitzie	aikinitzatzie
	3	aileitzie	ailitzatzie

VOIX TRANSITIVE

1. IL LE LEUR A—*Indicatif—Présent*

			Guipuscoan	Biscaïen	Labourdin	Souletin
S.	1	*i.*	diotet	deutset	diotet	deyet
		m.	ziotekat	jeutseet	zioteat	dieyat
		f.	ziotenat	jeutsenat	ziotenat,	dieñat
		r.	—	—	—	diezüt
	2	*r.*	diotezu	deutsezu	diozute	deyezü
		m.	diotek	deutsek	diotek	deyek
		f.	dioten	deutsen	dioten	deyen
	3	*i.*	diote	deutse	diotę	deye
		m.	ziotek	jeutsek	ziotek	diek
		f.	zioten	jeutsen	zione	dien
		r.	—	—	—	diezü
P.	1	*i.*	diotegu	deutsegu	diotegu	deyegü
		m.	ziotekagu	jeutseegu	zioteagu	dieyagü
		f.	ziotenagu	jeutzenagu	ziotenagu	dieñagü
		r.	—	—	—	diezügü
	2	*i.*	diotezute	deutsezube	diozuete	deyezie
	3	*i.*	diote	deutsee	diote	deyie
		m.	ziokatek	jeutseek	ziotek	dieye
		f.	zionaten	jeutsene	zione	dieñe
		r.	—	—	—	diezie

2. IL LE LEUR AVAIT—*Indicatif—Passé*

			Guipuscoan	Biscaïen	Labourdin	Souletin
S.	1	*i.*	nioten	noutsen	nioten	neyen
		m.	niotekan	najeutseen	niotekan	nieya
		f.	niotenan	najeutsenan	niotenan	nieña
		r.	—	—	—	niezün
	2	*r.*	ziñioten	zeuntsen	zinioten	zeneyen
		m.	iotekan	euntseen	hioten	eyen
		f.	iotenan	euntsenan	hioten	eyen
	3	*i.*	zioten	eutsen	zioten	zeyen
		m.	ziotekan	jeutseen	ziotekan	zieya
		f.	ziotenan	jeutsenan	ziotenan	zieña
		r.	—	—	—	ziezün
P.	1	*i.*	giñioten	geuntsen	ginioten	geneyen
		m.	giñiotekan	gajeuntseen	giniotekan	ginieya
		f.	giñiotenan	gajeuntsenan	giniotenan	ginieña
		r.	—	—	—	giniezün
	2	*i.*	ziñioten	zeuntseen	zinioten	zenezien
	3	*i.*	zioten	eutseen	zioten	zeyien
		m.	ziotekaten	jeutseeen	ziotekan	zieeya
		f.	ziotenaten	jeutsenen	ziotenan	zieeña
		r.	—	—	—	zieezien

À DEUX RÉGIMES.

1. IL LES LEUR A—*Indicatif*—*Présent*

			Guipuscoan	Biscaïen	Labourdin	Souletin
S.	1	*i.*	dizkiotet	deutsedaz	diotzatet	deitzet
		m.	zizkiekatet	jeutseedaz	ziotzateat	ditzeyat
		f.	zizkienatet	jeutsenadaz	ziotzatenat	ditzeñat
		r.	—	—	—	ditzezüt
	2	*r.*	dizkiotezu	deutsezuz	diotzatzute	deitzezü
		m.	dizkiekatek	deutsezak	diotzatek	deitzek
		f.	dizkienaten	deutsezan	diotzaten	deitzen
	3	*i.*	dizkiote	deutsez	diotzate	deitze
		m.	zizkiekatek	jeutsezak	ziotzatek	ditzek
		f.	zizkienaten	jeutsezan	ziotzane	ditzen
		r.	—	—	—	ditzezü
P.	1	*i.*	dizkiotegu	deutseguz	diotzategu	deitzegü
		m.	zizkiegutek	jeutseeguz	ziotzateagu	ditzeyagü
		f.	zizkieguten	jeutsenaguz	ziotzatenagu	ditzeñagü
		r.	—	—	—	ditzezügü
	2	*i.*	dizkiotezute	deutsezubez	diotzatzuete	deitzezie
	3	*i.*	dizkiote	deutseez	diotzate	deitzeye
		m.	zizkiekatek	jeutseezak	ziotzatek	ditzeye
		f.	zizkienaten	jeutseezan	ziotzane	ditzeñe
		r.	—	—	—	ditzezie

2. IL LES LEUR AVAIT—*Indicatif*—*Passé*

			Guipuscoan	Biscaïen	Labourdin	Souletin
S.	1	*i.*	nizkioten	neutsezan	niotzaten	neitzen
		m.	nizkiekan	najeutseezan	niotzatekan	nitzeya
		f.	nizkienan	najeutsenazan	niotzatenan	nitzeña
		r.	—	—	—	nitzezün
	2	*r.*	ziñizkioten	zeuntsezan	ziniotzaten	zeneitzen
		m.	izkiekan	euntseezan	hiotzaten	eitzen
		f.	izkienan	euntsenazan	hiotzaten	eitzen
	3	*i.*	zizkioten	eutsezan	ziotzaten	zeitzen
		m.	zizkiekan	jeutseezan	ziotzatekan	zitzeya
		f.	zizkienan	jeutsenazan	ziotzatenan	zitzeña
		r.	—	—	—	zitzezün
P.	1	*i.*	giñizkioten	geuntsezan	giniotzaten	geneitzen
		m.	giñizkiekan	gajeuntseezan	giniotzatekan	ginitzeya
		f.	giñizkienan	gajeuntsenazan	giniotzatenan	ginitzeña
		r.	—	—	—	ginitzezün
	2	*i.*	ziñizkioten	zeuntseezan	ziniotzaten	zenetzien
	3	*i.*	zizkioten	eutseezan	ziotzaten	zeitzeyen
		m.	zizkietekan	jeutseeezan	ziotzatekan	zietzeya
		f.	zizkietenan	jeutsenezan	ziotzatenan	zietzeña
		r.	—	—	—	zietzezien

VOIX TRANSITIVE

3. IL LE LEUR AURA—*Indicatif*—*Futur*

			Guipuscoan	Biscaïen	Labourdin	Souletin
S.	1	i.	—	—	dioketet	deiket
		m.	—	—	zioketeat	dikieyat
		f.	—	—	zioketenat	dikieñat
		r.	—	—	—	dikiezüt
	2	r.	—	—	diokezute	deikezü
		m.	—	—	dioketek	deikek
		f.	—	—	dioketen	deiken
	3	i.	—	—	diokete	deike
		m.	—	—	zioketek	dikiek
		f.	—	—	ziokene	dikien
		r.	—	—	—	dikiezü
P.	1	i.	—	—	dioketegu	deikegü
		m.	—	—	zioketeagu	dikieyagü
		f.	—	—	zioketenagu	dikieñagü
		r.	—	—	—	dikiezügü
	2	i.	—	—	diokezuete	deikeezie
	3	i.	—	—	diokete	deikeye
		m.	—	—	zioketek	dikieye
		f.	—	—	ziokene	dikieño
		r.	—	—	—	dikiezie

4. IL LE LEUR AURAIT—*Conditionnel*—*Présent*

			Guipuscoan	Biscaïen	Labourdin	Souletin
S.	1	i.	nioteke	neuskijue	niokete	neike
		m.	niotekek	najeuskijuek	uioketek	nikek
		f.	nioteken	najeuskijuen	niokene	niken
		r.	—	—	—	nikezü
	2	r.	ziñioteke	zeuskijue	ziniokete	zeneike
		m.	iotekek	euskijuek	hiokete	eike
		f.	ioteken	euskijuen	hiokete	eike
	3	i.	lioteke	leuskijue	liokete	leike
		m.	liotekek	lajeuskijuek	lioketek	likek
		f.	lioteken	lajeuskijuen	liokene	liken
		r.	—	—	—	likezü
P.	1	i.	giñioteke	geuskijue	giniokete	geneike
		m.	giñiotetek	gajeuskijuek	ginioketek	ginikek
		f.	giñioteken	gajeuskijuen	giniokene	giniken
		r.	—	—	—	ginikezü
	2	i.	ziñioteke	zeuskijuee	ziniokete	zeneikeye
	3	i.	lioteke	leuskijuee	liokete	leikeye
		m.	liotekek	lajeuskijueek	lioketek	likeye
		f.	lioteken	lajeuskijuene	liokene	likeñe
		r.	—	—	—	likezie

À DEUX RÉGIMES.

3. IL LES LEUR AURA—*Indicatif*—*Futur*

			Guipuscoan	Biscaïen	Labourdin	Souletin
S	1	i.	—	—	diotzaketet	deizket
		m.	—	—	ziotzaketent	ditikieyat
		f.	—	—	ziotzaketenat	ditikieñat
		r	—	—	—	ditikiczüt
	2	r.	—	—	diotzaketzute	deizketzü
		m.	—	—	diotzaketek	deizkek
		f.	—	—	diotzaketen	deizken
	3	i.	—	—	diotzakete	deizke
		m.	—	—	ziotzaketek	ditikiek
		f.	—	—	ziotzakene	ditikien
		r.	—	—	—	ditikiezü
P.	1	i.	—	—	diotzaketegu	deizkegü
		m.	—	—	ziotzaketeagu	ditikieyagü
		f.	—	—	ziotzaketenagu	ditikieñagü
		r.	—	—	—	ditikiczügü
	2	i.	—	—	diotzaketzuete	deizkeetzie
	3	i.	—	—	diotzakete	deizkeye
		m.	—	—	ziotzaketek	ditikieye
		f.	—	—	ziotzakene	ditikieñe
		r.	—	—	—	ditikiezie

4. IL LES LEUR AURAIT—*Conditionnel*—*Présent*

			Guipuscoan	Biscaïen	Labourdin	Souletin
S.	1	i.	nizkioteke	neuskijuez	niotzakete	neizke
		m.	nizkiekek	najeuskijuezak	niotzaketek	nizkek
		f.	nizkieken	najeuskijuezan	niotzakene	nizken
		r.	—	—	—	nizketzü
	2	r.	ziñizkioteke	zeuskijuez	ziniotzakete	zeneizke
		m.	izkiekek	euskijuezak	hiotzakete	eizke
		f.	izkieken	euskijuezan	hiotzakete	oizke
	3	i.	lizkioteke	leuskijuez	liotzakete	leizke
		m.	lizkiekek	lajeuskijuezak	liotzaketek	litzikek
		f.	lizkieken	lajeuskijuezan	liotzakene	litziken
		r.	—	—	—	litziketzü
P.	1	i.	giñizkioteke	geuskijuez	giniotzakete	geneizke
		m.	giñizkiekek	gajeuskijuezak	giniotzaketek	gintzikek
		f.	giñizkieken	gajeuskijuezan	giniotzakene	gintziken
		r.	—	—	—	gintziketzü
	2	i.	ziñizkioteke	zeuskijueez	ziniotzakete	zeneizkeye
	3	i.	lizkioteke	leuskijueez	liotzakete	leizkeye
		m.	lizkieketek	lajeuskijueezak	liotzaketek	litzikeye
		f.	lizkieketen	lajeuskijueezan	liotzakene	litzikeñe
		r.	—	—	—	litziketzie

VOIX TRANSITIVE

5. IL LE LEUR AURAIT EU—*Conditionnel—Passé*

			Guipuscoan	Biscaïen	Labourdin	Souletin
S.	1	i.	niotekean	neuskijuen	nioteken	neikèn
		m.	niotekekan	najeuzkijueen	niotekeyan	nikeya
		f.	niotekenan	najeuskijuenan	niotekenan	nikeña
		r.	—	—	—	nikezün
	2	r.	ziñiotekean	zeuskijuen	zinioteken	zeneiken
		m.	iotekekan	euskijueen	hioteken	eiken
		f.	iotekenan	euskijuenan	hioteken	eiken
	3	i.	ziotekean	leuskijuen	zioteken	zeiken
		m.	ziotekekan	lajeuskijueen	ziotekeyan	zikeeya
		f.	ziotekenan	lajeuskijuenan	ziotekenan	zikeeña
		r.	—	—	—	zikeezün
P.	1	i.	giñiotekean	geuskijuen	ginioteken	geneiken
		m.	giñiotekekan	gajeuskijueen	giniotekeyan	ginikeeya
		f.	giñiotekenan	gajeuskijuenan	giniotekenan	ginikeeña
		r.	—	—	—	ginikeezün
	2	i.	ziñiotekean	zeuskijueen	zinioteken	zeneikeyen
	3	i.	ziotekean	leuskijueen	zioteken	zeikeyen
		m.	ziotekekaten	lajeuskijueen	ziotekeyan	zikeeya
		f.	ziotekenaten	lajeuskijuenen	ziotekenan	zikeeña
		r.	—	—	—	zikeezien

6. QU'IL LE LEUR AIT—*Impératif—Présent*

			Guipuscoan	Biscaïen	Labourdin	Souletin
S.	2	r.	zayotezu	egijuezu	zozute	izezü
		m.	zayotek	egijuek	zotek	izek
		f.	zayoten	egijuen	zoten	izen
	3	i.	bizayote	begijue	biazote	bize
		m.	—	bejegijuek	—	—
		f.	—	bejegijuen	—	—
P.	2	i.	zayotezute	egijuezube	zozuete	izezie
	3	i.	bizayote	begijuee	biazote	bizeye
		m.	—	bejegijueek	—	—
		f.	—	bejegijuene	—	—

À DEUX RÉGIMES.

5. IL LES LEUR AURAIT EUS—*Conditionnel—Passé*

			Guipuscoan	*Biscaïen*	*Labourdin*	*Souletin*
S.	1	*i.*	nizkiotekean	neuskijuezan	niotzateken	neizken
		m.	nizkiekekan	najeuskijueezan	niotzatekeyan	nizkeya
		f.	nizkiekenan	najeuskijuenazan	niotzatekenan	nizkeña
		r.	—	—	—	nizketzün
	2	*r.*	ziñizkiotekean	zeuskijuezan	ziniotzateken	zeneizken
		m.	izkiekekan	euskijueezan	hiotzateken	eizken
		f.	izkiekenan	euskijuenazan	hiotzateken	eizken
	3	*i.*	zizkiotekean	leuskijuezan	ziotzateken	zeizken
		m.	zizkiekekan	lajeuskijueezan	ziotzatekeyan	zitikeeya
		f.	zizkiekenan	lajeuskijuenazan	ziotzatekenan	zitikeeña
		r.	—	—	—	zitikeezün
P.	1	*i.*	giñizkiotekean	geuskijuezan	giniotzateken	geneizken
		m.	giñizkiekekan	gajeuskijueezan	giniotzatekeyan	gintikeeya
		f.	giñizkiekenan	gajeuskijuenazan	giniotzatekenan	gintikeeña
		r.	—	—	—	gintikeezün
	2	*i.*	ziñizkiotekean	zeuskijueezan	ziniotzateken	zeneizkeyen
	3	*i.*	zizkiotekean	leuskijueezan	ziotzateken	zeizkeyen
		m.	zizkiekekaten	lajeuskijueezan	ziotzatekeyan	zitikeeya
		f.	zizkiekenaten	lajeuskijuenezan	ziotzatekenan	zitikeeña
		r.	—	—	—	zitikeezien

6. QU'IL LES LEUR AIT—*Impératif—Présent*

			Guipuscoan	*Biscaïen*	*Labourdin*	*Souletin*
S.	2	*r.*	zazkiotezu	egijuezuz	zotzute	itzetzü
		m.	zazkiek	egijuezak	etzotek	itzek
		f.	zazkien	egijuezan	etzoten	itzen
	3	*i.*	bizazkiote	begijuez	biatzote	bitze
		m.	—	bejegijuezak	—	—
		f.	—	bejegijuezan	—	—
P.	2	*i.*	zazkiotezute	egijuezubez	zotzuete	itzetzie
	3	*i.*	bizazkiote	begijueez	biatzote	bitzeye
		m.	—	bejegijueezak	—	—
		f.	—	bejegijueezan	—	—

VOIX TRANSITIVE

8. QU' IL LE LEUR AIT—*Subjonctif*—*Présent*

			Guipuscoan	*Biscaïen*	*Labourdin*	*Souletin*
S.	1	i.	dizayotedan	dagijuedan	diozatedan	dizedan
		m.	dizayekadan	jagijueedan	diozatekadan	—
		f.	dizayenadan	jagijuenadan	diozatenadan	—
	2	r.	dizayotezun	dagijuezun	diozazuten	dizezün
		m.	izayekan	dagijueen	diozatekan	dizeya
		f.	izayenan	dagijuenan	diozatenan	dizeña
	3	i.	dizayoten	dagijuen	diozaten	dizen
		m.	dizayekan	jagijueen	diozatekan	—
		f.	dizayenan	jagijuenan	diozatenan	—
P.	1	i.	dizayotegun	dagijuegun	diozategun	dizegün
		m.	dizayekagun	jagijueegun	diozatekagun	—
		f.	dizayenagun	jagijuenagun	diozatenagun	—
	2	i.	dizayotezuten	dagijuezuben	diozazueten	dizezien
	3	i.	dizayoten	dagijueen	diozaten	diezen
		m.	dizayekaten	jagijueeen	diozatekan	—
		f.	dizayenaten	jagijuenen	diozatenan	—

10. QU' IL LE LEUR EÛT—*Subjonctif*—*Passé*

			Guipuscoan	*Biscaïen*	*Labourdin*	*Souletin*
S.	1	i.	nizayoten	nengijuen	niozaten	nizen
		m.	nizayekan	najengijueen	niozatekan	—
		f.	nizayenan	najengijuenan	niozatenan	—
	2	r.	ziñizayoten	zengijuen	ziniozaten	zinizen
		m.	izayekan	engijueen	hiozaten	izen
		f.	izayenan	engijuenan	hiozaten	izen
	3	i.	zizayoten	legijuen	ziozaten	lizen
		m.	zizayekan	jegijueen	ziozatekan	—
		f.	zizayenan	jegijuenan	ziozatenan	—
P.	1	i.	giñizayoten	gengijuen	giniozaten	ginizen
		m.	ginzayekan	gajengijueen	giniozatekan	—
		f.	ginzayenan	gajengijuenan	giniozatenan	—
	2	i.	ziñizayoten	zengijueen	ziniozaten	ziniezen
	3	i.	zizayoten	legijueen	ziozaten	liezen
		m.	zizayekaten	jegijueeen	ziozatekan	—
		f.	zizayenaten	jegijuenen	ziozatenan	—

À DEUX RÉGIMES.

8. QU' IL LES LEUR AIT—*Subjonctif—Présent*

			Guipuscoan	*Biscaïen*	*Labourdin*	*Souletin*
S.	1	*i.*	dizazkiotedan	dagijuedazan	diotzatedan	ditzedan
		m.	dizazkiekadan	jagijueedazan	diotzatekadan	—
		f.	dizazkienadan	jagijuenadazan	diotzatenadan	—
	2	*r.*	dizazkiotezun	dagijuezuzan	diotzatzuten	ditzetzün
		m.	izazkiekan	dagijueezan	diotzatekan	ditzeya
		f.	izazkienan	dagijuenazan	diotzatenan	ditzeña
	3	*i.*	dizazkioten	dagijuezan	diotzaten	ditzen
		m.	dizazkiekan	jagijueezan	diotzatekan	—
		f.	dizazkienan	jagijuenazan	diotzatenan	—
P.	1	*i.*	dizazkiotegun	dagijueguzan	diotzategun	ditzegün
		m.	dizazkiekagun	jagijueeguzan	diotzatekagun	—
		f.	dizazkienagun	jagijuenaguzan	diotzatenagun	—
	2	*i.*	dizazkiotezuten	dagijuezubezan	diotzatzueten	ditzetzien
	3	*i.*	dizazkioten	dagijueezan	diotzaten	dietzen
		m.	dizazkiekaten	jagijueeezan	diotzatekan	—
		f.	dizazkienaten	jagijuenezan	diotzatenan	—

10. QU' IL LES LEUR EÛT—*Subjonctif—Passé*

			Guipuscoan	*Biscaïen*	*Labourdin*	*Souletin*
S.	1	*i.*	nizazkioten	nengijuezan	niotzaten	nitzen
		m.	nizazkiekan	najengijueezan	niotzatekan	—
		f.	nizazkienan	najengijuenazan	niotzatenan	—
	2	*r.*	ziñizazkioten	zengijuezan	ziniotzaten	zinitzen
		m.	izazkiekan	engijueezan	hiotzaten	itzen
		f.	izazkienan	engijuenazan	hiotzaten	itzen
	3	*i.*	zizazkioten	legijuezan	ziotzaten	litzen
		m.	zizazkiekan	jegijueezan	ziotzatekan	—
		f.	zizazkienan	jegijuenazan	ziotzatenan	—
P.	1	*i.*	giñizazkioten	gengijuezan	giniotzaten	ginitzen
		m.	ginzazkiekan	gajengijueezan	giniotzatekan	—
		f.	ginzazkienan	gajengijuenazan	giniotzatenan	—
	2	*i.*	ziñizazkioten	zengijueezan	ziniotzaten	zinietzen
	3	*i.*	zizazkioten	legijueezan	ziotzaten	lietzen
		m.	zizazkiekaten	jegijueeezan	ziotzatekan	—
		f.	zizazkienaten	jegijuenezan	ziotzatenan	—

VOIX TRANSITIVE

12. IL LE LEUR PEUT—*Potentiel—Présent*

			Guipuscoan	Biscaïen	Labourdin	Souletin
S.	1	i.	dizayoteket	daijuet	diozaketet	dizakiet
		m.	dizayekeat	jaijueet	ziozaketeat	dizakieyat
		f.	dizayekenat	jaijuenat	ziozaketenat	dizakieñat
		r.	—	—	—	dizakiezüt
	2	r.	dizayotekezu	daijuezu	diozakezute	dizakezü
		m.	izayekek	daijuek	diozaketek	dizakek
		f.	izayeken	daijuen	diozaketen	dizaken
	3	i.	dizayoteke	daijue	diozakete	dizakie
		m.	dizayekek	jaijuek	ziozaketek	dizakiek
		f.	dizayeken	jaijuen	ziozakene	dizakien
		r.	—	—	—	dizakiezü
P.	1	i.	dizayotekegu	daijuegu	diozaketegu	dizakiegü
		m.	dizayekeagu	jaijueegu	ziozaketeagu	dizakieyagü
		f.	dizayekenagu	jaijuenagu	ziozaketenagu	dizakieñagü
		r.	—	—	—	dizakiezügü
	2	i.	dizayotekezute	daijuezube	diozakezuete	dizakezie
	3	i.	dizayoteke	daijuee	diozakete	dizakieye
		m.	dizayeketek	jaijueek	ziozaketek	dizakieye
		f.	dizayeketen	jaijuene	ziozakene	dizakieñe
		r.	—	—	—	dizakiezie

14. IL LE LEUR POURRAIT—*Potentiel conditionnel→Présent*

			Guipuscoan	Biscaïen	Labourdin	Souletin
S.	1	i.	nizayoteke	neijue	niozakete	nizakie
		m.	nizayekek	najeijuek	niozaketek	nizakiek
		f.	nizayeken	najeijuen	niozakene	nizakien
		r.	—	—	—	nizakiezü
	2	r.	ziñizayoteke	zineijue	ziniozakete	zinizakie
		m.	izayekek	ineijuek	hiozakete	izakie
		f.	izayeken	ineijuen	hiozakete	izakie
	3	i.	lizayoteke	leijue	liozakete	lizakie
		m.	lizayekek	lajeijuek	liozaketek	lizakiek
		f.	lizayeken	lajeijuen	liozakene	lizakien
		r.	—	—	—	lizakiezii
P.	1	i.	giñizayoteke	gineijue	giniozakete	ginizakie
		m.	ginzayekek	gaineijuek	giniozaketek	ginizakiek
		f.	ginzayeken	gaineijuen	giniozakene	ginizakien
		r.	—	—	—	ginizakiezü
	2	i.	ziñizayoteke	zineijuee	ziniozakete	ginizakieye
	3	i.	lizayoteke	leijuee	liozakete	lizakieye
		m.	lizayeketek	lajeijueek	liozaketek	lizakieye
		f.	lizayeketen	lajeijuene	liozakene	lizakieñe
		r.	—	—	—	lizakiezie

À DEUX RÉGIMES.

12. IL LES LEUR PEUT—*Potentiel*—*Présent*

			Guipuscoan	*Biscaïen*	*Labourdin*	*Souletin*
S.	1	*i.*	ditzazkieket	daijuedaz	diotzaketet	ditzakiet
		m.	ditzazkiekeat	jaijuedaz	ziotzaketeat	ditzakieyat
		f.	ditzazkiekenat	jaijuenadaz	ziotzaketenat	ditzakieñat
		r.	—	—	—	ditzakietzüt
	2	*r.*	ditzazkiekezu	daijuezuz	diotzaketzute	ditzaketzü
		m.	itzazkiekek	daijuezak	diotzaketek	ditzakek
		f.	itzazkieken	daijuezan	diotzaketen	ditzaken
	3	*i.*	ditzazkieke	daijuez	diotzakete	ditzakie
		m.	ditzazkiekek	jaijuezak	ziotzaketek	ditzakiek
		f.	ditzazkieken	jaijuezan	ziotzakene	ditzakien
		r.	—	—	—	ditzakietzü
P.	1	*i.*	ditzazkiekegu	daijueguz	diotzaketegu	ditzakiegü
		m.	ditzazkiekeagu	jaijueeguz	ziotzaketeagu	nitzakieyagü
		f.	ditzazkiekenagu	jaijuenaguz	ziotzaketenagu	ditzakieñagü
		r.	—	—	—	ditzakietzügu
	2	*i.*	ditzazkiekezute	daijuezubez	diotzaketzuete	ditzaketzie
	3	*i.*	ditzazkiekete	daijueez	diotzakete	ditzakieye
		m.	ditzazkieketek	jaijueezak	ziotzaketek	ditzakieye
		f.	ditzazkieketen	jaijueezan	ziotzakene	ditzakieñe
		r.	—	—	—	ditzakietzie

14. IL LES LEUR POURRAIT—*Potentiel conditionnel*—*Présent*

			Guipuscoan	*Biscaïen*	*Labourdin*	*Souletin*
S.	1	*i.*	nitzazkieke	neijuez	niotzakete	nitzakie
		m.	nitzazkiekek	najeijuczak	niotzaketek	nitzakiek
		f.	nitzazkieken	najeijuezan	niotzakene	nitzakien
		r.	—	—	—	nitzakietzü
	2	*r.*	ziñitzazkieke	zineijuez	ziniotzakete	zinitzakie
		m.	itzazkiekek	ineijuezak	hiotzakete	itzakie
		f.	itzazkieken	ineijuezan	hiotzakete	itzakie
	3	*i.*	litzazkieke	leijuez	liotzakete	litzakie
		m.	litzazkiekek	lajeijuezak	liotzaketek	litzakiek
		f.	litzazkieken	lajeijuezan	liotzakene	litzakien
		r.	—	—	—	litzakietzü
P.	1	*i.*	giñitzazkieke	gineijuez	giniotzakete	ginitzakie
		m.	gintzazkiekek	gaineijuezak	giniotzaketek	ginitzakiek
		f.	gintzazkieken	gaineijuezan	giniotzakene	ginitzakien
		r.	—	—	—	ginitzakietzü
	2	*i.*	ziñitzazkiekete	zineijueez	ziniotzakete	zinitzakieye
	3	*i.*	litzazkiekete	leijueez	liotzakete	litzakieye
		m.	litzazkieketek	lajeijueezak	liotzaketek	litzakieye
		f.	litzazkieketen	lajeijueezan	liotzakene	litzakieñe
		r.	—	—	—	litzakietzie

VOIX TRANSITIVE

16. IL LE LEUR POUVAIT—*Potentiel conditionnel—Passé*

			Guipuscoan	Biscaïen	Labourdin	Souletin
S.	1	*i.*	nizayotekean	neijuen	niozateken	nezakien
		m.	nizayekekan	najeijueen	niozatekeyan	nizakieya
		f.	nizayekenan	najeijuenan	niozatekenan	nizakieña
		r.	—	—	—	nizakiezün
	2	*r.*	ziñizayotekean	zineijuen	ziniozateken	zinizakien
		m.	izayekekan	ineijueen	hiozateken	ezakien
		f.	izayekenan	ineijuenan	hiozateken	ezakien
	3	*i.*	zizayotekean	leijuen	ziozateken	zezakien
		m.	zizayekekan	lajeijueen	ziozatekeyan	zizakieya
		f.	zizayekenan	lajeijuenan	ziozatekenan	zizakieña
		r.	—	—	—	zizakiezün
P.	1	*i.*	giñizayotekean	gineijuen	giniozateken	genezakien
		m.	ginzayekekan	gaineijueen	giniozatekeyan	ginizakieya
		f.	ginzayekenan	gaineijuenan	giniozatekenan	ginizakieña
		r.	—	—	—	ginizakiezün
	2	*i.*	ziñizayotekean	zineijueen	ziniozateken	zinizakieyen
	3	*i.*	zizayotekean	leijueen	ziozateken	zezakieyen
		m.	zizayeketekan	lajeijueen	ziozatekeyan	zezakieeya
		f.	zizayeketenan	lajeijuenen	ziozatekenan	zezakieeña
		r.	—	—	—	zezakiezien

18. S'IL LE LEUR AVAIT—*Suppositif du conditionnel—Présent*

			Guipuscoan	Biscaïen	Labourdin	Souletin
S.	1	*i.*	baniote	baneutse	baniote	baneye
		m.	baniotek	banajeutsek	baniotek	—
		f.	banioten	banajeutsen	banione	—
	2	*r.*	baziñiote	bazeuntse	baziniote	bazeneye
		m.	baiotek	beeuntsek	bahiote	baheye
		f.	baioten	beeuntsen	bahiote	baheye
	3	*i.*	baliote	baleutse	baliote	baleye
		m.	baliotek	balajeutsek	baliotek	—
		f.	balioten	balajeutsen	balione	—
P.	1	*i.*	bagiñiote	bageuntse	baginiote	bageneye
		m.	bagiñiotek	bagajeuntsek	baginiotek	—
		f.	bagiñioten	bagajeuntsen	baginione	—
	2	*i.*	baziñiote	bazeuntsee	baziniote	bazenezie
	3	*i.*	baliote	baleutsee	baliote	baleyie
		m.	baliotek	balajeutseek	baliotek	—
		f.	balioten	balajeutsene	balione	—

À DEUX RÉGIMES.

16. IL LES LEUR POUVAIT—*Potentiel conditionnel—Passé*

			Guipuscoan	Biscaïen	Labourdin	Souletin
S.	1	*i.*	nitzazkiekean	neijuezan	niotzateken	netzakien
		m.	nitzazkiekekan	najeijueezan	niotzatekeyan	nitzakieya
		f.	nitzazkiekenan	najeijuenazan	niotzatekenan	nitzakieña
		r.	—	—	—	nitzakietzün
	2	*r.*	ziñitzazkiekean	zineijuezan	ziniotzateken	zinitzakien
		m.	itzazkiekekan	ineijueezan	hiotzateken	etzakien
		f.	itzazkiekenan	ineijuenazan	hiotzateken	etzakien
	3	*i.*	zitzazkiekean	leijuezan	ziotzateken	zetzakien
		m.	zitzazkiekekan	lajeijueezan	ziotzatekeyan	zitzakieya
		f.	zitzazkiekenan	lajeijuenazan	ziotzatekenan	zitzakieña
		r.	—	—	—	zitzakietzün
P.	1	*i.*	giñitzazkiekean	gineijuezan	giniotzateken	genetzakien
		m.	gintzazkiekekan	gaineijueezan	giniotzatekeyan	ginitzakieya
		f.	gintzazkiekenan	gaineijuenazan	giniotzatekenan	ginitzakieña
		r.	—	—	—	ginitzakietzün
	2	*i.*	ziñitzazkieketean	zineijueezan	ziniotzateken	zinitzakieyen
	3	*i.*	zitzazkieketean	leijueezan	ziotzateken	zetzakieyen
		m.	zitzazkietekekan	lajeijueezan	ziotzatekeyan	zetzakieeya
		f.	zitzazkietekenan	lajeijuenezan	ziotzatekenan	zetzakieeña
		r.	—	—	—	zetzakietzien

18. S'IL LES LEUR AVAIT—*Suppositif du conditionnel—Présent*

			Guipuscoan	Biscaïen	Labourdin	Souletin
S.	1	*i.*	banizkiote	baneutsez	baniotzate	baneitze
		m.	banizkiek	banajeutsezak	baniotzatek	—
		f.	bañizkien	banajeutsezan	baniotzane	—
	2	*r.*	baziñizkiote	bazeuntsez	baziniotzate	bazeneitze
		m.	baizkiek	beeuntsezak	bahiotzate	baheitze
		f.	baizkien	beeuntsezan	bahiotzate	baheitze
	3	*i.*	balizkiote	baleutsez	baliotzate	baleitze
		m.	balizkiek	balajeutsezak	baliotzatek	—
		f.	balizkien	balajeutsezan	baliotzane	—
P.	1	*i.*	bagiñizkiote	bageuntsez	baginiotzate	bageneitze
		m.	bagiñizkiek	bagajeuntsezak	baginiotzatek	—
		f.	bagiñizkien	bagajeuntsezan	baginiotzane	—
	2	*i.*	baziñizkiote	bazeuntseez	baziniotzate	bazenetzie
	3	*i.*	balizkiote	baleutseez	baliotzate	baleitzeye
		m.	balizkietek	balajeutseezak	baliotzatek	—
		f.	balizkieten	balajeutseezan	baliotzane	—

VOIX TRANSITIVE

19. S'IL LE LEUR A—*Suppositif du potentiel—Présent*

			Guipuscoan	Biscaïen	Labourdin	Souletin
S.	1	*i.*	badizayotet	badagijuet	badiozatet	—
		m.	badizayekat	bajagijucet	badiozatekat	—
		f.	badizayenat	bajagijuenat	badiozatenat	—
	2	*r.*	badizayotezu	badagijuezu	badiozazute	—
		m.	baizayek	badagijuek	badiozatek	—
		f.	baizayen	badagijuen	badiozaten	—
	3	*i.*	badizayote	badagijuo	badiozate	—
		m.	badizayek	bajagijuek	badiozatek	—
		f.	badizayen	bajagijuen	badiozane	—
P.	1	*i.*	badizayotegu	badagijuegu	badiozategu	—
		m.	badizayekagu	bajagijucegu	badiozatekagu	—
		f.	badizayenagu	bajagijuenagu	badiozatenagu	—
	2	*i.*	badizayotezute	badagijuezube	badiozazuete	—
	3	*i.*	badizayote	badagijuee	badiozate	—
		m.	badizayetek	bajagijueek	badiozatek	—
		f.	badizayeten	bajagijuene	badiozane	—

21. S'IL LE LEUR AVAIT—*Suppositif du potentiel conditionnel—Futur présent*

			Guipuscoan	Biscaïen	Labourdin	Souletin
S.	1	*i.*	banizayote	banengijue	baniozate	banize
		m.	banizayek	banajengijuek	baniozatek	—
		f.	banizayen	banajengijuen	baniozane	—
	2	*r.*	baziñizayote	bazengijue	baziniozate	bazinize
		m.	baizayek	baengijuek	bahiozate	bahize
		f.	baizayen	baengijuen	bahiozate	bahize
	3	*i.*	balizayote	balegijue	baliozate	balize
		m.	balizayek	bajegijuek	baliozatek	—
		f.	balizayen	bajegijuen	baliozane	—
P.	1	*i.*	bagiñizayote	bagengijue	bainiozate	baginize
		m.	baginzayek	bagajengijuek	baginiozatek	—
		f.	baginzayen	bagajengijuen	baginiozane	—
	2	*i.*	baziñizayote	bazengijuee	baziniozate	bazinizeye
	3	*i.*	balizayote	balegijuee	baliozate	balizeye
		m.	balizayetek	bajegijueek	baliozatek	—
		f.	balizayeten	bajegijuene	baliozane	—

À DEUX RÉGIMES.

19. s' il les leur a—*Suppositif du potentiel—Présent*

			Guipuscoan	Biscaïen	Labourdin	Souletin
S.	1	*i.*	badizazkiotet	badagijuedaz	badiotzatet	—
		m.	badizazkiekat	bajagijueedaz	badiotzatekat	—
		f.	badizazkienat	bajagijuenadaz	badiotzatenat	—
	2	*r.*	badizazkiotezu	badagijuezuz	badiotzatzute	—
		m.	baizazkiek	badagijuezak	badiotzatek	—
		f.	baizazkien	badagijuezan	badiotzaten	—
	3	*i.*	badizazkiote	badagijuez	badiotzate	—
		m.	badizazkiek	bajagijuezak	badiotzatek	—
		f.	badizazkien	bajagijuezan	badiotzane	—
P.	1	*i.*	badizazkiotegu	badagijueguz	badiotzategu	—
		m.	badizazkiekagu	bajagijueeguz	badiotzatekagu	—
		f.	badizazkienagu	bajagijuenaguz	badiotzatenagu	—
	2	*i.*	badizazkiotezute	badagijuezubez	badiotzatzuete	—
	3	*i.*	badizazkiote	badagijueez	badiotzate	—
		m.	badizazkietek	bajagijueezak	badiotzatek	—
		f.	badizazkieten	bajagijueezan	badiotzane	—

21. s' il les leur avait—*Suppositif du potentiel conditionnel—Futur présent*

			Guipuscoan	Biscaïen	Labourdin	Souletin
S.	1	*i.*	banizazkiote	banengijuez	baniotzate	banitze
		m.	banizazkiek	banajengijuezak	baniotzatek	—
		f.	banizazkien	banajengijuezan	baniotzane	—
	2	*r.*	baziñizazkiote	bazengijuez	baziniotzate	bazinitze
		m.	baizazkiek	baengijuezak	bahiotzate	bahitze
		f.	baizazkien	baengijuezan	bahiotzate	bahitze
	3	*i.*	balizazkiote	balegijuez	baliotzate	balitze
		m.	balizazkiek	bajegijuezak	baliotzatek	—
		f.	balizazkien	bajegijuezan	baliotzane	—
P.	1	*i.*	bagiñizazkiote	bagengijuez	baginiotzate	baginitze
		m.	baginzazkiek	bagajengijuezak	baginiotzatek	—
		f.	baginzazkien	bagajengijuezan	baginiotzane	—
	2	*i.*	baziñizazkiote	bazengijueez	baziniotzate	bazinitzeye
	3	*i.*	balizazkiote	balegijueez	baliotzate	balitzeye
		m.	balizazkietek	bajegijueezak	baliotzatek	—
		f.	balizazkieten	bajegijueezan	baliotzane	—

VOIX TRANSITIVE

Temps n'appartenant qu'au dialecte biscaïen.

	7. IL LE LEUR AURA — Impératif Futur	9. QU'IL LE LEUR AIT — Subjonctif Futur présent	11. QU'IL LE LEUR EÛT — Subjonctif Futur passé	13. IL LE LEUR POURRA — Potentiel Futur
S. 1 i.	—	dagikijuedan	nengikijuen	daikijuet
m.	—	jagikijuedan	najengikijueen	jaikijueet
f.	—	jagikijuenadan	najengikijuenan	jaikijuenat
2 r.	egikijuezu	dagikijuezun	zengikijuen	daikijuezu
m.	egikijuek	dagikijueen	engikijueen	daikijuek
f.	egikijuen	dagikijuenan	engikijuenan	daikijuen
3 i.	begikijue	dagikijuen	legikijuen	daikijue
m.	bejegikijuek	jagikijueen	jegikijueen	jaikijuek
f.	bejegikijuen	jagikijuenan	jegikijuenan	jaikijuen
P. 1 i.	—	dagikijuegun	gengikijuen	daikijuegu
m.	—	jagikijueegun	gajengikijueen	jaikijueegu
f.	—	jagikijuenagun	gajengikijuenan	jaikijuenagu
2 i.	egikijuezube	dagikijuezuben	zengikijueen	daikijuezube
3 i.	begikijuee	dagikijueen	legikijueen	daikijuee
m.	bejegikijueek	jagikijueeen	jegikijueeen	jaikijueek
f.	bejegikijuene	jagikijuenen	jegikijuenen	jaikijuene

	15. IL LE LEUR POURRAIT — Potentiel condit. Futur présent	17. IL LE LEUR POUVAIT — Potentiel condit. Futur passé	20. S'IL LE LEUR A — Suppos. du potent. Futur	22. S'IL LE LEUR AVAIT — Supp. du pot. condit. Futur
S. 1 i.	neikijue	neikijuen	badagikijuet	banengikijue
m.	najeikijuek	najeikijueen	bajagikijueet	banajengikijuek
f.	najeikijuen	najeikijuenan	bajagikijuenat	banajengikijuen
2 r.	zineikijue	zineikijuen	badagikijuezu	bazengikijue
m.	ineikijuek	ineikijueen	badagikijuek	baengikijuek
f.	ineikijuen	ineikijuenan	badagikijuen	baengikijuen
3 i.	leikijue	leikijuen	badagikijue	balegikijue
m.	lajeikijuek	lajeikijueen	bajagikijuek	bajegikijuek
f.	lajeikijuen	lajeikijuenan	bajagikijuen	bajegikijuen
P. 1 i.	gineikijue	gineikijuen	badagikijuegu	bagengikijue
m.	gaineikijuek	gaineikijueen	bajagikijueegu	bagajengikijuek
f.	gaineikijuen	gaineikijuenan	bajagikijuenagu	bagajengikijuen
2 i.	zineikijuee	zineikijueen	badagikijuezube	bazengikijuee
3 i.	leikijuee	leikijueen	badagikijuee	balegikijuee
m.	lajeikijueek	lajeikijueeen	bajagikijueek	bajegikijueek
f.	lajeikijuene	lajeikijuenan	bajagikijuene	bajegikijuene

Temps n'appartenant qu'au dialecte souletin.

	23. LE LEUR EÛT-IL!—Optatif—Présent	24. LE LEUR EÛT-IL!—Optatif—Futur
S. 1 i.	aineye	ainize
2 r.	aitzeneye	aitzinize
m.	aheye	ahize
f.	aheye	ahize
3 i.	aileye	ailize
P. 1 i.	aikeneye	aikinize
2 i.	aitzenezie	aitzinizeye
3 i.	aileyie	ailizeye

À DEUX RÉGIMES.

Temps n' appartenant qu' au dialecte biscaïen.

S./P.			7. IL LES LEUR AURA *Impératif* *Futur*	9. QU' IL LES LEUR AIT *Subjonctif* *Futur présent*	11. QU' IL LES LEUR EÛT *Subjonctif* *Futur passé*	13. IL LES LEUR POURRA *Potentiel* *Futur*
S.	1	i.	—	dagikijuedazan	nengikijuezan	daikijuedaz
		m.	—	jagikijueedazan	najengikijueezan	jaikijueedaz
		f.	—	jagikijuenadazan	najengikijuenazan	jaikijuenadaz
	2	r.	egikijuezuz	dagikijuezuzan	zengikijuezan	daikijuezuz
		m.	egikijuezak	dagikijueezan	engikijueezan	daikijuezak
		f.	egikijuezan	dagikijuenazan	engikijuenazan	daikijuezan
	3	i.	begikijuez	dagikijuezan	legikijuezan	daikijuez
		m.	bejegikijuezak	jagikijueezan	jegikijueezan	jaikijuezak
		f.	bejegikijuezan	jagikijuenazan	jegikijuenazan	jaikijuezan
P.	1	i.	—	dagikijueguzan	gengikijuezan	daikijueguz
		m.	—	jagikijueeguzan	gajengikijueezan	jaikijueeguz
		f.	—	jagikijuenaguzan	gajengikijuenazan	jaikijuenaguz
	2	i.	egikijuezubez	dagikijuezubezan	zengikijueezan	daikijuezubez
	3	i.	begikijueez	dagikijueezan	legikijueezan	daikijueez
		m.	bejegikijueezak	jagikijueeezan	jegikijueeezan	jaikijueezak
		f.	bejegikijueezan	jagikijuenezan	jegikijuenezan	jaikijueezan

S./P.			15. IL LES LEUR POURRAIT *Potentiel condit.* *Futur présent*	17. IL LES LEUR POUVAIT *Potentiel condit.* *Futur passé*	20. S' IL LES LEUR A *Suppos. du potentiel* *Futur*	22. S' IL LES LEUR AVAIT *Supp. du pot. condit.* *Futur*
S.	1	i.	neikijuez	neikijuezan	badagikijuedaz	banengikijuez
		m.	najeikijuezak	najeikijueezan	bajagikijueedaz	banajengikijuezak
		f.	najeikijuezan	najeikijuenazan	bajagikijuenadaz	banajengikijuezan
	2	r.	zineikijuez	zineikijuezan	badagikijuezuz	bazengikijuez
		m.	ineikijuezak	ineikijueezan	badagikijuezak	baengikijuezak
		f.	ineikijuezan	ineikijuenazan	badagikijuezan	baengikijuezan
	3	i.	leikijuez	leikijuezan	badagikijuez	balegikijuez
		m.	lajeikijuezak	lajeikijueezan	bajagikijuezak	bajegikijuezak
		f.	lajeikijuezan	lajeikijuenazan	bajagikijuezan	bajegikijuezan
P.	1	i.	gineikijuez	gineikijuezan	badagikijueguz	bagengikijuez
		m.	gaineikijuezak	gaineikijueezan	bajagikijueeguz	bagajengikijuezak
		f.	gaineikijuezan	gaineikijuenazan	bajagikijuenaguz	bagajengikijuezan
	2	i.	zineikijueez	zineikijueezan	badagikijuezubez	bazengikijueez
	3	i.	leikijueez	leikijueezan	badagikijueez	balegikijueez
		m.	lajeikijueezak	lajeikijueeezan	bajagikijueezak	bajegikijueezak
		f.	lajeikijueezan	lajeikijuenezan	bajagikijueezan	bajegikijueezan

Temps n' appartenant qu' au dialecte souletin.

S./P.			23. LES LEUR EÛT-IL !—*Optatif—Présent*	24. LES LEUR EÛT-IL !—*Optatif—Futur*
S.	1	i.	aineitze	ainitze
	2	r.	aitzeneitze	aitzinitze
		m.	aheitze	ahitze
		f.	aheitze	ahitze
	3	i.	aileitze	ailitze
P.	1	i.	aikeneitze	aikinitze
	2	i.	aitzenetzie	aitzinitzeye
	3	i.	aileitzeye	ailitzeye

OBSERVATIONS GÉNÉRALES.

Quoique j'aie adopté dans la distribution des temps la division par modes, comme cela se pratique en général pour toutes les langues, je crois utile d'appeler l'attention du lecteur sur une autre distribution, qui consiste à diviser ces mêmes temps en radicaux et en dérivés. Cette classification, toute morphologique, sera très-utile aux personnes qui désirent connaître à fond la conjugaison basque en apprenant par cœur tous ses terminatifs, chose difficile sans doute, mais non pas impossible. Je choisirai mes exemples principalement dans le dialecte guipuscoan littéraire, comme étant le plus connu, le plus parlé, le plus cultivé, un des plus riches et des plus réguliers, et constituant, pour ainsi dire, le représentant légitime de la langue basque, à peu près au même titre que le toscan et le castillan représentent la langue italienne et l'espagnole.

Le présent et le passé de l'indicatif peuvent être considérés comme les deux seuls temps radicaux, tandis que tous les autres ne sont que leurs dérivés ou leur tributaires. Du présent de l'indicatif dérivent: le futur de l'indicatif, le présent et le futur présent du subjonctif, le présent et le futur de l'impératif, le présent et le futur du potentiel avec leur deux suppositifs correspondants. Du passé de l'indicatif on forme: le présent du conditionnel avec son suppositif et son optatif, le passé du conditionnel, le passé et le futur passé du subjonctif, le présent, le futur présent, le passé et le futur passé du potentiel conditionnel avec leurs deux suppositifs et leur optatif.

Le futur de l'indicatif, propre surtout au souletin, n'est au fond que le présent du même mode plus la syllabe *ke*: *dü, düke*. Nous disons au fond, car cette syllabe est souvent retranchée à l'intransitif, sans que pour cela il en résulte des terminatifs identiques avec ceux du présent: *da, date* ou *dateke*. Ici la syllabe *te* peut caractériser à elle seule le futur. Le présent du subjonctif se compose de la forme relative du présent de l'indicatif fondue, pour ainsi dire, avec le nom verbal *izan*,[1] qui devient *eza* dans ce cas par la suppression du *n* final et par le changement de la voyelle initiale, exactement comme *eraman* se change en *arama* dans *darama*. C'est ainsi que *dedan* donne lieu à *dezadan*. En biscaïen c'est le nom verbal *egin*, devenu *agi*, qui remplace *izan*, devenu *eza*: *dodan, dagidan*. Le futur présent du subjonctif, propre au biscaïen, se forme du présent du même mode et de la syllabe *ke*: *dagijan, dagikian*, et sans changement euphonique: *dagian, dagikean*. Le présent de l'impératif n'est au fond que le présent du subjonctif réduit de sa forme nécessairement relative à la forme capitale: *dezazun, ezazu*. Nous avons en outre la suppression du *d* initial, et à la troisième personne l'addition de la syllabe affirmative *ba* fondue avec le terminatif: *dezan, beza*. Le futur de l'impératif, propre au biscaïen, n'est que le présent de ce mode plus la syllabe *ke*: *begi, begike*. Le futur présent du potentiel se compose du présent du subjonctif réduit à la forme capitale, et de la syllabe *ke*: *dezan, dezake*. Le présent du potentiel, propre au biscaïen, n'est que le futur du même mode moins la syllabe *ke*:

daike, dai. Le présent du suppositif du potentiel se forme du futur du potentiel auquel on retranche la syllabe *ke*, en y ajoutant, comme préfixe, la syllabe dubitative *ba*: *dezake, badeza*. Le futur du suppositif du potentiel, propre au biscaïen, n'est autre que le temps qui précède plus la syllabe *ke*: *badagi, badagike*.

Quant aux temps tributaires du passé de l'indicatif, le présent du conditionnel se forme de ce même passé en remplaçant la syllabe finale *en* par *ke*: *nuen, nuke*. Le *z* initial de la troisième personne doit en outre se changer en *l*: *zuen, luke*. Le suppositif du conditionnel n'est que le présent du conditionnel précédé du *ba* dubitatif, après le retranchement du *ke* final: *luke, bulu*. De même l'optatif du conditionnel, propre au souletin, n'est que le présent du conditionnel précédé de la syllabe *ai*, après le retranchement du *ke* final: *lüke, ailü*. Cette syllabe *ai* peut produire en outre des changements initials que l'on apprendra en détail au moyen des tableaux. Le passé du conditionnel se forme du présent du même mode par l'addition de la syllabe *an* au *ke* final et par la réhabilitation du *z* à la troisième personne: *luke, zukean*. Le passé du subjonctif a lieu par la fusion du nom verbal *izan* (*egin* en biscaïen) avec le passé de l'indicatif: *zuen, zezan*. Le futur passé du subjonctif, propre au biscaïen, se forme par l'addition de *ke* au temps précédent: *legijan, legikian*, et sans changement euphonique: *legian, legikean*. Le futur présent du potentiel conditionnel se forme du passé du subjonctif par le changement du *n* final en *ke* et du *z* en *l* à la troisième personne: *zezan, lezake*. Le présent du potentiel conditionnel, propre au biscaïen, n'est que le temps qui précède privé du *ke* final: *leike, lei*. Le futur passé de ce mode se forme du futur présent par l'addition de la syllabe *an* au *ke* final et par la réhabilitation du *z* à la troisième personne: *lezake zezakean*. Le passé de ce même mode, propre au biscaïen, par le retranchement du *ke* du temps qui précède: *leikian, leijan*, et sans changement euphonique: *leikean, leyan*. Le futur présent du suppositif du potentiel conditionnel dérive du futur présent du potentiel conditionnel. On retranche le *ke* final de ce dernier en le faisant précéder du *ba* dubitatif: *lezake, baleza*. Le futur du suppositif du potentiel conditionnel, propre au biscaïen, n'est que le temps précédent auquel on ajoute le *ke* final: *balegi, balegike*. L'optatif souletin du potentiel conditionnel enfin, se forme du futur présent du potentiel conditionnel par le retranchement du *ke* final et l'addition prépositive de la syllabe *ai*: *lezake, aileza*. Cette syllabe, comme on peut le voir dans les tableaux, peut produire des changements initials.

Ces règles que nous venons de donner à grands traits ne peuvent certainement remplacer les tableaux, surtout à l'intransitif; mais n'étant pas très-nombreuses, pour peu que l'on veuille bien se donner la peine de les retenir, la conjugaison de la langue basque, surtout celle du dialecte guipuscoan, en sera, nous le répétons, singulièrement facilitée.

En jettant les yeux sur les tableaux, il est facile de s'apercevoir que nous y avons donné place à un grand nombre de termina-

OBSERVATIONS GÉNÉRALES.

tifs combinés aux noms verbaux *izan* et *egin* ou, en d'autres termes, à de véritables noms verbisés, qui auraient du être tous à la rigueur rélégués à la troisième partie destinée, dans une de ces divisions, à l'étude de cette espèce de mots, appelés à tort par les uns "verbes irréguliers" et par les autres, également à tort, "verbes simples". Tout en admettant que l'impératif, le subjonctif, les deux potentiels ainsi que les suppositifs et l'optatif qui leur correspondent ne se composent que de ces noms verbisés, nous croyons qu'au point de vue didactique il y a avantage à ne pas les séparer des terminatifs verbaux purs, soit à cause de leur importance et de l'usage fréquent que l'on en fait, soit, surtout, à cause de leur signification particulière qui ne permet pas de les confondre avec les autres noms verbisés, tels que *darama, daki, dago, dabill* etc. En effet les noms verbisés aux radicaux *izan* et *egin* ont toujours la signification ou du subjonctif, ou de l'impératif, ou d'un potentiel, ou du suppositif du potentiel, ou de l'optatif correspondant. On ne les emploie ni à l'indicatif, ni au conditionnel, ni au suppositif du conditionnel, ni à l'optatif correspondant. On a beau essayer de comparer *eraman* et *jakin* dans *daramat* et *dakit* avec *izan* et *egin* dans *dezat* et *dagit*, ces deux derniers n'ayant pas d'existence réelle à l'état isolé, car il s'agit de l'indicatif, la comparaison devient impossible. Elle n'est possible, dans ce cas, qu'à la forme relative: *dezadan, dagidan*. Mais aussi, tandis que ceux-ci sont toujours au subjonctif quant au sens, ne pouvant jamais signifier *qui l'a, qui le fait,* mais seulement *qu'il l'ait, qu'il le fasse,* les autres noms verbisés, tels que *daraman, dagoan* signifient d'une manière indicative *qui l'emporte, qui reste,* et ce n'est que par extension et seulement dans certains cas qu'ils peuvent remplacer le subjonctif. Il en est de même du potentiel, qui ne remplace pas le futur dans les noms verbisés renfermant *izan,* quoique le futur puisse être employé et comme futur et comme potentiel dans les autres noms verbisés. Les deux noms verbaux *izan* et *egin* ne peuvent donc être assimilés aux autres que morphologiquement. Ils forment classe à part, quant au sens, et servent, pour ainsi dire, de transition entre les terminatifs verbaux purs et les noms verbaux ordinaires.

Quant aux terminatifs qui font partie au transitif des modes suivants: indicatif, conditionnel, suppositif du conditionnel, optatif du conditionnel, on a beau y chercher un nom verbal comme radical, il y est introuvable. On peut s'amuser à dire que dans *det* et *dut* et *dot* et *düt* les noms verbaux radicaux sont *e, u, o, ü* ou même que ces voyelles sont des verbes, ni plus ni moins que *izan* et *egin* sont les radicaux verbaux de *dezadan* et de *dagidan*; mais après l'avoir dit il faudra le prouver. Or *u* n'a aucun sens de nom verbal, tandis que *izan* et *egin* en ont un bien évident. Dire que *u* n'est que pour *ukhan*[2] et que *dut* n'est que la forme abrégée de *dukat* aurait au moins une apparence de raison; mais tout en suggérant cette idée à ceux qui ne pensent pas comme nous, nous avons hâte de la qualifier d'inadmissible, car le basque n'a pas l'habitude de faire si bon marché du *k* caractéristique des noms verbaux. Que *jakin* donne lieu à *daki, ikusi* à *dakus,* rien de plus simple. Le changement initial a lieu, mais la gutturale forte persiste dans ces noms verbisés. Ni *dait, dai,* ni *daust, daus* pour *dakit, daki, dakust, dakus* n'ont lieu en basque. Nous considérerons donc, jusqu'à preuve sérieuse du contraire, tous les terminatifs des tableaux, autres que ceux dans lesquels on peut démontrer d'une manière évidente la présence d'un nom verbal, comme les terminatifs verbaux purs de la langue basque, terminatifs servant à composer avec *izan* et *egin* les modes que nous avons déjà nommés, avec d'autres noms verbaux, ce que nous appelons les noms verbisés.[3]

De ce que les prétendus verbes transitifs simples ne sont pas susceptibles de régime direct dans le dialecte souletin, que peut-

on conclure sinon que ces mots ne sont pas des verbes et que ce dialecte, sous ce rapport, est resté fidèle plus qu'aucun autre au vrai génie de la langue basque? Nous souscrivons plus que volontiers à cette opinion de notre aussi modeste que savant ami Monsieur Inchauspe, un des hommes les plus profondément versés dans la langue basque, et dont l'autorité doit être considérée, selon nous, comme incontestablement supérieure à celle d'autres linguistes étrangers qui, quelque grand que puisse être leur mérite en fait de linguistique générale, n'en sont pas moins des appréciateurs plus ou moins superficiels du vrai caractère de cet intéressant idiome.

Après avoir nié la présence d'un nom verbal dans les terminatifs verbaux purs, on sera peut-être surpris de nous entendre dire que le verbe lui-même n'appartient à aucun des éléments, pris isolément, dont ces terminatifs se composent. Pourquoi donc les nommer terminatifs verbaux? Parce que le verbe ne peut être saisi que par eux et avec eux. Est-ce donc comme le produit de l'union de ces éléments matériels de la parole que nous devons considérer ce Verbe, immatériel lui-même? Loin de nous cette pensée que nous nous félicitons de ne pas avoir et que nous sommes loin par conséquent d'envier à ceux qui l'auraient. Le Verbe pur est pour nous quelque chose d'insaisissable, qui se manifeste toutefois au milieu d'éléments matériels fort saisissables et qui, loin d'en être le produit, les domine de toute sa puissance en les vivifiant. Le Verbe c'est la Vie.

Les éléments constitutifs des terminatifs verbaux consistent essentiellement en pronoms soit à l'état de sujet, soit à l'état de régime direct ou indirect, soit à celui d'allocution. Ils se trouvent tantôt au singulier, tantôt au pluriel. Des lettres pronominales, tenant lieu de pronom, des syllabes caractéristiques de mode ou de futur, des lettres euphoniques pour faciliter l'union intime de tous ces éléments, complètent la série. Au moment de l'union, le Verbe avec sa qualité essentielle, l'affirmation, se manifeste. Le présent et le passé sont indiqués, selon nous, non pas par la nature des éléments, mais par leur disposition. Le sujet singulier de troisième personne est toujours sous-entendu. Il est tel par cela même qu'il n'est ni de première, ni de seconde personne des deux nombres, ni de troisième personne du pluriel. Des suppressions euphoniques ont lieu plus ou moins souvent, ainsi que des substitutions, telle que celle de *y* pour *k,* selon les dialectes.

Si nous prenons pour exemple le terminatif *nauzu,* nous le trouvons composé de *ni au* régime direct et de *zu* sujet. De même *haut* se compose de *hi au* et de *t* equivalent de *uik.* Si *nau* et *hau* représentent dans *nauzu* et *haut* le régime direct de première et de seconde personne, l'analogie nous oblige à voir dans *dau, duzu* et *dot* biscaïens le régime direct de troisième personne indiqué soit par *dau,* soit par *do* syncopé. Le démonstratif *au* joue donc le grand rôle de régime direct dans les terminatifs verbaux. Selon les dialectes *au* y devient *eu, u, ü* et même *i.* C'est ainsi que dans le guipuscoan *diozu* "tu le lui as" *i* correspond à *eu* du biscaïen *deutsazu,* de même que *tsa* de ce dernier correspond à *o* du premier comme régime indirect, *o* n'étant que *oni* syncopé.

Nous finirons ces observations et cette première grande division de la deuxième partie de notre ouvrage par le tableau ci-joint, qui mettra tout à fait en évidence la nature des différents éléments des terminatifs verbaux. On n'oubliera pas en attendant que lorsque en basque on réunit les éléments pronominaux *di, o, zu* de manière à constituer *diozu,* quoique morphologiquement ces trois éléments n'expriment que *le lui tu,* le sens verbal de *tu le lui as* s'y affirme à l'instant même par l'effet de la Vie du Verbe qui y trouve, pour ainsi dire, un milieu propre à sa manifestation.

OBSERVATIONS GÉNÉRALES.

NOTES.

[1] La présence du nom verbal au subjonctif et aux autres modes où elles est évidente au transitif, est plus difficile à être démontrée à l'intransitif. En revanche, on dirait que dans ce dernier le nom verbal *izan* se manifeste plus ou moins clairement à l'indicatif et aux autres modes. On peut citer *niz*, synonyme de *naiz* ou *naz*, et *litzateke*, synonyme de *lirake*. Ce dernier terminatif fait supposer que *dira*, *ziru*, *ziran* ont eu jadis pour synonymes *ditzate*, *zitzate*, *zitzaten*. La présence du nom verbal *izan* que l'on a bien de la peine à démontrer en *dira* etc. ne saurait être méconnue en *ditzate* hypothétique, comme elle ne l'est pas non plus dans le terminatif à existence réelle *litzateke* ou-*lizateke*, synonyme de *lirake*. Cependant l'intransitif, il faut bien l'admettre, résiste en général à l'analyse plus que le transitif.

[2] On a confondu fort mal à propos dans ces derniers temps *ukhan* avec *iduki*. Ces deux noms verbaux sont bien distincts, et il n'y a que *iduki* qui soit susceptible de verbisation. Ce dernier correspond à l'espagnol *tener*, et diffère de *ukhan* à peu près comme *tener* diffère de *haber*. Le guipuscoan, le haut navarrais septentrional et le méridional, ainsi que le labourdin moderne pur ne possèdent pas de *ukan* ; le biscaïen a bien *ekandu* ou *ekandutu*, mais avec le sens de *s'accoutumer* ; le bas navarrais occidental et l'oriental ont *ukhan* ou *ukan* avec le sens de *avoir* et quelquefois avec celui de recevoir ; le souletin dit *ükhen* ; l'aezcoan, que je considère comme un sous-dialecte indépendant du bas-navarrais occidental, ainsi que le salazarais qui en est un, selon nous, du bas-navarrais oriental, par exception n'ont pas de *ukan* ; le roncalais enfin, qui, à moins que l'on ne veuille le considérer comme le neuvième dialecte basque, doit être regardé, ce que nous faisons, comme un sous-dialecte du souletin, offre aux linguistes les noms verbaux *ekun*, *ekuntu* avec le sens de *avoir* comme en souletin, mais sous une forme se rapprochant de la biscaïenne *ekandu*. Le nom verbal *iduki*, auquel appartiennent les noms verbisés *dauku*, *zeukan* ou *eukan*, *beuka*, noms verbisés qui n'ont rien de commun avec *ukhan*, présente, lui aussi, ses variantes, telles que *euki* biscaïen, *edüki* souletin, *edoki* ou *eroki* roncalais de Vidangoz (variété principale), et *uduku* roncalais des deux autres variétés d'Urzainqui et d'Uztarroz.

[3] En étudiant les différentes variétés de tout le pays basque, nous sommes tombés sur quelques noms verbisés d'un genre particulier, qui prouvent à l'évidence la tendance du nom verbal, non seulement à s'unir, mais aussi à pénétrer le terminatif en s'y intercalant, d'une manière qui n'est pas sans analogie avec celle que l'on observe dans *daramat*, *demagu* etc. C'est ainsi que l'on entend déjà à Sare, à Ainhoa, à Saint-Jean-de-Luz et à Arcangues, en faisant abstraction de quelques différences dans ces variétés : *emateut*, *emateiat*, *emateinat; emateuzu*, *emateuk*, *emateun; emateik*, *ematein; emateyagu*, *emateinagu; emateuzue; emateute*, *emateitek*, *emateine*. Tout le dialecte labourdin pur admet donc la verbisation du nom. Il en est de même, plus ou moins, des autres dialectes de France, à l'exception du souletin. Le guipuscoan méridional ou de Cegama ne la repousse pas non plus. Le biscaïen est loin de la bannir entièrement. Nous disons entièrement, car il serait assez risqué d'assurer qu'elle est toujours obligatoire. Si cette obligation, existe dans certaines variétés, soit du basque de France, soit de celui d'Espagne, d'autres variétés, surtout celles qui ont subi l'influence du dialecte plus ou moins conventionnel des auteurs, tolèrent le nom verbal détaché de son terminatif, même dans le discours familier. Les exemples les plus complets de fusion nous sont fournis par les deux dialectes haut-navarrais. Voilà d'autres exemples : *yateut* pour *yaten dut*, *erteizu* pour *erraten duzu*, *beaizu* pour *bear duzu*, *iteute* pour *egiten dute*. Ces noms verbisés appartiennent au dialecte haut navarrais septentrional, sous-dialecte baztanais d'Elizondo. Le même dialecte nous fournit dans le sous-dialecte de Las Cinco Villas parlé à Vera : *yateuntzu*, *biaurtzu*, *egiteunte*, *biaurte* pour *yaten duzu*, *bear duzu*, *egiten dute*, *bear dute*. Nous avons ici pénétration du *n* et du *r* du nom dans l'intérieur du terminatif. Le sous-dialecte de la vallée d'Ulzama parlé à Lizaso nous fournit : *yataut*, *artzaut*, *eskatzauzu*, *ilaugu*, *biaugu*, *mataute*, *bauzie* pour *yaten dut*, *artzen dut*, *eskatzen duzu*, *egiten dugu*, *bear dugu*, *ematen dute*, *baduzue*. Le sous-dialecte de Huarte Araquil dans ses noms verbisés, tels que *esatauntzu* pour *esaten duzu*, nous offre la combinaison du sous-dialecte de Vera avec celui de Lizaso : *yateuntzu*, *yatauzu*, *yatauntzu*. Quant au dialecte haut-navarrais méridional, la verbisation y est très-usitée dans ses trois sous-dialectes, représentés par le basque d'Elcano dans la vallée d'Egües, par celui de Puente la Reina et par celui de la vallée d'Olza.

		Elcano.	Puente la Reina.	Olza.	
S. 1		šateunt	jatont	šataunt	*je le mange*
	m.	šaten diat	jaten diat	šaten diet	
	f.	šaten diñat	jaten diñau	šaten diñet	
2		šateuntzu	jatontzu	šatauntzu	*tu le manges*
	m.	šateunk	jatonk	šataunk	
	f.	šateun	jaton	šataun	
3		šaten du	jaten du	šaten du	*il le mange*
	m.	šateink	jateink	šateink	
	f.	šatein	jatein	šatein	
P. 1		šaten dugu	jatongu	šaten dugu	*nous le mangeons*
	m.	šaten diau	jaten diaguk	šaten diegu	
	f.	šaten diñau	jaten diagun	šaten diñegu	
2		šateuntze	jatontze	šatauntzie	*vous le mangez*
3		šateunte	jatonte	šataunte	*il le mangent*
	m.	šaten dic	jateintek	šaten dic	
	f.	šaten dine	jateinten	šaten diñe	
Fut. comp.		šain dut	jankot	šain dut	*je le mangerai*
		šain dugu etc.	jankogu	šain dugu	*nous le mangerons*

Puente la Reina offre les exemples les plus frappants de verbisation. Elle a lieu souvent dans ce dialecte, lorsque ses congénères préfèrent la forme analytique. L'aezcoan suit d'assez près Lizaso ; Roncal, comme le souletin, manque de cette espèce de verbisation, et le salazarais la présente souvent, même avec le traitement respectueux : *ikusteintzut*, *ikusteuntzu*, *ikusteintzu*, *ikusteink* pour *ikusten dizut*, *ikusten duzu*, *ikusten dizü*, *ikusten dik* etc.

VOIX TRANSITIVE.

*Indicatif—Présent—*IL LE LUI A

			Guipuscoan	Biscaïen	Labourdin	Souletin
S.	1	*i.*	diot	deutsat	diot	dey ot
		m.	ziok*at*	jeutsa'*at*	zio'*at*	dioy*at*
		f.	zioñ*at*	jeutsan*at*	zion*at*	dioñ*at*
		r.	—	—	—	diozüt
	2	*r.*	diozu	deutsazu	diozu	dey ozü
		m.	diok	deutsak	diok	dey ok
		f.	dion	deutsan	dion	dey on
	3	*i.*	dio	deutsa	dio	dey o
		m.	ziok	jeutsak	ziok	diok
		f.	zion	jeutsan	zion	dion
		r.	—	—	—	diozü
P.	1	*i.*	diogu	deutsagu	diogu	dey ogü
		m.	ziok*agu*	jeutsa'*agu*	zio'*agu*	dioy *ágü*
		f.	zion*agu*	jeutsan*agu*	zion*agu*	dioñ*agü*
		r.	—	—	—	diozügü
	2	*i.*	diozute	deutsazube	diozue	dey ozie
	3	*i.*	diote	deutsee	diote	dey ue
		m.	ziotek	jeutseek	ziotek	dioye
		f.	zioten	jeutsane	zioue	dioñe
		r.	—	—	—	diozie

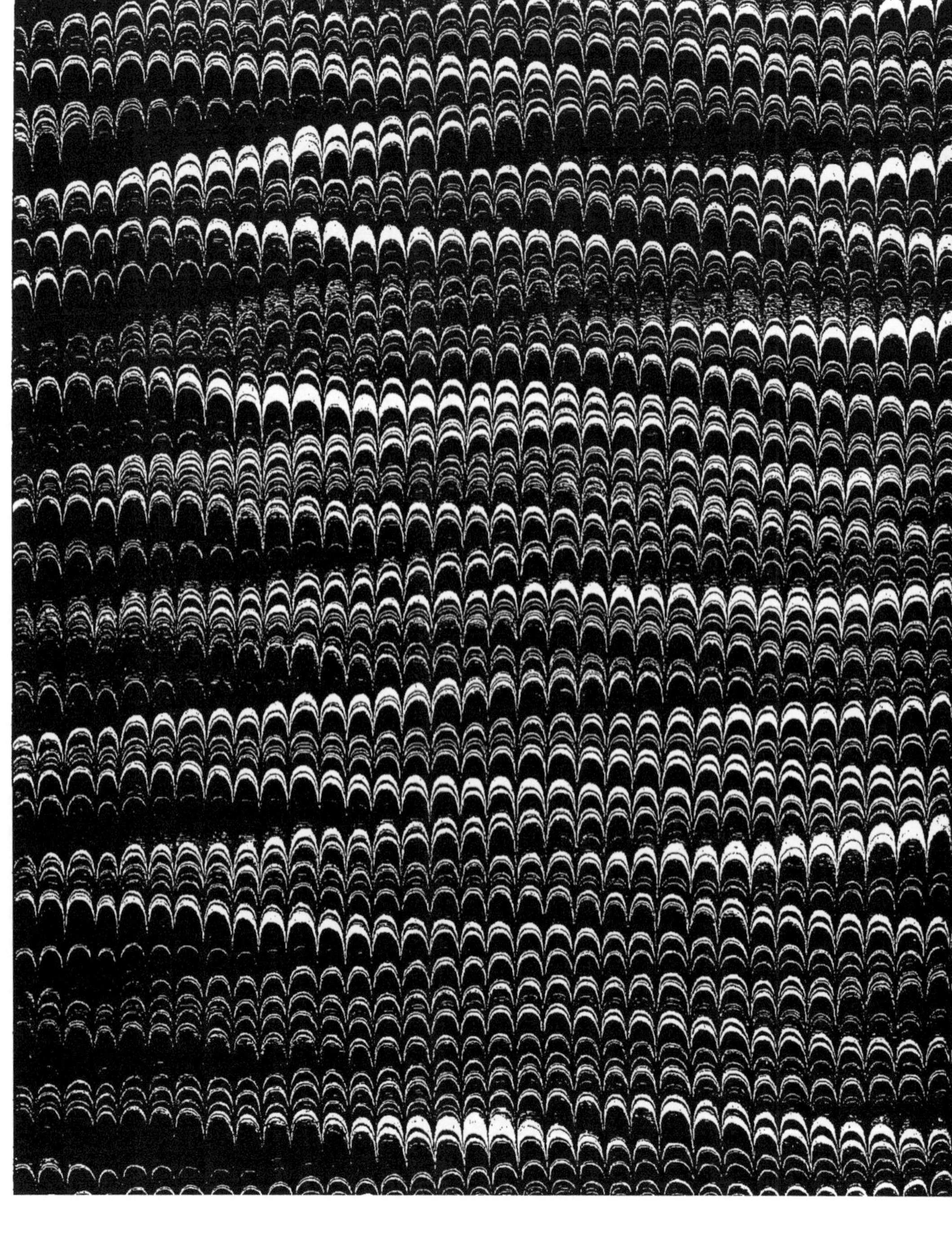

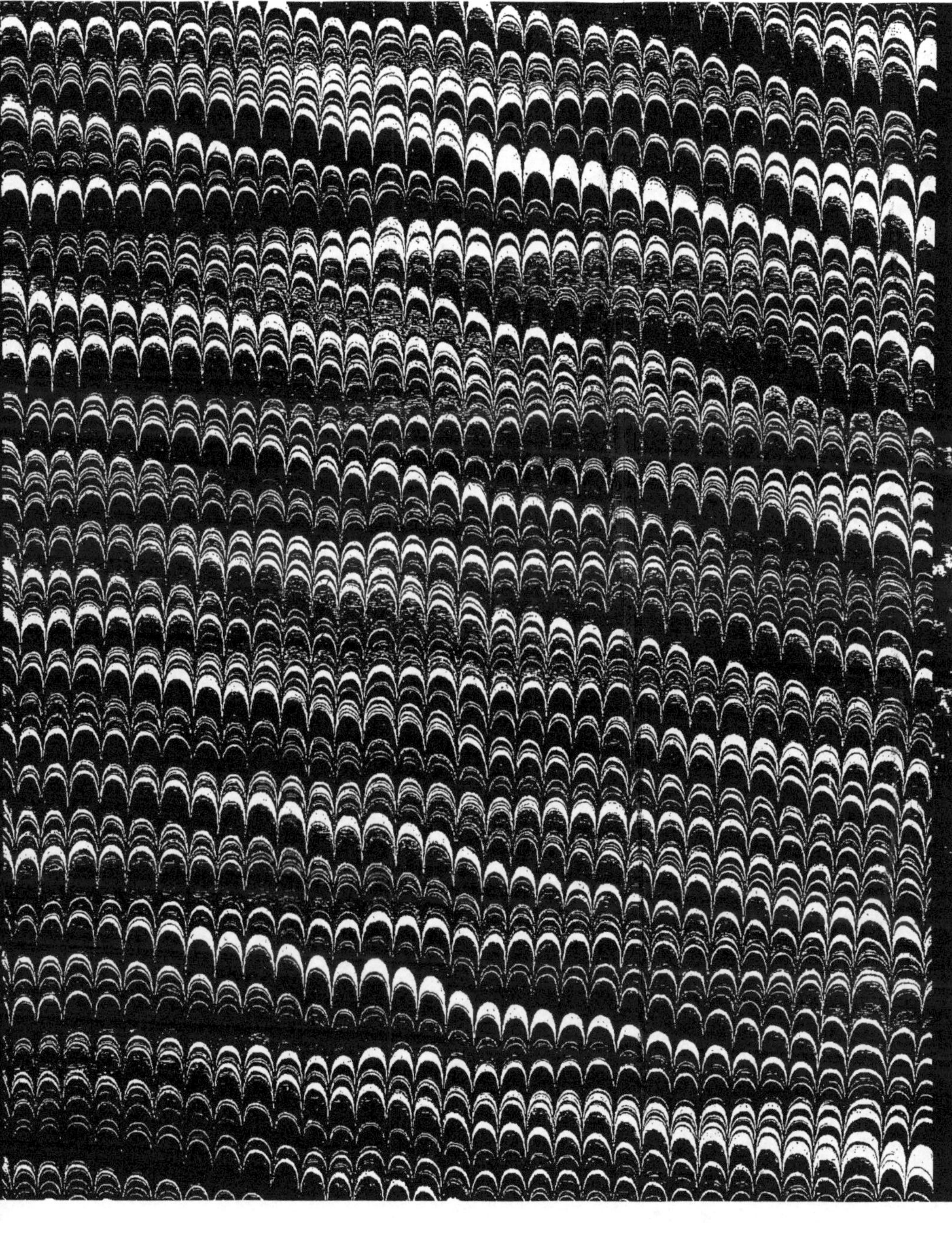